国家科学技术学术著作出版基金资助出版

中国东北地区城市地理

王士君 宋飏 姜丽丽 冯章献 等 著

科学出版社
北京

图书在版编目(CIP)数据

中国东北地区城市地理/王士君等著. —北京：科学出版社，2014.4
ISBN 978-7-03-040165-6

Ⅰ.①中… Ⅱ.①王… Ⅲ.①城市地理-研究-东北地区 Ⅳ.①K923

中国版本图书馆 CIP 数据核字（2014）第 047275 号

责任编辑：侯俊琳 牛 玲 刘巧巧/责任校对：韩 扬
责任印制：赵德静/封面设计：无极书装
编辑部电话：010-64035853
E-mail：houjunlin@mail.sciencep.com

科学出版社 出版
北京东黄城根北街 16 号
邮政编码：100717
http://www.sciencep.com

骏杰印刷厂 印刷
科学出版社发行 各地新华书店经销

*

2014 年 5 月第 一 版 开本：720×1000 1/16
2014 年 5 月第一次印刷 印张：19 1/2
字数：400 000

定价：86.00 元
（如有印装质量问题，我社负责调换）

前 言

东北地区位于我国的东北部，绝对地理位置为东经115°30′~135°10′、北纬38°43′~53°35′。东西两端最远直线距离约1480千米，南北两端最远直线距离约1660千米，总面积为125.13万千米^2，总人口约1.2亿人，是我国纬度最偏北、经度最偏东的大区。东北地区地处东北亚腹地，北部与俄罗斯、蒙古相邻，东部与朝鲜接壤并隔海与日本、韩国相望，南部濒临渤海、黄海，区位优势明显，在东北亚次区域合作战略中具有重要的地缘政治和经济地位。

东北地区城市发育较早，是我国城市化发展水平最高的地区之一。行政区划方面，东北地区由辽宁、吉林、黑龙江三省（东北三省）和内蒙古自治区东部的赤峰、通辽、呼伦贝尔及兴安盟（内蒙古东部四盟市）共同构成。自然环境方面，东北地区是一个景观多样、生态类型齐全、结构完整的自然地理单元。经济社会发展方面，东北地区内部地域分工明显，社会文化联系密切，经济体系相对完整，是我国较为完整的大经济区和区域经济单元。在长期的发展过程中，东北地区内部初步形成了经济联系紧密、产业结构密不可分及一体化的文化整体。

东北地区是我国近现代工业发展最早的区域，是新中国工业成长的摇篮。经过近百年的开发建设，特别是新中国成立后"一五"、"二五"时期的重点建设，东北地区一度成为新中国第一个重工业基地和农业基地。长期以来，东北地区走的是一条资源型经济发展的道路，作为国家的能源、原材料和粮食基地，钢铁、原油、原煤、原木、基本化工原材料和粮食等源源不断地运往全国各地或者出口，为我国经济建设做出了重大的贡献。

改革开放以来，特别是20世纪90年代以来，我国体制性与结构性的矛盾不断显现，东北地区经济在全国的地位不断下滑，出现了所谓的"东北现象"。诸如经济结构不合理，经济增长缺乏活力；产业演进停滞，传统工业优势地位逐渐丧失；区域发展不均衡，中心城市相对快速发展而对周围地区带动和辐射作用不强，城乡差距日益扩大，二元经济结构突出；外向型经济发展滞后等。这些问题的不断涌现，使东北地区社会经济发展逐渐落后于东部沿海地区。

与之相应的，东北地区城市发展同样面临着突出问题。近百年以来，东北地区城市经济建设推动了区域经济的快速发展，但是随着"东北现象"的凸显，资源枯竭和经济转型双重压力问题、历史包袱导致的大量社会问题、工农业关联度差和农村劳动力转移压力大等问题日益显现，制约了城市的快速发展。

进入21世纪以来，基于对国内外形势的新判断，国家从国民经济发展全局出发，对区域经济布局战略和区域经济政策做出了重大调整，继国家沿海开发战略和西部大开发战略之后，党的十六大适时明确提出"支持东北地区等老工业基地加快调整和改造，支持以资源开采为主的城市和地区发展接续产业"和"支粮食主产区的发展"等重大决策。中央政府将振兴东北老工业基地列为国策，使东北地区的战略意义再度凸显，推动东北地区步入发展的新阶段。

国务院在对《东北地区振兴规划》做出的批复中提出，将东北地区建设成为综合经济发展水平较高的重要经济增长区域，同时确立了"一区四基地"（具有国际竞争力的装备制造业基地，国家新型原材料和能源保障基地，国家重要的商品粮和农牧业生产基地，国家重要的技术研发与创新基地，国家生态安全的重要保障区）的目标定位；还提出要进一步落实和完善各项政策措施，加大政策扶持和财政转移支付力度，为东北老工业基地振兴创造良好的政策环境。国家对东北地区的发展定位和政策性支持，为东北地区的振兴提供了重要的方向指引和制度保证。

需要指出的是，经过长期的历史演变，东北地区城市地理框架已基本形成，城市体系结构完整，类型齐全，空间组合合理，城市化水平相对较高；城市基础设施相对完善，具有比较发达的交通运输网和电力网，形成了较为完整的城镇体系。一方面，哈尔滨、长春、沈阳、大连等都市化地区逐步发展，城市区域化进程加速；另一方面，辽中南城市群、吉中城市组群、哈大齐城市带、辽宁沿海城市带等城市密集区不断完善，并出现城市整合及一体化发展趋势。这些城市及城市密集区对东北地区不同地域经济发展起着核心作用和拉动作用。

本书着眼于东北老工业基地建设、发展和振兴的宏观背景，在城市群组研究目标基础上延伸到东北地区全部的城市地理内容。全书由十章构成，以东北地区整体为研究对象，论述东北地区城市形成演化过程、城市化进程、城市体系结构、城市群组、城市经济区、城市内部空间组织、港口城市及其空间关系等方面内容。

　　本书是项目组共同研究的成果，参加本书写作人员有：王士君、宋飏、姜丽丽、冯章献、杨艳茹、吴嫦娥、刘明菊、韦佳、高嵩、顾萌、赵怀石、胡海峰、李晓玲、关皓明、王晓彤等。全书由王士君、宋飏统稿。

　　限于水平和时间，本书尚显粗糙和浅显，不足之处在所难免，恳请读者批评指正。

王士君

2013 年 12 月

目 录

前言 ·· i

第一章　东北地区区域地理背景 ·· 001

第一节　区域经济社会和交通运输基础 ·· 002
一、社会条件 ·· 002
二、经济基础 ·· 006
三、交通运输网络 ·· 012

第二节　区域发展状态 ··· 016
一、区域发展特征 ·· 016
二、区域发展优势 ·· 017
三、区域发展存在的问题 ·· 020

第三节　区域发展宏观定位 ·· 023
一、世界级装备制造业基地 ··· 023
二、新型原材料和能源重化工基地 ··· 025
三、保障国家粮食安全和绿色农产品基地 ··· 026
四、国家生态安全重要保障区 ··· 027

第二章　东北地区城市形成与演化过程 ·· 029

第一节　古代城镇形成时期 ·· 029
一、古代城镇形成过程 ··· 029
二、古代城镇总体特点 ··· 035
三、古代城镇类型 ··· 037

第二节　近代城市形成时期 ·· 039
一、近代城市形成过程 ··· 039

二、近代城市发展的主要类型及影响因素……………………………… 046
　　三、近代城市的主要特点……………………………………………… 050
　第三节　现代城市形成发展时期…………………………………………… 052
　　一、现代城市发展过程概述…………………………………………… 052
　　二、现代城市发展的主要变化………………………………………… 054

第三章　东北地区城市化 …………………………………………………… 057

　第一节　东北地区城市化基本特征………………………………………… 057
　　一、城市化水平………………………………………………………… 057
　　二、城市化基本特征…………………………………………………… 058
　第二节　东北地区城市化发展的地域差异………………………………… 063
　　一、空间结构差异……………………………………………………… 063
　　二、规模结构差异……………………………………………………… 063
　　三、地域差异…………………………………………………………… 064
　第三节　东北地区城市化发展的动力机制………………………………… 065
　　一、城市化发展的基本动力…………………………………………… 065
　　二、城市化发展的独特因素…………………………………………… 068
　第四节　振兴东北老工业基地背景下的城市化发展战略………………… 070
　　一、城市化发展新趋势………………………………………………… 070
　　二、城市化发展战略…………………………………………………… 072
　　三、城市化发展模式…………………………………………………… 078

第四章　东北地区城市体系等级规模结构 ………………………………… 083

　第一节　东北地区城市体系等级规模结构现状特征……………………… 083
　　一、"弱金字塔"形等级规模结构 …………………………………… 084
　　二、首位度偏小，首位城市沈阳的核心作用不明显………………… 086
　　三、城市规模分布基本合理…………………………………………… 087
　　四、城市等级规模分布的不平衡指数（S）：城市均匀分布于各
　　　　规模等级之内……………………………………………………… 087
　　五、位序-规模法则及分形：位序-规模均匀，中间序列较多……… 088
　第二节　东北地区城市体系等级规模结构影响因素……………………… 090
　　一、主要影响因素……………………………………………………… 090
　　二、经济因素…………………………………………………………… 092
　　三、交通因素…………………………………………………………… 093
　　四、政策和文化因素…………………………………………………… 094
　　五、自然因素…………………………………………………………… 095

六、各要素的相互作用及运行机制 …………………………………… 095
　第三节　东北地区城市体系等级规模结构存在问题及优化思路 ……… 097
　　　一、东北地区城市体系等级规模存在的问题 …………………………… 097
　　　二、东北地区城市等级规模结构的优化思路 …………………………… 099
　　　三、优化方案 ……………………………………………………………… 100

第五章　东北地区城市体系空间结构 ……………………………………… 102

　第一节　东北地区城市体系空间结构框架 ………………………………… 102
　　　一、三群——辽中南、吉中、哈大齐城市群组 ………………………… 102
　　　二、二带——哈大城市带和沿海城市带 ………………………………… 103
　第二节　东北地区城市体系空间结构特征 ………………………………… 104
　　　一、大区级中心城市四足鼎立 …………………………………………… 104
　　　二、主要城市沿轴带分布 ………………………………………………… 104
　　　三、城市发育水平呈圈层状空间分异 …………………………………… 105
　　　四、产业专门化及地域组合引导城市体系空间走向 …………………… 105
　第三节　东北地区城市体系空间结构形成机制 …………………………… 105
　　　一、大型项目建设的拉动 ………………………………………………… 105
　　　二、资源开发的驱动 ……………………………………………………… 106
　　　三、交通网络的牵动 ……………………………………………………… 106
　　　四、宏观政策的促动 ……………………………………………………… 106
　第四节　东北地区城市体系空间结构发展趋势 …………………………… 107
　　　一、建立东北地区大都市带 ……………………………………………… 107
　　　二、构建大都市连绵区 …………………………………………………… 107
　　　三、地方性城镇组合 ……………………………………………………… 107

第六章　东北地区城市体系职能结构 ……………………………………… 109

　第一节　东北地区地级市职能类型的单项指标 …………………………… 109
　　　一、主要行业及就业人口 ………………………………………………… 109
　　　二、纳尔逊残差值 ………………………………………………………… 111
　　　三、专门化指数 …………………………………………………………… 113
　　　四、城市经济基础 ………………………………………………………… 115
　第二节　东北地区地级市综合职能类型 …………………………………… 119
　　　一、行政职能城市 ………………………………………………………… 119
　　　二、交通职能城市 ………………………………………………………… 120
　　　三、工业职能城市 ………………………………………………………… 122
　　　四、旅游职能城市 ………………………………………………………… 124

　　　　五、东北三省城市职能类型构成 …………………………………… 124
　　第三节　东北地区城市职能结构形成与发展动力机制 ………………… 125
　　　　一、内在自主性原动力 ………………………………………………… 126
　　　　二、再生性推动力 ……………………………………………………… 129
　　　　三、外在性制动力 ……………………………………………………… 131

第七章　东北地区城市经济区划 ……………………………………… 134

　　第一节　区划的技术路线 ………………………………………………… 134
　　　　一、基本思路 …………………………………………………………… 134
　　　　二、方法与数理模型 …………………………………………………… 135
　　　　三、指标选取与数据来源 ……………………………………………… 137
　　第二节　东北地区城市流强度 …………………………………………… 139
　　　　一、区位熵分析 ………………………………………………………… 139
　　　　二、外向功能量及城市流强度分析 …………………………………… 140
　　　　三、城市流强度结构分析 ……………………………………………… 144
　　第三节　东北地区规模城市等时交通圈 ………………………………… 149
　　　　一、等时交通圈时距的确定 …………………………………………… 149
　　　　二、交通方式的选择及相关设定 ……………………………………… 151
　　　　三、等时交通圈范围划分 ……………………………………………… 153
　　第四节　东北地区城市经济区 …………………………………………… 158
　　　　一、一级城市经济区 …………………………………………………… 159
　　　　二、二级城市经济区 …………………………………………………… 161
　　　　三、地方集聚与辐射中心 ……………………………………………… 163
　　　　四、城市经济区空间组织 ……………………………………………… 165

第八章　东北地区城市群组 …………………………………………… 167

　　第一节　东北地区城市群组基本格局 …………………………………… 167
　　　　一、城市群组的圈层格局 ……………………………………………… 168
　　　　二、城市群组的形成与发展 …………………………………………… 170
　　　　三、城市群组发育中存在的问题 ……………………………………… 173
　　　　四、城市群组的协调发展关系及调控手段 …………………………… 174
　　第二节　辽中南城市群 …………………………………………………… 175
　　　　一、辽中南城市群发展现状 …………………………………………… 175
　　　　二、辽中南地区交通与城市群演变过程 ……………………………… 182
　　　　三、辽中南城市群空间特征 …………………………………………… 185
　　　　四、交通引导下的辽中南城市群空间走向 …………………………… 190

第三节　吉中城市组群…………………………………………… 198
　　一、吉中城市组群发展现状………………………………… 198
　　二、吉中城市组群与吉林老工业基地关系分析…………… 199
　　三、吉中城市组群功能关系优化…………………………… 202
　　四、吉中城市组群功能关系的协调框架…………………… 212
第四节　哈大齐城市带（组群）………………………………… 213
　　一、哈大齐城市带发展现状………………………………… 213
　　二、哈大齐城市带产业发展………………………………… 216
　　三、哈大齐城市带协调发展对策…………………………… 222

第九章　东北地区城市内部空间结构……………………………… 224

第一节　东北地区城市内部空间结构的形成和基本特征……… 224
　　一、城市内部空间结构演化历程…………………………… 224
　　二、城市内部空间结构的基本特征………………………… 229
　　三、城市内部空间结构的演变机制………………………… 232
第二节　城市空间形态的基本模式……………………………… 234
　　一、环辅放射型结构………………………………………… 234
　　二、集中团块型结构………………………………………… 235
　　三、线型结构………………………………………………… 235
　　四、分散组合型结构………………………………………… 236
第三节　城市内部人口空间结构——对哈尔滨市的解析……… 236
　　一、哈尔滨城市内部人口空间结构特征…………………… 237
　　二、哈尔滨城市人口空间变动的宏观剖析………………… 239
　　三、哈尔滨城市人口空间变动的微观剖析………………… 240
第四节　东北地区城市内部空间重构…………………………… 243
　　一、空间结构存在的问题…………………………………… 243
　　二、空间重构的时代背景…………………………………… 243
　　三、空间重构的未来选择…………………………………… 245

第十章　东北地区港口城市及空间关系…………………………… 247

第一节　东北地区港口的历史演进……………………………… 247
　　一、港口发展与转型………………………………………… 247
　　二、港口体系构成…………………………………………… 254
第二节　东北地区港口城市的形成与发展……………………… 258
　　一、港口城市历史演进……………………………………… 258
　　二、港口城市发展的阶段特征……………………………… 262

  三、港口城市发展机理 …………………………………………… 274
 第三节 港口城市空间关系 ……………………………………… 278
  一、港口城市空间关联 …………………………………………… 278
  二、港口城市规模分布 …………………………………………… 283
  三、港口城市职能关系 …………………………………………… 287

参考文献 ……………………………………………………………… 290

后记 …………………………………………………………………… 298

第一章

东北地区区域地理背景

中国东北地区是由辽宁、吉林、黑龙江三省（东北三省）和内蒙古自治区东部的赤峰市、通辽市、呼伦贝尔市及兴安盟（内蒙古东部四盟市）共同构成的地域整体，是相对完整、典型的大经济区（王士君，宋飏，2006）。截至2010年，全区总面积为125.13万千米^2，总人口为12 118.39万人，分别占全国的13.03%和9.04%，其地域面积和人口规模均达到世界中等国家水平（表1-1，图1-1）。

东北地区无论从自然环境特点，或从经济地理特征，还是从地域联系的历史发展来看，都是一个比较完整的地域单元，其城市发育较早，是我国城市发展水平最高的地区之一。从自然环境来看，三省四盟市的辖区范围内，包括了整个辽河流域和黑龙江流域在我国境内的全部，从高原、山地到平原、海滨，地貌类型完整，同时三面环山，一面临海，形成了一个明显的自然地域单元。从经济方面来看，东北地区是我国相对完整的大经济区和大地理单元，其内部地域分工明显，经济联系密切，经济体系相对完整。在长期的发展过程中，东北地区内部早已形成了紧密的经济联系，形成了密不可分的一体化经济结构，而且这种一体化还将深入地发展下去，形成更为紧密完整的经济体系。

表1-1 东北地区基本情况一览表（2010年）

地区		土地面积/万千米^2	总人口/万人	城镇化率/%	国内生产总值(GDP)/亿元	人均GDP/元	工业总产值/万元	耕地面积/万公顷
辽宁省		14.80	4 374.60	62.15	18 457.30	42 355	8 789.30	408.50
吉林省		18.70	2 746.60	53.36	8 667.58	31 599	3 929.31	644.40
黑龙江省		45.40	3 833.40	55.66	10 368.60	27 076	4 608.30	1 187.10
内蒙古东部四盟市	赤峰市	9.00	433.84	26.52	1 086.23	24 967	483.46	100.81
	通辽市	5.95	314.01	24.07	1 176.62	37 489	633.86	107.44
	呼伦贝尔市	25.30	254.62	10.01	932.01	36 552	336.93	114.37
	兴安盟	5.98	161.32	34.96	261.40	16 203	68.55	79.69
东北地区		125.13	12 118.39	54.26	40 949.74	34 202	18 849.71	2 642.31

资料来源：《黑龙江省统计年鉴2011》，《吉林省统计年鉴2011》，《辽宁省统计年鉴2011》，《内蒙古自治区统计年鉴2011》

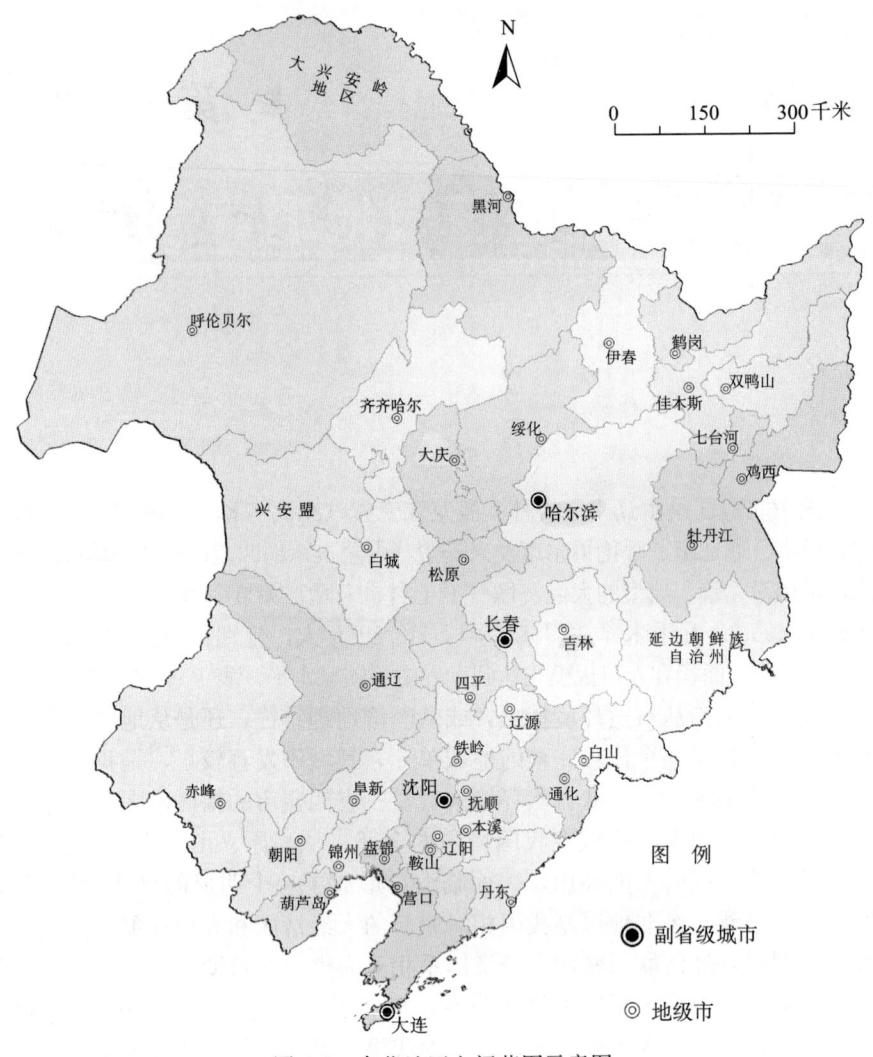

图 1-1 东北地区空间范围示意图

第一节 区域经济社会和交通运输基础

一、社会条件

(一) 人口规模增长总量大, 但增速趋缓

从 19 世纪末期以来, 随着区域开发向广度和深度推进, 区域人口总体呈现出长期快速增长的特点。自改革开放以来, 东北区域经济地位不断下降, 受

"东北现象"长期困扰，人口增长缓慢，大量人才外流。2003 年，国家提出振兴东北老工业基地战略，人口作为区域发展的关键因素，对东北老工业基地振兴具有十分重要的影响（张平宇，2008）。

自新中国成立以来，东北地区人口规模发生了巨大变化。1952 年，东北地区总人口仅为 4457.8 万人，其中黑龙江省 1110.5 万人、吉林省 1064.6 万人、辽宁省 1932.3 万人、内蒙古东部四盟市 350.4 万人。到改革开放初期，东北地区人口总量增加到 9855.3 万人，其中黑龙江省 3203.8 万人、吉林省 2210.7 万人、辽宁省 3486.9 万人、内蒙古东部四盟市 953.9 万人，占全国人口总数的 10.23%，人口总量是新中国成立初期的 1 倍以上。到 2010 年年末，东北地区总人口增加到 12 118.39 万人，占全国人口总数的 9.04%。

东北地区人口增长可划分为四个阶段，如图 1-2 所示。第一阶段从新中国成立初期到 1958 年，为高速增长期。东北地区总人口由 1952 年的 4457.8 万人增至 1958 年的 5742.05 万人，期内人口年平均增长率为 43.1‰，高于同期全国平均水平。这一阶段人口快速增长的主要原因在于新中国成立初期，人民生活水平显著提高，医疗卫生条件得到改善，出生率保持在较高水平，而人口死亡率下降，从而出现较高的人口自然增长率。第二阶段从 1959 年到 1961 年，即"三年自然灾害"时期，当时政策失误和自然灾害的不利影响，东北地区和全国其他地区一样经济发展困难，人民生活艰难，出生率锐减，死亡率大幅上升，使得人口增长放缓，但人口总量仍然增加，由 1959 年的 5934.59 万人增加到 1961 年的 6335.45 万人，年均增长率为 33.22‰。第三阶段从 1962 年到 1978 年，为快速增长期，人口总量由 6484.56 万人增长到 9592.93 万人，增加了 3108.37 万人，年均增长率高达 24.78‰。第四阶段从 1978 年至今，1978 年东北地区总人口为 9592.93 万人，2000 年达到 11 765.3 万人，2010 年

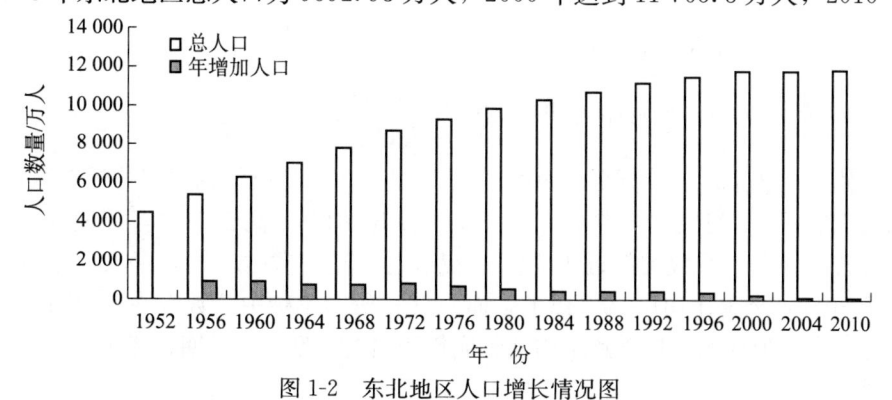

图 1-2 东北地区人口增长情况图

资料来源：《黑龙江省统计年鉴》(2003 年，2011 年)，《吉林省统计年鉴》(2003 年，2011 年)，《内蒙古自治区统计年鉴》(2005 年，2011 年)，《赤峰统计年鉴 2002》，《呼伦贝尔统计年鉴 2000》，《哲里木盟辉煌的五十年（1947～1996 年）》，《兴安盟辉煌的五十年（1947～1996 年）》

则增加到 12 118.39 万人，30 多年人口增加了 2525.46 万人，年均人口自然增长率为 7.33‰，低于同期全国平均水平。近年来，由于计划生育政策落实较好，人口自然增长明显放缓，已经进入了低生育水平阶段。同时，自 20 世纪 70 年代末以来，东北地区逐渐由人口净迁入地转变为人口净迁出地，近年来人口净迁出率不断增加，使得人口增长速度放缓。总体而言，东北地区人口总量还在不断增加，但增长速度不断放缓。

（二）人口老龄化发展较快，老年抚养比不断攀升

目前，全世界 60 岁以上的老年人口总数已达 6 亿，有 60 多个国家和地区的老年人口达到或超过人口总数的 10%，进入了人口老龄化社会行列，我国有许多城市已经进入人口老龄化社会行列。东北地区社会水平和保健水平不断提高，人口寿命延长，然而生育率逐年下降，从而导致东北地区人口老龄化发展速度较为显著。研究采用国际上通常采用的根据一个国家或地区的老年人口系数、少年儿童人口系数、老少比和年龄中位数的状况判断一个社会的人口年龄结构类型，如表 1-2 所示。

表 1-2　划分人口年龄结构类型的标准数值

年龄结构类型	老年人口系数	少年儿童人口系数	老少比	年龄中位数
年轻型	5%以下	40%以上	15%以下	20 岁以下
成年型	5%～10%	30%～40%	15%～30%	20～30 岁
年老型	10%以上	30%以下	30%以上	30 岁以上

其中

$$老年人口系数 = \frac{65 \text{ 岁及以上人口数}}{总人口数} \times 100\%$$

$$少年儿童人口系数 = \frac{0 \sim 14 \text{ 岁人口数}}{总人口数} \times 100\%$$

$$老少比 = \frac{65 \text{ 岁及以上人口数}}{0 \sim 14 \text{ 岁人口数}} \times 100\%$$

依据上述指标，计算得出 2010 年东北地区人口年龄结构类型的标准数值，如表 1-3 所示。可见辽宁省老年人口系数为 10.31%，高于 10%，黑龙江省和吉林省老年人口系数均趋近于 10%；黑、吉、辽三省的少年儿童人口系数均低于 30%，老少比均在 30%以上，而三个省份的年龄中位数都在 30 岁以上。显然，东北地区的人口年龄结构处于成年型向老年型过渡时期，老年化趋势十分明显。

表 1-3　东北地区人口年龄结构类型的标准数值（2010 年）

年龄结构类型	老年人口系数/%	少年儿童人口系数/%	老少比/%	年龄中位数
黑龙江省	9.43	11.96	78.85	30 岁以上
吉林省	9.55	11.31	84.44	30 岁以上
辽宁省	10.31	11.42	90.28	30 岁以上

资料来源：《黑龙江省统计年鉴 2011》，《吉林省统计年鉴 2011》，《辽宁省统计年鉴 2011》
注：此处东北地区未包括内蒙古东部四盟市

（三）劳动力资源丰富，就业压力大

东北地区国有企业和集体企业较多，且占企业比重较大，是经济体制改革以来失业问题较为突出、再就业困难较大的地区（杨秀凌，赵秋成，2011）。据统计资料显示，20 世纪 90 年代，东北地区（此处指黑、吉、辽三省）劳动力人口约为 7000 万人，占区域总人口的 70%，然而到 2010 年年末，劳动力人口占区域总人口的比重近于 80%，20 年间劳动力人口年均增速约为 1.3%。因此，劳动力人口增速快、增量大，劳动力供给大于需求，劳动力资源过于丰富，造成就业压力不断增大。劳动力资源通常以"地区人力资源规模"表示，其计算公式为

$$\text{地区人力资源规模} = d \times g \times (a + \alpha m + \beta h)$$

式中，d 表示地区的社会劳动者人数；g 表示地区社会劳动者的平均寿命；a 表示小学文化程度人口占总人口之比；m 表示中等文化程度人口占总人口之比；h 表示高等文化程度人口占总人口之比；α 表示具有中等文化程度的劳动者的工资相当于具有小学文化程度的劳动者的工资倍数；β 表示具有高等文化程度的劳动者的工资相当于具有小学文化程度的劳动者的工资倍数。

α、β 取值可根据各国、各地区的实际数据。在日本，α 取值为 1.39，β 取值为 1.94；在美国，α、β 取值分别为 1.24 和 1.89~2.19；在我国，劳动者的平均收入与其文化程度很不一致，暂参考日本的取值来计算东北三省的人力资源规模，如表 1-4 所示。

表 1-4　东北三省人力资源规模（2004 年）

地区	社会劳动者人数/万人	平均预期寿命指数	小学	中学	大学	人力资源规模人数/万人
黑龙江省	1 681	1.004 4	26.81	59.99	4.47	2 007
吉林省	1 222	1.014 7	27.74	58.15	6.58	1 505
辽宁省	2 097	1.041 2	24.63	59.14	7.93	2 669
全国	66 875	1.000 0	30.44	49.52	5.42	73 420

资料来源：根据《中国人口统计年鉴 2005》和 2000 年人口普查有关数据整理计算
注：此处东北地区未包括内蒙古东部四盟市地区

通过计算表明，东北地区范围内，黑龙江省人力资源规模为 2007 万人、吉林省为 1505 万人、辽宁省为 2669 万人，劳动力人口总数占全国人口总数的 8.42%，高于全国平均水平，可见东北地区劳动力资源十分丰富，也意味着东

北地区的就业压力大。

（四）居民消费需求较大，消费市场规模开发潜力巨大

新中国成立以来，我国社会生活水平不断提高，居民消费需求逐年增大，因此必将增大消费市场的开发潜力。研究以"地区居民消费需求指数"来量化"居民消费需求"指标，其公式如下

$$地区居民消费需求指数=\frac{(地区居民年消费总额\times 地区人均消费水平指数)^{\frac{1}{2}}}{(全国居民年消费总额\times 1/30)^{\frac{1}{2}}}$$

式中，地区人均消费水平指数＝地区人均消费水平/全国人均消费水平。

东北地区消费市场规模较大的地区是辽宁省和黑龙江省，吉林省的市场规模较小，如表1-5所示。从总体看，消费市场规模的空间差异，同经济、人口的空间差异大体上是一致的。目前，东北地区人口的总体消费水平较低，随着经济的增长，消费市场规模将不断扩大，尚有巨大的开发潜力。

表1-5　东北地区居民消费需求指数（2010年）

地区	居民消费总额/亿元	居民人均消费水平/元	人均消费水平指数	地区居民消费需求指数
黑龙江省	3 297.80	8 602.81	1.13	0.93
吉林省	2 489.83	9 141.00	1.13	0.80
辽宁省	5 599.15	12 934.00	1.22	1.25

资料来源：《中国城市统计年鉴2011》，《黑龙江省统计年鉴2011》，《吉林省统计年鉴2011》，《辽宁省统计年鉴2011》

注：此处东北地区未包括内蒙古东部四盟市地区

（五）智力资源丰富，且地区间各有侧重

东北地区在技术条件上有着自己的优势。一是以中心城市为依托，各类科研院所、高等院校集中，形成具有不同特点的教学、科研、开发、咨询、信息中心和枢纽，如辽宁省的沈阳，吉林省的长春，黑龙江省的哈尔滨都集中了所在省的绝大多数科研机构。二是各地科研布局各有特色，辽宁省在金属、机械、石油、化工、农林土壤、新型材料、计算机硬件等方面具有优势；吉林省在基础化学、量子化学、运输机械、光电子技术等方面的研究处于领先地位；黑龙江省则在石化、有色金属、农林、生物工程等技术应用方面有较好的基础，三省发展各有侧重，各自形成东北地区科学技术研究的核心。

二、经济基础

东北地区是我国内部经济联系紧密，且比较成熟的经济区域，新中国成立以来一直作为全国基础工业和技术装备工业基地，进行了大量的重点建设，逐

步形成了较为完整的以重工业为主导的产业群，形成了冶金、机械、化工、能源、粮食、木材、牧业七大主导产业群，沿着哈大铁路形成了南自大连北至哈尔滨的比较发达的产业带，向国家提供了大量的木材、煤炭、石油等工业原料，构成了东北地区作为国家重工业基地的经济优势（任晶，2008）。

（一）经济总量地位不高，且从逐年下降趋势走向恢复性增长的轨道

新中国成立后，东北地区工业经济迅速崛起，在"一五"时期就形成了全国最大的、以重工业为主体的工业基地，成为全国工业化水平较高的地区，经济总量一直占据全国较大份额，1952年东北地区GDP占全国的13.3%，1978年达到14.1%，经济发展速度也长期高于全国平均水平，1952～1978年的26年间，东北地区除吉林省外，其余地区GDP年均增长速度均高于全国平均水平，如表1-6，表1-7所示。

表1-6 1952年以来东北地区与全国GDP对比

年份	1952	1978	1980	1985	1990
东北地区/亿元	90.53	510.03	631.35	1 138.8	2 337.43
全国/亿元	679.00	3 624.10	4 517.80	8 964.40	18 547.90
所占比例/%	13.30	14.10	14.00	12.70	12.60
年份	1995	2000	2004	2010	
东北地区/亿元	6 224.67	10 274.40	16 194.67	40 949.74	
全国/亿元	58 478.10	89 403.60	136 875.90	246 018.00	
所占比例/%	10.64	11.49	11.80	16.65	

资料来源：《中国统计年鉴2011》，《黑龙江省统计年鉴2011》，《吉林省统计年鉴2011》，《辽宁省统计年鉴2011》

注：本表按当年价格计算

表1-7 东北各区及全国GDP年均增长速度对比 （单位：%）

时间	1952～1978年	1979～1980年	1981～1985年	1986～1990年	1991～1995年	1996～2000年	2001～2005年	2006～2010年
黑龙江省	6.3	6.4	7.2	6.4	7.9	8.9	10.6	13.66
吉林省	5.7	6.1	10.8	8.3	10.9	9.9	10.6	19.33
辽宁省	7.6	7.0	9.2	7.6	10.2	8.6	11.2	18.68
内蒙古东部四盟市	6.4	8.8	12.2	5.1	5.7	11.8	11.9	38.95
全国	6.2	7.7	10.8	7.9	11.6	8.3	9.5	15.79

资料来源：东北各地区统计年鉴及《中国统计年鉴》

注：本表按可比价格计算，为了比较的一致性

从东北地区20世纪90年代的人均GDP来看，除内蒙古东部四盟市人均GDP一直低于全国平均水平，东北三省历年人均GDP均高于全国水平，如表1-8所示。这表明东北地区原有经济基础较好，导致东北经济衰退、增长缓慢的因素有别于我国中部及西部的一些原有经济基础薄弱的省份与地区。

表 1-8　东北地区与全国人均 GDP 对比　　　　　　（单位：元）

年份	1990	1992	1994	1996	1998	2000	2004	2010
黑龙江省	2 019	2 660	4 378	6 387	7 418	8 545	16 297	27 048
吉林省	1 748	2 256	3 851	5 185	5 984	6 932	10 932	31 822
辽宁省	2 713	3 722	6 143	7 784	9 490	11 291	13 897	43 412
内蒙古东部四盟市	1 220	1 541	2 393	3 316	3 899	4 523	8 984	32 489
东北地区	2 133	2 835	4 687	6 301	7 469	8 749	12 528	34 491
全国	1 634	2 287	3 923	5 576	6 307	7 078	10 561	19 716

资料来源：东北各地区历年的统计年鉴及《中国统计年鉴》
注：本表按当年价格计算

（二）经济发展总体处于工业化的中期阶段

国际上常用的衡量一国实现工业化的标准是农业产值占 GDP 的比重下降至 15% 以下；农业就业人数占全部就业人数的比重下降至 20% 以下；城镇人口上升至 60% 以上。根据上述标准，将一国的工业化进程分为四个阶段：如果其中一个标准均未达到，则处在工业化初期阶段；达到其中一个标准时，处在工业化中期的第一阶段；满足其中两个标准时，处在工业化中期的第二阶段；满足其中三个标准时，则实现了工业化。东北三省由于平均农业产值占GDP 比重低于 15%，所以应处在工业化中期的第一阶段。其中，辽宁省城镇人口比重高于 60%，所以应处在工业化中期的第二阶段。黑龙江省与东北三省平均水平相近，处在工业化中期的第一阶段。而吉林省、内蒙古东部四盟市和整个东北地区三个指标皆不满足，只能处在工业化初期阶段。可以认为，东北地区整体处于工业化中期阶段，如表 1-9 所示。

表 1-9　东北地区工业化进程（2010 年）

地区	农业产值占 GDP 的比重/%	农业就业人数占全部就业人数的比重/%	城镇人口比重/%
黑龙江省	12.57	41.34	55.66
吉林省	12.12	43.26	45.60
辽宁省	8.84	30.36	62.15
内蒙古东部四盟市	17.97	59.25	—
东北三省	10.63	37.22	55.75
东北地区	11.25	39.33	—

资料来源：《黑龙江省统计年鉴 2011》，《吉林省统计年鉴 2011》，《辽宁省统计年鉴 2011》，《内蒙古自治区统计年鉴 2011》

（三）产业结构较为高级，且处于不断改进升级之中

改革开放以来，"东北现象"的出现，使东北地区经济发展受到一定程度的影响，但随着对外开放的加快和国企改革的深入，东北地区经济增长保持了较高的速度，经济总量明显增大，2010 年东北地区实现 GDP40 949.74 亿元，占全国的 10.2%，初步摆脱了新、老"东北现象"所导致的发展严重衰退的

困境。2010年，东北地区三大产业结构比例是11.25∶52.29∶36.46，整体稍好于全国产业结构水平，近年来产业结构不断升级，第一产业、第二产业占GDP比重总体呈逐年下降趋势，第三产业发展迅速，辽、吉、黑三省第三产业占GDP比重分别由1978年的14.8%、18.3%、15.5%上升到2010年的37.10%、35.89%、37.20%，可以说，东北地区综合性第三产业结构体系已粗具规模。同时，高新技术产业的发展也促进了东北地区重化工业的改造，出现了一汽、吉化、东北电力等一批跨地区、跨行业的现代企业集团（刘艳军，2006），如表1-10所示。

表1-10 东北地区区域发展水平情况（2010年）

地区	GDP/亿元	比例/% 第一产业	第二产业	第三产业
全国	397 983	10.17	46.86	42.97
东北地区	40949.74	11.25	52.29	36.46
内蒙古东部四盟市	3 456.26	17.97	49.96	32.07
辽宁省	18 457.30	8.80	54.10	37.10
吉林省	8 667.58	12.12	51.99	35.89
黑龙江省	10 368.60	12.6	50.20	37.20

资料来源：《中国统计年鉴2011》

（四）农业基础意义重大，是全国重要的粮食生产基地、农产品加工基地和用材林基地

东北地区土地资源丰富，土质肥沃，水资源相对较充足，是我国农业重点开发地区。50多年来，开垦的荒地约为现有耕地的30%，资源优势不断转化为生产优势，现已建成具有全国意义的粮食、大豆、甜菜生产基地。东北地区是农业结构比较完整，农、林、牧、渔俱全的农业地区。全区农林牧用地占土地总面积的85%，高出全国平均20个百分点。东北地区提供的商品粮，为全国粮食供求平衡做出了重大贡献。玉米、大豆、甜菜的产量分别占全国的32%、45%、54%，在全国占举足轻重的地位。在耕作业中，粮食作物约占全区总播种面积的65%，主要粮食作物为玉米、小麦、水稻、高粱、谷子等；经济作物占总播种面积的25%左右，其中大豆占15%左右；其他经济作物有甜菜、亚麻、棉花、花生、烤烟等。粮食商品率高，经济作物比重大，是东北地区农业的重要特点。

东北地区畜牧业资源丰富，是中国畜牧业生产基地的一个重要组成部分，具有蓬勃发展的畜牧业与农副产品加工业。畜牧业已成为东北农村经济中举足轻重的主导产业之一，畜牧业产业化已成为启动农业产业化的中轴产业，呈现出良好的发展势头。畜牧业的崛起，改变了东北地区以种植业为主体的单一农业结构，使农牧业得以有效结合，并进入相互促进的良性循环。长春地处世界

黄金玉米带，玉米也是吉林省的主要农作物，丰富的玉米资源为长春农产品加工业提供了资源保障。当前，长春玉米产业加工已粗具规模，以大成集团为龙头的玉米加工业在全国、乃至整个亚洲都具有强劲的竞争力。目前，长春农产品加工业的产业链条正逐步延伸，将发展成为全国重要的农产品加工业基地。

东北地区是全国最大的天然用材林区，全区林地总面积约 4665 万公顷，是具有全国意义的用材林基地。东北林区森林立地条件好，兴安落叶松、红松等优势树种材质佳，大、小兴安岭和长白山林区海拔多在 1000 米以下，坡度较缓，从地势上看，营林条件较好。除大兴安岭北段属寒温带大陆性季风气候外，其余部分属中温带与暖温带湿润、半湿润气候，山区年降水量达 600 毫米以上，东部山区更可达 1000 毫米以上，土层较厚，自然肥力较高，造林条件较好。东北林区基本上为国有林区。全国 130 多个森林工业局有 82 个分布于东北地区。长期以来，重采轻育，采伐量超过生长量，造成森林资源衰退。大片的原始森林逐渐被次生林替代；目前，小兴安岭、长白山林区大径材的株数只占 20% 左右；森林资源开发利用中浪费现象严重，综合利用不足，木材利用率不到原积材的一半；此外，大量林木毁于林火，1987 年大兴安岭特大森林火灾，烧毁林木蓄积 3960 万米^3。

（五）重工业部门基础雄厚，轻工业明显不足

东北地区是中华人民共和国成立后建成的第一个重工业基地。"一五"时期，国家将东北地区作为重化工业基地进行重点建设。苏联援建中国的 156 项重点项目，有 58 项位于东北地区，占全国的 1/3 以上。前期以钢铁、机械为重点，后期以石油开采加工为重点，逐步形成了以钢铁、机械、石油、化工为主体的重型工业结构。20 世纪 60~70 年代重工业比重高达 70%。经过调整，到 2005 年，重工业比重也在 60% 左右，钢铁、机械、能源化工等资源型重化工业在全国仍有一定优势。在重工业中形成许多在全国居优势的产业，钢产量占全国钢总产量的 16.5%，冶金设备和汽车分别占全国的 30% 和 16%，发电设备占 1/3 以上，石油占 1/2，东北地区重工业产品纳入全国调配的比较多，钢材、纯碱、机床、发电设备、输变电设备、原油、木材、汽车等行销全国，充分发挥了重工业基地为全国服务的作用。东北地区逐步成为与全国工业化和生产商品化、社会化、现代化相适应的、重要的、以重工业为主的、协调发展的综合性工业基地。

东北地区轻工业资源丰富，农、林、牧产品和工业原料产品均有一定优势。但是，利用率不高，数量多、种类繁的原料资源仍未能转换为强大的经济优势。目前，东北地区轻工业生产所用原料和全国一样，也多以农业资源为主，工业原料所占比重不高，与发达的东北地区重工业提供的原料条件很不相称。而且，因轻工业原料供应多建立在农产品基础之上，受农业生产影响显

著，其生产尚停留在以农产品加工为主要形式的阶段。

目前，东北地区轻工业多以省内、区内自给性生产为主，市场销售范围也仅限于局部区域内，大范围流通的商品不多，占据国际市场的产品更少。生产专业化、商品化程度低。发展到今天，东北地区轻工业在结构上仍然是传统的以农业产品加工为主的部门占多数，而与重工业提供的原料后续配套部门少，如化纤、塑料制品、耐用消费品、家用电器、合成洗涤剂、感光材料等生产部门薄弱。在布局上，轻工业多集中于几个大城市，而众多小城市和乡镇地区分布少，发展落后。在轻工业原料地尚未形成更多的具有一定规模和一定水平的大中型企业。

（六）高新技术产业优势明显，发展潜力大

新兴产业由于资金、知识和技术密集程度较高，劳动生产率高，利润率高，因而发展速度快，竞争力强。东北地区有发展高新技术工业的优势条件，如传统工业为新型产业发展提供物资设备基础；有由生产、科研、高校组成的科技人才队伍，为新兴产业的建设提供技术软件条件；尖端技术产业（计算机、航天技术）发展迅速。

东北地区的医药业经过多年发展，已经形成了自己的特色优势，在全国医药业中占有重要地位。东北三省也有着各自值得骄傲的行业代表，大连和长春两地高新生物制药产业发展势头旺盛；东北制药集团、吉林敖东药业集团、吉林通化修正、东宝、万通、茂祥等医药公司及哈药集团股份有限公司等都是我国医药行业的佼佼者，也为当地的经济和社会的发展做出了杰出的贡献。东北三省的医药企业为数不少，在振兴东北的过程中，东北地区的医药企业自身既面临进一步发展的问题，又担负充当领头羊的重任，任务十分艰巨。

2004年6月，国家发展和改革委员会（简称国家发改委）批准长春为国家光电子产业基地，长春成为目前全国两个国家光电子产业基地之一，这标志着国家已经把长春纳入全国光电子产业重点发展的战略布局，是国家实施高技术产业集聚发展战略和老工业基地振兴战略的重要措施。经过多年的发展，长春已经初步形成了以光显示器件及其上下游产品为主体，以光电子材料与器件、光电仪器仪表、国防光电子、汽车电子、软件为重点的产品结构和相对集中的企业集群（王荣成和张云逸，2008）。

沈阳、大连、哈尔滨、长春成为新兴产业发展的主要区域。这里科技密集，原有基础较好，交通信息等条件优越。沈阳科研所（中国科学院计算技术研究所、中国科学院自动化研究所、中国科学院金属研究所等）和高校（东北大学、沈阳理工大学、沈阳建筑大学等）集中，环境条件比较好，可形成科技工业园。大连经济技术开发区发展高技术工业；另外，还有大连西郊的中国科学院大连化学物理研究所和大连理工大学等提供智力支持。哈尔滨工业大学、哈尔滨工程大学、吉林大学、长春理工大学等都为科技工业园提供条件，发展潜力大。

三、交通运输网络

东北地区拥有较好的交通基础条件，已基本形成由公路、铁路、水运、航空和管道等多种运输方式构成的综合交通体系。区域内公路、铁路、内河运输线路总长度达到18.7万千米，运网密度达23.6千米/100千米^2，略高于全国平均水平（20.9千米/100千米^2）（国家发展和改革委员会，国务院振兴东北地区等老工业基地领导小组办公室，2007）。20世纪90年代以来，东北地区公路水路交通快速发展，高速公路、高等级航道、专业化码头等基础设施建设成绩显著。

（一）"T"字形骨架的铁路网络

东北地区铁路网独具一格，自成体系，成为全国铁路网的一个分网，全区共有铁路70多条，既有铁路的营业里程为15 528千米，占全国的26.128%，其铁路网密度为123 121千米/10^{4}千米^2，是全国平均水平的2倍，为我国既有铁路网最为稠密的地区（杨勉，2008），居各大区之首，形成了全国最发达的铁路运输网。

东北地区铁路网以哈尔滨、沈阳为中心，以东西延伸的滨洲、滨绥线为"横轴"，以南北走向的哈大线为"纵轴"组成的"T"字形骨架，吸引着70余条干支线，组成了东北地区庞大的铁路运输系统，如图1-3所示。"纵轴"主要承担东北地区内部及对外海陆运输任务，"横轴"除了担负东北三省与内蒙古东部四盟市地区的联系外，还承担了衔接周边邻国地区的运输任务。滨洲线长956千米，滨绥线长548千米，横贯东北地区北部，东西两端与俄罗斯铁路接轨。沿线分布有大、小兴安岭的林区，大庆油田，鸡西、鹤岗、双鸭山、七台河煤炭基地和大庆、海拉尔、齐齐哈尔、满洲里、绥芬河等一系列新兴的工业城市，是我国纬度位置最高的东西向交通干线。哈大线全长946千米，纵贯东北全区，连接了东北三省省会哈尔滨、长春、沈阳和东北地区对外开放的窗口大连，成为东北地区经济发展的重要支撑，同时将东北地区绝大部分大中城市、工农业基地、口岸重镇等重地衔接起来，全线已建成复线和自动闭塞，运输能力巨大，承担着东北地区大量的煤炭、石油、木材、钢铁、粮食及进出口物资的运输任务（孙秀伟，2009），但该线运量不均衡，南运明显大于北运。京沈、京承—锦承、京通三条铁路把东北铁路网同全国铁路网连接成一个整体，为加强区域内外的交通联系发挥了重要作用，京沈线北起沈阳，南迄北京，经冀东平原，穿辽西走廊，全长850千米，集中了关内外铁路运输80%以上的客货运量，上、下行货流密度近亿吨，是全国最繁忙的铁路干线之一。此外，铁路"瓶颈"地段较多，通过能力差，有些主要区段的运输能力达到了饱和的程度，也成为影响产业布局的关键所在。

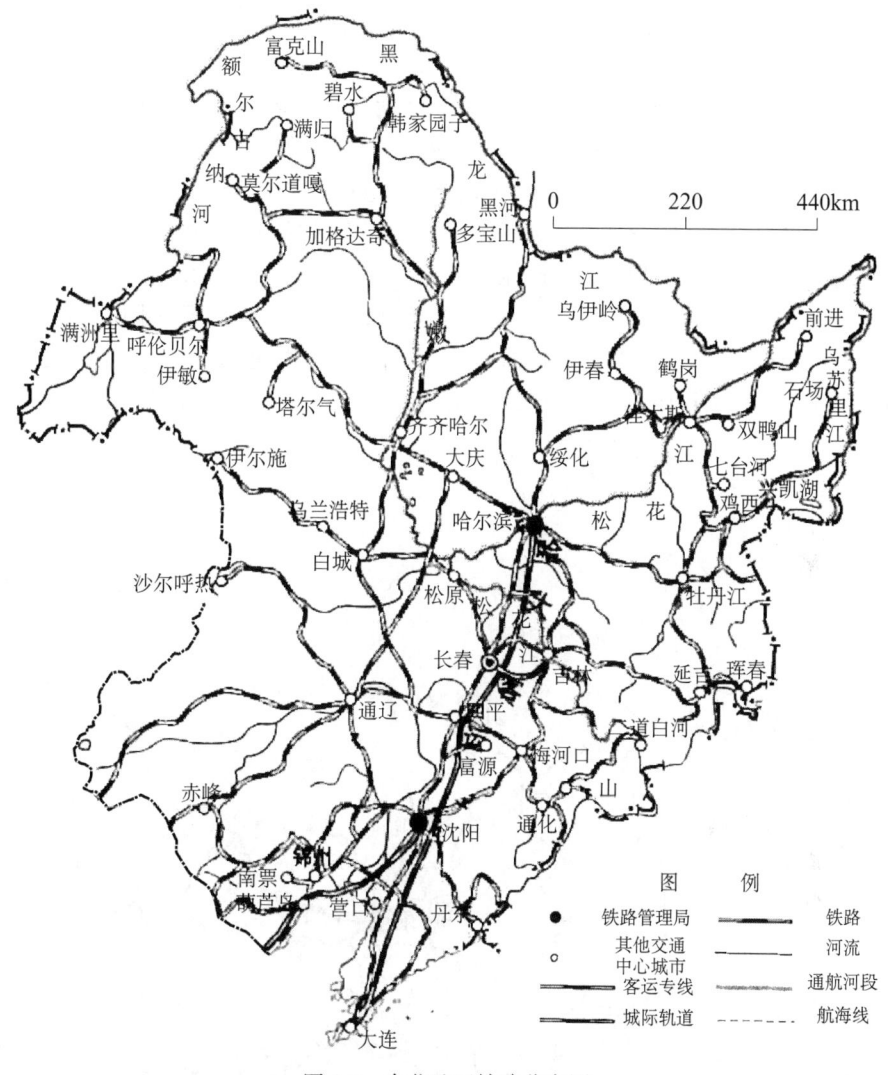

图 1-3 东北地区铁路分布图

修自：唐忠义（2012）

（二）"六纵六横"的公路系统

随着东北地区工业基地的建设和经济发展的需求，东北地区的公路建设发展迅速，形成了区内纵横交错、区际联系紧密的公路系统，以哈尔滨、长春、沈阳为中心的公路运输网络。至 2010 年年底，东北地区辽宁、吉林、黑龙江三省公路通车里程分别达到 10.2 万千米、8.1 万千米、15.2 万千米，共 33.5 万千米。

东北地区基本实现地市（盟）通二级以上高等级公路、县县通柏油路、乡镇通公路。形成了以哈尔滨、长春、沈阳、大连为枢纽，国道、省道为骨架，以县乡公路网络，干支结合、纵横交错，沟通周边国家及省区，连接境内各城镇、江海港口、口岸等四通八达、通畅快捷的公路交通网络。

东北地区国家级干线公路网由"六纵六横"的六条东西横线和六条南北纵线（三条南北纵线和三条南北向区际干线）组成，如图1-4所示。①东西横线：绥芬河至满洲里公路（301国道）、图们至乌兰浩特公路（302国道）、集安至锡林浩特公路（303国道）、丹东至霍林郭勒公路（304国道）、庄河至林西公路（305国道）、绥中至克什克腾公路（306国道）；②南北纵线：鹤岗至大连公路（201国道）、黑河至大连公路（202国道）、明水至沈阳公路（203国道）；③区际干线：北京至加格达奇公路（111国道）、北京至沈阳公路（101国道）、北京至哈尔滨公路（102国道）。

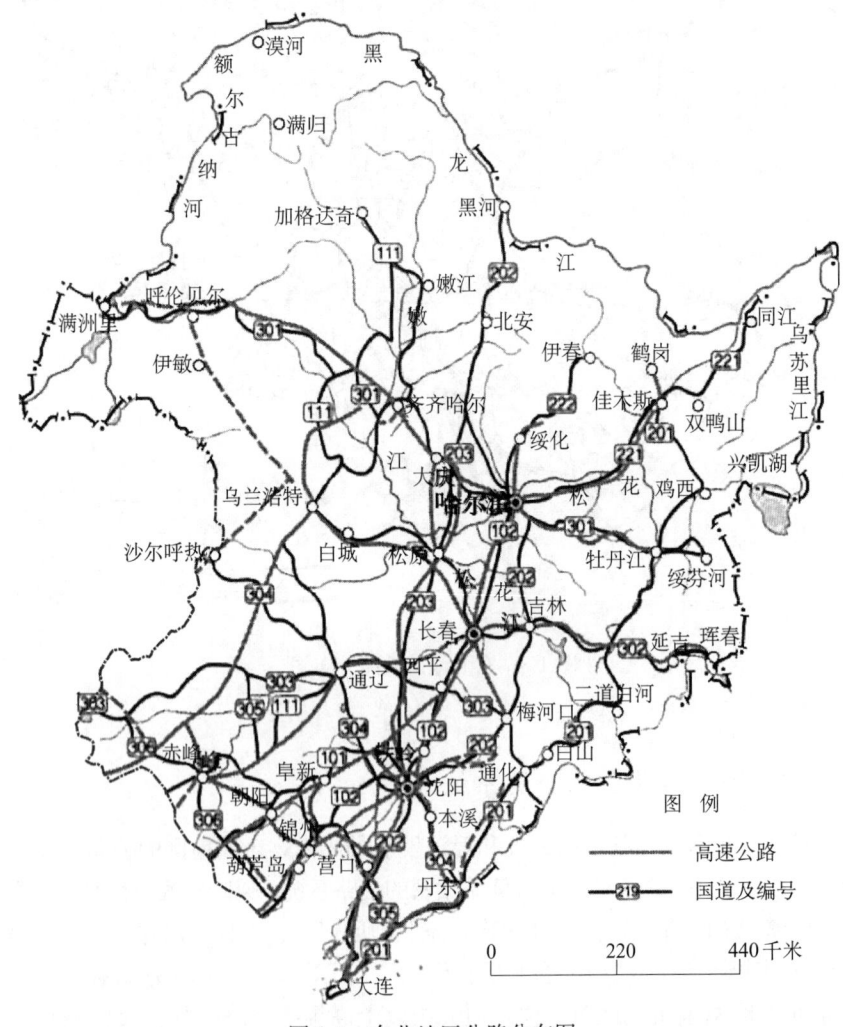

图1-4 东北地区公路分布图

修自：唐忠义（2012）

20世纪90年代以来，东北地区公路建设进入以高速公路建设为主的发展阶段。1990年9月，沈大高速公路通车拉开了东北地区大规模建设高速公路的序幕。1999年年底，东北地区已建成高速公路1195千米，这些高速公路的分布，基本上集中在以哈大线为中轴的经济带内，形成了以哈尔滨和沈阳为中心辐射周边重要城镇的树枝状布局。截至2010年12月31日，东北全域高速公路通车里程达6264千米，其中辽宁省高速公路通车里程为3056千米，吉林省为1850千米，黑龙江省为1358千米。目前，主要的高速公路包括辽宁省的同三线（含沈大高速）、丹拉线（含京沈高速）、黑大线、沈桃连接线、沈大连接线；吉林省的同三线（长四高速）、珲长支线、长营高速；黑龙江省的绥满线；内蒙古自治区的丹拉线（呼包高速）。2011年，东北三省高速公路建设里程约4800千米，重点建设东北地区鹤大高速桓仁（吉辽界）至丹东（古城子）段、丹锡高速丹东至海城段，珲乌高速长春至松原段，珲乌高速吉黑联络线北安至黑河段、鹤大高速鹤哈联络线伊春至绥化段等项目，截至2011年，东北三省国家高速公路建成7612千米。

总体来看，国道公路网"六纵六横"干线和高速公路网覆盖了东北地区绝大部分城市、工农业基地、口岸重镇等重地。由于公路灵活及"门到门"的便捷服务优势，除具有东北地区铁路网"纵横线"相同的功能外，还承担着大量的集散任务，公路"六纵六横"与铁路网"T"字形骨架相互补充、相互完善，形成东北地区的主要运输骨架。

（三）港口与内河并存的水路运输

2004年年底，东北地区内河航道里程达到8339千米，其中黑龙江省5131千米，吉林省1444千米，辽宁省413千米，内蒙古东部四盟市1351千米。东北地区内河航道主要有：①第一松花江三岔河至同江段，长1928千米，可通行500~1000吨轮船。形成的重要内河港口有哈尔滨、佳木斯、富锦、同江等。该航道起到全区北部东西向干线的分流作用。②黑龙江干流航道，长2820千米，因系界河，利用率很低，但在今后边境贸易中将起到重要作用。此外，还有第二松花江、图们江、绥芬河、鸭绿江、辽河等内河航道，形成了齐齐哈尔、吉林、松原等港口，但作用均较小。

东北地区仅有辽宁省邻海，海岸线长2178千米，沿海运输已基本形成以大连港、营口港为主，锦州、丹东等港口为辅的格局，建立了同国内港口及世界50多个国家和地区联系的海上运输网络。在内河积极发展黑龙江、松花江、嫩江、辽河的内河航运，充分发挥哈尔滨、佳木斯、依兰、富锦、同江、抚远、吉林、丰满、大安等内河港口的作用（国家发展和改革委员会，国务院振兴东北地区等老工业基地领导小组办公室，2007）。

（四）以"四大中心城市"为枢纽的航空运输

2004年年底，东北地区共有航线197条，其中，国际和地区航线53条、国内航线144条，形成了以沈阳、大连、哈尔滨和长春为枢纽，辐射周边重要城镇的航线网络。沈阳机场共有航线56条，即国内航线40条，国际和地区航线16条，固定航线11条。大连机场共有航线57条，即国内航线39条，国际和地区航线18条，其中固定航线14条。沈阳和大连的航线网络结构大体相同，主要辐射日韩重要城市及北京、上海与广州三大枢纽机场。哈尔滨机场共有航线52条，国内航线39条，国际和地区航线13条，其中固定航线5条，航线网络与沈阳、大连比较相似。长春机场共有航线32条，即国内航线26条，国际和地区航线6条，其中每天都有航班的航线4条。另外，东北地区目前在运营的支线机场有16个，分别为丹东、锦州、朝阳、延吉、吉林、齐齐哈尔、牡丹江、佳木斯、黑河、赤峰、乌兰浩特、锡林浩特、通辽、满洲里、海拉尔、长白山（国家发展和改革委员会，国务院振兴东北地区等老工业基地领导小组办公室，2007）。

第二节 区域发展状态

一、区域发展特征

（一）以重工业为主导的区域经济类型

东北地区的重工业基地主要是在苏联的帮助下建成的，基本采取苏联的产业模式，主要企业均为国有大中型企业，运用了大而全的组织模式（陈才，杨晓慧，2004）。从历史发展来看，重化工业结构已经成为东北地区经济发展的"钢筋骨架"，无论怎样改革和转变，这种结构都深刻地影响着东北地区经济发展的未来。从某种角度来说，重化工业发展与否，将是未来东北地区新型工业化不可回避和逆转的发展轨道。

（二）第一产业与第二产业之间二元结构现象突出

东北地区既是我国的重工业基地，也是我国重要的农业基地，新中国成立以来，重工业和农业都得到了很大的发展，但是，重工业和农业的发展侧重面不同，且城市建设突出了重工业和相应的城市建设，使得工业和农业之间的差距很大，形成明显的二元结构。在农业方面，"三农"问题较为严重。

（三）中部与两翼经济地域分异显著

目前，东北地区已经形成了中、东、西三大经济地域。由于区位和发展条件的差异，中、东、西三大地区的发展规模和水平有很大差异，出现了中部与东西部的二元地域结构。

中部地区形成了沿哈大铁路沿线产业密集带和城市群，成为东北地区经济发展的核心地带。中部产业密集区又分成南、中、北三个产业区和城市群。其中，南部以沈阳、大连为中心，包括鞍山、抚顺、本溪、辽阳、丹东、营口、盘锦等大中城市在内的辽中南产业密集区与城市群，发展水平远远超过了中部和北部，其中农业产值占整个中部地区的55%以上，工业总产值则超过了60%以上，是东北地区经济发展的"心脏"地带。中部是以长春、吉林为中心的产业区，工农业总产值和工业总产值分别占整个中部地区的20%和15%。北部是以哈尔滨、大庆、齐齐哈尔为中心的产业区，工农业总产值和工业总产值均占整个中部地区的25%，发展程度和城市化水平不及南部地区。

东部地区从南到北主要包括丹东、通化、白山、延吉、敦化、牡丹江、鸡西、佳木斯、鹤岗、双鸭山等大中城市及其周边地区，工农业及林、牧业的发展都达到了一定的水平，但远远低于中部地区，高于西部地区。这一地区有丰富的矿产资源和水利资源，还有以长白山为中心的旅游资源，沿边地区还有众多的对外口岸，如丹东、集安、图们、珲春、绥芬河等，对外开放条件优越。

西部地区主要包括辽宁省的阜新市、朝阳市，吉林省的白城市、松原市，黑龙江省的大兴安岭地区，内蒙古自治区的赤峰市、通辽市、兴安盟及呼伦贝尔市。这一地区的工农业发展落后，特别是现代工业基础薄弱，矿产资源特别是能源及林、草资源丰富，开发利用程度低。产业结构以农业、林业、牧业为主，产业结构不尽合理。城市化水平也远低于中部，经济辐射力有限，交通落后，区域经济联系不畅。

东部和西部地区具有广阔的产业发展空间。东西部土地面积广阔，约占东北地区的80%，但是人口密度小，城市化水平低，经济发展落后，工农业总产值还不足东北地区的30%。现阶段，东部地区的经济发展接近于中等水平，资源开发利用达到了一定规模，进一步发展的前景十分广阔。西部地区从总体上看，属于待开发地区，后续发展潜力大。

二、区域发展优势

（一）拥有一个"可以恢复"的生态——自然地理环境

在资源禀赋方面，东北地区虽然失去了部分自然资源的供给优势，但是如果从实现可持续发展的目标看，东北地区相对于国内其他地区是有明显优势的。这就是东北地区拥有一个"可以恢复"的生态——自然地理环境，生态资本的潜力雄厚，在实现可持续发展方面，可以节省大量的恢复-治理投资的费用。东北地区平原面积相对广阔，大规模开发的历史不超过 150 年，即便是在人类干扰以后，对于半干旱条件下的草地，这里的水分和热量条件可以在 10 年的周期内实现地带性植被的恢复；在山区，在采取人工措施的情况下，恢复自然植被的时间不会超过 50~60 年（丁四保，2003）。

（二）具有组合效果的农业资源支撑

东北地区土地资源丰富，具有平原、丘陵、山地、草原、海域等复杂多样的农业自然生态系统，构成了"山环水绕、沃野千里"的自然景观。全区大部分属于温带气候，光照和降水条件好，为农、林、牧、渔各业的发展提供了有利的条件。2010 年统计资料显示，全区耕地面积为 2642.31 万公顷，占东北地区土地总面积的 21.12%。松嫩、松辽、三江平原地区，地势平坦，土地肥沃，适合机械化作业，是我国重要的商品粮基地。大兴安岭及长白山是我国重点林区。草地面积广阔，特别是呼伦贝尔大草原和科尔沁草原是全国少有的天然牧场。全区南端濒临黄海和渤海，据 20 世纪 80 年代中期文献资料显示，海岸线长 2178 千米，近海水域面积 50 667 万千米^2，盛产鱼虾、贝类及多种海珍品。全区水产资源丰富，淡水养殖面积大，为发展淡水渔业提供了良好条件。

（三）拥有一批国内其他地区不可替代的优势部门

东北地区是我国内部经济联系紧密、比较成熟的经济区域，新中国成立以来一直作为全国基础工业和技术装备工业基地，进行了大量的重点建设，逐步形成了较为完整的以重工业为主导的产业群，形成了冶金、机械、化工、能源、粮食、木材、牧业七大主导产业群，沿着哈大铁路形成了南自大连北至哈尔滨的比较发达的产业带，向国家提供了大量的木材、煤炭、石油等工业原料，构成了东北地区作为国家重工业基地的经济优势（任晶，2008）。

东北地区拥有着一些国内其他地区不可替代的装备制造业的优势部门，如电站设备制造、冶金设备制造、重型机床设备制造、交通运输设备制造和部分电器机械制造。装备制造业的发展必然要求能源、原材料等基础工业的相应发展。东北地区在这方面有相当好的基础，如辽中南地区，以大连、沈阳为中心，可以形成一个大尺度的制造业集聚区。而且汽车、飞机、船舶、发动机、电站设备、电机、计算机主机制造等对零部件的要求相当广泛，很容易在近距离上形成与整装厂密切联系的中小企业的集聚，目前，东北地区中小企业集聚现象已见雏形。

辽宁省作为我国最重要的工业基地的地位虽然下降，但是其重工业的基础依然雄厚，在技术密集的装备制造业里形成了一批比较有竞争力的企业，其中，大连的水轮机、冷冻设备、冶金工业设备、微电机、诊断用品和电真空器件制造在全国占有显著的市场份额。沈阳的机器人、（数控）切削机床、环保机械、小客车、计算机整机等新型制造业企业也已经在全国占有重要的地位。黑龙江省哈尔滨飞机制造集团的汽车年生产能力已经达到 30 万辆的规模，在全国微型汽车行业里排列第二位；东安微型发动机的年生产能力达到了 35 万台，市场占有率居全国第一位；齐齐哈尔第一重型机械集团在实现大型石油化工设备和冶金设备国产化方面已经做出了重大贡献；哈尔滨电站设备制造集团已经成为我国电站设备和舰船动力装置的生产基地。吉林省的突出产业是汽车工业，且高度集中在长春。

东北地区拥有的大面积林地为这里发展以林下采集、栽培、养殖为原料的绿色食品制造业提供了优越的条件。黑龙江、吉林两省的林木资源虽然出现危机，但是林木资源本身可再生的性质和东北地区的"可恢复"环境预示着东北地区在发展家具制造、纸浆造纸等产业方面的良好前景。依靠生态林业的开发模式，搞好采育结合，开发木材深加工和林下副产品的采集与加工，完全可以使目前处于资源枯竭地区状态的上述地区重新成为可持续发展的林产品生产基地。

目前，吉林省和黑龙江省的农产品深加工、医药等部门的水平或明显高于全国平均水平，或相当于平均水平。其中，大豆加工、玉米加工、乳肉制品等产品的生产已经形成了一批大型企业。黑龙江省的哈药集团、吉林省以敖东制药为代表的中成药企业已经在国内市场上占有重要地位。

（四）国家振兴东北老工业基地的政策支撑

2003 年，国家实施振兴东北老工业基地战略，以完善社会保障体系、实行部分行业增值税转型、企业所得税优惠，国债补助、项目支持等政策措施支持东北地区老工业基地调整改造。2003 年，国家发改委批准"振兴东北"第一批 100 个国债项目，2004 年，批准第二批 197 个国债项目。这些项目主要为装备制造业及高新技术产业，通过这些项目支持，为东北地区产业发展注入了新的活力，促进东北地区产业结构的调整及传统产业升级改造。近年来，随着《东北地区振兴规划》、《东北地区振兴"十二五"规划》的相继出台，国家给予东北地区的项目与政策支持，东北老工业基地 10 年来突破"东北现象"困扰，实现了迈向全面振兴的发展历程。党的十八大报告中再次提出"全面振兴东北地区等老工业基地"的发展部署，相信以党的十八大为契机，东北地区城市与区域的建设发展也更将迎来一个重要的、新的历史机遇。

（五）经济与社会发展成本相对低廉

东北地区没有大面积的贫困地区，从业人员的受教育水平明显高于全国平均水平,对于东北地区来说,这是一笔巨大的社会财富。东北地区作为老工业基地,有着巨大的存量资产、良好的产业基础、明显的科教优势、众多的技术人才和较为完备的基础条件,具有投入少、见效快、潜力大的特点,是具有极具后发优势的地区,也是国家以最低成本建设新兴工业基地的最佳选择。

(六)优越的智力资源支撑

东北地区教育及科技事业比较发达,高等院校及各科研单位无论从数量上,还是发展水平上在全国仅次于京、津、沪、宁、杭地区,科技力量较强,是全国各类专业人才分布密集的地区和全国拥有专业人才较多的地区。从教育事业发展水平及人力资源看,东北三省在全国各省(自治区、直辖市)中优势明显,许多指标都处在全国前列。辽宁省在业人员中,大学本科以上水平者占1.23%,比全国水平高出0.57个百分点,居全国第四位。辽宁省科技实力雄厚,技术开发能力综合指数居全国第二位,综合科技实力居全国第九位。吉林省科技教育发展综合指数居全国第四位,人均受教育年数居全国第七位,每万人拥有大学文化的人数和科技人员居全国第六位。另外,由于本区是全国现代工业发展较早,新中国成立后国家重点投资建设的工业基地,大型企业分布密集,所以培养和造就了一大批有素质的产业工人队伍和管理干部队伍,这是本区经济建设的宝贵财富。

三、区域发展存在的问题

(一)传统产业比重高,发展活力尚需提高

东北老工业基地普遍存在传统产业比重大,技术相对落后,产业链条短,精深加工度低,自主创新能力不强的问题。高新技术产业化进程缓慢,经济贡献不突出,经济发展活力不足。例如,辽宁省的成套装备研发、制造能力居国内领先水平,但装备制造业技术转化能力和技术创新活力不高,生产集约化程度低,产品配套能力、系统集成能力和成套能力不强,企业自主创新能力亟待提高。

(二)"二元地域结构"一直持续

改革开放前,我国从整体上实行了"非均衡发展战略",这种计划经济下的产物导致东北地区中部和东西部的差距拉大。在国家政策下,重点发展了以哈大铁路沿线为轴带的中部地区,以及从"一五"计划至"二五"计划期间,主要集中在沈阳、鞍山、大连、抚顺、长春、吉林市、哈尔滨、齐齐哈尔等中心城市及其周围地区的属于中部地区的重点建设项目。东北地区东部和西部广大地区由于工业基础、交通等建设条件和国家政策实施力度不及中部地区,所以一直没能得到强有力的发展。中部地区与东、西部特别是西部地区经济发展形成典型的"二元地域结构",这一状况一直持续到现在。

(三) 现代服务业发展水平低

目前,东北地区服务业总体规模偏小,2005年东北地区服务业增加值仅占GDP比重的38.5%,不仅大大低于世界中等收入国家50%以上的水平,同时也低于世界低收入国家40%以上的水平,与国内的长三角地区(39.5%)、珠三角地区(42.3%)和京津冀地区(44.2%)相比有较大差距,低于全国平均水平1.8个百分点。东北地区的服务业又主要以传统服务业为主,传统服务业与现代服务业产值比例为75:25。尤其是生产性服务业发展水平较低,导致东北地区服务业缺乏创新能力和市场竞争力,无法对地区产业结构升级和投资环境改善提供必要的支撑。

东北老工业基地振兴对发展现代服务业提出了需求。与发达地区相比,东北地区现代服务业发展具有较大的增长空间,现代物流业、旅游业、金融业、会展业、房地产业等现代服务业的发展空间更为广阔,发展现代服务业是实现东北老工业基地振兴、提高大城市发育质量的重要途径。

(四) 资源型城市经济转型任务艰巨

东北地区亟待转型的资源型城市较多,经济转型面临一些亟待解决的问题:①城市经济结构单一,基本以资源开发为主,接续产业发展缓慢,发展后劲不足。②下岗失业人员较多,就业和再就业压力很大,如辽宁省失业人员中,资源型城市失业人员占东北地区的39%。③部分群众生活困难,不稳定因素较多。由于贫困人口较多,且呈现出贫困集聚和代际传递等特点,激化了社会矛盾,群体性上访事件大幅增加。④环境污染和生态破坏严重,一些地方存在重大地质灾害隐患。⑤国有资源开采企业负担重,地方财政非常困难。⑥尚未建立起促进资源型城市可持续发展的长效机制。

资源型城市实现可持续发展是东北地区振兴的焦点问题之一,解决资源型城市问题是国家提出振兴东北老工业基地战略的着眼点之一。东北地区的资源型城市问题集中了老工业基地城市的所有体制机制、产业结构和社会发展问题。

资源型城市问题和矛盾是长期积累形成的,有着特定的时代背景和体制原因。资源型城市转型不仅是一个经济发展问题,也是历史留给我们必须面对的社会问题。资源型城市目前存在的问题在我国资源型城市中具有典型性,城市经济结构转型是东北老工业基地振兴面临的重点和难点,也是东北老工业基地振兴的重要标志之一。

（五）区域发展软环境欠佳

良好的发展环境是东北老工业基地振兴的保障，东北地区发展软环境亟待改善。

第一，社会信用环境有待提高。巨额不良资产等导致信用环境恶化，制约了国有企业改制和产业结构调整。黑龙江省61%的国有大中型企业的信用等级在BBB级或以下，2005年国家支持的100个国债项目中，只有33个项目贷款到位。相对沿海其他区域，东北地区需要在建立完善的信用评估和信用维护体系、加大执法监督和打击逃废债务力度、健全失信处罚和守信奖励制度等方面，加大建设力度，形成有约束力的制度环境。

第二，适应市场发展的企业家培育环境与沿海地区存在显著差异。创业环境与创新文化是区域的生命力，东北地区应在不断改善创业环境的同时，创造良好的创新文化氛围。

第三，发展民营经济的环境不佳。民营企业发展滞后是东北老工业基地发展过程中的突出问题。与东部沿海地区和内地相比，东北地区民营企业发展的最大特点是历史短、基础差、受国有大中型企业和政府行为影响大，发展环境欠佳。与国内民营经济较发达的地区比较，东北地区应在加强法制建设，制定并形成适于东北地区特点的促进民营经济发展的规章制度与法规，改善民营经济发展的软环境。

东北地区较其他发达地区相对较差的投资环境在一定程度上阻碍了国内外资本与技术的流入，从而失去部分依靠投资拉动经济发展的机会。人才外流、资金短缺使得东北地区投资环境不佳，再加上面临着与珠三角、长三角、京津冀等发达地区的激烈竞争，区域发展的竞争压力日益加大。

（六）对外开放与经济外向化程度低

东北地区经济的外向化低，在全国对外贸易中的地位下降。2004年，东北地区的对外进出口总额为546.0亿美元，在全国对外贸易总额中的比重从2000年的5.7%下降到2004年的4.7%。在对外开放方面，区内发展不平衡。例如，在利用外资方面，自2000年以来，东北地区一直占全国的6.2%~7.6%，其中辽宁省实际利用外资占全国的比重最高，2004年为6.5%，吉林省和黑龙江省均不到1%。东北地区对外贸易与东南发达省份相比相差悬殊，且整个东北三省的实际利用外资额仅相当于浙江省的2/3。从外贸依存度来看，东北三省四个中心城市的外贸依存度，除了大连较高（75.32%）外，其他三个省会城市均低于全国平均水平（44%），在全国主要城市的排名中比较靠后。进一步扩大开放是振兴老工业基地的重要途径。从整体上来看，东北地区对外经济合作整体水平较低，东北地区经济外向度大大落后于全国平均水平，参与国际市场竞争能力不够，在国际竞争中面临着严峻的形势，区域经济发展的外在动力不足。

第三节　区域发展宏观定位

综合国家振兴东北战略的要求、区域发展基础与国内外发展背景，将东北地区未来至2020年发展的总体定位表述为：我国新的重要增长区域，参与经济全球化的重要区域；具有国际竞争力的新型工业化基地，东北亚区域经济发展的发动机，国家粮食安全基地，国家生态安全的重要保障区。

一、世界级装备制造业基地

装备制造业是国家竞争力的重要标志，是一个国家的战略性产业。东北地区作为全国的工业基地之一，具有发展装备制造业良好的历史基础和现实条件。立足于东北地区装备制造业的现有基础，积极承接发达国家和地区的装备制造业转移，集中力量发展船舶、轨道交通设备、数控机床、重型装备、发电和输变电设备、汽车等六大产业，将东北地区打造成为世界级的装备制造业基地。

（一）船舶制造业基地

以大连为龙头的东北地区的造船业，是我国10万吨级以上大型船舶和海洋工程的集聚区域，产量占到全国造船总产量的22%，是我国建设"世界第一造船大国"，打造世界级规模和水平造船中心的主要基地。

在今后的发展中，东北地区需要在加大船舶技术的研发力度、提升船舶工业自主研发创新能力等方面有所突破。以发展高技术含量、高附加值的高端产品为重点，做强造船主业，加快发展修船业和船用配套产业。重点建设大连、葫芦岛两大造船基地，加快推进大型船坞及配套设施建设；发展大型海洋石油工程装备、海上浮式生产储油轮、30万吨矿石和原油运输船、8000箱以上集装箱船、大型液化天然气船、专用汽车滚装船、新型客滚船、不锈钢舱化学品船等高技术、高附加值船舶，建设世界级的造船基地。

（二）先进轨道交通设备制造基地

围绕国家"两高、两快、一重"（高原铁路、高速铁路、客运快速、货运快速、货运重载）和城市轻轨建设的要求，东北地区应依托轨道交通设备制造业骨干企业，重点发展高速重载铁路货车、高速列车、新型地铁车辆、城市轻轨车辆和内燃机车，建成全国最大的铁路客货车制造基地和出口基地。

（三）数控机床研发制造基地

东北地区机床行业在国内占有极为重要的位置，仅六家主要企业年产品销售收入就占到全行业总销售收入的15％以上。大连、沈阳两大机床集团的产品销售收入位居全国第一和第二，齐齐哈尔第二机床厂大型数控镗铣床占有全国市场份额的50％以上，大型机械压力机也位居全国第二。齐齐哈尔第一机床厂为电站行业提供的车镗床专机、新近开发的为造船工业提供的数控多轴联动重型车床、核燃料的处理装备都是国内自主品牌。同时，东北地区数控机床的出口量也在逐年增长，不仅出口到发展中国家，在发达国家的市场上也已经占有一席之地。

在未来的发展中，东北地区应广泛开展与国际机床业的合作，强化技术创新能力，实现经营国际化、产品向数控化、制造规模化，继续保持国内领先地位并积极参与国际竞争。建设国际知名的我国最大的数控机床开发制造基地和普通机床出口基地。

（四）重型装备制造基地

东北地区应瞄准世界当代先进水平，为冶金、矿山、核电、石化、军工、汽车等行业提供大型装备；瞄准国家重点工程建设急需的和可实现替代进口的重大装备，加强研发和创新能力，积极发展核心主机设备和配套辅机，提供成套水平。努力掌握核心技术和关键技术，全面提升设计技术和制造工艺的信息化水平，研制一批高端产品和成套设备，实现重大装备国产化，建成具有国际竞争力的重型机械装备制造业基地。

（五）发电和输变电设备制造基地

东北地区发电设备制造业应研制一批高端产品，使我国发电设备的研究、设计、制造达到或基本达到世界先进水平。应加强超高压输变电设备的研发制造业能力。重点发展500千伏级交直流和750千伏输变电成套设备，加快研制开发1000千伏特高压交流、±800千伏级直流输变电设备，提高成套能力和水平。通过与国外联合设计、引进技术、合作生产和国内关键技术科研试验等途径，掌握核电关键设备、发电机的设计和制造技术，并逐步形成百万等级核电机组及核电主设备的设计、制造能力。发展风力机组，形成风电机组的规模化、产业化。

（六）汽车研发制造基地

东北地区应依托一汽汽车综合制造的产业优势，加大汽车产业的整合与重组力度，支持一批具有自主知识品牌企业的发展。以轿车为重点，以轻型车、大中型客车、专用车、农用运输车为补充，以发动机、关键零部件及配套产品为依托，通过合资合作、技术改造、资产重组等多种途径，进一步拉长产业链，带动汽车零部件、物流等相关产业的发展，形成整车和汽车零部件产业集群，建成我国最重要和具有世界影响的汽车综合制造及汽车零部件制造基地。

二、新型原材料和能源重化工基地

东北地区是我国最重要的能源、石油化工和钢铁生产基地，在今后的发展中，这些基础产业的地位将会得到进一步的巩固和加强。同时，在原有基础上努力提升技术水平，依托东北地区雄厚的材料产业科研力量，积极发展化工新型材料、无机非金属新材料、金属新材料、汽车材料、光电子材料、能源材料、纳米材料等，有力地支撑和推动东北地区先进装备制造业的发展；促进能源转化和发展新能源，保障区域发展的能源需求，是未来能源重化工业发展的总体方向。作为国家级基地建设主要体现在以下三个方面。

（一）重要的能源基地

东北地区煤炭资源总储量为1400多亿吨，主要分布在内蒙古东部四盟市地区的呼伦贝尔、霍林河周边及赤峰平庄、锡林郭勒的白音华、胜利煤田地区，以及黑龙江省东部的三江穆棱区。石油和天然气资源丰富，其中东北三省石油剩余可采储量为10.76亿吨，占全国石油可采储量的47%。天然气储量为1230.87亿米^3，占全国天然气储量的5.5%，主要分布在大庆油田、松辽油田和辽河油田。油页岩储量比较丰富，已探明储量为211.4亿吨，约占全国比重的65%以上，是我国最大的分布区。风能资源非常丰富，具备百万级风电装机规模的风场有10余处，其中灰腾梁风电场具备建设250万千瓦风电装机规模的条件，为全国之最。

预测表明，未来东北地区能源需求将继续呈现增长趋势。2020年煤炭需求增加到5.0亿吨；电力需求达到5500亿千瓦时。为此，要建设一批大规模的煤炭生产基地，并开工建设一批电站项目。2010年煤炭产能超过3.6亿吨，电力装机超过6000万千瓦，原油加工能力达到1亿吨，原油加工量达到8000万~9000万吨，作为我国重要能源生产基地的地位进一步得到巩固。

（二）石油化工基地

2005年，东北地区石油产量为6300万吨（2004年为6500万吨），约占全国石油总产量的35%，原油加工能力已经超过了9000多万吨，占全国炼油能力的37%以上，是全国最大的原油生产基地和石油加工基地，已经形成了原油开采、炼油、乙烯到化工产品较完整的产业链，有8家企业排全国化工行业前20位，炼油能力达到或超过1000万吨/年规模的大型炼油企业已有3家，其中，大连石化已拥有超过2000万吨/年的加工能力。乙烯生产能力143万吨，产量156.2万吨，分别占全国能力和产量的25.6％和25.5％，已经形成5家炼化一体化的大型石化企业。

在未来的发展中，东北地区具有成为我国精品石油化学工业基地的资源、产业发展基础、技术人才，以及港口、对外口岸等众多优势条件。同时，又适逢国家实施振兴东北战略，以及中俄石油天然气管道的规划建设等重大机遇。依据目前的发展态势，到2015年乙烯产量将达到400万吨以上，合成树脂在三大合成材料中的比例大大提高，形成上下游相互配套、一体化的石油化工产业群，进一步巩固和提升其作为国家石化基地的地位。

（三）钢铁生产基地

东北地区钢铁生产能力和生产总量已经有了较大幅度的提高，1980~2005年，东北地区的钢产量从1000万吨增加到3800万吨，已有5家钢铁企业进入中国500强。钢铁生产主要集中在辽宁省，黑龙江、吉林和内蒙古东部四盟市地区生产规模相对较小。2005年，辽宁省钢产量达到3057.3万吨，占东北地区总产量的80％以上，居全国第二位，是东北地区最主要的钢铁生产基地。辽宁省已经形成了以鞍钢、本钢、东北特钢、北台、凌钢、新抚钢等六大企业（生产规模占全省的96.6％）为骨干的钢铁工业产业群，其热轧板、冷轧板、镀锌板的生产能力均排在全国第二位；东北特钢生产能力也排名全国第三位。与国内其他地区相比较，东北地区发展钢铁工业具有资源组合、运输体系和市场需求等方面的突出优势。可以预见，其在不久的将来，通过积极发展精品板材、特钢和新型建筑钢的生产，东北地区将会建设成为中国北方地区精品钢材生产基地。

三、保障国家粮食安全和绿色农产品基地

东北地区农业在全国占有重要地位，其主要体现在以下三个方面。

（一）最大的商品粮基地

东北地区耕地面积占全国的21.0％，人均耕地比全国平均水平高一倍，全国商品粮大县前10名中有9个县分布在东北地区。吉林、黑龙江两省的人均粮食占有量分别居全国的前两位，区际粮食商品率亦高达55.7％和55.1％。而且，由于土壤条件、气候条件的优越，粮食增产潜力巨大，据预测到2030年东北地区粮食增产潜力可达350亿公斤以上，粮食商品率可达55％以上，

能够满足我国未来30年新增人口对粮食需求的50%，国家最大商品粮基地的地位将得到进一步加强。

（二）绿色和有机食品生产加工基地

东北地区具有得天独厚的气候条件，土壤质量好，有机质含量高，环境污染少，具有开发有机食品的资源和生态环境条件，很多绿色和有机食品具有规模化生产和加工的垄断地位。目前，绿色食品和有机食品生产已粗具规模，绿色食品生产企业占全国的70%。随着城乡人民食品结构的变化和对食品质量要求的提高，为东北地区建设成为区域特色突出的安全食品专业化主产区和加工基地，提供了巨大的市场需求。

（三）精品畜牧业的重要基地

东北地区畜产品在全国占有重要地位，肉、奶等产品丰富。黑龙江省的乳产品占全国的25.4%，居各省之首；吉林省的肉类人均占有量居全国的第一位。而且，全区饲草丰富，西部松嫩平原和内蒙古东部四盟市地区的呼伦贝尔草原盛产的羊草驰名中外，是我国温带草原中生产力最高、改良条件最好、最适合饲养肉用家畜的天然饲草；东北地区作为全国最大的玉米、大豆产区，谷物饲料有4000多万吨，饼粕类蛋白饲料有500多万吨，居全国精饲料供应量首位；西部草原和半农半牧区、中部的谷物产区，优势互补。畜牧业发展潜力十分巨大，可建成全国精品畜牧业生产基地。

四、国家生态安全重要保障区

东北地区在国家生态安全总体格局中占有极其重要的地位，其森林、草原和湿地等生态质量的状况在某种程度上决定了全国生态的总体状况。

（一）森林生态系统的主体区域

东北地区的森林主要分布在大、小兴安岭和长白山等地区，森林资源十分丰富。现有森林总面积为3641.28万公顷，占全国森林面积的29.87%；森林覆盖率为33.5%；活立木总蓄积量、森林蓄积量和用材林蓄积量均居全国第一位。近年来，随着国家天然林保护、"三北"防护林建设及退耕还林等一系列重大生态工程的实施，累计造林面积持续增长，森林覆盖率持续提高，森林生态环境有了较大的改善。随着森林生态系统的不断完善和质量的不断提高，其作为我国最主要的林区和森林生态系统主体地位将得到进一步的提升。

（二）草原生态质量的标志区域

东北地区草原主要分布在西部的呼伦贝尔和锡林郭勒高原、松嫩平原西部和西辽河流域，植被覆盖类型包括温性草甸草原、温性干草原、山地草甸、低地草甸和沼泽。草地面积约占土地总面积的17%以上。其中，天然草地占草地总面积的96%以上。东北地区分布着我国最好的草原，草质普遍较好，单位面积载畜量较高，其中，呼伦贝尔草原是世界上最好的草原之一。近年来，实施退牧还草和草原"三化"治理工作取得了显著的成效，表现出了其自然恢复能力较强的特点。东北西部地区既是我国主要的草地畜牧业基地，也是中国东北绿色生态屏障的重要组成部分，对保证东北地区大平原产粮区和工业城市群的生态安全，以及华北地区防止风沙侵袭具有重要价值。最好的草原保护水平和易沙化草原的治理水平，是表征我国草原生态保护总体状况的具体实例。

（三）湿地资源保护的重点区域

湿地被喻为地球之肺，其具有的蓄水、调节气候、降解污染、维护生物多样性和区域生态平衡等功能，是其他生态系统无法替代的。东北地区是我国湿地资源最为丰富的区域之一，我国四大湿地保护区中有三个（向海、莫莫格、扎龙）分布在东北地区。但是，由于新中国成立以来对湿地的大规模垦荒，过度抽取地下水资源，以及一些水利工程的蓄水、引水，造成下游地区来水量减少，甚至河流断流，湿地生态用水被严重截留。加之近年来气候干旱，造成湿地面积萎缩，湿地总面积在50年间减少了42.4%。在振兴东北的进程中，湿地生态系统的保护是重要的任务之一，要保证湿地面积不再减少，质量逐步提高。

第二章

东北地区城市形成与演化过程

中国东北地区是我国古代最早的文化发源地之一，其城市的形成和发展经历了漫长的历史进程。东北地区城镇的兴起与社会经济发展历史紧密联系在一起，与生产力布局规律、人口分布规律密切相关，是随着地区社会生产力的不断发展、社会劳动分工不断加深而逐渐形成发展起来的。东北地区南部汉族移居较早，城镇历史悠久；北部长期以来为少数民族聚居地区，经济开发缓慢，生产力水平低下。东北地区城镇形成晚于我国中原地区，更缺乏古代大都会。纵观东北地区城市形成与发展，大致经历了三个历史发展时期，即古代城镇形成时期、近代城市形成时期、现代城镇体系形成发展时期（曲晓范，2001）。

第一节 古代城镇形成时期

东北地区作为我国古代最早的文化发源地之一，远在旧石器时代，就有人类生息繁衍在这块富饶的土地上。从战国时期到鸦片战争前2000多年的封建时代，中国历代王朝都先后在这里设官镇守。清定鼎中原后，曾对东北地区实行"封禁"政策，在一定程度上延缓了东北地区的经济开发。近代以前，东北地区开发较晚，社会经济相对落后。古代城镇形成时期主要指1840年鸦片战争以前的这一段历史时期（王士君，宋飏，2006）。

一、古代城镇形成过程

（一）春秋战国及之前：城镇萌芽时期

原始社会晚期是东北城邑的萌芽阶段。东北地区以平原和山地为主，河流纵横交织，水力及其他物产资源丰富，气温适合植物生长和人类生存，这些得天独厚的自然条件为区域人口的集聚和城市的出现赋予了先天优势。8000年前的兴隆洼文化时期，西辽河出现了围壕圈护、街区分明的大型聚落居址。沈阳北陵附近的新乐遗址考古发掘证实，早在7200年前沈阳已有原始的先民社会。5000年前，辽西已创造出绚丽多彩的红山文化，出现了以"坛、庙、冢"群体组合为标志的礼仪中心（张宇星，1998）。至距今4000年左右的夏家店下层文化时期，西辽河正式进入青铜时代（庄林德，张京祥，2002）。由于农业的进步和社会人口的急剧增加，此间的西辽河地区普遍出现了以早期城邑为中心的聚落群体，城市出现的基础条件已经形成。紫蒙城是商人北上到达辽西带来农业经济形态的同时建造的，可能是辽宁省域的第一座城市（霍尔，邹得慈，1985），随后出现殷时诸侯孤竹国的孤竹古城（今卢龙县南6千米）和九夷之一东屠的屠何城（今葫芦岛市）。

距今约3000年起，西辽河地区的气候环境开始转向低温干燥，生态环境的明显变化，进而导致产业结构的调整和两种青铜文化的更迭，即以农业为主要经济基础的夏家店下层文化南徙，代之而起的是农业生产水平较低、畜牧业发达的夏家店上层文化。大约相当于周代的沈阳新乐上层文化后期开始出现青铜刀斧（胡俊，1995），旅大地区在商末才有青铜器出现。商亡后，箕子率族就封于辽西孤竹之地，后因山戎南下入其地，箕族被迫东迁，辽东出现第一座城市列阳城。吉林和黑龙江地区到商周之际开始有小型青铜器出现。

西周春秋之际，在秽貊部族活动地区、东北夷各部活动地区，以及西部的东胡、山戎活动地区，均已出现私有制和社会分工，北方地区开始出现游牧国家，当时社会经济还不十分发达，从游离状态的涉猎文明社会进入了半固定居民点状态的农牧文明社会，民居为半地下穴式，固定居民点周围以农业土地生产和森林、动植物资源开发为主导的农业区域基质，成为城市发育的母质。"城"与"市"没有有机地结合起来，也就是从这一时期起，中国形成了北方游牧文明与中原农耕文明的互存并立局面，东北与中原地区逐渐拉大了距离。

战国至秦汉时期，东北南部地区先后进入东胡、乌桓和鲜卑时代。公元前300年前后，春秋战国时期的燕国在北击东胡的过程中，"置上谷、渔阳、右北平、辽西、辽东郡以拒胡"，即在今辽宁省朝阳、辽阳等地设置辽东五郡，在沈阳设置侯城县，由此东北地区出现了具有城邑特征的军事要塞。辽西郡治阳乐，约位于辽宁省义县西。辽阳曾在地下数米，发现战国遗址，考古证明即古襄平，是东北地区出现最早的且规模较大的城市。普兰甸黄家亮子战国古城址平面呈长方形，东西长100米，南北宽50米，城墙残高2～3米，宽2米，附近有烽火台，说明战国时期城市规模不大，城市功能以军事防御为主。

东北地区城市的产生不是源于内部诸因素的发展所致，而是燕昭王经略北方，诸侯国为实施政治统治，秦开辟辽东五郡才开始的，即内部因素的变化尚未有能力形成极具规模的城市，而是外部因素的介入，促进了东北地区经济的发展，迅速形成粗具规模的城市。这一时期，少数民族城址抵御自然灾害的能力薄弱，迁徙相当频繁（邰艳丽，2004）。

（二）秦汉：城镇兴起时期

秦始皇结束了长达 500 多年的纷争割据局面，建立起中国历史上第一个中央集权的、幅员辽阔的封建统一国家，其疆域东至海岸，西至甘青高原，南至岭南，北至河套、阴山和辽东。汉朝承袭战国的郡县制，东北地区仍归辽东（今抚顺市）、辽西（今锦州市义县西）、右北平（平岗古城，今宁城县黑城村）三郡管辖，元封三年（公元前 108 年）汉武帝出兵灭掉卫氏朝鲜，在其地设置真番、临屯、乐浪、玄菟四郡，加强对北方边疆民族的管理，玄菟郡领县数不详，其郡治初设沃沮，后迁高句丽县（今新宾县永陵镇西南苏子河南岸）。

东北地区南部很早就成为汉族和受其影响较深的高句丽族的农耕区，城镇兴起较早，早在秦汉时就已有了辽东重镇襄平城（今辽阳市）和高句丽的国内城（今集安县境内）、丸都山城（今集安县境内）等。高句丽是以山城为主建立起来的奴隶制国家，一直生活在浑江、鸭绿江流域，中心区域在辽宁省桓仁县、新宾县，吉林省集安市、通化县一带。高句丽族有城居的习惯，除辽东自燕、秦以来营建的郡城、县城被沿用为平原城之外，因受战争的影响，修建了不少用于军事防御的山城，并形成具有自身特色的城市风格和军事防御体系。

经过秦汉时期的发展，东北地区军事要塞的规模和数量比战国时期有所扩大。东北地区南部城市主要集中在辽宁省的西部地区及内蒙古自治区的东南部地区，即大小凌河流域及西拉木伦河、老哈河流域，由东向西的密度逐渐增大。辽东郡已发现的城址有郡治襄平及属县治所辽宁新金花儿山古城、辽宁新台子古城；辽西郡已发现的城址有义县西南阳乐，以及属县治所辽宁朝阳十二台子古城、锦西小荒地古城、内蒙古奈曼沙巴营子古城和土城子古城；右北平郡已发现的城址有郡治所宁城县黑城古城，以及属县治所赤峰三眼井古城、辽宁建平达拉甲古城、巴什罕古城、城子沟古城、辽宁凌源安杖子古城、下霍家古城、喀左山嘴子古城、黄道营子古城等（张宇星，1998）。同时期的城址还包括集安县古城和梨树二龙湖古城（邰艳丽，2004）。

（三）魏晋至隋唐：少数民族建城时期

至魏晋南北朝和隋唐时期，高句丽、勿吉等少数民族在今吉林省中部、东部和辽东地区建立高句丽、渤海等少数民族政权，设立了吉林、集安、散东城、上京龙泉府城（今宁安县东京城镇）等都城和要塞，使东北地区城市分布逐步由今辽宁省扩展到吉林省和黑龙江省（梅林，2009）。

东晋时期，中国北方形成五胡十六国的局面。西晋时期，鲜卑族慕容氏建立的前燕、后燕和冯氏建立的北燕三个封建王朝都以龙城（今朝阳市）为国都，前后统治达百年之久。前燕鼎盛时期南疆已达淮河流域，西至黄河，东濒黄海，整个辽东半岛、内蒙古地区一部分，河北、河南、山东、山西各省全部和安徽、江苏省的大部，都归入前燕版图。形成了南与东晋对峙，西北与前秦抗衡的争霸局面。燕都龙城成为东北地区政治、军事、经济和交通中心。龙城不仅是燕的立国之都，也是其强大的后方，是雄峙东北、威震中原的历史名城（张宇星，1998）。

东北地区南部契丹在唐朝初年崛起，农牧交错的契丹故地，在唐朝的影响下，于早年的城池废弃数百年之后，再次出现了汉式城郭。此时，唐朝将郡县制推广到少数民族地区，与北部各少数民族之间的联系日益加强，在东北地区的建制主要有属国、羁縻府州、都护府和军镇四种（庄林德，张京祥，2002）。属国如高句丽、渤海等均为少数民族建立的地方政权。东北地区东部的白山黑水地区，其城镇大量兴建于唐代渤海国时期。其中上京龙泉府是我国唐代东北地区最重要的城市，也是黑龙江省建都城之始，其城市规模宏伟，分外城、内城、宫城三重城垣，反映了当时中原文化对少数民族在城市规划建设上的深刻影响，同时代表了明代以前东北地区城市建筑、规划的最高水平。唐代是中国古典城市空间形态变革最为成熟的时代，紧凑统一的城市礼制规划风格从都城影响到州、县等地方城市，十字街、井字街、丁字街和严格的坊制具体而微观地体现了唐朝城市的一统风格，而这种风格对于东北地区平原城市而言则成为相对固定的模式一直延续到现代。

（四）宋辽金元：城镇发展大调整时期

五代宋元时期尤其是宋代，是我国多方面发生相当大的变化的一个时期。城市发展出现了历史性的转折，东北地区先为辽所占据（张宇星，1998），后松花江流域上女真族兴起灭辽，1137年女真族又灭北宋，占据北方大片国土并与南宋形成一百多年的南北对峙局面。

辽代契丹族农业经济发展和汉族人口的移入，促进了西部地区城镇的兴起。辽代采用南北两面官制，北面官"以国制治契丹"，南面官"以汉制待汉人"，城市建设具有很多创举。辽代皇都（今赤峰市巴林左旗林东镇南，后改为上京临潢府）的营建，在我国北方游牧民族史上是一个伟大的创举，对辽代及以后各代城市的发展产生重要的影响。辽代城市发展迅速，但分布极不均衡，主要集中在上京临潢府一线以南的地区，并成为东北地区古代城市发展的重要阶段。上、东、中三京和历史上著名的黄龙府（今农安县）构成当时东北地区的四大重镇。

金是女真族建立的国家，原在黑龙江和松花江流域及长白山麓活动，社会发展水平极低，11世纪中后叶至12世纪初，女真完颜部落开始强大起来。1114年，完颜阿骨打发动反辽战争，次年灭辽建金。金代城市的出现和发展始于金政权把上京会宁府（今阿城境内）作为都城以后。随着金政权的巩固与扩大，东北地区的城镇彼此迭出。金代城市的发展与扩大，起初是以金上京为中心向外扩张，但金灭辽形成南北对峙的局面之后，城镇的发展绝大部分侧重南方，一些保留下来的古城址主要集中在辽宁省境内，如咸平路城（今开原市附近），下领咸平府及韩州（今吉林省梨树县北偏脸城），柳河县（今昌图县八面城镇）；东京路城（今辽阳市），下辖澄州（今海城市）、沈州、贵德州（今抚顺市）、盖州、复州、婆速州（今大蒲石河附近）；北京路城（今喀左大城子东门外），下领利州、义州（今义县）、锦州、瑞州（今绥中县前卫城）、广宁府（今北宁市）、鼓州（今阜新塔营子古城）、兴中府（今朝阳市）、建州（今朝阳市西北喇嘛城）等。这些州、县、镇大部分成为商旅云集、井肆联络、源源百货的积存之所，或为南北商人从事贸易活动的场所（霍尔，邹得慈，1985）。

13世纪初，蒙古族建立起横跨亚欧大陆的元朝。元朝是中国历史上第一个由少数民族建立的统一的封建王朝，作为蒙古游牧民族入主中原的朝代，曾一度禁止妨碍其军事统治的城市的营筑与修补，但对东北地区城市建设包括建制的设立则广为提倡并承袭唐宋以来的传统，具有自身的特点。元世祖至元二十四年（1287年）在东北地区建辽阳行省，这是行省制在东北地区的开端，也是我国地方行政制度的重要变革。辽阳行省辖路、州、城、寨十三，多是当时经济文化比较发达的城市，辽阳行省也成为首位度最高的城市。元朝在东北全境开辟了10条主要驿道，东北驿站之盛前朝无可比拟，元朝东北驿站总数为375处。通信和交通的开拓，为城镇规划、开发与建设提供了条件。但这时东北地区农业经济受到较大程度的毁坏，因此也是城镇经济的衰落时期。

（五）明清——城镇发展繁荣时期

明清时期是我国封建经济高度发展时期，促进了市场的繁荣和城镇的兴起及发展，东北地区城市在空间分布上由孤立分散转向相对集中，外部规模开始有严格定制。这一时期东北地区的城镇仍主要集中分布在南部的辽河中下游平原和辽南等丘陵区。

明朝从洪武（1368～1398年）到宣德（1426～1435年）年间，中央政府针对东北地区少数民族政权在辽南、辽中对峙的军事斗争现实，选择了连接东北和华北咽喉地带——辽西地区，作为军事重点布防地带，在这一地区建设了一批带有军事功能的城市，包括宁远（今兴城市）、中后所（今绥中县）、广宁（今北镇市）、锦州、义州、盘山。同时各大、中、小城市普遍改建或加固城垣，以适应当时火炮技术下的防守要求。沈阳城就是在此期间改为砖墙的，县城也成为重点规划建设的北方边防城市。此外，洪武四年（1371年），还规划辽东为治所，得利赢城（今辽宁省瓦房店市得利寺镇）；洪武八年（1375年），辽东指挥史司治所规划建设了辽阳城（今辽阳市），使其成为东北最大的军政中心。扩建了铁岭城、牛家庄、开原、凤凰城、金州、海城、广宁、义县城、锦州、右卫、绥中等中小城镇，在开原、抚顺和广宁设三大马市。

东北地区城市规模进一步走向大型化，城市功能渐趋完备是在17世纪初后金政权兴盛时期。1616年，努尔哈赤在赫图阿拉城（今辽宁省新宾县）称汗，并在此建都，是后金政权的第一个都城，随后攻克抚顺、清河、开原、铁岭、沈阳及旅顺等城，迁都界藩、萨尔浒山城。天命六年（1621年），后金军攻占明辽东都司衙门所在地辽阳，随即在辽阳市太子河东2.5千米的新城村建立了都城——东京城。1625年，后金改沈阳为盛京。1636年，皇太极改国号为大清，沈阳由此成为皇城。与前面历代少数民族政权不同的是，后金统治者在定都辽阳和沈阳后，不仅分别在两地修建了规模庞大的城池和豪华的宫殿群，还为适应广大民众生产、生活的需要，设置、开放了商品交易市场，其中沈阳马市在全国有名。东北地区城市商品市场的建立，不仅使城市获得了商业税收，增强了城市自我发展的能力，也使东北地区城市从此一改戒备森严的军事城堡形象，成为商贾辐辏、百业兴旺、人烟稠密的繁华之地。

进入清代，东北地区的政治、军事中心由辽阳移到沈阳，使沈阳得到长足发展，成为东北地区最大的经济都会。清朝在全国划分18个行省和若干个行政区，在东北地区实行八旗驻防制度，归盛京特别区管辖，设置奉天、吉林、黑龙江三将军，在东北西部设置哲里木盟、昭乌达盟和卓索图盟，奠定了现今行政区划的基础。

清顺治年间（1644～1661年），从凤凰城经开原到山海关的老"柳条边墙"作为独特的人文景观出现，老柳条边墙全长近1000千米，边墙高三尺，宽三尺，墙上栽种三行柳树，每隔五尺种柳树三株，树与树之间用两根柳条横连起来，称为"布柳结绳"。边墙外有人工挖掘的水沟，沟与墙组成一道屏障，目的是阻挡汉人和蒙古人私自进出。顺治十年（1653年）在边内实行垦荒戍边之举，设辽阳府，管辖海域、辽阳二县，颁布《辽东招民开垦条例》，宁远、锦县（今锦州市）、广宁、辽阳、海城一带人口迅速增加，促进了乡村型城镇的形成，但总体上仍呈现到处荒城废堡之景象，顺治十八年（1661年）留都盛京仅有丁口5557人。康熙七年（1668年）取消了《辽东招民开垦条例》，对东北地区实施长达200年的"封禁"政策，目的是保存"龙兴之地"，独占东北地区的资源，务守满族本习，以备退军兵丁作为恒产，为本族留下可攻可守的根据地。康熙九年（1670年）宁古塔将军从老边开原威远堡起，修建经法特哈东北亮子山至松花江段的新边墙，全长约350千米，设有布尔图库、克尔苏、伊通、法特哈四个边门。康熙十六年（1677年）清廷规定盛京以东，伊通以南，图们江以北的辽东边墙外的长白山及其周围地区是皇朝"发祥圣地"，"悉行封禁"。移民居住、田地垦辟、森林矿产采伐、人参东珠采掘均予禁止。圈定盛京围场、吉林西围场、伯都讷围场、阿勒楚喀蜚克图围场、安楚香贡山、藕李贡山、松花江等采珠河口定为"封禁"区域，致使东北边外地区处于长达200多年的"休眠"状态,对东北地区经济社会发展产生重要影响。这期间,边内鼓励开发农业,由于人口的不断集聚,按照克里斯泰勒的中心地理论逐渐形成许多村屯,其中较大的逐渐设立建制,开始旗民并置。

为对付沙俄的侵扰,康熙十五年(1676年)宁古塔将军移筑吉林乌拉(又称船厂),将其建设成为东北军事重镇和船舰制造中心,特别建设以防卫黑龙江沿岸为目的的连环军事城市——瑷珲(1684年)、墨尔根(今嫩江县,1686年)、齐齐哈尔(1691年),目的是在不驰禁的情况下保证东北边疆的安全。康熙三十一年(1692年)东北地区进行大规模扩军,分赴齐齐哈尔、伯都讷(今扶余)、三姓(今依兰县)、珲春、阿城等处,修筑城堡,实行驻军屯田、充实边防的举措,人口主要沿驿道及边疆地区分布并由此形成一些边塞城市。康熙以后,由于采取移京旗人回盛京,吉林在乾隆年间有一些京旗移垦拉林,道光四年至五年(1824~1825年)有部分京旗移至双城堡,黑龙江旗地在墨尔根、齐齐哈尔、瑷珲、呼兰、布哈特等地发展起来。

清统一全国后,由于农业的逐步开发,加之东北关内移民的持续性增长、区域商品经济的发展和军事防御建设的加强,东北地区的城市建设又有了新发展。至1850年,东北地区已建成大约50个城镇,其中较为著名的大小城镇有奉天(今沈阳市)、锦州、广宁、宁远、兴京(今新宾县)、赫图阿拉、海城、绥中、义州、复州、金州、盖平(今盖州市)、铁岭、开原、凤凰城、熊岳、岫岩、牛庄、营口、新民、清原、抚顺、本溪湖、吉林、乌拉街、宁古塔(今宁安市)、宽城子(今长春市旧城)、梨树、三姓、前郭尔罗斯、伯都讷、珲春、阿勒楚喀(今阿城市)、黑龙江城(今黑河市)、双城堡、呼兰、拉林、舒兰、昌图、怀德布特哈、海拉尔(今呼伦贝尔市)、呼玛尔等军事或行政中心并兼有工商交易的城镇,其中沈阳和锦州成为最重要的城市;城市手工业、商业的地位越来越重要,城市逐渐显示出特色,如盛京、安东(今丹东市)、辽阳、铁岭、昌图、宽城子等粮食加工企业发展迅速,港口包括安东(木材交易为特点)、锦州的天桥厂,以及大连、旅顺的渔港等,营口由于是河海航运的结点,又有辽河、浑河、太子河的广阔纵深,形成新的港市,有逐渐取代盖州西河口和锦州天桥厂的趋势(曲晓范,2001)。

二、古代城镇总体特点

(一)发展过程具有间歇性

东北地区古代城镇发展具有明显的间歇性,不同于中原地区的城市发展有着更多的历史继承性。东北地区城镇的出现,大约始自战国中后期,是伴随着郡县的设置、长城的修筑,以及一些屯戍之所的开辟同步出现的(宋玉祥,陈群元,2005)。东北地区城市发展先后经历了"三兴三衰",分别是渤海国的

"海东盛国",契丹落后的"游牧经济",契丹发展到"五京备焉"的繁荣昌盛,女真人的奴隶制,女真人入主中原,过渡到封建社会,出现大批城镇;元代松辽平原成为蒙古人的游牧地,城市逐渐消亡;满族兴起,"以汉治汉",大批城镇得到恢复和发展,尤其是都城的建设最为典型。明代以前的东北地区城市多数是由少数民族政权兴建的,往往是随某一政权建立而出现,又随某一政权衰亡而毁弃,旋生旋灭,极少数能够保存延续到近代。例如,庆州、祖州作为契丹人的精神支柱被金兵摧毁,也有自毁其城的例子,如阿城。

(二)城镇数量少,规模较小

东北地区早期城市数量少,规模小。至今保存有200余座古城遗址,如辽阳、新民、牛庄、瑷珲、墨尔根、齐齐哈尔、宁古塔、吉林、盛京等。从现有考古资料上看,中国东北地区古代城市规模不大,用地狭小,人口较少。处于小农自然经济和游牧经济包围中的王城、州、府、县治所,因军事功能突出而"森严壁垒",给城市经济发展和规模的继续扩大造成困难。再加之战争频繁,民族政权的多次更迭,使部分古城萎缩或消失。特别是清代,东北地区大部分土地被册封为封建统治集团的"祖宗发祥地",百余年的"封禁"羁绊了生产力和城市发展的进程,因而在东北地区尚未形成具有完全意义的大城市。

(三)城镇职能性质单一

东北地区古代城镇主要具备的是政治和军事职能,不具有商业性质。古代的中心城市以辽东的襄平和辽西的营州(今朝阳市)为最早。襄平在战国时期为燕国的辽东郡所治,直至清初一直是东北地区的政治、军事的中心。营州长期以来都是辽西重镇,其他中心城市也均为东北地区历史上各时期地方政权的首都或军事中心。清朝后期,为加强边防,择形势要隘之处设治驻防,相继修筑瑷珲、墨尔根、伯都讷、齐齐哈尔、呼兰、海拉尔等城。东北地区古代城市均因军事统治或政治而兴建,普遍只是城,而缺少因商业而形成的市(渤海政权的个别城市除外)。直至1907年,清政府在东北地区正式设行省,工商业才开始得以大力兴办,奉天、吉林、龙江(今齐齐哈尔市)等城市得到了较快发展,分别成为东北地区南部、中部和北部的中心城市。

(四)城镇所在地域结构简单

东北地区古代城镇多为具有浓厚权力色彩的都城,地域结构简单,多是封闭式的城堡,街道呈棋盘式和十字街式。东北地区各少数民族不断南下与关内人民不断北上,促进了彼此间经济文化的交流,在中原文化的强烈影响下,其城市规划基本上是运用中原城市的传统模式。多数城市为单城,只有一套城垣,没有内外城郭之分,根据平面形态可以分为规则与不规则形。也有少部分城市的城墙为两套或三套，每套城墙外均有护城河，最多的外城有两套护城河。有些山城建设极具特色，而且形成相对完善的防御体系。

（五）多为少数民族政权建立

东北地区的城镇大多是随少数民族政权的建立而建立的。3000多年前，当中原汉族尚未成群北上，中原政权远未危及边陲时，东北大地上主要活跃着三大土著族系——东胡、秽貊和契丹。由这三大族系发源的女真、契丹、蒙古、高句丽等诸多少数民族政权先后在东北地区建立，纵观东北地区城市发展的历史进程，实际上是中原文化与土著文化消长的历史。少数民族特有的善战使东北地区几胜几衰，战争所特有的破坏作用一次又一次摧毁萌生的文明，每一次民族的重新崛起不得不在一个极其原始、落后的低水平上起步，但也使一些东北地区城市具有明显的民族特点，如沈阳城的民族文化内涵，以及辽代城市借鉴中原"前朝后市"的布局形式。

（六）城镇呈稀疏点状分布，彼此联系不密切

东北地区古代城镇就其地域分布范围，主要集中于辽河流域和松花江流域，呈稀疏点状分布。由于职能类似，谈不上相互之间的分工与协作，且当时的交通条件很差，不存在密切的联系和频繁的交往，若有联系，也只是它们之间在层次关系上的上下变化，而且这种联系始终是以血缘纽带相联结，以氏族贵族统治为特征的。出现城市地域隔离的根本原因是东北地区各民族活动的区域不同和地理条件造成的。渤海国的腹心地带在今牡丹江流域，这里最先进入阶级社会，很快实现封建制，社会经济得到极大发展。辽代兴起于西辽河上游的西拉木伦河和老哈河一带，地理环境相当优越，遂成为辽代发展的重心。此后，辽代统治时期，经营的主要目标是中原地区，对其北部仅为征服、解除后顾之忧而已，城镇偏于东北地区南部的建设。金代兴起于松花江中游地区，地沃草丰，宜农宜牧，金政权在中原文化的吸引下，首先击败比邻的辽政权，进而征服中原，所以经济发展的重点也侧重于东北南部地区。清初面临的问题是征讨大明、朝鲜和蒙古，首要任务是在"田人富谷"和"物产之丰"的辽河流域，大力发展农业、手工业和商业，以增强实力，所以着力南部的经济发展和城市建设。清入主中原后，为了加强对东北地区的统治，先后设置盛京、黑龙江、宁古塔（后改吉林）将军等行政机构，在松花江流域也兴起了一批城市。

三、古代城镇类型

（一）都城

统治阶级出于政治需要，在部落联盟或少数民族聚居中心，位置适中，地

理条件优越的地区建立都城，如高句丽前期都城国内城、丸都山城，东汉末年辽西慕容氏都城龙城，唐代渤海国都"旧国"敖东城、上京龙泉府，辽都上京临潢府，金都上京会宁府，清初的新宾、辽阳、盛京等都是具有一定人口规模，经济比较发达的都会，是当时少数民族统治的政治中心。

（二）军事要塞

为了军事统治和防止异民族的侵扰，历代封建王朝在东北地区设置了许多军城、卫城和城堡（王先芝，2006）。唐代渤海国统治阶级，在大规模营建都城"旧国"的同时，在其周围沿江河及交通要道修建了很多的军事要塞和城堡，如城山子山城，距敖东城西南5千米，扼守吉林敦化要道。石湖古城、马圈子古城、通沟岭山城，以及山台子、大甸子、孙家船口等江边要塞（军事城堡），扼守东、北、南三个方向，构成了严密的防御体系；在上京龙泉府的周围建筑有城垟硲子等数座山城和江边城堡，驻扎大批军队，以卫都城。辽代在鄂尔浑至大兴安岭一线设置军城九座，以防异族侵扰。清代"边外七镇"、吉林乌拉、宁古塔、三姓、新城（今扶余市）、卜奎（今齐齐哈尔市）、墨尔根和瑷珲等皆为重要军事重镇。

（三）州郡府县治所

主要属行政性质的城镇，多设置在人口稠密、交通便利、手工业和商业较为发达的中心地区，是统治劳动人民的政治中心。战国时期燕于东北地区置辽东、辽西二郡。秦统一全国后，于东北地区置3郡，辖35县。东汉末年，于东北地区置4郡48县。唐代东安都护府辖9都督府43州，治100县，以后又增加了许多军城。渤海国强盛时，置5京15府62州，治县130余个。辽代置5京6府156州，治209县。金代置4路7府19州40猛安（部落单位）11谋克（氏族单位）11千户（以上两朝行政设置有很大部分在东北地区）。元朝仅辽阳行省就辖7路1府12州1县。明代辽东都司辖25卫2州及奴儿干部司所辖卫所。清末置3省10道26府19厅10州18县。这些州府郡县治所，如辽东郡治所襄平县、辽西郡治所且虑县（今朝阳市）、乐阳县（今义县境内）、辽金时代沈州治所（今沈阳市）、银州（今铁岭市）、铁州（今鞍山市）、信州（今怀德县秦家屯古城）、长春州（今前郭县他虎古城）及黄龙府等，都是古代重要城镇。

（四）手工业商业性质城镇

由于农业的进一步发展和某些矿产资源的开发，东北地区手工业和商业逐渐兴盛，随之手工业商业性质城镇也发展起来。唐代渤海国时期就有"显州之布"、"位城之铁"、"栅城之鼓"、"龙城之绸"之称，说明当时已有一些手工业性质的城镇初步形成。显州（今和龙市西古城）是重要的麻布生产中心，位城是重要的铁生产基地，栅城（今珲春市八连城古城）和龙州（今宁安县渤海镇）仍为重要的手工业中心。辽金时代的黄龙府已是"杂诸国风俗"的农业手工业、城郭经济比较发达的重要城镇。清代的吉林乌拉，商业手工业十分发达，"西关百货凑集、旗亭戏馆无一不有"，是造船业中心和水陆交通枢纽。伯都讷、三姓都是重要的物资集散中心和转运站。

这些都城、军城（城堡）、行政治所及手工业商业城镇，在古代生产力低下、经济尚欠发展的情况下，随着历史的变迁、朝代的更替，有许多发展中断，已成为古代遗迹；有些发展缓慢，成为今天城镇和城市的早期雏形；有些由于地理条件优越，或位于河川渡口，或交通要道，或附近资源丰富，而逐渐发展成为今天的城市，且有些发展成为大中城市，如沈阳、吉林、辽阳、齐齐哈尔、赤峰等皆如此。

第二节 近代城市形成时期

东北地区现代意义上的城市化历史开始于清末，大约于 19 世纪 60 年代，晚于我国关内地区，是在社会经济向半封建半殖民地、殖民地转化的历史条件下而开始的。这一期间，东北地区由于铁路的修建、港埠的开放、工矿业和商业经济的发展，城市已经摆脱了古代城堡的桎梏，城市殖民地半殖民地性质明显，城市地理格局出现了崭新的面貌（曲晓范，2001）。

一、近代城市形成过程

（一）鸦片战争后的城市化起步阶段（1840~1931 年）

从鸦片战争的 1840 年至九一八事变的 1931 年，近代东北地区城市化开始起步，城市空间互动作用已经比较密切，城市体系粗具雏形。

第二次鸦片战争后，英国强迫中国开放牛庄（后改营口）为商埠，随后沙俄又陆续割走中国 100 多万千米^2 的领土，紧闭的东北大门被强行打开，国内移民实边的呼声也日趋高涨，在内外压力下，清廷不得不弛禁，于 1860 年开放局部地区，并于 1897 年全部开禁。19 世纪末至 20 世纪初，航运和铁路的建设成为东北地区移民潮的重要动力，从此"闯关东"的关内人越来越多，逐步形成一股移民洪流。从光绪二十三年（1897 年）到宣统末年，东北地区人口由 700 万人左右增至 1840 万人左右。由于移民的增加，经济得以开发，城市也开始得到发展（图 2-1）。

从城市规模分布来看，这一时期城市数量迅速增多，城市规模明显增大，东北地区已开始进入城市化发展初期的起步阶段。据统计可知，1907 年东北

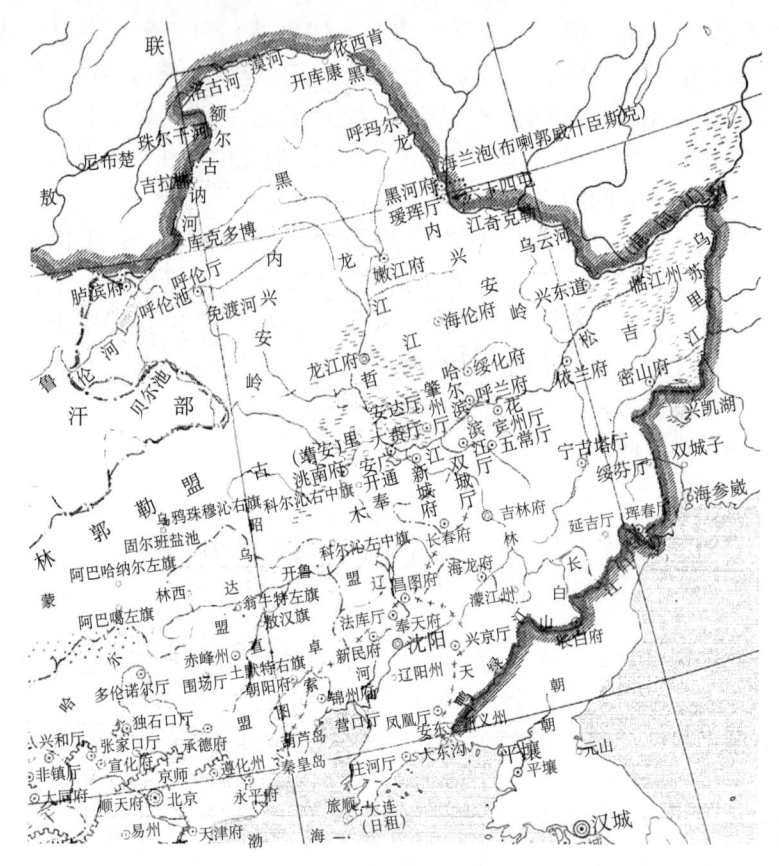

图 2-1　1908 年东北地区主要城市分布图
资料来源：谭其骧（1987）

地区城市人口最多的仅为 10 万~20 万，且只有 2 个，而 1930 年 20 万人口以上的城市则达到 3 个（戴均良，1992），而 3 万人口以下的城市则由 1907 年的 24 个增至 1930 年的 53 个，东北地区城市的规模等级整体上移。城市人口占总人口的比重在这一时期也处于明显攀升状态，东北地区城市人口由 1907 年的 106.2 万人上升 1930 年的 303.1 万人，增长近两倍，城市化水平由 1907 年的 6.0%上升至 1930 年的 10.2%（表 2-1）。

表 2-1　1907~1930 年东北地区城市发展情况表

	项目	1907 年	1915 年	1925 年	1930 年
城市数量	20 万以上	0	0	3	3
	10 万~20 万人	2	3	1	2
	5 万~10 万人	4	3	9	6
	3 万~5 万人	7	10	6	11
	1 万~3 万人	24	34	51	53
	总计	37	50	70	75

续表

项目	1907 年	1915 年	1925 年	1930 年
城市人口总数/万人	106.2	154.4	262.9	303.1
增长指数	100	145	248	285
农村人口数/万人	1671.7	1856.6	2387.3	2654.4
增长指数	100	111	137	159
城市化水平/%	6.0	7.7	10.2	10.2

资料来源：满史会（1965）

从城市空间分布来看，东北地区城市的位置多与交通干线有密切的关系，即大多数城市集中于辽河、松花江流域和铁路沿线。1861 年营口开埠后，辽河航运业蓬勃兴起，极大地促进了东北地区尤其是中南部辽河流域的经济发展、文化转型和社会进步，推动了 19 世纪后半期辽河沿岸及其邻近地带一些小市镇的兴起。这批小市镇成为现代城市的胚胎雏形，经过半个世纪的酝酿发展，其中一部分市镇在 19 世纪末 20 世纪初发展成为中等规模的现代城市，如营口、辽阳、新民、开原、铁岭、通江口等。松花江流域的城市，主要有哈尔滨、吉林、佳木斯、依兰、三岔口、富锦、扶余等城镇。铁路沿线城市的分布则更为广泛。当时东北地区因铁路修筑而兴盛或兴起的城市主要有哈尔滨、大连、长春、沈阳、齐齐哈尔、公主岭、四平、绥化、通化、白城、满洲里、海拉尔、绥芬河等，此外还出现富拉尔基、海林、窑门等市镇。

就自然地理分布而言，东北地区大城市多集中于交通极为便利的中部平原，中小城市则散布于交通较为方便的丘陵之间，而少有城市分布于东部山地。东北平原（松辽平原）约占东北地区总面积的 1/3，自然条件优越，随着近代的进一步开发，城市发展迅速，东北区域的主要城市大都集中在这一地区。另外，从东北地区城市的近海分布而言，城市在沿海与内地两个区域的发展很不平衡，沿海地区的大连、营口、安东等发展较快，内地城市的发展则相对缓慢，这既是自然条件和社会经济状况的反映，也是当时半殖民地半封建社会发展的必然结果（表 2-2）。

表 2-2　近代东北平原的城市

城市（其所在省区）	《中华归主》（1922 年）所载人口/人	1931 年《满洲年鉴》所载人口/人	其他推定人口/人
沈阳（辽宁）	250 000	418 182	200 000（《阿诺德》，1926 年）
哈尔滨（黑龙江）	200 000	384 572	330 436（《海关》，1931 年）
长春（吉林）	70 000	128 040	—
营口（辽宁）	80 000	110 535	106 040（《海关》，1931 年）
齐齐哈尔（黑龙江）	50 000	89 604	40 000（《下之时》，1926 年）
辽源（吉林）	70 000	—	—
锦州（辽宁）	60 000	—	100 000（《申报》）
辽阳（辽宁）	40 000	—	—
通辽（内蒙古）	—	—	123 406（《申报》）
洮南（吉林）	—	—	118 500（《申报》）

资料来源：葛勒石（1947）

从城市发展类型来看，这一阶段的东北地区，既有传统型的军事重镇、行政中心城市，又有新兴的贸易港口、商埠城市、铁路枢纽城市、工矿城市等，共同构成了具有明显半殖民地半封建时代特征的双重城市结构。19世纪末至1931年，随着东北地区社会经济半殖民地化程度的加深，一批具有半殖民地半封建性质的专业性城市——贸易港口城市、交通型城市、工矿城市出现。就开放商埠而言，清政府在东北地区被迫开辟牛庄、奉天、安东、大东沟、凤凰城、辽阳、新民屯、铁岭、通江子、大连、法库门、长春（即宽城子）、吉林、哈尔滨、宁古塔、珲春、三姓、齐齐哈尔、海拉尔、瑷珲、满洲里、龙井村、局子街、头道沟和百草沟等地为商埠。清末民初，中国政府出于抵制外国势力对东北地区的影响、增加财政收入和促进东北地区开发等目的，又自行开放绥芬河、通辽、辽源、葫芦岛和锦县（锦州）等地为商埠。这样，东北地区数省先后共开辟商埠31处，成为近代中国开埠最多的地区，辽、吉、黑三省分别开埠16个、11个和4个，辽宁省和吉林省又是开埠最多的省份。

随着商埠对外开放，一批具有半殖民地半封建性质的贸易港口城市产生。清末民初，东北地区工业以榨油、火磨（面粉）和烧锅（酿酒）等轻工业为主，大连、哈尔滨、营口和安东等地的榨油业和哈尔滨等地的面粉业比较发达。早期现代化的煤铁工业亦始于清末民初，诸如抚顺、阜新、鹤岗等煤矿，鞍山、本溪等钢铁企业，几乎都是这一时期创办起来的。随着近代工矿业的兴起，一批工矿城市也随之出现。

总之，"九·一八事变"前，随着社会经济的发展，东北地区不同类型、不同规模的城市之间因现代交通的兴起，相互间不断进行物质、人口和信息的交换，产生对流、传导和辐射等空间互动作用，从而使在农业时代彼此分离的城市开始结合为有机的整体，城市体系粗具雏形。

（二）"伪满"时期的城市化畸形快速发展阶段（1931～1945年）

1931～1945年的"伪满"时期，是东北地区城市化畸形发展的阶段，东北地区城市体系初步形成。

1931年"九·一八事变"后，东北地区成为日本独占的殖民地。日本把东北地区当做进一步向东亚发动侵略战争的大后方，因而肆意掠夺东北地区的丰富资源，加大对东北地区的开发，投资总额由1931年的5.5亿美元激增至1944年的52.7亿美元（吴承明，1955）。同一时期，东北地区的钢产量和发电量增长20余倍，生铁、水泥和煤矿产量也增长了一倍多。此外，日本还大规模地向东北地区移民，包括在其控制下的朝鲜人在内，累计移入近200万人。这些因素导致东北地区城市迅速而畸形的发展。

"伪满"时期东北地区城市呈现快速发展的趋势，特别是大城市的迅速发展，1940年，东北地区重工业中心沈阳人口达到113万人，集中了全东北1/5的工业产值，"伪满"政治中心长春有54万人口，哈尔滨66万人口，大连55万人口。就城市的数量和规模来看，"伪满"时期统计数据显示，1937年东北地区共有城市299个，1941年有城市312个，其中10万人口以上的大城市1937年为8个，1941年则达15个，几乎成倍增长。从城市人口占总人口的比重来看，1937年为17.5%，1941年上升为22.2%，5年间增加了5个百分点。从城市总人口来看，1937年为648万人，1941年达957万人，累计增加309万人，增加率为47.8%，较同期东北地区总人口增加率16.9%约高达3倍之多，而同期农村人口仅增加10.3%，可见东北地区人口"已有渐向都市集中之趋势"（东北物资调节委员会，1948），如图2-2，表2-3，表2-4所示。

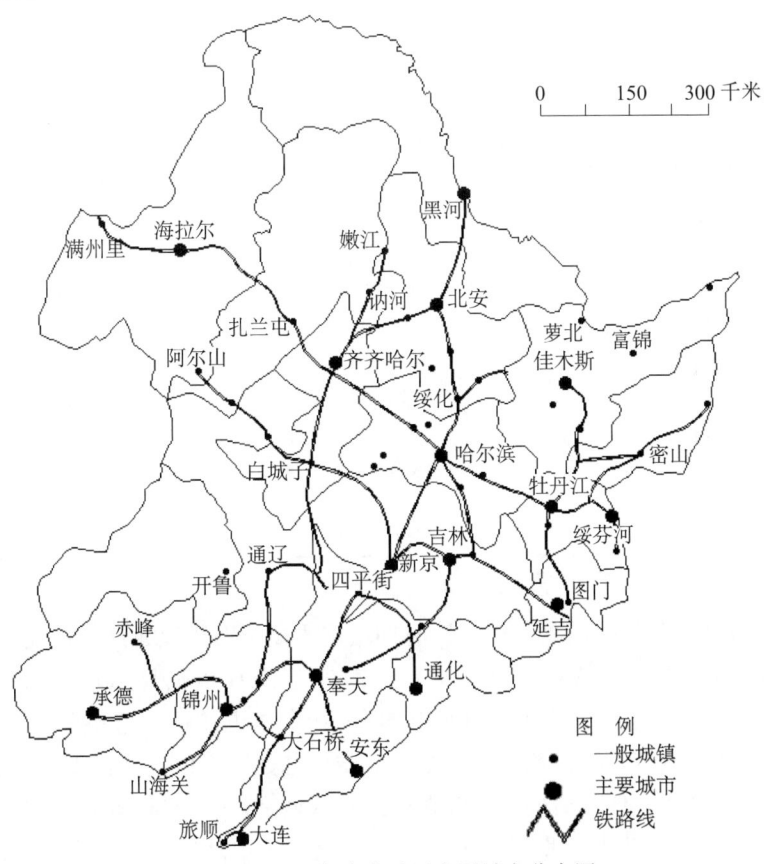

图 2-2　1932年东北地区主要城市分布图
资料来源：宋玉祥等（2005）

表 2-3　1935 年和 1940 年东北地区主要城市人口表　　（单位：人）

地区	1935 年 12 月	1940 年 10 月
沈　阳	527 241	1 135 801
大　连	362 808	555 562
长　春	311 521	544 202
哈尔滨	458 379	661 984
抚　顺	85 171	269 919
安　东	166 238	315 242
鞍　山	33 127	213 865
营　口	129 310	180 871
佳木斯		128 667
吉　林	128 754	173 624
阜　新		143 288
锦　州	87 695	142 606
牡丹江		179 217
齐齐哈尔	96 652	133 495

资料来源：琼斯（1959）

表 2-4　1933 年东北地区人口 10 万人以上的城市表

城市	人口/人	调查年份
沈阳	245 300	1928
大连	237 000	1928
安东	140 000	1926
牛庄	100 000	1921
锦县	100 000	1921
洮南	118 500	1928
通辽	123 406	1928
吉林	100 000	1907
哈尔滨	319 700	1929
富锦	140 000	1929

资料来源：1933 年《申报年鉴》

　　就城市空间分布而言，"伪满"时期城市主要分布于黑龙江、松花江流域，以及铁路沿线地区。从省份分布来看，1941 年统计数据显示，吉林、龙江、三江、滨江、奉天、锦州六省的城市均在 20 个以上。这六省中除三江之外，均居中央平原地带，城市数为 158 个，占城市总数一半以上，且 15 个大城市，除安东、牡丹江、佳木斯外，亦皆在此五省区域之内，小城镇则多在北部及西部边疆一带。"伪满"时期城市分布极不平衡：平原地区稠密，丘陵地区较为稀疏；南北差别较大，中南部较多，北部较少；东西差别较大，东部较多，西部尤其西北部较少。这既是自然条件和当时社会经济状况的反映，也是殖民地半封建社会发展的必然结果，城市布局主要出于经济掠夺和战略考虑，而非区域经济的合理组合（表 2-5）。

表 2-5　1937 年和 1941 年东北地区城市分布状况一览表

项目	年份	吉林省	龙江省	北安省	黑河省	三江省	东安省	牡丹江省	滨江省	间岛省	通化省	安东省	四平省	奉天省	锦州省	热河省	兴安西省	兴安南省	兴安东省	兴安北省	合计
城市总数	1937	30	23	18	8	19	9	10	36	10	13	10	18	27	20	16	8	11	4	8	299
	1941	31	23	19	8	20	11	10	37	11	15	10	18	29	20	17	8	11	5	8	312
大城市	1937	1	0	0	0	0	0	0	1	0	0	1	0	3	1	0	0	0	0	0	8
	1941	1	1	0	0	1	0	1	1	0	0	1	0	6	2	0	0	0	0	0	15
中等城市	1937	7	3	5	0	6	1	2	6	3	3	1	9	9	3	3	1	1	0	1	60
	1941	9	4	9	1	3	5	1	10	4	3	3	11	7	8	3	0	1	0	1	86
小城市	1937	22	16	12	7	12	7	8	29	7	8	8	9	15	15	8	3	3	2	1	192
	1941	21	15	9	1	11	6	8	26	7	12	6	7	16	9	9	3	3	2	1	172
小城镇	1937	1	4	1	1	1	1	0	0	0	2	0	0	0	1	5	4	7	2	6	39
	1941	0	3	1	6	3	0	0	0	0	0	0	0	0	1	5	4	7	3	6	39

资料来源：1941 年年末"伪满"国务院企划处

　　从城市发展类型来看，在日本占领下的东北地区城市大致可分为两类：一类为原有的城市因大规模地投资和移民剧增，而出现较大的发展变化，如沈阳、长春、大连、哈尔滨和吉林等，其中以长春为代表；另一类为由于军事及其他需要而新建的城镇，如牡丹江、佳木斯、图们江等，其中以牡丹江为代表。另外，此时东北地区的哈尔滨、长春、沈阳、吉林，连同抚顺、鞍山、本溪等城市，形成了一个庞大的工业城市集群。此城市集群的城市之间不存在规模上的较大差距，其结构是网络状的，彼此之间形成较明确的分工，形成较强的互动作用，这种以工业城市群为特征的城市体系在当时中国是很少见的。

　　综上所述，"伪满"时期东北地区城市出现高速发展的现象，城市化发展速度超过国内其他任何地区。同时各种类型城市的空间分布表现出较明显的等级系统，城市规模呈现正"金字塔"形的等级规模分布特征，大城市的高级职能可通过下一级城市依次较均匀地扩散，城市之间相互作用更加密切，城市体系初步形成，并出现典型的工业城市集群（何一民，易善连，2002）。

（三）新中国成立前的城市化相对停滞阶段

　　1945 年，经过 14 年的浴血奋战，东北人民终于迎来了抗日战争的胜利，结束了长达 14 年的"伪满"统治。1945~1949 年，东北地区城市发展呈相对停滞状态，究其原因：首先，与日寇溃败时日军的大肆破坏和外籍移民的大批逃亡有直接的关系；其次，抗日战争结束后苏军大量运走东北地区的战略物资、拆迁厂矿设备，导致东北地区经济停滞，城市发展缺乏动力；最后，国民党在美国支持下，首先在东北挑起内战，战争所产生的破坏作用，直接导致城市发展衰退。虽然当时东北地区的城市发展表现出相对停滞的特点，但东北地区的城市化水平仍然居于全国之首。

抗日战争胜利后，国民党政府实行缩小省区的试验，将东北地区划分为辽宁、安东、辽北、吉林、松江、合江、嫩江、黑龙江和兴安九省，设大连、哈尔滨、沈阳三个特别市（院辖市），占全国12院辖市的1/4。1947年6月，东北地区设普通市（省辖市）15个，即锦州、营口、鞍山、旅顺、通化、安东、四平、吉林、长春、牡丹江、延吉、佳木斯、齐齐哈尔、北安和海拉尔，亦约占全国57个省辖市的1/4，这是我国政府在东北地区正式设市的开始。从城市总数来看，1947年统计数据显示，全国有设市城市69个，东北地区有18个，约占全国的1/4，所占比例相当高。但从东北地区大中城市数量来看，1947年有10万以上人口城市12个（大连、哈尔滨、沈阳、营口、鞍山、锦州、安东、吉林、长春、牡丹江、佳木斯和齐齐哈尔），与1941年的15个（含大连16个）相比，有所减少。另外，这一时期东北地区部分城市人口减少较多，如"伪满"时期东北地区的政治中心城市长春，因在这一时期政治行政地位下降，城市发展出现衰落现象，城市人口由1943年前后的80余万减至1949年的十几万。

二、近代城市发展的主要类型及影响因素

（一）辽河沿岸城镇带的初步形成、发展和衰落

1. 城镇带的形成和发展

辽河航运兴起以前，在长达770多千米的辽河两岸只有海城、牛庄、田庄台、辽阳、铁岭、新民、开原等市镇，加上辽河支流太子河、柴河沿岸的千金寨（今抚顺市）、掏鹿（今西丰县），总共不过10个规模很小的市镇。但随着辽河航运业的兴盛，辽河流域商品经济的逐步繁荣和发展，在辽河一线兴起了许多城镇，总数超过了30个，形成了沿辽河沿岸而发展的带状市镇群，在这个带状市镇群中，发展最快、规模最大的城市自然是居于核心位置的营口。除营口外，辽河沿岸的市镇主要是依托运河码头和随营口开放发展起来的传统小市镇。"南满洲铁道株式会社"（简称"满铁"）调查员上田贤象的统计数据显示，当时辽河干流沿岸的停船码头，总数为187处，其中大码头约为40个，由北向南，较著名的码头有邓子村、郑家屯、三江口、通江口、英守屯、马蓬沟、三面船、老达房、三岔河、田庄台、营口等，其主要支流太子河、浑河、东辽河的重要码头有小北河、辽阳、小河口、小姐庙、浑河堡、埃金堡、长滩、大疙疸（今辽源）、朝阳镇等。

2. 城镇带的衰落

辽河城镇带的发展高潮是1900年前后，但是辽河城镇带的繁荣局面并未维持多久，由于近代化的中东铁路及其南满支线的修筑，辽河流域水土流失加

剧，以及日俄战争后地方封建主义、黑社会势力对辽河航运施加多重压制、威胁和排挤，泥沙淤积造成航道阻塞、河岸变形致使辽河城镇带自 1905 年起发展状况急转直下，迅速走向衰败和解体。由于辽河航运的衰落，使沿岸城镇人口大量外流，城镇的空间规模急剧缩小，城镇级别降低。因辽河航运的衰落而引起的沿岸城镇带的逆向变迁过程，持续了将近 25 年的时间，至"九·一八事变"前基本结束。这一变迁的最终结果是一批城镇在人口减少、规模缩小的情况下，陆续退出城市行列，重新回落为农村普通集市（以通江口、八面城、金家屯、牛庄为代表）；一部分市镇依托铁路的兴起，就近平行迁移到铁路站点，演化为近代铁路城市，如郑家屯、铁岭、开元、昌图、辽阳、新民等；只有营口外在形态变化相对较小，继续维持了原有的城市形貌，但其城市结构（由内河航运转为海运与铁路联运为主）、城市地位（由区域首位城市降格为一般城市）均有明显改变。截至 1930 年，兴起历史尚不足 50 年的辽河沿岸早期城镇或全然消失，或平行迁移，剩下来的只是个别城镇，早期城镇带已成历史。

（二）铁路、公路等交通型城市兴起

1. 铁路型城市

（1）中东铁路兴建与铁路周边城市的兴起

在东北地区近代城镇发展过程中，交通运输的发展起着独特的作用（吴晓松，1996）。1895 年中日甲午战争结束，清政府战败，从而形成了帝国主义列强在中国划分势力范围和掠夺铁路建筑权的高潮。沙俄是最先侵略我国东北地区铁路建筑权的帝国主义国家。1898 年 5 月，中东铁路东线（哈尔滨—绥芬河）在东北地区东西两端同时开工，1902 年 1 月滨洲线通车，经过 5 年的建设，中东铁路全线开通，共建正线 1482 千米，支线 987 千米，全长 2469 千米。中东铁路及其南满支线，呈"T"字形相交，从此确立了东北地区铁路网的基本骨架。

贯穿东北地区伸向南部两港口城市的中东铁路，对东北地区的城市发展有很大的影响，形成了包括区域首位城市、地区中心城市、铁路枢纽和站点城市等多种性质的带状城市群。其中区域首位城市是奉天、哈尔滨和大连，中心城市主要有长春、吉林和齐齐哈尔。受中东铁路影响的铁路枢纽和铁路站点城市主要有绥芬河、一面坡、横道河子、阿什河（今阿城）、满洲里、海拉尔、博克图、昂昂溪、安达、窑门、三岔河、公主岭、大石桥（陈晓红，2008）。这些新建城市的大批涌现和发展，使清末东北地区城市数量、城市人口大大增加。例如，1898 年前东北地区城镇总数为 45 个，1908 年增长为 75 个左右；1900 年前东北地区城镇人口约为 70 万人，当年东北地区总人口约为 1200 万人，城市人口约为总人口的 6%；1908 年后东北地区城市人口达到 150 万人以上，其中超过 20 万人的城市 1 个（奉天），超过 10 万人的 4 个（吉林、长春、哈尔滨、大连），超过 5 万人的城市 3 个（齐齐哈尔、营口、锦州），超过 2.5 万人的城市有安东、抚顺、本溪、新民、法库、铁岭、昌图、开原等 15 个，城市总人口约占区域总人口 1400 万人的 11%，这个比值接近同期世界城市人口占总人口比例 13% 的平均值，远远高于国内及世界其他欠发达地区城市人口占总人口 6.5% 的比值。同时，城市分布得以调整和改善，1900 年前东北地区城市主要集中于南部的辽河流域，中东铁路建成后东北地区中北部城市迅速增加，城市分布区域明显向北部移动和扩大。

（2）中东铁路兴建对东北城市发展的影响

首先，铁路的开通为众多移民向东北地区迁移提供了交通上的便利，从而加快了东北地区的开发进程，促进了城镇发展。其次，铁路运输使东北地区交通线路有所变更，人口分布状态随之改变，进而影响东北地区城镇的重新分布。中东铁路沿线交通较为方便，出现了许多新的聚落，并迅速发展成为城镇乃至更大的城市，如哈尔滨、大连、满洲里、绥芬河、四平等都是在这一时期发展起来的城市。而原地处古驿道沿线，曾为东北地区较重要的城镇，却因古驿道的荒废而逐渐衰落，失去了往日的辉煌，如吉林、伯都讷、广宁（北镇）、三姓、宁古塔等城镇的作用逐渐被新兴城市所取代。最后，铁路运输便于人口的流动，大量移民不得不滞留在铁路沿线的城市，使这些城市在短期内膨胀，城镇用地突破原有城墙的限制向周边急剧拓展，最终引起城市结构及形态的变化。

2. 公路型城市

1910 年，汽车在东北地区首次出现，1912 年开始运营。随着汽车等运输工具在数量上的增加和使用上的普及，陆路交通体系得以完善，东北地区城市建设进一步发展，城镇体系和内部结构逐渐发生演化。汽车交通方便了城镇之间，特别是铁路沿线城镇与非铁路沿线城镇之间的交通联系，迅速地疏散铁路沿线城镇滞留人口，向远离铁路的周边地区迁移，在极大地缓解铁路沿线城镇急剧膨胀危机的同时，亦为那些位于古驿道沿线，因远离中东铁路沿线而衰落的古堡旧城创造了重新发展的良机。截止到 1941 年，在东北地区建成国道省道等公路共计 31 432 千米。正是公路交通体系的逐渐完善，使得东北地区城镇得以均匀分布（图 2-3）。

（三）工矿业城市开始出现

清末民初，东北地区处于近代工业发展时期，帝国主义为加速掠夺东北地区资源而进行大规模的开矿、建厂活动。工矿业的发展吸收了大量劳动力，人口聚集促进城市规模的扩大，城市结构及职能也随之发生变化，一批工矿业城市随之兴起。

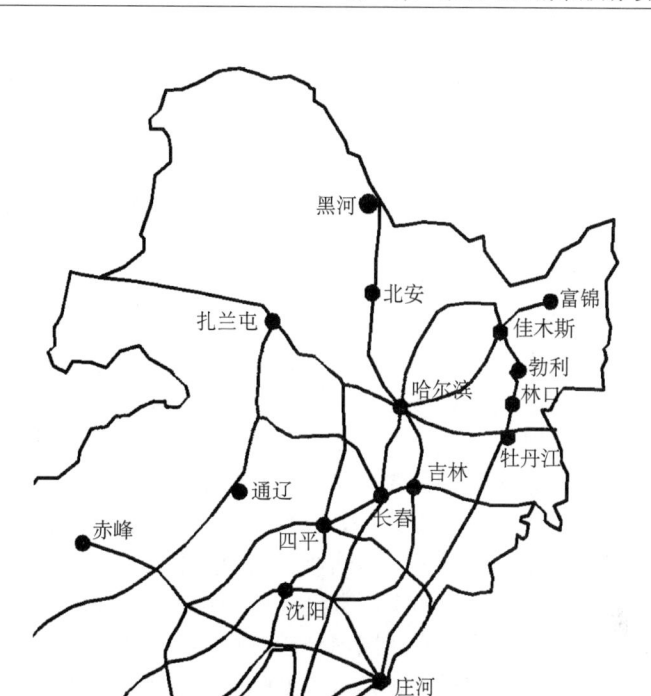

图 2-3　东北地区公路建设示意图（1938年）
资料来源：宋玉祥等（2005）

1. 近代工矿业城市产生的条件

（1）矿产资源的开发。近代东北地区城市兴起和区域经济的发展，是随着对矿产资源的开发利用及工厂的建立而兴起和发展起来的，如1887年李鸿章委派李金镛到漠河组织矿务局。1896年，清廷在东北地区正式实行招商开矿政策，在金州、海城、宽甸、盖平等地出现商办矿业数十处。1909年，奉天省已有商办金矿9处，铅矿1处，石棉矿1处，铁矿2处，铜矿1处，煤矿59处。俄、日等国也在东北地区投资建立了一批矿业公司，在本溪、抚顺、扎赉诺尔等重要矿区掠采矿产。

（2）大量移民的涌入。东北地区移民的涌入加速了城市的形成，促进了东北地区经济的发展。中日甲午战争后，关内人民出关者"蜂攒蚁聚"，东北地区人口迅猛增长，1895年时还只有695.84万人，到1911年时就已达1996.42万人，增长到中日甲午战争时人口总数的近3倍，民国时期人口增长更加迅速。1907~1930年的20余年间，东北地区城市数量由37个上升到75个，增长了约1倍，其中尤以1万~3万人的小城市发展最为迅速。东北地区由于大量移民的流入，加速了东北土地的开发，东北地区耕地面积迅速扩展，农产品产量迅猛增长，农产品商品化程度日渐提高。农业的充分发展，不仅为城市人口提供粮食，更为城市工业化提供了充足的原材料，使城市工业的进一步发展成为可能。

（3）商业活动的频繁。随着东北地区城市向近代城市的不断发展，城市商业活动逐渐繁荣。这种商业活动的产生和发展，开始于进口机制棉纺织品的行销和市场扩容，进而与纺织工业品有关的化学原料等市场也呈现出繁荣的局面，如1900年，仅沈阳就至少有10家中国人开设的化工商店。

（4）民族工业的发展。近代东北地区的部分城市产生了民族工业，促进了这一时期经济的发展。主要民族工业有在传统油坊基础上发展起来的榨油业（如大连、哈尔滨、营口、安东），对经济发展起重要作用的、具有资本主义性质的纺织工业，具有较大影响的制粉业（如哈尔滨），以及在吉林、奉天、铁岭等地开办近代化的机械局和煤矿等，其突出特征是以农产品加工业为中心，形成了东北地区三大支柱产业——榨油业、面粉业和酿酒业。商业的发展又促进了工业资本的积累，各城市的工厂数量迅速增长，一些城市初步形成了独特的地方工业体系，生产出了一些在国内外较有竞争力的产品。例如，长春商埠地的外资火柴工业、民族面粉工业，哈尔滨的面粉、啤酒工业，奉天的纺织工业，营口的制油工业等。

2. 工矿业城市的兴起

丰富的矿产资源及区域要素合理的地域组合是东北地区近代城市迅速发展的物质基础。1860年，东北地区"释禁"及沙俄中东铁路的兴建，加速了东北地区煤炭、铁矿、石油等矿产资源的开发，帝国主义资本的不断输入、官僚买办资本投资和民族资本聚集促进了本溪、鞍山、阜新、漠河等工矿城市的兴起，进而影响东北地区城市的分布和区域经济的发展。煤炭、铁矿、石油等矿产资源开采成为东北地区工业结构体系的主要组成部分。日俄战争前，本溪的煤铁分布区是东北地区煤铁集中地，直接使用当地煤炭冶炼当地铁矿石，产品多是农具、家具等铁器。与此同时，东北地区的金属矿也有相当规模的开采。采金业的发展促进了黑龙江省的漠河、吉林省桦甸县的夹皮沟，以及位于牡丹江与松花江汇流处的三江地区的繁荣。铜矿公司的成立促进了延吉等近代城市雏形的建立。矿产资源的开采成为城市发展的主要支撑与拉动力量，使东北地区出现了一批以煤炭、铁矿、石油等资源开采为主的城市类型，为东北地区近现代城市体系形成奠定了良好的基础。

三、近代城市的主要特点

（一）城市已经摆脱了古代城堡桎梏

城市的社会经济结构、职能性质、人口规模、地域结构及在社会经济生活中的地位等方面发生明显变化，大大小小的城市已经成为不同地域范围的行政、军事、文化、交通和工商业中心。长春成为"伪满洲国"的首都、东北地区最大的政治统治中心，哈尔滨成为东北地区的国际贸易中心城市，大连成为东北地区海上对外联系的最大出海口和军事基础，沈阳、鞍山、本溪、抚顺、锦州、牡丹江、佳木斯等则成为日伪的工业基地和掠夺东北地区资源据点。

（二）新兴城市的人口主体是外来移民

近代东北地区城市，尤其是新兴城市的人口主体是外来移民，而非本地人口的自然增值。例如，兰西县在"前清光绪二十三年时，仅为一小村落，微具城市之形。然地沃宜农，归民日众，逐渐发展，跻于繁盛。至光绪三十三年，始置兰西县……工商业极为繁盛"（郭克兴，1987）。再如，哈尔滨，1904年人口为3万人，1929年则达16万人，人口增长速度远远超出人口自然增长的能力，其人口增长系迁入增长断无疑义，大量移民涌入城市对城市发展产生深远影响（王杉，2001）。

（三）"点多、线长、面广"的分布格局

近代东北地区的许多城镇与矿产资源的开发、铁路和公路的修筑带动有关，具有"点多、线长、面广"的分散特点。城市兴起和铁路线的修筑有密切联系，绝大多数城镇沿铁路交通线分布，这种地域分布格局对今天东北地区城市分布格局有显而易见的影响，是城市地域组成格局的基础。纵观东北地区城市的布局，以南满铁路沿线最多，其次为中东铁路沿线，而吉黑两省北部地区城市的发展相当迟缓，尤其是远离交通线的边远地区，其城市规模和职能均远未及铁路沿线城市。城市兴起于铁路、码头等交通线附近，一方面保证了城市建设所需要原材料和劳动力的有效供应，另一方面也便于城市将自己生产的各类物品输往外地。此外，矿产资源的点状分布，也使一批因矿而兴的城市在东北平原的广阔地带呈现"点状"的分布格局。

（四）城市的殖民地、半殖民地性质明显

东北地区城市在近代具有明显的殖民地特征。首先，城市多建在铁路、码头等交通要冲和煤铁矿藏丰富地带，而这些地区正是帝国主义国家投入资本最多的地区，因此建城之初就有外国资本参与其中，甚至外资独占鳌头。其次，在近代东北地区城市发展过程中，外国殖民势力一直伴随始终。近代东北地区是日俄两国的势力范围，根据利益均沾原则，各个帝国主义国家在东北地区都拥有一定的特权，尤其中东南铁路和满铁路作为东北地区交通的大动脉，是东北地区城市赖以成长的基础，恰恰掌握在日俄两国手中，两国政策上的变动，将不可避免地直接影响铁路沿线各城市的发展。最后，外国殖民势力在东北地区具有极大的自主权，拥有自己的管理机构，城市内部建立了独立的生活区，独立设计的规划和建筑给东北地区城市留有较明显的殖民特征和时代印记，时至今日，大连、长春、哈尔滨、满洲里等城市，在地域结构、功能分区、道路网布局及建筑风貌等方面仍然留有明显的日俄痕迹。

（五）地域空间由较封闭的封建城堡向较开放的多核都市过渡

这一时期，城镇的地域空间开始由较封闭的封建城堡向较开放的多核都市过渡。位于中东铁路沿线的旧城古堡，城市用地多冲出城墙向铁路附属地方向延伸，且有两者相融的趋势，开始形成一种新的双核城市，即由"无目的蔓延旧城"和"功利型的新区铁路附属地"构成的统一体。辽阳、奉天和锦县都是古驿道沿线重要城镇，辽阳为明辽东都司驻地，奉天是后金盛京，锦县为清锦州府。铁路的开通促进了三座古城的空间扩展，辽阳和奉天兼备旧城的自身膨胀和南满铁路附属地的用地外延，构成了新旧两区的"双核"共同体，而锦县的发展则是旧城迅速膨胀，向铁路站场方向拓展，致使城市用地扩大。另外，旧有的城市建设制度已无法束缚新出现的铁路附属地，铁路两侧发展的附属地功能明确，改变了旧有的城市结构，使城市形态趋于开放，那种高筑的城墙及门楼已消失在城镇四周的旷野之中。

第三节　现代城市形成发展时期

一、现代城市发展过程概述

（一）国民经济恢复和"一五"计划建设时期（1949～1957年）

新中国成立后，政府将东北地区作为重点地区进行建设，"一五"时期，全国156个重点工业项目有58项布置在东北地区，其中辽宁省25项，黑龙江省22项，吉林省11项，这使得东北地区成为以重工业为主的中国第一大工业基地，同时也为东北地区现代区域中心城市的发展提供了新的动力。安排在东北地区的项目以重型加工业为主，能源和钢铁原材料大型项目的建设，布置在辽宁省的大连、沈阳、鞍山、本溪、抚顺、阜新，吉林省的长春、吉林、辽源、通化，黑龙江省的哈尔滨、齐齐哈尔、富拉尔基、鹤岗、双鸭山等城市，城市出现了跃进发展与填空补实交替的特征。资源开发型城镇成为东北地区城镇发展的另一重点，区位条件优越的城镇纷纷提高或设立建制。伴随着农业基地、林区的开发与建设，东北三省农业城镇、林业城镇在这一时段方兴未艾。此时东北地区城乡关系基本处于对立阶段，主要是重工业排斥农业剩余劳动力的转移，剥夺农业成为东北地区工业化资本原始积累的主要途径。

(二)"大跃进"和国民经济调整时期(1958~1963年)

"大跃进"时期东北地区也存在与全国相似的情况，即工业项目遍地开花，所有的县城以上的城市都建设了一定数量的工业项目，同时省内各地区、各城市自成"大而全、小而全"的工业体系，城市都有向综合性发展的趋势。内蒙古自治区继续加强东部林业基地建设，1958~1962年，大兴安岭林区林业局增加到17个，同时发展一些林业加工企业，如栲胶厂、牙克石林业机械厂、伊图里河林业机械厂等，加格达奇林区有4个林业局，其依托林业局形成一些小城镇，这些小城镇也以林业局名称命名，林业专业城镇成为东北林区的特色景观。由于受到"大跃进"的影响，"一五"期间出现的规模过大、占地过多、求新过急、标准过高的现象没有得到纠正，在"二五"的前三年，城市规划又出现"高、大、宽"的倾向，1961年国家提出"调整、巩固、充实、提高"八字方针，这些问题才得到初步解决。

(三)"三线"建设和"文化大革命"时期(1963~1977年)

"大三线"和"小三线"概念的提出是基于如何预备敌人突然袭击形成的，一切新的建设项目应摆在"三线"，并按照"山、散、洞"的方针布点，"一线"的重要工厂、重点高等院校和科研机构，要有计划地全部或部分搬迁到"三线"。同时根据各自的情况划分出本省的"三线"地区——"小三线"。东北地区为"三线"范畴之内，一些大城市如哈尔滨市的部分工业迁往西南、西北，中心城市变为非重点投资城市，经济发展速度放慢，城市建设停滞不前，城市发展趋于衰退是该阶段的主要特征。

同期，国家进一步对东北地区的森林、煤炭、石油资源进行大规模开发，致使生产力布局由南向北，由腹地向边远地区逐渐展开。东北地区增加的城市仍主要是资源性城市、工矿业城市，如1965年为适应煤炭生产的发展，设置七台河特区(1970年改为七台河市)。为开发三江平原和松嫩平原的土地资源及大兴安岭等地的森林资源，黑龙江省境内建立多处国有林场和林管局，设立了许多居民点，并具有相当规模。这一时段东北地区工业开始有意识地向轻纺工业发展，机械、石油、轻纺产业成为建设的重点，城市之间的联系更加密切，尤其是20世纪六七十年代根据老矿支援新矿，老厂支援新厂的方针，城市之间相互援助成为一种氛围，抚顺老煤矿、老电厂的大批技术力量转移到铁岭，使铁岭迅速成为辽宁省中部的煤电供应基地。

(四)改革开放时期(1978年至今)

自改革开放以来，国家加速了原有工业基地的改扩建和西部地区能源基地的开发，再加上乡镇企业、商品经济的发展，致使农业人口大量向城镇主要是工矿区和小城镇转移，城镇数量增加，规模扩大，城市地域结构日趋复杂，城市化进程加快。东北地区在进行大规模的工业、农业建设的同时，加强了铁路、公路、航空、水运和管道运输等综合交通网的建设，使东北地区的交通网得到进一步完善，一批交通型城镇沿交通沿线得以进一步发展，交通港口型城市大连的职能日渐突显。1990年，我国实施沿边开放政策，开放沿边口岸，在内陆沿边地区设置国家一级口岸38个，其中东北地区就有19个，口岸的设置成功推动了沿边城市的发展。随着对外开放进程的加快，沿边地区一批口岸城镇迅速成长，商贸经济十分活跃，如绥芬河、满洲里、黑河、珲春等城市近年来得到迅速发展。具有风景名胜旅游资源的地区，建设起一批以疗养、观光为主要职能的旅游城市，丰富了区域城市类型，如五大连池、阿尔山、兴城等。截至2010年年底，东北地区设市城市100个，其中城镇人口超过100万的特大城市有10个，城市化水平达到54.26%，仍居全国前列，如图2-4所示。

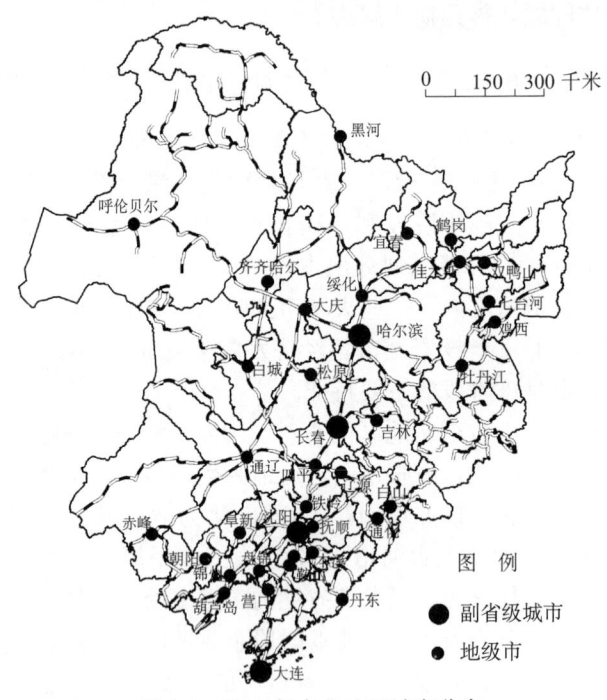

图2-4 2010年东北地区城市分布

二、现代城市发展的主要变化

（一）城市规模继续扩大

东北地区城市体系的完善和城市化的加快发展始于新中国成立后。尤其是改革开放以来，东北地区城市的现代化水平不断提高，人口规模迅速增加，城市范围不断扩展。由于城市经济的蓬勃发展，东北地区城市数量迅速增长，不仅原有大、中城市规模进一步扩大，而且又有一大批县改为小城市。到2010年年底，设市城市已达100个，其中城镇人口超过100万的特大城市10个，大城市22个，中等城市27个，小城市41个（表2-6）。

表2-6 东北地区城市体系规模构成（2010年）

东北地区	城市总数	特大城市（人口超过100万）	大城市（人口50万～100万）	中等城市（人口20万～50万）	小城市（人口小于20万）
辽宁省	31	4	9	6	12
吉林省	28	2	4	10	12
黑龙江省	30	3	8	9	10
内蒙古东部四盟市	11	1	1	2	7
合计	100	10	22	27	41

资料来源：《中国城市统计年鉴2011》、《中国县（市）社会经济统计年鉴2011》

注：受统计口径的限制，地级市城镇人口采用城市统计年鉴市辖区人口代替，县级市城镇人口采用县域城镇人口

（二）城市职能丰富多样

在半封建半殖民地社会，东北地区城市的最显著特征是城市大多以行政中心为主，一些不成系统的殖民地式的近代工业与商业贸易旺盛，倚之而兴的城市服务业特别发达。新中国成立以来，东北地区城市首先成为国家或地区经济发展的地域中心，城市的经济职能也进一步由消费性城市向生产性城市转变（顾朝林等，1998）。概括新中国成立以来东北地区城市职能的变化，主要表现在行政中心城市、煤矿城市和新型交通枢纽城市的建立三个方面上。

第一，行政中心城市得到加强。新中国成立不久，快速的经济建设就沿用了历史上行政中心替代经济中心的国家经济管理体制，使中国各级行政中心城市得到进一步加强。沈阳、长春、哈尔滨的行政中心地位得到加强。

第二，矿业城市进一步发展。东北地区是我国最早的重工业区，"一五"时期全国156项重点建设工程中，有21项是布局在东北地区煤矿基地的有关煤炭资源开采和综合利用的项目。20世纪80年代以来，黑龙江东部、内蒙古东部和辽宁的铁法、阜新等处是我国煤炭工业建设的重点地区。截至1996年年底，全区共设市101个，其中煤矿城市11个，主要有抚顺、阜新、铁法、辽源、北票、白山、鸡西、鹤岗、双鸭山、七台河、霍林格勒，约占全区城市总数的10.9%，煤城的市区人口数占全区总人口的5.57%，GDP和工业总产值分别占全区的4.87%和6.67%，11个矿务局的原煤产量占全区煤产量的4.25%。除了铁法、北票和霍林郭勒三个设市不久的县级市以外，其余都已经

是规模较大的，且作为区域性中心的地级市，占东北地区 40 个地级市（盟、自治州）的 1/5。

第三，新型交通枢纽城市蓬勃发展。新中国成立后，东北地区交通运输业进入了一个新的发展时期。在铁路建设方面，对新中国成立前的铁路进行了全面的技术改造，又建设了近 4000 千米的新线路，主要有伊加线、朝乌线、嫩林线、密东线、呼中线、吉舒线、通霍线等铁路线。其中较大的铁路枢纽城市有沈阳、哈尔滨、齐齐哈尔、长春、大连、牡丹江、佳木斯、山海关等。在公路方面，东北地区现代化公路运输起步较晚，1949 年年底公路只有 1.81 万千米，新中国成立以后，东北地区公路运输有了很大的发展，截至 1999 年年底，东北地区公路通车里程已达 15.67 万千米，相当于新中国成立初期的 8.7 倍，沈阳、大连、哈尔滨、长春、鹤岗、黑河、加格达奇等城市成为重要的公路枢纽城市。在海运方面，东北地区南部沿海规模较大的港口共有六个，即大连、营口、丹东、锦州、庄河、葫芦岛港。

（三）现代城市地理格局逐步形成

新中国成立后，随着工业和交通的发展，东北地区的城市得到了迅速发展，成为全国城市密度最大，城市化水平最高的地区，东北地区的现代城市地理格局逐步形成。大规模的工业化建设有力地推动了东北地区的城市化进程，哈尔滨、沈阳、长春、大连、齐齐哈尔等城市进一步扩大，大庆、抚顺、鸡西、双鸭山等一批矿业城镇崛起，伊春、加格达奇、塔河、漠河等林业城市得以发展，同时一批农垦小城镇从无到有，从小到大。东北地区的中心城市多集中在经济发达的中部地带，以哈大铁路为中轴，从北向南分布有哈尔滨、长春、沈阳、大连四大中心城市，在全国都具有重要的地位。

第 三 章

东北地区城市化

东北地区是我国城市化率最高的地区之一，并有其独特的成长动力、发展过程、现状水平、空间特征和发展走向。

第一节　东北地区城市化基本特征

一、城市化水平

东北地区城市化经历了漫长曲折的过程。在改革开放之前的计划经济体制下，通过户籍管理制度，城市化过程被置于严格控制之下。根据城镇非农业人口占总人口比重计算，1949年，东北地区城市化率为22.7%，1957年为35.1%，1975年为31.6%，1978年为31.8%，增幅小且具有较大的波动性。

1978年实行改革开放政策以后，城市化发展出现了新的契机，一是投资渠道多元化，二是城镇人口政策相对灵活，三是城镇服务行业的就业潜力增大，四是市镇设置要求相对宽松，五是城镇基础设施建设规模扩大，六是乡村劳动生产率大幅度提高，使农村剩余劳动力剧增，对城市化形成巨大推力。在这些新因素的综合作用之下，东北地区人口城市化过程逐步加快。

到2010年，东北地区总人口为12 163.7万人。已有设市城市100个，占全国的15.22%，城镇人口6599.7万人，城市化水平为54.3%，高于49.68%的全国平均水平（表3-1）。

"S"形城市化发展轨迹显示，城市化率低于30%时，为城市化水平较低、发展较慢的初期阶段；当城市化率达到30%的时候，便进入人口向城镇迅速集聚的中期加速阶段；当城市化率达到60%～70%时，则进入高度城市化增长趋缓甚至停滞的后期阶段。由此可知，东北地区目前城市化发展处于中期加速阶段。

表 3-1 近 10 年东北地区人口、城市化率、GDP 变化情况表

年份	总人口/万人	城镇人口/万人	城市化率/%	GDP/亿元	人均 GDP/元
2001	11 769.5	5 154.7	43.8	11 206.55	9 522
2002	11 799.6	5 227.6	44.3	12 253.66	10 385
2003	11 825.3	5 299.5	44.8	13 732.26	11 613
2004	11 874.6	5 616.7	47.3	16 001.0	13 475
2005	11 904.2	5 897.5	49.5	18 262.15	15 341
2006	11 890.4	6 405.2	53.9	21 154.09	17 790
2007	11 929.8	6 450.3	54.1	25 377.51	21 272
2008	11 955.8	6 584.0	55.1	30 758.68	25 727
2009	11 972.4	6 571.6	54.9	33 947.92	28 355
2010	12 163.7	6 599.7	54.3	40 949.74	33 666

资料来源：2002~2011 年辽宁省、吉林省、黑龙江省、内蒙古自治区的统计年鉴

东北地区城市规模等级构成为：特大城市 10 个，占全区城市的 10%，大城市 22 个，占全区城市的 22%，中等城市 27 个，占全区城市的 27%，小城市 41 个，占全区城市的 41%。城市职能结构以综合性城市、工业城市为主，这两种类型的城市所占比重为 40.6%。此外，近年来还形成了一定数量的边境口岸、旅游、新矿产资源开发和商品集散型城市，城市职能结构有一定程度的调整（图 3-1，图 3-2）。

目前，东北地区已基本形成了辽中南、吉中、哈大齐三个城市密集区。沈阳、长春、哈尔滨、大连四个都市化地域呈现旺盛发展的势头。

二、城市化基本特征

（一）自上而下、先快后缓的城市化进程

东北地区的实质性开发始于 1840 年鸦片战争后的沙俄中东铁路修建时期，城市化有 100 多年的历程，起步晚，速度快。1931~1980 年 50 年内，东北地区的城市化水平由 3.0% 提高到 34.3%。新中国成立后，东北地区城市化得到了更快发展，如图 3-3 所示。2010 年城市化水平为 54.26%，高于 49.68% 的全国平均水平，已经处于城市化发展阶段中加速阶段的中期，城市化水平将继续快速增长。"一五"时期是东北地区城市化发展速度最迅猛的阶段，每年以 3 个百分点的速度增长，城市化率由新中国成立初的 22.7% 快速发展到 1960 年的 41.4%，达到改革开放前东北地区城市化发展的最高峰。之后，由于"三年自然灾害"和"文化大革命"的影响，东北地区城市化发展处于长期动荡甚至下滑的状态，但总体水平在全国仍然处于领先地位。改革开放后，东北地区城市发展进入了新阶段，知青、干部回城，以及实行改革开放等政策，使得人口迁移规模迅速扩大，城镇人口快速增长。计划经济时期，东北地区城市化发展动力主要源于国家财政投资，城市化自上而下发展。

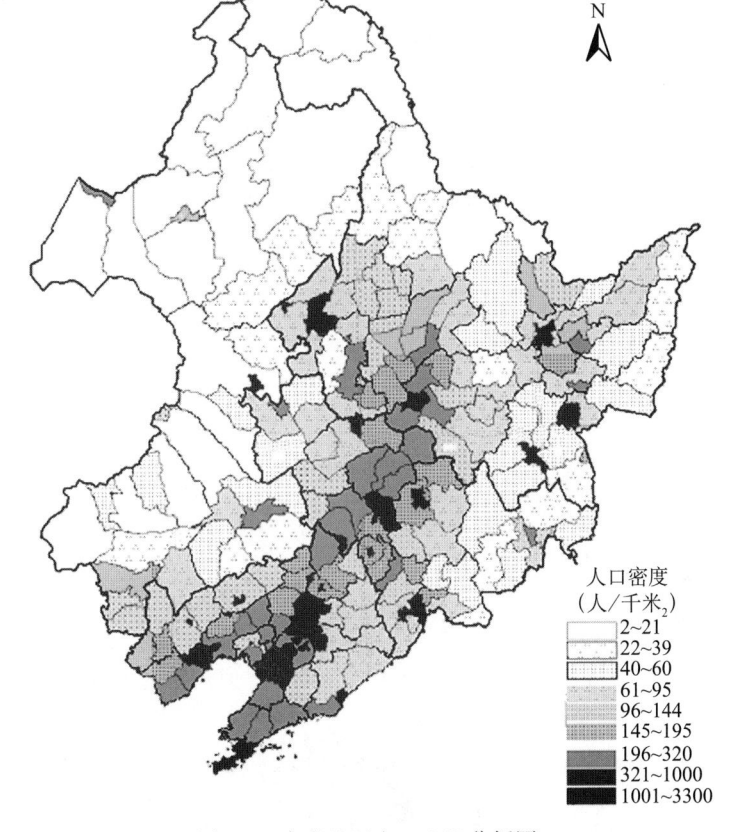

图 3-1　东北地区人口 GIS 分析图

进入 21 世纪以来，主要受结构调整、体制转型的后期效应影响，城市化发展步幅放缓，2001~2010 年东北地区城市化的年增长率仅为 1.7%，远远落后于同期年增长率为 3.11% 的全国城市化增长速度，这与改革开放以来全国快速推进的城市化浪潮形成强烈反差，区域发展步伐落后于东南沿海地区，城市化质量也有待提高（图 3-4）。

（二）城市化与工业化发展不协调

东北地区城市化进程滞后于工业化进程，而且两者尚未实现良性互动，较之"城市化与工业化形成互相促进的良性循环"的全国状况形成鲜明对比。东北地区 2000 年工业化率为 58.3%，而与之对应的城市化率为 43.1%，两者相差 15.2 个百分点；1950~1978 年，东北地区工业化率由 18.1% 上升到 49.3%，上升了 31.2 个百分点，但是城市化率仅仅由 15.4% 上升到 31.8%；改革开放以后，计划经济时期对城市化的许多限制有所放宽甚至消除，城市化进程加快，与此相反，东北地区的工业发展陷入困境，使得两者差距有所缩小，这正是东北地区城市化滞后于工业化的体现。

城市化滞后于工业化，不仅妨碍了工业经济集聚优势的发挥和经济效益的提高，直接延缓了工业化发展，而且使得第三产业失去发展的依托，非农产业对剩余劳动力的吸纳大大减少，进而加剧了工业化过程中产业结构与就业结构的偏差。同时，城市化的滞后，使得流通和消费过程无法与工业化同步发展，造成市场狭窄，内需不足，工业化无法继续深入推进（图3-5）。

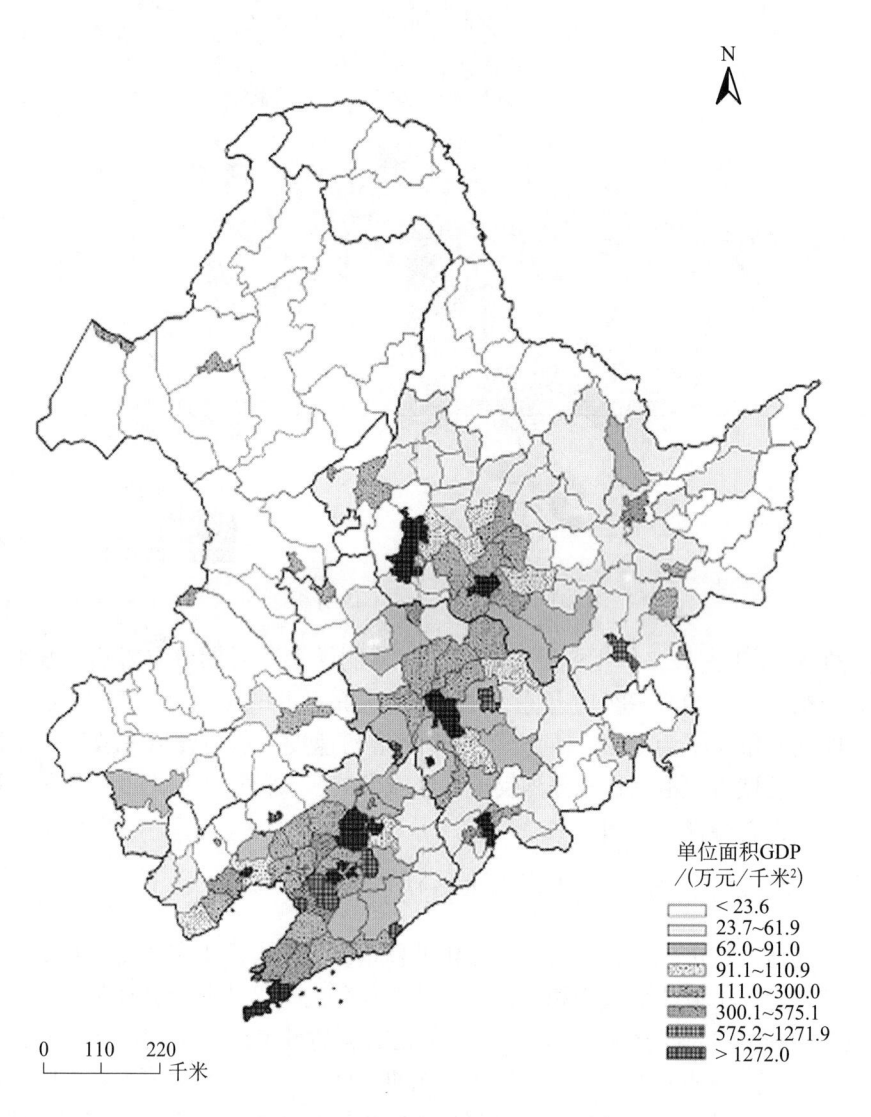

图 3-2　东北地区 GDP 的 GIS 分析

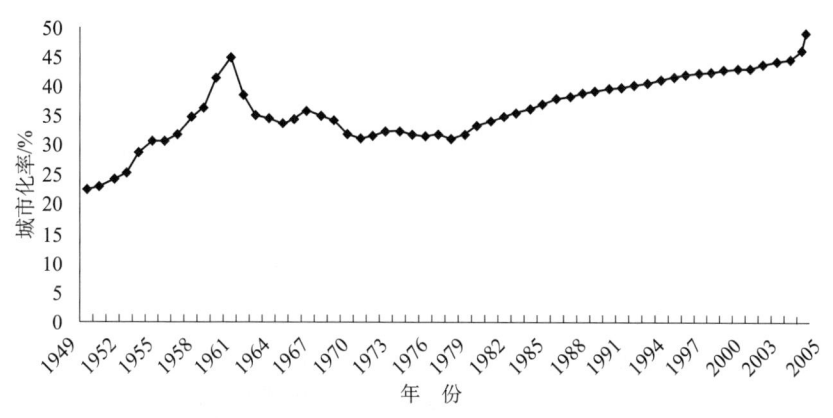

图 3-3　新中国成立后东北地区城市化水平变化情况图（2010 年）

资料来源：《东北经济区统计年鉴 1988》、《辽宁省统计年鉴》、《吉林省统计年鉴》、《黑龙江省统计年鉴》、《内蒙古自治区统计年鉴》（1989～2006）

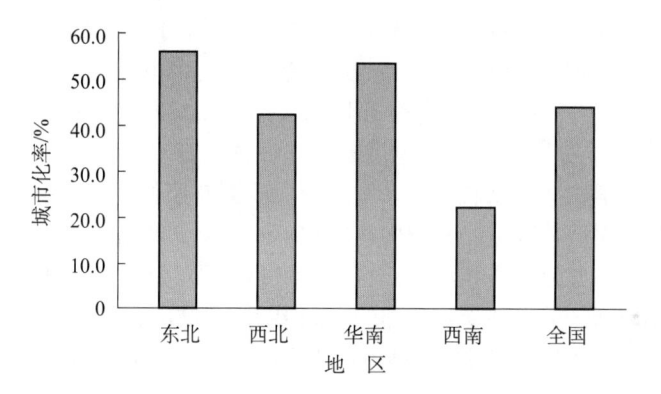

图 3-4　东北地区城市化水平与其他地区的比较

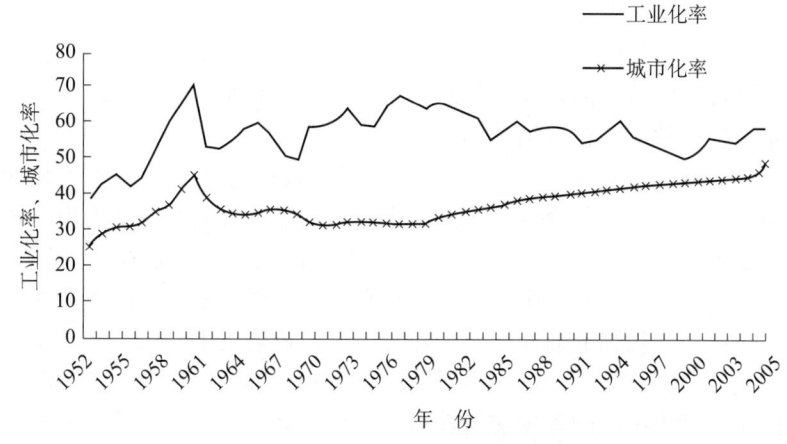

图 3-5　1952～2005 年工业化与城市化过程比较

资料来源：根据历年统计年鉴计算整理得出

（三）大城市空间扩展明显

随着人口规模的扩大、产业的集聚与扩散及开发区的建设，城市特别是大城市用地空间开始迅速扩展。据统计，目前沈阳、大连、长春、哈尔滨四个中心城市的建成区规模均已超过200千米^2，城市空间发展从向心聚集转向中心职能扩散及新区开发，5年来城市建成区以年均15%的速度向外扩展。城市边缘区成为城市空间发展重点，郊区成为最活跃的城市化地域，发展势头迅猛。

在全国掀起都市区规划浪潮的冲击下，目前，东北地区一些大城市纷纷开始新一轮城市空间发展战略规划。新的空间发展战略将使城市空间从圈层蔓延走向轴向拓展，从紧凑团块走向分散组团，从大城市模式转向都市区模式。

（四）区域二元结构现象突出

东北地区城市规模结构以大城市为主，与沿海发达地区相比较，乡村城市化进程相对缓慢，在城市化地域推进过程中具有明显的二元结构矛盾。大中城市数量多是东北地区城市化的一个重要特点。大中城市数量占全部城市的69%，其中特大及大城市数目占全部城市总数的32%，使东北地区城市体系的大城市化特征十分明显，同时也反映出小城镇发育水平低的问题。

近年来，大城市人口增长迅速，与此形成鲜明对照的是，中小城市，特别是建制镇发展比较缓慢，区域二元结构现象在不断加剧。城市化二元结构差异的加剧，其结果是：一方面大城市人口、经济密度过高，导致城市处于臃肿状态，城市产业结构调整与新产业发展受到强烈的空间限制，"城市病"不断地产生和加剧；另一方面小城镇及乡镇经济发展与城市化落后，使其缺乏对大城市发展的支撑。

（五）向心型城市化与郊区化现象并存

从宏观上看，东北地区目前大多数城市仍然处于以集聚为主的城市化发展阶段，但这并不排除沈阳、大连、长春、哈尔滨等特大城市郊区城市化现象的产生，只不过这些城市的郊区化与西方发达国家的有所不同，表现为产业和人口的集聚及扩散效应并存（施朝阳，2006）。

一方面，城市中心区不但没有"空心化"，反而更加繁荣。由于东北地区大部分城市发展还在集聚发展阶段，中心区仍保持着强大的吸引力，依然是城市经济活动的核心，向心型城市化发展仍然十分活跃（满强，2007）。由于产业结构调整，城市原有的中心区工业特别是劳动密集型、污染较重的工业迁至郊区，而向心性很强的商业、金融业等第三产业集聚中心区，加强了中心区的城市现代化功能。同时，大量资金投入旧城改造，且推行土地有偿使用制度，城区特别是市中心的各项建设获得了生机。另一方面，由于产业、住宅的外迁，以及开发区等方面的建设，城郊地区获得了飞快的发展，出现了一些新的产业带（刘秉镰，郑立波，2004）。

第二节 东北地区城市化发展的地域差异

一、空间结构差异

从城市数量上来看，东北地区城市主要分布在辽、吉、黑三省，三省目前拥有设市城市 89 个，占东北地区城市数量的近 90%，而东北地区西部的内蒙古东部四盟市地区仅有 11 个城市，占总数的 11%。并且，东北地区的城市主要集中分布在"T"字形铁路（哈—大、滨—州、滨—绥铁路）的两侧，形成城镇分布的密集区。

2010 年，东北地区整体城市化水平达到 54.26%，已进入快速城市化阶段，但各省区之间的城市化水平仍存在一定的地域差异，发展水平不尽相同（表 3-2）。

表 3-2 2010 年东北地区各省区城市化水平

地区	辽宁	吉林	黑龙江	内蒙古东部四盟市	东北地区
城市化水平/%	62.15	53.36	55.66	34.96	54.26

资料来源：2011 年东北各省区统计年鉴

由城市化发展的各阶段来看，东北各省区均处于城市化快速发展时期。但从发展水平来看，内蒙古东部的城市化水平明显落后于其他三省，城市化率仅为 34.96%，比城市化水平最高的辽宁省低 27.19 个百分点，差距显著。城市化水平由高到低依次为辽宁省、黑龙江省、吉林省和内蒙古东部四盟市。

二、规模结构差异

城镇规模的大小是城镇经济发展的基础，随着城镇规模等级的提高，城镇按人口平均和按工业职工平均的工业产出水平确实存在着逐级提高的总趋势。城镇人口规模虽然属于城镇的自然规模，但它是地区自然条件和经济开发程度的集中反映，它与城市化水平有一定的相关性。

辽宁省现有 31 个设市城市，其中副省级城市 2 个，地级市 12 个，县级市 17 个。按城镇人口统计，人口规模超过 100 万的特大城市有 4 个，分别是沈阳、大连、鞍山和抚顺，城市规模优势突出，其中沈阳的人口规模超过 400 万，大连的人口规模超过 200 万；人口规模为 50 万~100 万的城市有 9 个，分别是本溪、丹东、锦州、营口、阜新、辽阳、盘锦、朝阳和葫芦岛，属于大城市；人口规模为 20 万~50 万的城市有 6 个，分别是铁岭、瓦房店、普兰店、北票、海城、庄河，属于中等城市；人口规模小于 20 万的城市有 12 个，属于小城市。

吉林省现有设市城市 28 个，其中副省级城市 1 个，地级市 7 个，县级市 20

个。按城镇人口统计，人口规模超过100万的特大城市有2个，分别是长春和吉林，其中长春的人口规模超过200万；人口规模为50万~100万的城市有4个，为四平、白山、松原、白城，属于大城市；人口规模为20万~50万的城市有10个，分别是辽源、通化、榆树、桦甸、舒兰、磐石、公主岭、梅河口、延吉和敦化，属于中等城市；人口规模小于20万的城市有12个，属于小城市。

黑龙江省现有设市城市30个，其中副省级城市1个，地级市11个，县级市18个。按城镇人口统计，人口规模超过100万的特大城市有3个，分别是哈尔滨、齐齐哈尔和大庆，城市规模优势突出，其中哈尔滨的人口规模超过200万；人口规模为50万~100万的城市有8个，分别是鸡西、鹤岗、双鸭山、伊春、佳木斯、七台河、牡丹江和绥化，属于大城市；人口规模为20万~50万的城市有9个，属于中等城市；人口规模小于20万的城市有10个，属于小城市。

内蒙古东部四盟市地区现有设市城市11个，其中地级市3个，县级市8个。按城镇人口统计，人口规模超过100万的特大城市只有赤峰1个；人口规模为50万~100万的城市只有1个，为通辽；人口规模为20万~50万的城市有呼伦贝尔、乌兰浩特，属于中等城市；人口规模在20万以下的城市有7个，属于小城市（表3-3）。

表3-3 东北地区城市规模分布（2010年）

地区	特大城市 数量/个	特大城市 比重/%	大城市 数量/个	大城市 比重/%	中等城市 数量/个	中等城市 比重/%	小城市 数量/个	小城市 比重/%
辽宁	4	40.0	9	40.9	6	22.2	12	29.3
吉林	2	20.0	4	18.2	10	37.0	12	29.3
黑龙江	3	30.0	8	36.4	9	33.3	10	24.4
内蒙古东部四盟市	1	10.0	1	4.5	2	7.4	7	17.1
合计	10	100.0	22	100.0	27	100.0	41	100.0

资料来源：《辽宁统计年鉴2011》、《吉林统计年鉴2011》、《黑龙江统计年鉴2011》、《内蒙古统计年鉴2011》

从表3-3可以看出，在四个省区中，辽宁省特大城市和大城市的比重均处于第一位，中小城市的数量相对较少；黑龙江省大中城市和小城市发育水平大体相当；吉林省中等城市和小城市的比重是四省区中最高的，而大中城市的发展相对弱一些；内蒙古东部四盟市地区则以小城市为主，大中城市数量少。由此可见，城市规模与城市化水平的分布趋势相吻合。

三、地域差异

（一）自然环境背景

东北地区的地表结构为略呈半环状的三个带，最外一环是黑龙江、乌苏里江、兴凯湖、图们江和鸭绿江等水域；最外一环的内侧是山地丘陵地；内侧则是广阔的平原。

山地从北、西、东三面包围着东北平原，略呈马蹄形，缺口朝南，经辽河平原直通渤海。西部有宽广的华夏系大兴安岭山地，海拔在 1000 米以上，是松辽水系与内蒙古高原水系的分水岭。东部有广阔的长白山山地和丘陵地带，也是海拔千米左右的华夏系山地，是松辽水系与绥芬河、图们江、鸭绿江等水系的分水岭。北部有西北走向的小兴安岭，海拔为 500~800 米，是松嫩水系与黑龙江干流的分水岭。在上述三列山地内侧是广阔的略呈四方形的东北平原及其边缘的山前台地，前者海拔约 150 米，台地平原高出中部平原约 50 米，东北地区中部平原南部有一道大体与小兴安岭平行的松辽分水岭，它是一道新的构造线，但在地形上则与平原外侧的台地平原相似。从上述四道分水岭构造线来看，东北地区地表结构略呈三面环山、平原中开的盆地轮廓，只是盆地形势并不完整。除南部缺口外，松嫩平原向东北地区通过松花江河谷连接三江平原，然后又沿黑龙江下游谷地通向鄂霍次克海。地形的影响，使得东北地区的城镇主要分布在中部平原地区，形成城市化中部高，东、西部低的格局。

（二）经济发展水平及其对城市化拉动效应

城市化水平的提高依赖于经济的发展，特别是第二产业和第三产业的发展。一般来讲，经济发展水平越高，城市化发展所需的资金就越多，一个地区城镇数量的增加、规模的增大、质量的提高就会越快，如果经济发展水平不高，用于城镇建设的资金有限，那么，就不可能大量增加城镇的数量，而只能集中资金发展某些具有优势区位的增长极。这一点无论在理论上还是实践上都已得到充分的证明。

2010 年，东北地区实现 GDP 40 949.44 亿元。其中，辽宁省 GDP 为 18 457 亿元，占东北地区的 45.07%，人均 GDP 达 42 355 元/人；吉林省实现 GDP 8667.58 亿元，占整个东北地区的 21.17%，人均 GDP 为 31 599 元/人；黑龙江省实现 GDP 10 368.6 亿元，占整个东北地区的 25.32%，人均 GDP 为 27 076 元/人；内蒙古东部四盟市地区实现 GDP 3456.26 亿元，占整个东北地区的 8.44%，人均 GDP 为 29 698 元/人。经济发展水平的区域差异与城市化水平的差异在地域分布上是一致的，充分说明经济发展对城市化发展具有较强的拉动效应，从而加重了东北地区城市化的省际差异。

第三节　东北地区城市化发展的动力机制

一、城市化发展的基本动力

（一）经济发展与城市化

经济发展水平的高低是影响城市化水平的第一要素，从世界各国城市化发展的历史来看，城市化与经济发展水平之间存在着很强的正相关关系（表3-4～表3-7，图3-6）。

表3-4　美国城市化水平与人均GDP

年份	1850	1880	1900	1920	1930	1940
城市化率/%	12	28.5	38	51	56	57
人均GDP/美元	1 819	3 193	3 396	5 559	6 220	7 018
年份	1950	1960	1965	1970	1980	1990
城市化率/%	64.1	70	72	73.6	73.7	75
人均GDP/美元	9 573	11 193	13 316	14 854	16 060	21 783

表3-5　英国城市化水平与人均GDP

年份	1820	1851	1891	1921	1931	1939
城市化率/%	32	50	72	77	78	80.4
人均GDP/美元	1 756	2 361	4 065	4 651	5 159	5 979
年份	1950	1965	1970	1975	1980	1985
城市化率/%	80.5	87	88.5	89.8	90.8	91.5
人均GDP/美元	6 847	9 668	10 694	11 701	12 777	14 046

表3-6　加拿大城市化水平与人均GDP

年份	1890	1920	1930	1940	1950	1960
城市化率/%	32	50	53	54	62	69
人均GDP/美元	2 254	3 659	4 558	5 086	7 047	8 459
年份	1965	1970	1975	1985	1987	1990
城市化率/%	73	75.7	75	75.9	76	77
人均GDP/美元	10 173	14 158	17 558	17 954	18 960	19 901

资料来源：《世界经济年鉴》、《国际统计年鉴》

表3-7　东北地区2001～2010年城市化水平与人均GDP

年份	2001	2002	2003	2004	2005
城市化率/%	43.8	44.3	44.8	47.3	49.5
人均GDP/元	9 522	10 385	11 613	13 475	15 341
年份	2006	2007	2008	2009	2010
城市化率/%	53.86	54.07	55.07	54.89	54.26
人均GDP/元	17 790	21 272	25 727	28 355	33 666

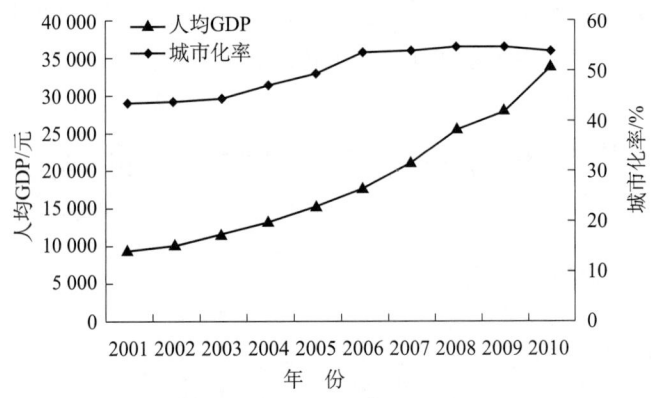

图3-6　东北地区城市化水平与人均GDP（2001～2010年）

可见，随着经济的发展，城市化水平也在不断提高，经济发展对城市化水平的提高有着很强的促进作用。经济增长会带来需求结构的变动，也必然会带来投入结构和产出结构的相应由第一产业向第二、第三产业大规模转移，导致资本和人口在空间集聚，并因此加快城市化步伐。同时，城市化水平的提高也会推动地区经济的发展（韦佳，2006）。

新中国成立初期，东北地区经济发展的速度位居全国前列，东北地区城市化水平也随之迅速提高。改革开放后，由于种种原因，东北地区经济发展缓慢，增长乏力，城市化水平发展的速度也逐渐降低，发展速度明显落后于发达地区。这也正体现了经济发展与城市化之间的互动关系。

（二）产业集聚、转换与城市化

产业集聚是城市化发展的基本动力之一，也是生产力发展到一定水平后的必然结果。18世纪后期爆发的产业革命，使工业化成为近代经济的主要内容。工业化的根本特征是生产的集中性、连续性和产品的商品性，所以要求经济过程在空间上要有所集聚（刘波，2006）。正是这种工业化的集聚要求，才促成了资金、人力、资源和技术等生产要素在有限空间内的高度组合，从而促进了城镇的形成和发展，也使城市化水平随之不断提高。

改革开放后，东北地区的产业结构体系发生了一系列的变化，其主要表现为第三产业的快速发展及传统工业结构的调整。高新技术产业的发展，促进了东北地区城市，尤其是大城市服务职能的增强及城市产业结构技术含量、层次化水平的提高。作为高新技术产业主要空间载体的各类经济技术开发区的形成、发展，带动了城市新区快速开发。中心城区"退二进三"战略的实施促进了中心城市职能扩散与城市地域空间扩展，加速了沈阳、长春、哈尔滨等特大城市的郊区城市化进程（王越，2006）。

近年来，随着东北地区旅游、边境贸易、物流业等新兴产业的发展，促进了一批新型职能城镇的形成与发展，一定程度上起到了进一步完善东北地区城镇职能结构的作用。但新型城镇的发展水平要远远落后于我国东部沿海发达地区。

（三）工业化与城市化

毫无疑问，工业化与城市化有相当程度的相关性。总体而言，城市化伴随着工业化的发展而发展，工业化促进城市化的发展，城市化反过来又推动工业化进程。然而具体而言，工业化与城市化的互动进程在经济社会的不同发展阶段有着不同的特点，当经济发展水平较低时，工业化与城市化水平均较低，此时工业化对人口的集聚效应十分明显，直接推动城市化进程；而当经济发展到一定水平时，城市化的进程减慢，工业化对城市化的直接推动作用减弱，主要的推动力表现为包括第三产业在内的非农化水平的提高,此时,城市化由外延式发展转变为内涵式发展,这些在西方发达国家的城市发展历程中得到了检验。

东北地区经过将近200年的开发历程,工业化已经达到了一定的水平,特别是新中国成立之后,东北地区工业经济迅速崛起,在"一五"期间即建设成为我国最大、最重要的以重工业为主的工业基地,经济总量一直占全国的很大份额。改革开放之后,虽然存在"东北现象"的困扰而发展缓慢,但是工业经济总量仍然在增长,在主要的工业行业比重中,东北地区都占据极其重要的地位。在工业化的推动下,东北地区的城市化水平高于其他经济区与全国平均水平,优势明显。

（四）信息化与城市化

以信息技术的广泛应用为标志的新一轮技术革命,特别是以"信息高速公路"、因特网为先导的信息化浪潮形成的冲击波,正以人类历史上前所未有的影响力和渗透力冲击着经济社会的发展,不仅极大地改变了人类传统的生产、生活方式,且极大地影响了城市的形态和功能结构,以及城市居民生活方式,进而促进了城市化的发展（樊月龙,2003）。

东北地区各城镇在振兴东北老工业基地的契机下,纷纷积极发展各自的信息化产业,如计算机技术、软件开发、光电技术等。目前,长春已经形成了以光电显示器件机器上下游产品为主体的光电子产业群,主要产品为彩色电视机、程控交换机、液晶显示器件、半导体分立器件、稀土永磁材料、计算机、空调器等,产品遍及整机零部件、消费类、电子材料,已形成门类齐全的产品体系,打造"中国光谷"。

二、城市化发展的独特因素

（一）地区资源要素驱动

丰富的矿产资源及合理的地域结构区域要素是东北地区现代城市迅速发展的物质基础。东北地区开发历史虽然可追溯到六七千年前的新乐农业文化时期,形成了襄平、柳城（今朝阳市）、黄龙府、丸都山城等古代城镇,但这些古代城镇的发展水平与古代中原地区的长安、开封、洛阳、安阳是无法相比的（曲晓范,2007）。19世纪60年代,东北地区"释禁"后,随着外国势力的进入,东北地区煤炭、铁矿等资源的开发,以及铁路和沿海港口的出现,使东北地区迅速出现了鞍山、抚顺、沈阳、长春、哈尔滨、吉林、齐齐哈尔等一批近代城市,其发展水平远远超过古代中原地区的城市。可以说,丰富的矿产资源是东北地区城市体系形成的重要条件,矿产资源的开发又为东北地区近现代城市体系的形成打下了良好基础。

(二) 大型建设项目驱动

"一五"时期,东北地区与上海成为国家重点建设的工业基地。"一五"时期,国家重点建设的154个项目的近1/3布局在东北地区,不仅涉及鞍山、本溪等一批历史时期工业基地的改造,还包括长春、吉林、哈尔滨等一批新兴工业基地的建设。"一五"时期形成了东北地区现代工业体系的总体格局,也是现代城市快速发展及形成自上而下城市化发展模式的关键时期。自"一五"时期以来,国家又相继在东北地区布局了石油开发(大庆、辽河)、化工(辽阳)、建材(吉林、本溪)、森工(伊春、大兴安岭、长白山地区)等重大建设项目。近期,在振兴东北老工业基地的浪潮下,东北地区又一次迎来了大批项目相继建设的热潮。这不仅进一步扩大了东北地区的投资规模及经济发展规模,而且极大地增强了重工业的产业关联及产业结构体系的形成,促进了城市职能地域体系的构建。以沈阳为核心,包括鞍山、本溪、抚顺、辽阳在内的辽中城市职能体系的发育程度及功能水平在全国居重要地位。

(三) 重化工业发展驱动

东北地区重化工业发展始于20世纪30年代。从1931年开始,东北地区的煤炭、铁矿、有色金属(金、铅锌、镍、铜)进入了现代工业化开发时期。在外国势力进入及"伪满洲国"的特殊历史背景下,东北地区开始形成了以煤炭、钢铁、机械、化工为主的重化工业结构体系,并建成了铁路、港口等现代交通设施,相继出现了沈阳(机械)、鞍山(钢铁)、本溪(煤铁)、大连(机械与化工)、齐齐哈尔(重型机械)、抚顺(煤炭与化工)等一批以重化工业为主的城市。东北地区成为我国最早形成的重化工业地域。这一特殊的重化工业发展历史不仅为东北地区成为新中国的重化工业基地提供了有利条件,也为东北地区城市职能体系及结构体系的建立奠定了物质基础。

随着振兴东北战略的实施,各级政府纷纷打出了"重振东北装备制造业"的口号,随着体制改革的深入,装备制造业不仅将成为东北地区强有力的主导产业,并且也将成为东北地区参与国内甚至国际竞争的优势产业。这必将给东北地区城市化的发展提供良好的机遇。

(四) 振兴东北老工业基地政策驱动

新中国成立初期,由于国家重大项目的投资建设,以及能源、重化工业的发展,东北地区在经济发展上仅次于北京、天津和上海,成为新中国发展的"领头羊"。然而,随着改革开放的实施和深入,机制和体制等方面存在的种种问题,新、老"东北现象"等弊端日益明显,使东北地区经济增长乏力,城镇发展陷入困境。针对这种现象，2003年，国家提出了振兴东北老工业基地战略，相继出台了一系列政策，如项目投资政策、吸引外资政策、税收政策等。这些政策的出台，给东北地区经济社会乃至城镇的发展带来了前所未有的契机。随着东北地区经济的振兴，城镇也在不断地发展壮大，必然带来东北城市化水平的提高。

第四节　振兴东北老工业基地背景下的城市化发展战略

一、城市化发展新趋势

（一）世界城市趋势的初现

对世界城市现象的专门研究是由彼得·霍尔（Peter Hall）出版的《世界城市》一书开始起步的。针对第二次世界大战后世界经济一体化进程的推进，霍尔看到并预见到一些世界大城市在世界经济体系中将担负越来越重要的作用，并提出了世界城市的主要特征。1982年，弗里德曼（J. Friedmann）和沃尔夫（G. Wolff）合作完成的论文《世界城市形成：研究和行动议程》对世界城市的形成作了进一步探讨，提出了世界城市的两项判别标准。1986年，弗里德曼在《环境和变化》杂志上发表了《世界城市假说》一文，提出了七大著名论断和假说，着重研究了世界城市的等级层次结构，并对世界城市进行了分类，为世界城市研究提供了一个基本的理论框架（谢守红和宁越敏，2004）。20世纪90年代后，萨参（S. Sassen）提出了全球城市的假说，丰富和发展了世界城市理论。

我国城市在经济实力、空间联系等方面与伦敦、纽约、东京等已趋于成熟的世界城市相比还存在一定的差距，但近些年来，随着我国在世界经济中的地位与作用的提高，北京、上海等城市出现了具备成为世界城市条件的趋势，也打出了打造"世界城"的口号。北京和上海作为地区城市群核心城市和国际一流的世界城市的雏形正在逐渐形成。

（二）城市群研究的深入

国外学者对城市群进行相关研究的起步较早，在100多年的历史中积累了丰富的成果，为当前及将来人们更加深入和科学地研究城市群奠定了基础。尤其是霍华德（E. Howard）、克里斯泰勒（W. Christaller）、戈特曼（J. Gotman）等具有里程碑意义的理论先驱，影响了后续的一代代研究者（王士君，吴嫦娥，2008)。

与多数发展中国家相同，我国的城市群研究亦源自大都市带理论的引入。20世纪80年代初，丁洪俊和宁越敏（1983）把"巨大都市带"的观点引入戈特曼的理论以后，国内对于城市群的理论与实证研究才渐渐开展起来。最早对城市群体专门进行研究的是南京大学李世超（1989），他也从介绍戈特曼的城市带理论入手，探讨了长江中下游城市带的形成条件、历史动力、现状特点和未来发展构想；崔功豪（Cui Gonghao，1995）撰文对城市带特征和形成条件进行了研究，崔功豪还结合长三角城市群研究，根据城市群发展的不同阶段与水平，前瞻性地把城市群结构划分为三种类型，即城市区域（city region）、城市群组（metropolitan complex）和巨大都市带（metropolis）；姚士谋等（2001）、许学强和程玉鸿（2006）分别对长三角、珠三角地区城市的特征、发展趋势等作了系统深入的分析，而且较全面地界定了城市群的概念。

(三) 都市区规划的兴起

都市区规划是一种战略性的空间规划，一种"区域性的战略思考"。它的主要目的是为城市政府提出关于城市和空间发展战略的框架，规划内容则以都市区经济社会的整体发展策略、区域空间发展模式及交通等基础设施布局方案为重点（崔功豪，2001）。

都市区规划在国外已有悠久的历史，1944年由阿伯克龙比（P. Abercrombie）制订的大伦敦规划就是一个著名的都市区规划，美国的纽约地区规划、日本的东京圈规划都曾在当地城市发展和建设中发挥过良好的作用。面临全球化发展的新形势，各国又开始了新形式的都市区规划。为改变城市空间蔓延现象，以及解决都市区内大小行政单位和开发公司在发展和管理上的矛盾，伦敦于2000年成立了大伦敦市政府，其目的是要制订伦敦空间发展战略及对整个都市区进行战略性管理。

当前，我国正处在快速城市化时期，都市区将成为推动我国经济和城市化发展的重要地域空间形式。我国已经和正在进行的广州、南京、宁波、杭州的概念规划（城市总体发展战略规划），可以认为是切合我国当前大都市发展需要的一种都市区规划类型。它也是以战略性和空间性为中心，在多层次的宏观分析基础上，以城市发展目标、城市发展定位和规模、都市区空间结构模式、交通模型框架，以及当地突出的产业和环境问题为重点，提出的空间发展战略和结构方案，为城市政府提供发展的思路、策略、框架，并作为城市总体规划编制的指导。应当说，概念规划在我国刚刚开始，与都市区规划要求相比，内容还不够全面，理论和方法也不够成熟，还需要在实践中不断探索。结合全球化的形势，一个以功能重构、空间重组、环境重整为中心的都市区规划浪潮正在兴起。

(四) 新型城市化战略的提出

新型城市化是与新型工业化相适应的城市化战略，它强调城市的内涵式增长和质量升级，本质上是一种可持续发展的城市化道路，也是城市发展道路的必然选择。其内涵包括以下四点：一是要坚持科学发展观，重新审视城市化规律，在尊重城市化规律的前提下推进城市化进程，防止人为主观意志对城市化发展的影响；二是要对城市化机制做出科学设计。城市化机制是决定城市化进程、城乡关系的最主要因素，是决定城市化道路的核心要素，必须在比较分析的基础上进行科学设计；三是必须考虑我国自然资源总量大，人均量少，劳动力资源丰富，资本等生产要素欠缺的现实，充分认识在城市化初期非农产业发展与城市城镇建设中对资源和环境的负面影响，协调好各方面关系；四是要顾及区域之间经济发展水平、城市化水平、市场化程度的差异，在城市化发展目标与模式选择上要与当地经济发展相结合（陈甬军，2010）。

新型城市化的提出符合我国城市化发展重点，适应东北地区城市化基础较好但质量不高的现状，以及老工业基地城市改造的特殊性和未来城市化的趋势，在西方的城市再生理论中也可以找到它的理论根据，是我国城市化理论进步的表现。

二、城市化发展战略

(一) 大都市区带动下的空间发展战略

在城市化过程中，当扩散作用强于集聚作用并占主导地位时，城市要素和职能便开始由城市中心向外围移动和扩散。在郊区化阶段，城市性用地由中心向外不断扩大，原来受农业支配的非城市地域逐渐转化为以非农产业为主的城市地域（王兴平，2002）。与此同时，中心城与外围地区在经济社会方面的相互作用越来越强烈，功能联系越来越紧密，从而形成由中心城和外围地区共同组成并以中心城为核心的新的城市空间形态——都市区。都市区是城市化发展到较高级阶段时的产物，既有其外在规模即形态上的特殊性，又有其内在质量即功能上的独特性。都市区的出现不仅使城市地域空间形态与规模发生重组和变化，而且使资本、产业、劳动力等要素形成新的流动和布局，进而对原有城市行政管理模式提出新的要求和挑战（谢守红和宁越敏，2004）。

东北地区是我国城市化较发达的地区，沿哈大交通干线（铁路、高速公路）城镇密集，形成了东北经济区核心地带的大都市区（带）：辽中南大都市区、吉中大都市区、哈大齐大都市区、沿海城市带。未来的城市化发展应加强大都市区（带）的建设，在空间上形成都市区带动下的城镇发展格局。

辽中南大都市区是区内发展最成熟的一个城市密集地带（王士君等，2008）。该都市区是由沈阳、抚顺、鞍山、本溪、辽阳、大连、丹东、营口和盘锦九个地级市及其所辖市县所组成的，行政区域共 8.36 万千米^2。区内有重要的冶金工业城市鞍山和本溪，能源工业城市抚顺和盘锦，机械和化工城市沈阳，以及大连和丹东等，都市区原材料生产的职能结构特征明显。目前，辽中南大都市区产业主要有钢铁、机械、石化等，今后要重点发展装备制造业、特殊钢材、机电一体化、节能环保产业，大力发展商贸和金融服务业。

吉中大都市区在地域上涵盖了长春、吉林、四平（除双辽市外）、辽源和松原（除前郭县和长岭县外）五个省辖市及其所辖部分市县，以及通化的梅河口，总面积达 7.56 万千米^2，人口为 1772.15 万人，分别占全省的 40.34% 和 66.89%。该都市区的特点是工业发达，是我国重要的汽车工业基地，汽车产量占全国的 1/3 左右。交通运输方便，科技力量雄厚，是我国重要的光学和应用化学的研究中心。目前，吉中大都市区产业以汽车、石化为主，今后要重点发展汽车及零部件、汽车新技术、光机电一体化、生物医药、汽车及农产品加工业。

哈大齐大都市区是在改革开放后迅速崛起的，它是以我国重要的机电工业城市哈尔滨为核心，以横贯我国最大的平原——松嫩平原的滨洲铁路为纽带，连通我国最大的石油城市大庆、重要的机械工业城市齐齐哈尔和新兴的中小城市绥化、安达、肇东、双城、阿城等组合而成。各城市分布相对密集，相邻城市间的平均公路距离仅为 55.6 千米（以两城市间的国道距离测算）。群体的特点是工业基地基础雄厚，是我国重型机械制造中心和石油基地，尤其是机电工业占全国首位；交通便利，是北方重要的交通枢纽；科技力量雄厚，是重要的科技信息中心。目前，产业主要有石化、机械、食品加工等，今后要重点发展综合性石化工业、电站设备及石化设备、机电一体化、精细化工、农产品加工及物流、旅游业。

沿海城市带以大连为核心，包括丹东、营口、盘锦、锦州等 11 个城市。该区土地面积为 5.8 万千米^2，人口为 1715 万人，GDP 为 2111 亿元。目前，主要有石化、机械等产业，今后要重点发展石化、造船、电气机械、电子信息、海洋等产业，大力发展金融、贸易和旅游业。

（二）"精明增长"的城市土地利用战略

与西欧许多国家在第二次世界大战后就已经明确确立的控制大城市无序增长的思想不同，美国、加拿大第二次世界大战后城市增长的高潮、放任的郊区化造成了畸形的城市蔓延，20 世纪 90 年代后，北美学者不得不开始检讨这种传统的这种不受控制的城市增长方式，提出要对土地开发活动进行管制以提高空间增长的综合效益，即"精明增长"的思想（刘斌，2007；张娟，李江风，

2006）。1997年，马里兰州州长帕里斯·克伦德宁（Parris N. Glendening）首先提出了"精明增长"的概念，后来戈尔副总统将其作为总统竞选纲领。1999年，美国城市规划协会（APA）在政府的资助下，花了8年时间，完成了长达2000页的"精明增长"城市规划立法纲要。

一般认为，"精明增长"有三个主要目的：第一，通过对城市增长采取可持续、健康的方式，使得每个城乡居民都能受益；第二，通过经济、环境、社会可持续发展之间的相互耦合，使得增长能够达到经济、环境、社会的公平；第三，新的增长方式应该使新、旧城区都有投资机会以得到良好的发展。因此，"精明增长"特别强调对城市外围有所限制，更注重发展现有城区。

目前，东北地区一些大城市正处于郊区化的开始及加速发展阶段，沈阳、大连、长春、哈尔滨等四个首位城市的建成区规模均已超过 200 千米^2，城市空间发展从向心聚集转向中心职能扩散及新区开发，5年来城市建成区以年均15%的速度向外扩展。城市边缘区成为城市空间发展重点，郊区成为最活跃的城市化地域，发展势头迅猛。在郊区化的过程中，也出现了一些土地低密度蔓延、利用效率不高等现象（杨艳茹，2004）。针对这一趋势，"精明增长"理论提出了一系列的解决方法，如土地功能混合、紧凑发展、强调公共交通建设、充分利用原有设施、改造城市旧城区等，以利于城市面向21世纪的合理发展，对于东北地区城市郊区化发展具有一定的指导意义。

首先，"精明增长"理念是城市发展观念上的变革，城市的空间扩展必须置于区域整体生态系统的大背景之下，必须将城市发展与自然生态系统中其他生物系统的生存发展置于同等地位（马强，徐循初，2004）。

其次，由以外延扩展为主的城市空间扩展趋势向内涵更新优化的方向演化。优先考虑将城市新增用地需求引导至已经开发建设的区域，尽量减少侵占非城市建设用地，城市的发展坚持"速度和质量并重"的原则。

再次，城市的空间扩展必须将城市的外延扩展与大运量公共交通体系联系起来。"城市化必须走一条低消耗、高效率的道路"，这就决定了东北地区城市不可能采用发达国家以大量的小汽车出行支撑广大的城镇体系的道路。

最后，城市的用地模式应当坚持高密度、集约化、功能混合的原则，把依托于公共交通系统的"适合居住"的社区作为城市的基本构成单元。

（三）产业集聚与转型的产业发展战略

产业结构中重化工业和国有经济比重大，是东北地区面临的比较突出的问题，主要表现为高新技术产业与传统产业整合程度低，轻重工业的发展关系尚未真正理顺，产业结构技术层次低，区域产业关联程度低，区域产业结构趋同等。造成这些问题的根源有许多，主要是历史和观念因素、体制扭曲及政策导向因素。因此，加快产业结构转变的速度、积极促进产业集群的发展就成为振兴东北老工业基地的首要任务。

对于传统产业，应该以重大项目为依托，振兴重大装备制造业，重点发展数控机床、输变电设备、轨道车辆、发电设备、重型机械、船用低速柴油机等产品，提高装备制造工业的成套能力，加强零部件、元器件生产薄弱环节，努力建设具有国际先进水平的船舶和汽车生产基地，抓紧制定实施支持重大装备制造业发展的政策措施。在石化、钢铁、重大装备、农产品深加工、医药等领域，继续组织实施东北老工业基地调整改造国债专项。推进鞍钢、东北特钢、一重、沈阳机床、大连机床、大庆石化、吉化、抚顺炼化等重点骨干企业的改造。

对于高新技术产业，应尽快编制振兴东北老工业基地"十一五"高技术产业发展规划。继续实施振兴东北老工业基地高技术产业发展专项，通过在信息、生物和医药、新材料等重点领域安排国家高技术产业化示范工程、国家工程研究中心、企业技术中心建设、信息和生物产业结构调整等高技术项目，进一步支持东北老工业基地高技术产业化，提高东北地区企业创新和研发能力。加快利用高新技术改造传统产业步伐。推进东北地区骨干企业信息化建设，提高生产经营管理水平。

与此同时，东北地区可以借鉴我国改革开放的成功经验，在区域内部采取"增量改革"的方式，积极建设和发展产业集群，包括通过大力发展多种经济成分的中小企业集群形成新制度环境增量。因此，结合东北地区的历史基础和现实状况，重点发展以下两种类型的产业集群：一种是以大型企业为核心，众多配套企业的地理集聚体，用以构筑东北地区装备制造业基地；一种是中小企业集群，用以实现东北地区新型工业化目标。也就是说，发展多种所有制形式的中小企业集群，寻求的是东北地区的改革，即寻求体制外的增量发展和制度环境建设，以突破多年来国有经济垄断东北地区的局面；发展装备制造业产业集群是在技术经济关联的基础上，发展配套产业，激活东北地区的经济存量，寻求东北地区的经济发展。

（四）信息化带动下的新型工业化发展战略

自20世纪八九十年代以来，东北地区长期在计划经济体制下积累的深层次结构性和体制性矛盾显现出来，工业经济效益全面下滑，大批国有企业处于停产、半停产状态，部分矿山枯竭，众多职工下岗失业，即"东北现象"。与此同时，东北地区农业的发展也遇到了相同的问题，突出表现在传统优势产品大量积压、农民收入增长缓慢、农业经济效益不高、农村发展滞缓等问题上，即新"东北现象"。

坚持以信息化带动工业化，以工业化促进信息化，走出一条科技含量高、经济效益好、资源消耗低、环境污染少、人力资源优势得到充分发挥的新型工业化的路子，这是中国政府根据本国国情和世界工业化发展经验总结出来的具有中国特色的工业化之路（李广全，2004）。作为老工业基地的东北地区，无论是从前还是现在，重化工业发展的道路都十分鲜明，从这一主线出发，迎接经济全球化走新型工业化道路是东北地区实现可持续发展，获得区域竞争优势，提升人们生活水平的必由之路。

东北地区新型工业化的最主要任务就是对传统产业进行现代化改造，通过传统产业的现代化改造提升产业竞争力，促进产业的可持续发展，使环境得到保护，人力资源得到有效、充分的利用。

要实现新型工业化应采取以下几方面综合的对策和措施。

首先，实现传统体制的突破。传统的计划经济体制已经成为制约东北地区经济发展的严重障碍，在推进新型工业化过程中，必须有效地突破这种束缚。我国南方经济发展的实践证明，混合所有制形式有利于促进生产力的发展，促进东北地区生产力的发展，关键是突破东北老工业基地国有产权占绝对优势的局面。

其次，着力打造两大新型工业基地。东北地区装备工业和原材料工业尽管存在一些问题，但这两大产业是具有区域比较优势的产业，新型工业化的核心任务就是重点改造这两大产业，将其培养成为全国装备工业基地和原材料工业基地。

最后，促进新型产业合理的地域分工。对于东北地区而言，三大地带的产业分布特点明显，在推进新型工业化的过程中，各自所承担的任务有所不同。东部地区是以森林和矿业为主的地区，是整个东北地区的生态屏障，承担着整个东北地区乃至华北地区生态保障的功能，工业化过程中不能无选择、大规模、盲目地发展工业，尤其是传统的、具有破坏性的工业，生态工业是其重要选择；中部地带是工业、农业发达的地区，这一地区承担着东北地区工业发展的主要任务，大力鼓励工业向这里转移，促成这里成为新型工业农业带；西部地带的特点主要是农牧及矿产资源丰富，这里是生态脆弱带，新型工业化的任务是注意环境保护型的工业化。

（五）多方融资的基础设施发展战略

东北地区基础设施建设有良好的历史基础，拥有全国最高密度的铁路网，"T"字形铁路主干线，不仅是东北地区交通的基本骨干，而且连接了东北地区的主要大城市，成为东北地区经济一体化的自然纽带，构成了东北地区的"经济走廊"。除以铁路为主体外，公路运输也是重要的交通方式。从发展趋势看，公路运输在社会经济生活中的作用将迅速提高。海港交通则以大连港为轴，形成向本区内和海外辐射的两个扇面形。除此之外，东北地区航天、邮电、电力设施也都发展显著。总之，历史上良好的基础设施建设，为东北地区发展沿海、沿线与沿边经济，开拓对外经济技术交流与合作，提供了优越的基础条件。

但是，随着振兴东北老工业基地战略的全面展开，既有的基础设施水平和发展速度已经不能适应建设新型产业基地和新的经济增长区域的目标（张霓，2005）。体制僵化、融资渠道单一和融资工具匮乏，已经造成城市基础设施资金瓶颈，其主要表现为以下几点：①城市基础设施建设的增长速度远远不能满足人口增长和社会发展需要，基础设施人均拥有量的增长速度明显慢于基础设施总量的增长速度；②城市建设欠账较多，特别是在环境保护方面的投资严重不足；③日益增长的庞大投入和维护费用使财政难以负担，收支缺口呈扩大的趋势。

基础设施发展战略主要体现在以下两个方面：①继续完善东北老工业基地网络基础设施，鼓励先进适用的新技术在东北农村地区率先应用，着力解决农村通信发展滞后的问题。开展电子商务试点示范，探索发展模式，促使东北地区主要领域和企业充分依托电子商务手段在市场竞争中开拓业务、发展壮大。整合现有物流资源，选择东北地区基础条件较好的物流企业，支持其信息化建设和完善物流管理手段，形成一批社会化、专业化、网络化的现代物流骨干企业。②对于解决资金困难的问题，需要进行城市基础设施建设融资渠道创新：在继续利用银行贷款间接融资渠道同时，要创新和完善城市基础设施的市场化融资体系，发展低成本、高效率的直接融资渠道。充分发挥资本市场的作用，形成多元化的资金来源；在证券市场上，基础设施企业市场需求稳定，行业风险小，利润增长性好，具有很高的长期投资价值，很受投资者欢迎，因而证券融资成为基础设施融资的重要渠道。创立城市基础设施建设产业投资基金，开辟新的融资渠道。产业投资基金也是民间投资进入某些产业或企业的组织化通道和稳定的资金来源。

（六）可持续发展的生态环境发展战略

东北地区历史上长期沿用粗放型经济增长方式。以我国重化工业基地的辽宁省为例，其资源、能源消耗和污染物排放强度均很大，至 20 世纪 90 年代末，辽宁省万元 GDP 取水量为 214 米^3，是工业发达国家平均水平的 5~10 倍；耗能、二氧化硫排放强度分别是工业发达国家平均水平的 2.4 倍和 6 倍，这些指标均远远超过当地的环境容量。最严重时，由于工业企业污染，沈阳一年中约有 1/3 的天数难见蓝天。鞍山的污染更为严重，这里的天空经常是黄色、红色、褐色的，与难得一见的蓝天白云形成强烈对比。

在工业比重较大的黑龙江省，情况也大体相当。每当经济增速加快，能源消耗和环境恶化指标就随之增长。黑龙江省发改委提供的数据显示，2003 年与 2000 年相比，年度 GDP 增长了 1100 多亿元，但除了工业废水排放量略有下降外，能源消费、废气排放和工业固体废弃物产生量分别增加了641万吨标准煤、515亿标准立方米和404万吨。

资源的长期大量消耗和废气、废水的过度排放，严重危害了东北地区的生态环境，东北地区工业的粗放增长模式与经济社会发展的矛盾愈发尖锐。城市生态环境问题的产生有多方面原因，但根本原因是产业结构与布局不合理，环境保护和污染治理投资严重不足。以重化工业为主的产业结构，在落后的技术条件下，必然采取"高能耗、高物耗、高排放"的生产模式，而且工业布局过度集中，超出了合理的环境容量。资源型城市的生产活动不可避免地带来生态环境破坏。此外，长期以来环境保护和污染治理投入不足，使生态环境得不到有效治理。

2001年9月，国家环境保护总局建议辽宁省结合振兴东北老工业基地战略，在全国率先开展循环经济试点建设工作。经过近年来的努力，辽宁省已有部分工业企业开始走上低消耗、低排放、高产出的路子，黑龙江、吉林两省目前也已积极展开这方面的探索工作。

东北地区要实现环境可持续发展应大力发展循环经济，保护生态环境。推进辽宁省资源型城市和重点企业循环经济试点工作，以及黑龙江省和吉林省生态省建设工作。提高矿产资源的初级采收率、加工利用率和循环使用率及木材的综合利用率。继续支持东北地区城市供水管网的改造，加强污水处理设施建设和管网配套，促进节水和污水再生利用。稳步推进城镇供热体制改革，支持城镇居民住宅采暖设施节能改造，提高节能水平和采暖效率。充分利用东北地区贫矿资源，建立大型贫矿资源开发利用体系。加大重化工业城市、大型矿区和松花江流域的环境污染治理力度，依法关闭浪费资源和污染环境的矿山。在东北黑土区水土流失综合防治试点的基础上，继续开展重点水土流失区治理。切实加强湿地保护与修复。继续实施天然林资源保护工程，研究进一步合理调减木材产量及后续政策问题。支持东北地区重点防护林工程建设，在中央财政森林生态效益补偿基金等方面继续予以支持。

三、城市化发展模式

（一）资源型城市的经济转型

资源型城市是指以自然资源开采为主，资源型产业在城市经济中占主导地位的城市。东北地区是我国资源型城市最为集中的地区，分为煤炭、石油和森工三种主要类型。主要城市有抚顺、鞍山、本溪、阜新、铁法、北票、辽源、敦化、珲春、鸡西、鹤岗、双鸭山、七台河、大庆、盘锦、伊春等（吉春地，2003）。这些城市的工业结构大都是在新中国成立初期强调"优先发展重工业"的特殊历史背景下，以资源为基础形成的。建设过程中集中了相对的人力、财力和物力，忽视了农业和轻工业的利益，以大力兴办工业企业的方式，在较短的时期内形成了以重化工业为主的工业经济体系。到目前，历经半个世纪的生产运营，区内能源和原材料资源储量逐渐减少，乃至枯竭，有些能源和原材料需要大量进口，导致东北地区的资源型城市普遍面临着迫切的经济转型问题。

突出问题有如下几个方面：①城市功能不健全。在"先生产，后生活"的城市建设指导方针下，资源型城市不同程度地呈现出"城像矿、矿像城"的景象，城市基础设施落后，功能不健全，严重制约了资源型城市经济转型。②产业结构单一。没有形成维持城市可持续发展的产业集群。东北地区的资源型城市长期依赖资源型产业，且以资源开采和初加工工业如煤炭工业、石油工业、森林工业、石油加工（初级）、冶金（初级）等行业和部门为主。③开采成本上升。国有重点矿区大部分进入衰老期，生产能力萎缩，煤炭产量递减，有的地区褐煤比重大，煤矿地质构造复杂，开采条件困难，再加上煤矿冗员多、效率低，开采成本大幅度提高。④就业压力比较大。长期实施劳动密集型的资源开发模式，加之城市功能不完善，导致吸纳劳动力的能力有限，因而随着资源的枯竭和技术的进步，多数资源型城市面临就业难问题，如抚顺、阜新、鸡西、鹤岗等城市都面临非常大的就业压力，有些城市的城镇失业率高达20%以上。

要改变资源型城市所面临的困境，必须从完善城市的综合功能入手，规划资源型城市的发展途径。经济转型仅仅是解决资源型城市发展问题的一种措施，不一定能解决资源型城市面临的所有问题。因此，从资源型城市长远的、可持续发展来看，必须从完善城市的综合功能入手，系统规划资源型城市的发展途径。首先，调整城市内部结构，完善其服务、生产、生态、商贸等功能，培育内部增长的活力，营造多元化发展的环境与空间。其次，从区域经济发展需求和经济联系角度，集聚区域优势，重新确定城市发展方向和功能定位，强化地区中心功能。最后，与辽中南都市经济区、长春-吉林人口经济集聚区、哈尔滨-大庆人口经济集聚区的发展有机结合，合理分工，确定资源型城市的区际功能和合作方向。

实施多元化产业发展战略，因地制宜地选择接续产业，改变产业结构单一的局面。一是促进城市与区域的融合，利用其辖区内各种条件，发展有其他资源支撑的接续产业。在东北地区的资源型城市中有16个地级市，其辖区面积小的有4000千米^2、大的达4万千米^2，其辖区内多有较好的农业基础和非主体资源。但是，以嵌入式发展起来的资源型城市，其辖区内非主体资源的利用不充分，中心城市的作用也不突出。因此，应结合东北老工业基地振兴战略的实施，推动资源型城市与区域融合，有选择地发展地方特色的轻工业和有地方资源基础的重工业，如食品工业、建材工业等。二是以促进就业为目标，实行税收、资本配套等措施，吸引沿海发达地区的企业投资办厂，带动地方经济的发展和产业转型。三是本着精干主体、分离辅助、剥离社会职能、扩展发展空间的原则，鼓励资源枯竭型城市中有实力的资源开发企业实施异地开发战略，在国际上和国内其他资源富集地区寻求发展机会，转移部分过剩的生产能力，减轻企业对本地资源的依赖。四是鼓励本地资源型企业，按照市场经济的原则，发展非资源型产业。五是促进产业间和企业间的联合发展，延长资源开发、加工的产业链，为资源型城市提供综合发展能力。

（二）大城市老工业区改造

城市中的老工业区是东北老工业基地城市的最重要的功能组团，是城市工业的载体，也是当前东北老工业基地问题和矛盾最为集中的地域。由于东北地区城市规划建设的历史原因，绝大多数城市都规划布局了工业职能单一、地段相对独立的城市工业组团，也是构成城市景观的特殊斑块（刘凤梅，2004）。老工业区是城市的经济引擎，它的兴衰对城市发展有重要的影响，因此西方老工业基地改造无不把大城市老工业区改造作为重点。东北地区有众多的老工业区迫切需要改造，如沈阳的铁西工业区、鞍山的铁西工业区、本溪的本钢工业区、抚顺的望花工业区、大连的甘井子工业区、长春的铁北工业区、吉林的龙潭化工区、哈尔滨的动力区和齐齐哈尔的富拉尔基工业区等。这些老工业区小则几平方千米，大则几十平方千米，工作和居住在其中的人口从几万人至几十万人不等。改革开放前，它们都是社会主义工业化的样板，时至今日都有不同程度的衰败，许多企业破产倒闭或即将关闭，形成了典型的老工业基地的"烟囱工业区"。大城市中的老工业区以冶金、机械、化工等重化工业为主，占地面积大，与中心城区联系紧密，人员和物资交换频繁。老工业区技术改造落后，环保投入不足，环境污染严重。工业区内部穿插建设了规模不等的居住区，下岗失业人员集聚，城市贫困严重，社会治安和社区发展问题突出。实际上，一些大城市老工业区已经构成了城市可持续发展的"问题地区"，是当地政府最棘手的问题。如果仅从城市老工业区的经济和人口比重、产业基础及未来在振兴东北老工业基地中的作用角度分析，大城市老工业区改造比资源型城市转型具有更大的社会经济意义。因为振兴东北老工业基地的主导力量仍然是这些有较好产业基础的大中城市，大城市老工业区改造应该是振兴东北老工业基地的重点，是质量型城市化的重要内容。

城市老工业区改造的目标是完成其向新型城区的转变，面临着三方面任务，即经济振兴、社区发展、城市基础设施改造与生态环境建设（刘凤梅，2004）。经济振兴是老工业区改造的中心任务，要深化国有企业体制改革，加快调整产业结构，加大传统优势产业的技术改造力度，鼓励民营经济和中小企业发展，制定优惠政策，扩大融资渠道，加强与区内外企业的合作。要特别注意扶持传统优势产业和发展中小企业。社区发展的主要目标是大力发展市场化的社区服务业，加强职业技术培训，扩大就业渠道，建立健全社会保障机制，营建艰苦创业的社会氛围，保障社会安定。把老工业区城市基础设施建设和管理纳入市政管理范畴，改造交通和通信等市政设施，增加文化、体育和娱乐服务设施。引入市场机制，开发利用工业废弃地，建设环保设施，美化绿化老工业区环境。

为实现上述任务，大城市老工业区改造时需要在城市发展战略规划的总体框架下研究老工业区未来发展方向和功能转换定位，从市区内各功能组团的协调发展角度，研究老工业区内的要素转移与置换的途径，制订产业调整、土地开发、社区发展和生态环境建设规划，提出可行的对策和措施。总之，从我国社会主义城市化的性质和高效率利用城市各种存量要素等方面的要求出发，大城市老工业区都不应该变成"废弃地"，要把它改造成新型的城市功能区，这是老工业城市可持续发展的重要课题。

（三）农村地区快速城市化

东北地区城市规模结构以大中城市为主，小城市和建制镇发展不足，县域经济落后，严重地制约了农村人口的非农化进程，区域城市化呈现典型的城乡二元结构。尽管改革开放以来，东北地区城市化水平不断提高，城镇数量与城镇规模不断扩大，但是与我国东部沿海发达地区相比，农村城市化整体水平仍然十分低下。东北地区小城镇的突出问题是城镇规模小，基础设施落后，工业化基础薄弱，缺乏规模企业支撑，财政十分困难。一些专业性小城镇如工矿镇、林业镇和农垦镇，存在着典型的城镇与企业兼备的两套管理体制，条块分割。农村非农产业发展不足，使农村城市化缺乏产业依托，难以吸纳数以万计的富余农村劳动力及推动农村经济发展、小城镇建设，使小城镇在人才和资金的引进、产品技术的更新、产业升级等方面都受到很大制约，削弱了城镇对区域经济和社会发展的拉动力及整合力。

东北地区不同于东南沿海地区，当前东北老工业基地城市面临着艰难的体制改革、产业转型和安置下岗人员就业的任务，在短期内大中城市吸纳农村剩余劳动力的空间十分有限，因此乡村城市化在东北地区又有着特别的现实意义。乡村城市化也有利于完善东北地区城市等级规模结构，统筹东、中、西地区的协调发展。鉴于城镇历史、社会经济和资源环境状况，东北地区必须探索出符合区情的全新的乡村城市化模式和途径，这是当前一个需要有创新思维的研究课题。

具体对策和措施包括：①提高对中心城市的区域支撑能力。城市的发展离不开区域的支撑，周边农村地域是中心城市职能与产业、要素外溢的重要承接地域，因此区域的支撑能力与水平在很大程度上制约着中心城市的进一步发展。农村经济发展及城市化的推进应该为中心城市发展提供强大的区域支撑，成为中心城市"大城市病"问题彻底解决而向外扩散要素、产业与功能的承接空间载体，促进区域城市化发展。通过增强中心城市的辐射与吸引功能，又反过来促进农村区域城市化发展，进而加速城市区域化进程。②充分发挥中心城市的吸引与辐射作用。中心城市是广大农村区域发展的增长极与扩散源，对周边农村区域经济发展及城市化推进具有强大的吸引与辐射作用。一些城市已经进入郊区化发展阶段，城市发展已经由中心聚集向空间扩散转变，使中心城市对周围农村区域的经济发展、产业结构调整、功能增强、城市化表现出强大的拉力作用。③构筑城乡互动机制下的产业结构体系。城乡互动产业结构体系的形成又集中体现于城市大工业与乡村工业的合理布局，形成乡村与城市大工业配套、协作的一体化产业发展格局。这就要求农村地域各小城镇应依据中心城市要素、职能扩散与市域产业发展统一规划的原则，凭借自身已有的发展基础及发展优势、特色，并依托中心城市科技力量改造传统的乡镇企业。④加强小城镇户籍管理登记制度、土地管理和使用制度、投融资制度等的建设和改革，改善城镇基础设施，为小城镇发展建设创造优良的软硬环境。

第四章

东北地区城市体系等级规模结构

第一节 东北地区城市体系等级规模结构现状特征

城市体系等级规模结构是指城镇体系内上下不同层次，大小不等规模的城市在质和量方面的组合形式（顾朝林，1990）。城市规模主要有人口规模和用地规模两种表达方法。利用东北地区设市城市城镇人口作为城市规模的特征量，根据《中国城市统计年鉴2011》、《中国县（市）社会经济统计年鉴2011》中的统计数据整理得出东北地区设市城市城镇人口规模排序，如表4-1，图4-1所示。

表4-1 2010年东北地区设市城市城镇人口规模排序（单位：万人）

城市	沈阳	哈尔滨	长春	大连	吉林市	鞍山	齐齐哈尔	抚顺	大庆
排序	1	2	3	4	5	6	7	8	9
规模	515.42	471.79	362.75	304.26	183.47	146.85	141.51	138.35	133.4
城市	赤峰	葫芦岛	本溪	锦州	营口	绥化	牡丹江	鸡西	佳木斯
排序	10	11	12	13	14	15	16	17	18
规模	121.41	99.95	95.13	93.35	90.41	89.93	88.95	87.9	82
城市	伊春	阜新	丹东	通辽	辽阳	鹤岗	四平	盘锦	白山
排序	19	20	21	22	23	24	25	26	27
规模	80.85	78.88	78.83	76.7	75.12	67.6	61.09	61.02	59.49
城市	松原	朝阳	七台河	白城	双鸭山	辽源	通化	铁岭	延吉
排序	28	29	30	31	32	33	34	35	36
规模	58.79	57.59	57.21	51.02	50.26	47.87	44.76	44.59	44
城市	公主岭	肇东	铁力	尚志	五常	海林	呼伦贝尔	瓦房店	敦化
排序	37	38	39	40	41	42	43	44	45
规模	38	32	30	28	28	28	27.15	27	27

续表

城市	北安	梅河口	安达	海城	桦甸	乌兰浩特	普兰店	北票	舒兰
排序	46	47	48	49	50	51	52	53	54
规模	27	26	26	24	24	23	22	22	22
城市	磐石	讷河	庄河	榆树	海伦	黑河	五大连池	双城	穆棱
排序	55	56	57	58	59	60	61	62	63
规模	21	21	20	20	20	19.21	19	18	18
城市	调兵山	蛟河	满洲里	凤城	大石桥	开原	洮南	根河	双辽
排序	64	65	66	67	68	69	70	71	72
规模	17	17	16.5	16	16	16	16	15.9	15
城市	珲春	虎林	富锦	宁安	兴城	大安	凌源	合龙	扎兰屯
排序	73	74	75	76	77	78	79	80	81
规模	15	15	15	15	14	14	13	13	13
城市	牙克石	新民	东港	盖州	集安	临江	龙井	灯塔	图们
排序	82	83	84	85	86	87	88	89	90
规模	13	11	11	11	11	11	11	10	10
城市	凌海	北镇	九台	密山	霍林郭勒	同江	绥芬河	额尔古纳	阿尔山
排序	91	92	93	94	95	96	97	98	99
规模	9	8	7	7	7	6	6	4.2	4
城市	德惠								
排序	100								
规模	3								

资料来源：《中国城市统计年鉴2011》；县级市城镇人口为市域城镇人口，资料来源于《中国县（市）社会经济统计年鉴2011》，因此反映出的城市规模精度会稍有误差，但不影响整体结构特征和相对位序及趋势

注：受统计口径和数据完整性限制，表中地级市城镇人口为市辖区人口

一、弱"金字塔"形等级规模结构

城市金字塔是分析城市等级规模分布的一种简便方法。把一个国家或地区中许多大小不等的城市，按规模大小分成等级，就有一种普遍存在的规律性问题，即城市等级规模越大，城市的数量越少，而城市等级规模越小，城市数量越多。把这种城市数量随着规模等级而变动的关系用图表示出来，便会形成城市等级规模金字塔（许学强等，1997）。金字塔的基础是大量的小城市，塔的顶端是一个或少数几个大城市。按照市区非农业人口规模的大小，我国城市可分为超大城市（大于200万人）、特大城市（100万~200万人）、大城市（50万~100万人）、中等城市（20万~50万人）、小城市（20万人以下）。2010年，东北地区共有设市城市100个，其中超大城市4个，占全区城市总数的4.0%；特大城市6个，占全区城市总数6.0%；大城市22个，占全区城市总数的22.0%；中等城市27个，占全区城市总数的27.0%；小城市总数41个，占全区城市总数的41.0%（表4-2）。从表4-2中数据看出，东北地区城市市区

第四章　东北地区城市体系等级规模结构

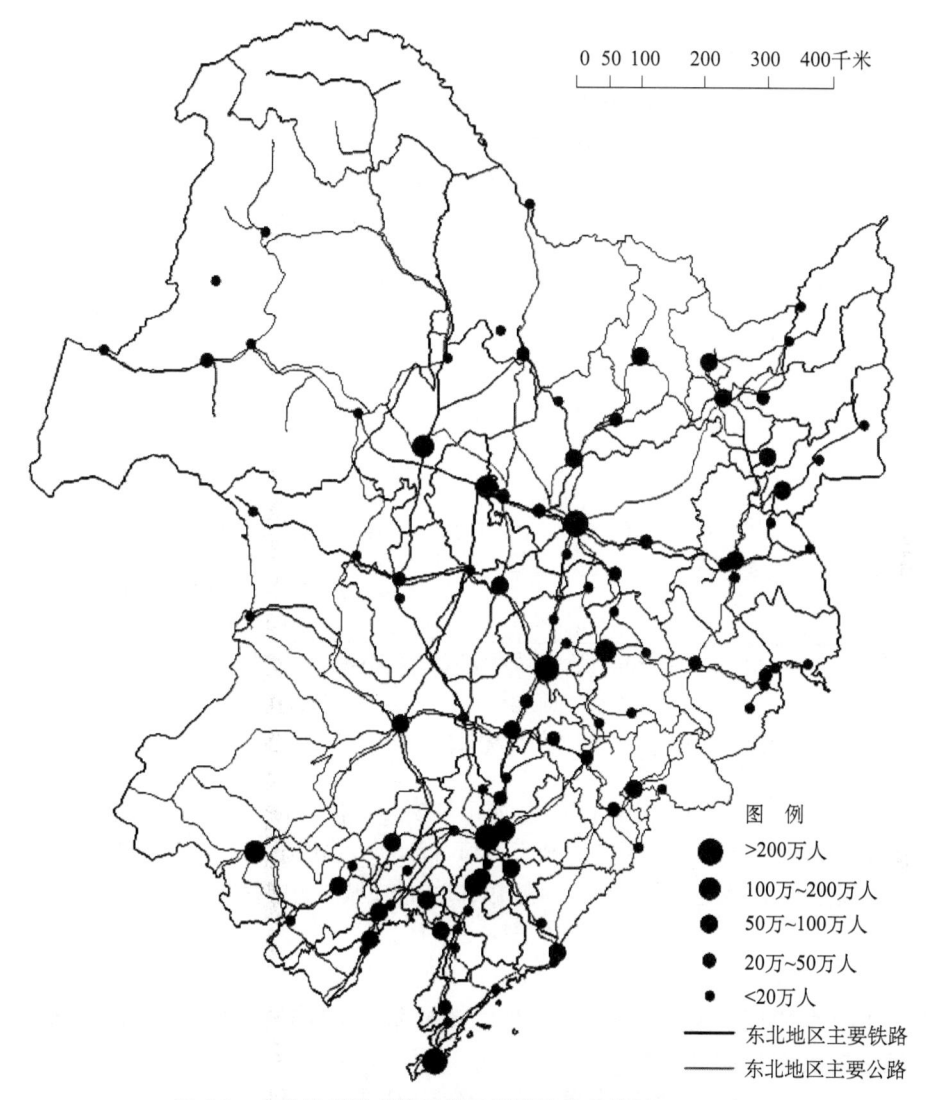

图 4-1　东北地区城市体系等级规模结构现状图（2010年）

人口5个类别城市数目依次为4、6、22、27、41，符合城市体系等级规模分布中城市规模越大对应级别城市数目越少的规律。其中大中城市的数量占城市总量的59.0%，体现了出了大中城市数量多，小城镇数量少的特点，而且小城镇质量差、效益低，是城镇体系的薄弱环节。

表 4-2　东北地区城市体系等级规模构成（2010年）

类别	非农业人口/万人	个数	占城市数/%	城市名称
超大城市	>200	4	4.0	沈阳、哈尔滨、长春、大连

续表

类别	非农业人口/万人	个数	占城市数/%	城市名称
特大城市	100~200	6	6.0	吉林、鞍山、齐齐哈尔、抚顺、大庆、赤峰
大城市	50~100	22	22.0	葫芦岛、本溪、锦州、营口、绥化、牡丹江、鸡西、佳木斯、伊春、阜新、丹东、通辽、辽阳、鹤岗、四平、盘锦、白山、松原、朝阳、七台河、白城、双鸭山
中等城市	20~50	27	27.0	辽源、通化、铁岭、延吉、公主岭、肇东、铁力、尚志、五常、海林、呼伦贝尔、瓦房店、敦化、北安、梅河口、安达、海城、桦甸、乌兰浩特、普兰店、北票、舒兰、磐石、讷河、庄河、榆树、海伦
小城市	<20	41	41.0	黑河、五大连池、双城、穆棱、调兵山、蛟河、满洲里、凤城、大石桥、开原、洮南、根河、双辽、珲春、虎林、富锦、宁安、兴城、大安、凌源、合龙、扎兰屯、牙克石、新民、东港、盖州、集安、临江、龙井、灯塔、图们、凌海、北镇、九台、密山、霍林郭勒、同江、绥芬河、额尔古纳、阿尔山、德惠

注：表中城市非农业人口数据由于无法获得故用城镇人口代替

二、首位度偏小，首位城市沈阳的核心作用不明显

首位度是由杰斐逊提出用来衡量城市规模分布状况的一种常用指标，常用一国最大城市人口（P_1）与第二大城市人口（P_2）的比值衡量（许学强等，1997）。它在一定程度上代表了城市体系中城市人口在最大城的集中程度，其公式如下。

$$首位度：S=P_1/P_2$$

首位度在一定程度上代表了城市体系中的城市人口在最大城市的集中程度，但不免以偏概全。为了改进首位度2城市指数的简单化，后来又有人提出4城市指数和11城市指数

$$4城市指数：S_4=P_1/(P_2+P_3+P_4)$$

$$11城市指数：S_{11}=2P_1/(P_2+P_3+\cdots+P_{11})$$

利用城市首位度公式对2008年东北地区城市市区非农业人口数据进行计算，考察东北地区首位城市人口的集中程度。依据表4-1的数据计算得出

$$2城市指数：S_2=P_1/P_2=1.092$$

$$4城市指数：S_4=P_1/(P_2+P_3+P_4)=0.453$$

$$11城市指数：S_{11}=2P_1/(P_2+P_3+\cdots+P_{11})=0.490$$

按照位序-规模法则，所谓正常的2城市指数应该是2，而4城市指数和11城市指数应该是1。东北地区城市指数的计算结果是$S_2=1.092<2$，$S_4=0.453<1$，$S_{11}=0.490<1$，说明东北地区城市首位度偏小，首位城市沈阳的辐射范围

没有覆盖到东北全域，整个地区城市体系的发展缺少龙头城市的带动。

三、城市规模分布基本合理

城市规模基尼系数（G）是由加拿大地理学者马歇尔教授首次提出的，并将它应用在城市体系等级规模结构的研究中用以表明城市体系内城市规模集中分散程度。基尼系数测算方法能够比较精确地比较区域内所有城市规模间的差异，取值范围通常介于 0～1，越接近 0 表示城市规模分布之间差异越小，越接近 1 表示城市规模分布彼此差异越大，一般认为 G 在 0.6 以上表示城市规模极不平衡（蒲英霞等，2009），其计算公式如下：

$$G=T/[2S(n-1)] \tag{4-1}$$

式中，n 为城市个数；S 为整个城市体系的总人口；T 是城市体系中每个城市之间人口规模之差的绝对值总和。

根据表 4-1 数据代入公式（4-1）中得出东北地区 2010 年城市基尼系数的值为：$G=0.586$。

从计算得到的结果看出 G 值为 0.586 虽然在合理范围内，但是已经很接近 0.6，说明东北地区城市规模分布较集中，其结果还在合理范围内，但是有不平衡发展趋势，在今后发展中注意城市发展方针制定避免城市规模分布的不平衡发展。

四、城市等级规模分布的不平衡指数（S）：城市均匀分布于各规模等级之内

城市等级规模分布的不平衡指数（S）是反映各规模等级城市分布的均衡程度，不平衡指数采用洛伦兹曲线计算集中指数的公式求得

$$S=\sum_{1}^{n}Y_i-50(n+1)/100n-50(n+1) \quad (i=1,2,3,\cdots,17) \tag{4-2}$$

式中，n 是规模级的个数；Y_i 是各规模级按照城市人口的比重从大到小排序后，第 i 级的累积百分比。如果均匀分布，则 $S=0$；如果极端不均，则 $S=1$。

将东北地区各规模级城市按照市区非农业人口比重从大到小排序后得到城市个数、人口总数，以及各占城市总人口比例、累积人口总和，如表 4-3 所示。

表 4-3 不同规模级城市人口分布情况（2010 年）

类别	非农业人口/万人	个数	人口总和/万人	占城市总人口比例/%	累积人口总和/万人
超大城市	>200	4	1654.22	30.00	0.30
特大城市	100～200	6	864.99	16.00	0.46
大城市	50～100	22	1642.07	30.00	0.76
中等城市	20～50	27	764.37	14.00	0.90
小城市	<20	41	506.81	10.00	1.00

注：表中城市非农业人口数据由于无法获得故用城镇人口代替

将表4-3数据代入公式（4-2）得到：S=0.21。

从计算结果看出S的结果偏小，接近0，依据城市等级规模分布的不平衡指数理论说明东北地区城市人口相对均匀分布于各规模等级，并不是集中在几个大城市中。

五、位序-规模法则及分形：位序-规模均匀，中间序列较多

位序-规模法则，就是指一个城市的规模及其在国家或地区所有城市人口规模排序中位序的关系与规律。该模型最早是由奥尔巴克于1913年提出的，后来经罗特卡、辛格、捷夫等经济及地理学者根据各自的研究对象对其进行改进与完善。现在被广泛使用的是罗特卡模式的一般化，其公式如下（许学强等，1997）

$$P_i = P_1 \times R_i^{-q} \tag{4-3}$$

式中，P_i是第i位城市的人口；P_1是规模最大的城市人口；R_i是第i位城市的位序；q是常数。

对公式（4-3）进行对数变换

$$\ln P_i = \ln P_1 - q \ln R_i \tag{4-4}$$

公式（4-3）和（4-4）对概括国家和地区的城市规模分布具有相当的普遍性。

根据东北地区1984年和2008年城市位序和规模数据做出位序-规模双对数散点，如图4-2所示。

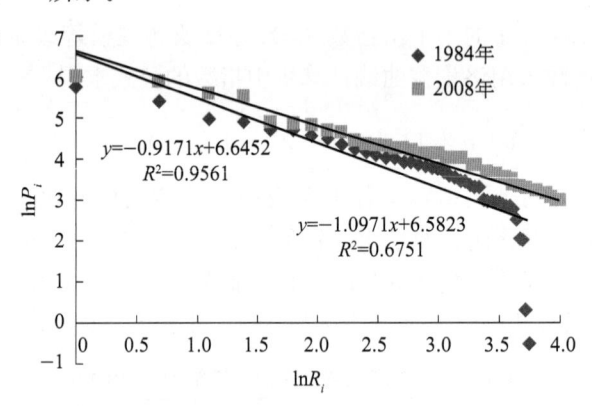

图 4-2　东北地区城市位序-规模双对数散点图
注：由于2009年以后人口统计口径变化，为保证数据可比性，
故采用1984年和2008年非农业人口代表人口规模

运用线性回归进行模拟预算，得到值进行F检验。分别得出如下结果：

$$1984年：\ln P_i = 6.5823 - 1.0971 \ln R_i \tag{4-5}$$

令$Y = \ln P_i$，$X = \ln R_i$，即$Y = 6.5823 - 1.0971X$

2008 年：$\ln P_i = 6.6452 - 0.9171\ln R_i$ (4-6)

令 $Y = \ln P_i$，$X = \ln R_i$，即 $Y = 6.6452 - 0.9171X$

公式（4-5）和（4-6）中的相关系数在置信水平 $\alpha = 0.001$ 以下，都满足 $R^2 > r0.01 = 0.264$，说明东北地区 1984 年和 2008 年的城市位序与城市规模之间的相关性都很显著，且后者的相关性强于前者。观察图 4-2 中对比拟合得出的两条回归方程趋势线发现 2008 年斜率 b 值更接近 1，并且其大部分点均落在回归趋势线上，说明 1984～2008 年东北地区内城市规模分布向合理方向发展逐渐接近捷夫的理想状态，符合位序-规模分布法则；根据图中点与趋势线的关系将横坐标 $\ln R_i$ 的值分为四个区间：（0～0.48），（0.48～0.70），（0.70～1.73），（1.73～1.97）。从点分布与回归趋势线之间的差可以看出东北地区首位城市沈阳、超大城市哈尔滨、大连的城市发展规模仍有继续发展的空间。

城镇体系规模分布具有自相似性，即满足分形的特征（刘继生，陈彦光，1998）。确定城镇体系规模分布最常用的方法是豪斯道夫维数，其定义为对于一个区域，设定人口尺度 r 度量其容积大小，测度结果是与 r 有关的区域城市数目 $N(r)$，当 r 值发生变化时，$N(r)$ 也相应发生变化，当 r 由小到大时，$N(r)$ 不断减小，若 $N(r)$ 与 r 成幂函数时，即

$$N(r) \propto Cr^{-D} \quad (4-7)$$

则表示城市规模分布为分形。其中 r 是人口尺度，$N(r)$ 是区域内城市数目，D 是豪斯道夫维数，C 是常数（那伟，刘继生，2007）。

对公式（4-7）两边取对数得到 $\ln N(r) = \ln C - D\ln r$
经变换得

$$\ln r = (1/D)\ln C - (1/D)\ln N(r) \quad (4-8)$$

一般情况下，城镇体系的人口规模分布符合位序-规模法则，现在被广泛使用的公式实际上是罗特卡模式的一般化——公式（4-3）。

捷夫模式是 $q = 1$ 时的特例。因为捷夫模式更加著名，故罗特卡模型中的 q 又被称作 Zipf 维数。

对公式（4-3）两边取自然对数得

$$\ln P_i = \ln P_1 - q\ln R_i \quad (4-9)$$

类比豪斯道夫维数公式可知，捷夫公式具有分形意义，对比公式（4-8）和（4-9）发现，$N(r)$ 相当于 R_i，r 相当于 P_i，因此这两个模型实质上是一样的，D 实际上是位序-规模分布 q 的倒数，即 $D = 1/q$，即其中分形理论中 D 实际上是位序-规模分布中 q 的倒数。当 $D < 1$，城市人口分布差异大，首位城市的垄断性较强；当 $D > 1$，城市人口分布相对分散，高位序城市规模不是很突出，中小城市相对较为发达；当 D 值接近 1 时，表示城市规模分布接近 Zipf 维数的理想状态。根据公式（4-6）中计算得出斜率 q 值，按照 q 与分形中分维值 D 的关系求出 $D = 1/q = 1.09 > 1$，说明东北地区城市规模分布集中，

城市人口分布均衡，中间位序城市发育较多。

第二节　东北地区城市体系等级规模结构影响因素

东北地区城市等级规模结构具有弱"金字塔"、首位度不高、城市规模分布集中、城市人口分布均衡、中间位序城市发育较多等特征。这些特征的形成、发展和演变规律受到诸多特定因素的影响。

一、主要影响因素

将东北地区城市体系等级规模结构按照城市非农业人口规模从大到小的顺序分为5个级别，分别是Ⅰ级（非农业人口＞200万人）、Ⅱ级（非农业人口为100万~200万人）、Ⅲ级（非农业人口为50万~100万人）、Ⅳ级（非农业人口为20万~50万人）、Ⅴ级（非农业人口＜20万人）。对比东北地区1984年和2008年两个时间段城市体系等级规模结构，发现改革开放30多年以来东北地区城镇体系等级规模发生了较大的变化。相关分析的方法能够测定地理要素之间相互关系密切程度。本书采用相关分析的方法选取主要影响因素。相关分析过程主要分为相关系数的计算和计算结构检验两个部分（表4-4，表4-5）。

表4-4　1984年东北地区城市体系等级规模构成

级别	非农业人口/万人	个数	城市名称
Ⅰ	＞200	2	沈阳、哈尔滨
Ⅱ	100~200	4	长春、大连、鞍山、抚顺
Ⅲ	50~100	9	齐齐哈尔、吉林、伊春、本溪、鸡西、锦州、阜新、盘锦、大庆
Ⅳ	20~50	13	牡丹江、鹤岗、丹东、辽阳、佳木斯、营口、双鸭山、辽源、铁岭、通化、四平、赤峰
Ⅴ	＜20	14	北安、绥化、白城、公主岭、通辽、梅河口、朝阳、延吉、七台河、乌兰浩特、图们、黑河、绥芬河、五大连池

表4-5　2008年东北地区城市体系等级规模构成

级别	非农业人口/万人	个数	城市名称
Ⅰ	＞200	4	沈阳、哈尔滨、大连、长春
Ⅱ	100~200	5	鞍山、吉林、抚顺、齐齐哈尔、大庆
Ⅲ	50~100	15	本溪、伊春、锦州、鸡西、营口、阜新、牡丹江、鹤岗、佳木斯、丹东、辽阳、四平、盘锦、葫芦岛、赤峰
Ⅳ	20~50	29	白city、双鸭山、通辽、延吉、通化、辽源、七台河、铁岭、朝阳、松原、瓦房店、公主岭、海城、绥化、白城、铁力、北安、肇东、敦化、梅河口、海林、呼伦贝尔、尚志、乌兰浩特、普兰店、大石桥、五大连池

续表

级别	非农业人口/万人	个数	城市名称
V	<20	40	榆树、舒兰、桦甸、安达、虎林、庄河、密山、富锦、九台、凤城、盖州、调兵山、磐石、蛟河、海伦、双城、珲春、洮南、宁安、大安、德惠、双辽、开原、新民、龙井、凌源、讷河、穆棱、黑河、兴城、东港、和龙、凌海、临江、图们、同江、灯塔、集安、绥芬河、阿尔山

（一）相关系数的计算

对于两个要素 x 与 y，如果它们的样本值分别为 x_i 与 y_i （$i=1, 2, \cdots, n$），则它们之间相关系数被定义为

$$r_{xy} = \frac{\sum_{i=1}^{n}(x_i - \bar{x})(y_i - \bar{y})}{\sqrt{\sum_{i=1}^{n}(x_i - \bar{x})^2} \sqrt{\sum_{i=1}^{n}(y_i - \bar{y})^2}}$$

式中，r_{xy} 为要素 x 与 y 之间的相关系数，它就是表示该两要素之间的相关程度的统计指标，其值介于 [−1, 1] 区间。$r_{xy}>0$，表示正相关，即两要素同向相关；$r_{xy}<0$，表示负相关，即两要素异向相关。r_{xy} 的绝对值越接近于1，表示两要素的关系越密切；越接近于0，表示两要素的关系越不密切（徐建华，2002）。

（二）相关系数的检验

当两要素之间的相关系数求出之后，还需要对所求得相关系数进行检验。一般情况下，相关系数的检验，是在给定的置信水平下，通过查相关系数检验的临界值表来完成的。一般而言，当 $|r|<r_{0.1}$ 时，则认为两要素不相关，这时的样本相关系数就不能反映两要素之间的关系（徐建华，2002）。

采用东北地区设市城市2008年7组11个变量的数据与非农业人口做相关分析，得出结果如表4-6所示。从中筛选出7组与东北地区城市等级规模结构相关，包括工业发展水平、投资因素、商业、农业发展水平、交通运输因素、人口密度因素、文化因素。根据7组数据代表的含义并结合东北地区特有的发展历史背景，认为东北地区城市体系等级规模结构影响因素主要为经济、交通、政策、文化、自然等因素。

表4-6 东北地区城镇体系（r）与11个变量的相关系数表

	自变量 x/年	相关系数	显著性水平检验 $\alpha=1\%$ (0.266)	显著性水平检验 $\alpha=5\%$ (0.204)
工业发展水平	工业总产值	0.857	高度显著	高度显著
	人均工业总产值	0.307	显著	显著
	工业占工农业总产值的比重	0.344	显著	显著

续表

自变量 x/年		相关系数	显著性水平检验	
			$\alpha=1\%$ (0.266)	$\alpha=5\%$ (0.204)
投资因素	全社会固定资产投资总额/万元	0.917	高度显著	高度显著
	当年实际使用的外资资金/美元	0.808	高度显著	高度显著
商业	人均社会消费品零售总额	0.981	高度显著	高度显著
农业发展水平	人均农业总产值	−0.338	—	—
交通运输因素	客运总量/户	0.783	高度显著	高度显著
人口密度因素	人口密度	0.252	—	显著
文化因素	公共图书馆藏书量	0.936	高度显著	高度显著
	每百人公共图书馆藏书量	0.595	显著	显著

二、经济因素

经济发展水平决定城市化的产生与发展速度。追溯早期城市产生的两个条件：一是农业剩余产品的出现，二是农村剩余劳动力的产生。而这两点只有生产力发展到一定阶段才能实现。城市产生后，其发展速度快慢很大程度上受经济发展水平的制约。经济因素主要包括区域的经济发展阶段、原有的经济基础、资金条件三项内容（陈才，2009）。从表4-6中相关系数的结果分析发现，城市规模与代表经济发展水平的工商业发展水平和投资两组指标的显著性很高，城市规模与其中变量因素工业总产值的相关系数最高，而与农业发展水平的相关性很小。目前，东北地区城市体系基本都处于工业化发展中期阶段，只不过各个地域具体的发展阶段的层次水平与类型不同。区域的发展阶段主要是通过工业化发展水平得以反映的。原有的社会经济基础主要是指历史遗留下来的第一、第二和第三产业的产业基础，过去积累的文化和科学技术基础及经济管理基础等，其中以产业基础最为重要。例如，吉林的工业分布，在新中国成立初期着重发展煤化工、铁合金等主要工业部门，并形成了较为雄厚的工业基础，但是由于周围地域煤炭资源枯竭，工业分布的条件发生了很大的变化，但是已有的工业企业布局已经形成，难以搬迁。为此，今后发展在考虑原有工业基础上，着重发展耗能与耗原材料少的加工工业的同时，对已有的工业采取相应的改造与调整，从煤化工业转向了着重发展石油精细化工，原有的社会经济基础在企业的发展中起了重要的作用。城市的发展离不开资金，资金的来源有很多方式，一些发达地区如长三角、珠三角地区凭借着自身的区位优势，来自国外和港澳台地区的投资较多，而东北地区因特殊的历史背景，大多数项目的资金来自国家自上而下的支持。

三、交通因素

考虑到资料的可获取性，用客运总量代表交通条件，相关分析后发现结果是高度显著的。也就是说，城市的存在和发展需要依赖与周围城市和地区之间人员及物质的交流。交通条件是城市发展的必要保证，任何交通方便的地方都会出现城市。交通条件好的地方城市发展往往较快，交通条件不好的地方城市发展往往较慢，观察东北地区城市体系等级规模结构中处于较高级别的城市发现它们大都是区域的交通枢纽，如图 4-3 和图 4-4 所示。尤其是副省级城市沈阳、哈尔滨、长春、大连，它们是东北地区重要的航空、公路、铁路枢纽，大连还是港口枢纽城市，具有便利的交通条件。而尤其是作为东北地区城市等级规模结构体系中龙头城市的沈阳集空运、公路、铁路多种运输方式于一身，如京沈高速公路、沈大高速东路。京沈高速公路连接北京、天津、河北、山东、江苏和上海六省市，沈阳至大连高速公路全长 375 千米，是贯穿辽东、辐射东北地区的"黄金通道"，便利的交通条件让沈阳与外界有更多的交流，对沈阳的经济发展有着重要的作用。不仅仅是单个城市本身，整个区域的交通条件好坏决定着区域内城市之间、城市与外界之间能流、物流、信息流的交换，促使城市规模分布的网络化发展，城市密集地区的出现，如辽中南城市群的出现，对区域内不同级别城市的发展速度及区域内城市规模的空间分布具有关键作用。

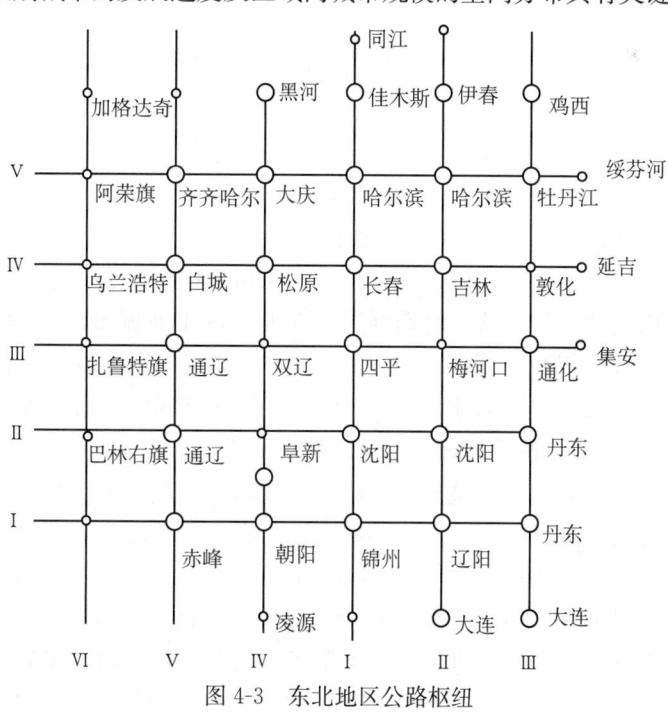

图 4-3 东北地区公路枢纽

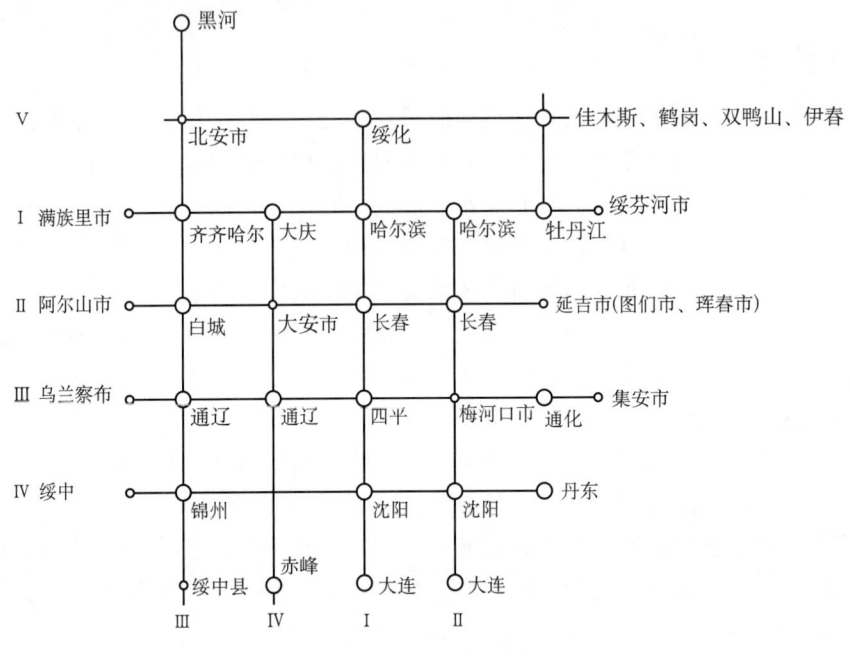

```
                    ○ 黑河
                    │
   V    ────────────┼──────────○────────────○ 佳木斯、鹤岗、双鸭山、伊春
                  北安市       绥化
                    │          │
   I  满族里市○─────○──────────○──────────○──────────○ 绥芬河市
              齐齐哈尔  大庆  哈尔滨    哈尔滨     牡丹江
                    │          │          │
   II 阿尔山市○─────○──────────○──────────○──────────○ 延吉市(图们市、珲春市)
                   白城     大安市       长春        长春
                    │          │          │
   III 乌兰察布○────○──────────○──────────○──────────○ 集安市
                   通辽       通辽       四平      梅河口市   通化
                    │          │          │          │
   IV  绥中 ○──────○──────────○──────────○──────────○ 丹东
                   锦州                  沈阳       沈阳
                    │        ○赤峰       │          │
                    ○绥中县                ○大连      ○大连
                    III        IV          I          II
```

图 4-4　东北地区铁路枢纽

资料来源：姜丽丽 (2011)

四、政策和文化因素

在社会主义市场经济条件下，社会经济发展与政策的关系，始终处于不断调整与适应的过程，改革开放是解决这一矛盾的重要途径。东北地区城市体系发展属于自上而下的发展模式，在发展过程中国家的政策因素起了很大的促进作用。新中国成立后基于国家建设需要，国务院根据东北地区资源优势，发展了许多资源型城市。1954 年召开的城市建设会议，认为城市建设的物质基础主要是工业，东北地区像沈阳、长春等一些城市被国家划分为第二类城市，主要承担限额以上的项目，这一时期促进了东北地区工业城市的发展。1978 年，国家"控制大城市规模，多搞小城镇"，1980 年，"控制大城市规模，合理发展中等城市，积极发展小城市"，1990 年，"严格控制大城市规模，合理发展中等城市和小城市"，改革开放的 1978~1990 年，由于国家采取限制大城市规模的方针政策，东北地区大城市的城市规模在这一时期发展缓慢。而由于国家对中小城市发展的鼓励，尤其 1990 年国家的撤县设市政策，东北地区设市城市数量由 1984 年 42 个增加到 1996 年 94 个。

文化观念受地理环境、民族状况和人口素质的直接影响。先进的文化能够对地区城市发展起到带动促进作用，而落后的文化对地区城市发展起到阻碍作用。文化观念的流动主要表现在人的流动和通信信息的传播上，文化交流与旅游活动的增加可以加速文化观念的流动与交融。文化观念的不断进步是社会经济不断发展的重要前提。

五、自然因素

由于每个城市自身自然条件的差异性，很难用相关分析来界定其与城市规模之间的关系，但自然条件必然影响着城市的产生与发展。从自然因素考虑，各种自然地理条件，如地形、气候、水和矿产资源等都能对城市的形成和发展产生不同程度的影响。东北地区城市体系中各规模等级城市分散分布的特点就与东北地区地处平原的地形条件密切相关。平原地区便于农业、工业、交通运输业发展，人口较稠密，有利于城市的发展。东北地区的港口城市大连、丹东、营口、盘锦、锦州、葫芦岛；内河流经的城市哈尔滨、吉林等有便利水运的地方城市发展往往比较快。具有一定规模矿产资源的地区，也往往促进一些以采掘业和加工工业为主城市的发展，像煤炭城市、森工城市、石油城市，这些资源型城市的发展都是依托着自身的资源优势，在国家资金、政策的支持下得到优先发展。大庆的成功发展就是资源型城市的一个典型案例，大庆由一个小村庄发展成为人口规模达到100万人以上的大城市。自然要素对城市形成和发展共同提供了一种自然基础，从而对城市形成和发展的场所（位置）、范围、主要职能类型和作用程度等方面都产生了相应的影响。

六、各要素的相互作用及运行机制

影响东北地区城市等级规模结构的因素还有很多，如历史基础、行政区划等，但以上4个因素是相对更重要的，其中经济因素是决定性因素。然而，每个城市的发展不是由一个因素决定的，而是几个要素相互融合、交织、共同作用的结果。例如，在自然条件优越与自然资源丰富的地域，如果没有便利的交通条件做保证，自然条件与自然资源的优势也不会发挥出来；社会经济条件优势的发挥，如果不依靠自然条件和自然资源、交通条件，以及人口和劳动力条件的保证，自身的优势也不会发挥出来。一个地区城市的发展是诸多因素紧密相连、相互影响、共同作用的结果。不同时间、不同地区、不同要素组合形成的作用程度不同，因此就形成了不同城市体系等级规模结构。经济因素主要通过影响产业、外资、内需三方面作用于城市体系规模结构变化，产业结构的发展通常会引起城市数量增加和城市规模的扩大。政策因素中，行政区划的调整使东北地区城市个数由1984年的42个，在经历了撤县设市后2010年变为100个；经济体制转型带动了经济的发展从而促进了城市规模的增加；开放政策使边境口岸城市自身的区位优势得以发挥，加速了人流、物流、资金流的流动，从而促进其经济的发展。自然因素中，平原地形的优势使东北地区城市体系的发展接近克里斯泰勒的中心地理论假设条件，为城市体系等级规模的均匀分布创造了基本前提；水条件对城市的发展主要作用于两方面：一方面决定城市的规模的大小，另一方面影响城市与外界的联系。例如，哈尔滨的发展在很大程度上得益于松花江，松花江不仅为哈尔滨提供了生活用水、工业用水、生产用水，还是其对外交流的重要水上通道，一旦松花江的水受到污染，那么哈尔滨城市的发展将面临着很大的威胁。矿产资源禀赋与政策优势的结合使得东北平原大地上兴起了一批资源型城市，它们是东北地区中小城市中的重要组成部分，有的现在已经发展成为大城市如大庆，它们曾经是祖国的骄傲，但是随着资源的不断开采，目前很多城市已经面临着资源枯竭的危险，由于这些城市产业结构单一，城市发展最为主要的动力就是原材料的出售，没有了资源城市的发展就没有了动力，从而阻碍城市的发展、影响城市体系等级规模结构的发展。交通因素犹如东北平原上城市发展的指南针，其他自然条件、政策优势、经济因素的发挥都需要交通条件的支持，它直接影响着城市与外界之间人流、物流、信息流的交换，所以，城市分布大都沿着交通线分布，一般交通网络密集的地方城市的数量也比较多，交通网络稀少的地方城市的数量也比较少。总之，多个因素综合作用城市数量、城市规模、城市规模结构，最终影响整个东北地区城市体系等级规模结构的形成与发展，如图 4-5 所示。

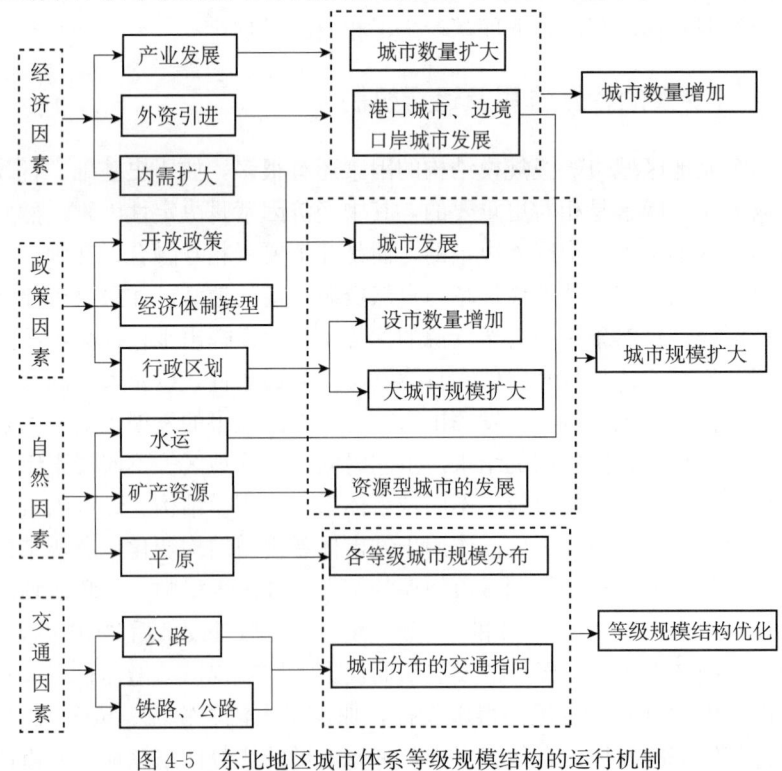

图 4-5　东北地区城市体系等级规模结构的运行机制

第三节　东北地区城市体系等级规模结构存在问题及优化思路

一、东北地区城市体系等级规模存在的问题

(一) 首位城市规模仍需进一步提升

通过利用2008年东北地区城市首位度指数的计算，结果显示$S_2=1.092<2$，$S_4=0.453<1$，$S_{11}=0.490<1$，而2002年时，长三角和珠三角城市体系中的首位城市指数就已经大于2，4城市指数和11城市指数就已经大于1（许学强等，1997），如表4-7所示。相比之下，东北地区高位序城市人口规模偏小，城市集聚效应不强，不能充分发挥对城市体系内其他城市带动作用。

表4-7　2002年长三角和珠三角的城市指数

名称	2城市指数	4城市指数	11城市指数
长三角城市体系	2.64	1.12	1.05
珠三角城市体系	2.67	1.14	1.11

(二) 城市人口与经济空间分布错位

运用东北地区不同时间段设市城市地区生产总值和城市非农业人口数据，依据城市基尼系数公式[①]，得出东北地区城市经济规模基尼系数和人口规模基尼系数结果如表4-8所示。结果分析发现，除1990年经济基尼系数值低于人口规模基尼系数值之外，其余时间段前者均明显高于后者，呈现出城市人口分布与经济空间分布不一致特点（王颖等，2011），如图4-6所示。依据城市基尼系数理论，说明东北地区城市体系中经济空间的分布相对人口分布而言更加集中，它主要集中在特大城市、大城市等经济发展水平较高的城市，而对于中小城市而言，则显现出城市体系等级规模结构发展过程中最为关键的经济因素发展不足，这样影响着中小城市的发展，影响东北地区城市体系等级规模结构优化的过程。

[①] 城市经济基尼系数公式和人口规模基尼系数公式一样，只不过计算时候用经济数据代替人口数据进行计算，由于地区生产总值数据获取连续性且能较好反映城市经济发展情况优势，故运用地区生产总值代表经济发展数据，进行计算。

表 4-8　东北地区不同时间段经济基尼系数与人口规模基尼系数值

年份	经济基尼系数	人口规模基尼系数	两者差值
1990	0.665	0.684	−0.0194
1996	0.600	0.528	0.0716
2003	0.645	0.524	0.12
2008	0.673	0.532	0.141

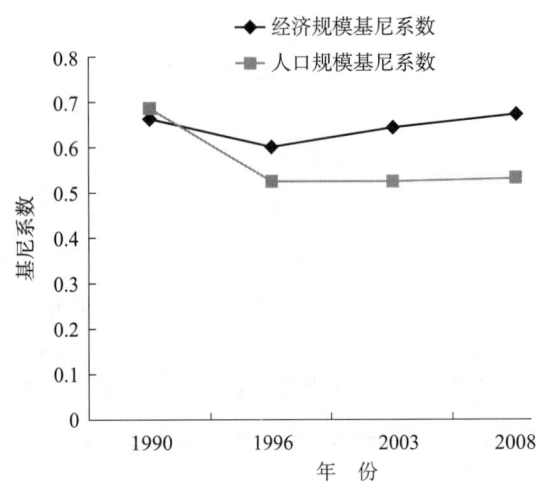

图 4-6　东北地区城市规模基尼系数变化

（三）等级规模空间分布不均衡

观察东北地区城市体系等级规模结构分布现状，发现东北地区城市分布具有明显的空间指向性、轴向指向性、群带集聚性（王颖等，2011），西部和北部城市密度和规模远低于铁路沿线地区，尤其是黑龙江省西北部的城市密度明显低于其他地区。哈大铁路轴线上集聚了东北地区四大中心城市，以每个城市为核心由南向北形成了辽中南城市群、吉林中部城市组群、哈大齐城市带（组群），三大城市集聚区集聚了东北地区大部分的城市人口。然而，东北地区的小城市由于建设标准低、城市规模小，尤其是位于交通条件不好地区的小城市，它们集聚人口的能力有限，2010 年小城市城市人口占东北地区城市人口的 10%。小城市作为城市体系等级规模结构中的基础组成部分，对完善城市体系等级规模结构、缓解大城市人口压力起着重要作用，所以在发展特大城市、大城市的同时也要积极发展小城市，使等级规模结构不断得到优化。

（四）小城镇是城镇体系中薄弱环节

目前，东北地区现有小城镇数量少，质量差，经济力量薄弱，工业生产水平低，尚难以成为影响周围地区强有力的经济文化中心和生活服务中心，是东北地区城镇体系的薄弱环节。小城镇位于城市金字塔的底层，是城市体系的重要组成部分。积极发展小城镇，使其星罗棋布地分布于区域各地，组成地区城镇体系的基层单位，这对于充分利用地方资源（土地、劳动力、自然资源等）、均衡分布社会生产力，发展地方经济，缩小城乡、工农差别，以至接近自然环境等，都具有十分重大的战略意义。

二、东北地区城市等级规模结构的优化思路

（一）变被组织结构为自组织结构，强化城市发展动力

在计划经济时期，东北地区的大量城镇都是行政定点、国家投资、自上而下设立的，国家项目定点办企业，企业办社会。这种对国家投资具有依赖性，缺乏增长动力，被动僵化、市场调节性差的机构模式已经不适应新型工业化和城市化的需求。所以在今后发展过程中要遵循自组织系统进化的规律，通过加强自下而上的自组织能力发展城市（顾朝林，1990），通过自上而下的行政监督均衡城市各方面发展的力量，使城市体系等级规模结构从上到下各等级城市得到发展，为城市的发展提供动力源泉。

（二）加强中心城市的增长极作用，继续发挥城市群、城市组群的集聚辐射能力

东北地区四大中心城市，城市实力高踞东北地区城市榜首，这类城市要进一步提升城市的综合服务能力，使城市增长极的作用进一步加强。辽中南城市群应继续坚持向重化工业和装备制造业方向发展，吉中城市组群应坚持向汽车工业和新兴工业部门方向发展，而哈大城市组群应做好资源接续产业和新兴产业的工作（王士君，2009）。在以上基础上，力求城市群内部之间城市职能分工明确，产业结构与产品结构的梯度转移波和效应逐渐明显，不同等级之间纵向行政隶属关系逐渐弱化，同一等级城市间的横向联系逐渐增强，在城市群、城市组群之间形成良性的竞争和合作关系，城市的集聚辐射能力得到增强，进而带动整个东北地区城市体系等级规模结构的发展。

（三）重点引导"弱金字塔"底层部分——小城镇的发展

小城镇一般是介于地区中心与广大农村主要集镇之间的桥梁，更接近于农村，且拥有初步的基础设施，因地制宜地把小城市的工业、商业、交通运输发展起来，将可以大大推动农村集镇的发展（宋家泰等，1985）。小城镇的发展可以从以下几个方面进行：首先，要从组成与东北地区相一致的城市体系要求出发，把小城镇的发展纳入整个区域规划中，与大、中、小工业的合理布局相结合，作为相应的地域中心和体系的基层环节来进行规划和建设；其次，根据当地的自然资源、农业资源、劳动资源，发扬地方优势，因地制宜地发展产业，培育小城镇

发展的动力,吸收农村剩余劳动力,促进其规模的增大;最后,对于沈阳、长春、哈尔滨、大连四大中心附近的一些镇,可与中心的卫星镇建设结合起来,以求较快地发展。卫星城镇的建设,有利于疏散中心城市的人口,其发展性质、经济结构与母城有所分工与协作利于其产业形成,从而形成一定的发展规模,促进其发展,增强弱"金字塔"底层的基础力量,从而促进整个城市体系的发展。

三、优化方案

对东北地区城市体系等级规模结构优化主要采取"四点、两轴、三群"的优化方案。

(一) 四点——增长极核优化

东北地区四大中心城市经济规模相当,各自具有独特的产业发展优势,近些年来的发展速度也相近,使得过去的"龙头"地位和作用趋于模糊(王士君、宋飏,2006)。其中,传统的大区中心沈阳是东北地区航空、航运、物流和区域金融中心;后来居上的大连,由于依托港口和东北地区开放门户的有利条件,自改革开放以来,平均发展速度超过沈阳;位于最北部的哈尔滨则凭借着丰富的自然条件、社会经济历史条件和区位条件,发展了重型装备制造业和冰雪旅游业,成为东北地区北部的金融中心、对俄贸易中心;位于沈阳和哈尔滨之间的长春则由于汽车工业的兴起和现代农业产业化发展而成为东北地区中部经济中心。四大中心城市沈阳、哈尔滨、长春、大连作为东北地区经济增长极核,在今后的发展过程中要重点把握住自身的发展方向,进一步提升城市的综合服务能力,进行产业结构升级,加强彼此之间的经济联系,使东北地区城市体系中Ⅰ级城市的力量得到增加,从而带动整个城市体系的发展。

(二) 两轴——"T"字轴优化

"T"字轴是东北地区城市体系发展的重要轴线,尤其是其中的哈大轴线(王士君,2009)。在今后东北地区城市体系的发展中,继续发展连接沈阳、哈尔滨、长春、大连四大中心,以及铁岭、鞍山、抚顺、本溪、辽阳、大连、丹东、营口、盘锦、吉林、四平、辽源、松原、大庆、齐齐哈尔、绥化20个城市的哈大铁路城市发展轴和滨绥铁路城市发展轴。目前,哈大铁路城市发展轴两侧城市的密度与等级总体水平高于滨绥铁路两侧城市发展情况,所以滨绥铁路城市发展轴两侧城市在今后发展过程中主要依靠哈大齐城市带集体力量的带动,增加城市组群内城市数量与密度,提高沿线城市发展级别,形成东北地区由东向西的空间带状发展指向,使东北地区"T"字轴整体实力得到提高,从而促进整个城市体系的发展。

(三) 三群——辽中南城市群、吉中城市组群、哈大齐城市带优化

以四大增长极为核心形成的辽中南城市群(包括沿海城市带和辽中城市

群)、吉中城市组群、哈大齐城市带由南向北带动哈大铁路沿线鞍山、抚顺、本溪、辽阳、丹东、营口、盘锦、四平、辽源、松原、绥化等城市的发展。在今后发展过程中,辽中南城市群应继续坚持向重化工业和装备制造业方向发展,吉中城市组群应坚持汽车工业和新兴工业部门方向,而哈大齐城市带应做好资源接续产业和新兴产业(王士君,宋飏,2006)。除此之外,要加强城市群内部之间的纵向联系和城市群之间的横向联系,增加彼此之间人流、物流、信息流的流动。

总之,随着经济发展和时间演变,通过对东北地区城市群和经济增长极的产业结构和产品结构不断升级,周边地区对这些产业结构和产品结构波的承接,独立于城市群之外的城市发展经济动力不断培育,使未来东北地区城市体系等级规模结构日渐合理(图4-7)。

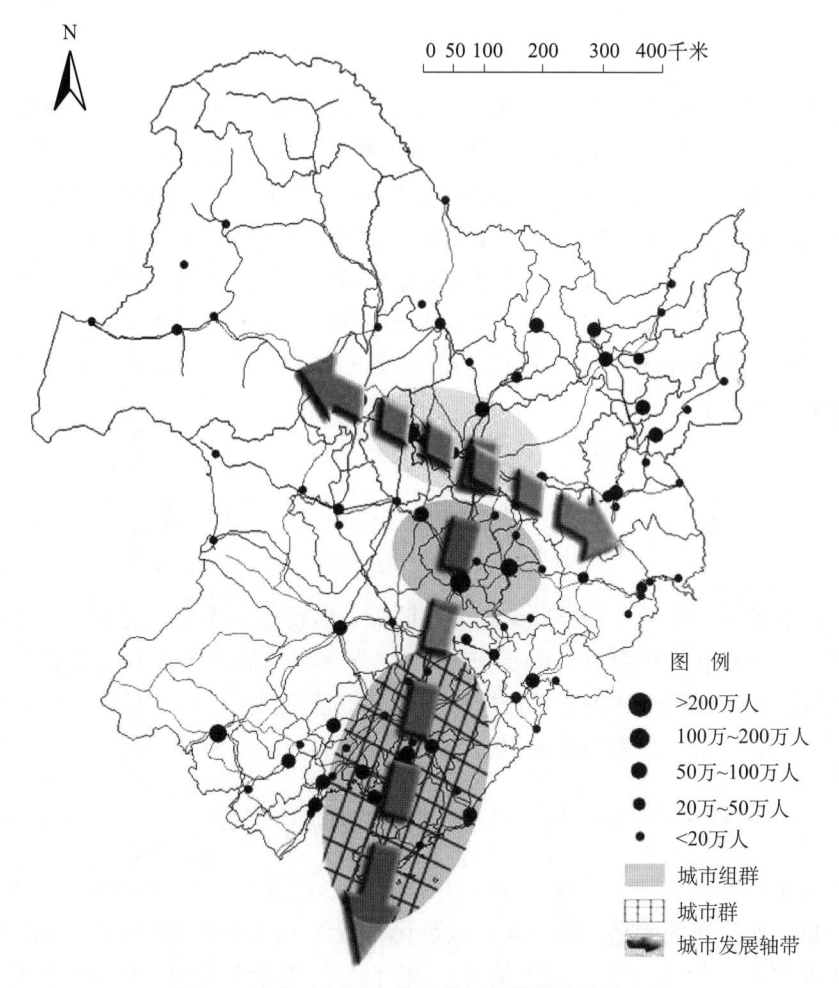

图 4-7　东北地区城市体系等级规模结构优化方案

第五章

东北地区城市体系空间结构

城市体系不是简单的、机械的或自然的城市组合，而是在某一地域范围内，具有一定层次结构和系统功能的结构复杂、具有动态发展特征的城市群体。城市体系的空间结构，表现在各级城市的地理分布和地域组合关系上。东北地区凭借毗邻蒙俄朝的优势地理位置，地区的社会、经济、文化都得到了大力的发展，工业化和城市化水平更是迅速提高，城市发展的经济实力、城市数量、城市规模及城市集聚力等方面均随之提升，并形成了以经济为纽带的若干城市群组。在良性政策的带动下，城市体系和城市群之间不断优化整合，空间结构趋于合理发展。

第一节 东北地区城市体系空间结构框架

东北地区城市体系的空间结构差异明显，城市体系主要呈现出以特大城市为核心的团块状城市集群，以及密集于"T"字形铁路和黑龙江、松花江、辽河流域、沿海地带组成的水陆交通网络状城市带。目前，东北地区已初步形成了"三群、二带"多重结构的城市体系空间格局。

一、三群——辽中南、吉中、哈大齐城市群组

城市群是由多种交通方式组成的区域综合交通运输系统及不同等级层层镶嵌的城市所形成的网络结构。作为城市化发展到一定阶段的产物，东北地区的城市群逐渐趋于显性化，基本形成了具有城市等级体系的"核心-外围"的"三群"空间格局。

(一) 辽中南城市群

辽中南城市群即以沈大高速公路为分布轴带,包括沈阳、大连、鞍山、抚顺、本溪、营口、辽阳、铁岭等8个城市,是东北地区发育最成熟的一个城市密集地带,是区内较为发达的核心区(周一星,张莉,2003),已经演化成典型的城市群发展阶段,也是全国四大典型城市群之一(顾朝林,1999a),原料与装备制造业的职能结构特征明显。辽中南城市群在空间形态上呈团块状,又可分成辽中、辽南两部分,即以沈阳为中心的辽中放射状城市群和以大连为中心沿沈大交通走廊发展的辽南带状城市群。

(二) 吉中城市群

吉中城市群工业发达,是我国重要的汽车工业基地、光学和应用化学研究中心,以由城市交通走廊连接的长春和吉林两大城市为核心,在空间结构上打造了城市组群"双核"的模式特性。包括长春、吉林、四平、辽源、松原5个市和19个县(区、市)、257个镇,该区域位于吉林省中部,总面积9.58万千米^2,为全省总面积的51.23%。人口占全省总人口的75.8%,是吉林省人口稠密的地区之一。目前已形成中心城市、县(市)、重点城镇集聚相结合的空间发展格局。

(三) 哈大齐城市群

哈大齐城市群即以哈尔滨为龙头,以大庆和齐齐哈尔为区域骨干,包括沿线的肇东、安达等市在内的区域,总面积16.52万千米^2,占全省的36.39%。工业基础雄厚,是我国重型机械制造中心和石油基地,北方重要的交通枢纽。在空间结构上,沿以铁路为主线的交通干线推进和扩散,继而奠定其现状格局。哈大齐城市群是黑龙江省经济实力最强、工业化水平最高、经济辐射力最大、科技人才优势最明显、可供开发利用土地资源丰富的地区(米恩等,2008)。

二、二带——哈大城市带和沿海城市带

(一) 哈(尔滨)大(连)城市带

东北城市体系以自哈尔滨经长春、沈阳至大连的南北向综合交通走廊为中轴,全长约900千米,沿线基础设施完备,交通便捷,城市居多,人口和经济活动高度密集,是东北地区的核心地带。哈大轴线集中了东北地区4个特大城市及50%的大城市,是东北地区大中城市最密集的区域,哈大城市带聚集效应凸显,使其东北地区城市体系的核心作用进一步强化。

（二）沿海城市带

以辽宁省大连为核心，发挥丹东、锦州等沿海开放城市优势，建设沿岸海洋资源综合开发带和沿岸产业经济技术带，使沿海一线成为东北发展最快的地区，对带动东北地区内地城镇与经济发展有重要作用。推进"大大连"东北亚国际航运中心、辽宁省沿海高速公路和全省滨海路的建设，从而整合辽宁省沿海城市带，特别是通过建设大连东北亚航运中心使大连港和辽宁省沿海各港口之间形成一体化的垂直分工关系；进而建立协调机制，全面发挥大连的领导作用，使沿海地带成为经济高度发达、内部联系密切、多层次联系腹地、引导全东北地区对外开放的龙头地带。

第二节 东北地区城市体系空间结构特征

一、大区级中心城市四足鼎立

随着城市发展进程的加快和振兴东北老工业基地战略的提出，四大中心城市的职能作用日益明显，东北三省经济逐渐向其集中，体现出明显的集聚作用，城市体系格局不断升级。东北地区城市体系具有较为完善的基础设施和社会服务设施支撑，城镇数量多，分布密度大，主要集中于"T"字形交通网络及沿海地带。主轴线上的哈尔滨、长春、沈阳与大连4个城市构成了东北地区城市体系的4个极核，形成了经济、产业、人口发展的4个扩散节点。目前，4个首位城市的建成区规模均已超过200千米^2，城市建成区近5年来以年均15%的速度向外扩展。使哈尔滨、长春、沈阳、大连四大中心城市的主导地位加强，吉林、齐齐哈尔的相对衰落使吉林省和黑龙江省的双中心结构几近消失，沈阳、大连经济的快速增长也把鞍山、本溪等原来的重量级城市远远甩在后面，出现四大中心城市主导区域经济发展现象。

二、主要城市沿轴带分布

东北地区城市体系的空间结构特征与交通因素密切相关，明显表现出按照一定的交通轴线分布的规律。随着港口、铁路及高速公路的建成和高等级公路干线的陆续开工，东北地区已基本形成与原水陆路网相连，与周边省区相联系，以四个首位城市为中心东靠西联、北引南进的通道发展态势，同时东北地区各城市的产业也集中分布在主要的轴线上。从各城市之间的联系和扩散效应分析，以哈尔滨、长春、沈阳、大连等为中心城市的城市空间结构形成了向各个不同方向扩散延伸的态势。

三、城市发育水平呈圈层状空间分异

东北地区的经济发展较不平衡，主要的社会活动和城镇高度集中于哈大城市带地区，客观上形成了发展水平及特点都存在差异的内外两个圈层。内圈层包括哈尔滨、长春、沈阳与大连四个副省级城市，经济发展水平较高，第二、第三产业发达，集中了东北地区大部分港口、机场、高速公路、铁路等基础设施，交通便捷。外圈层则包括齐齐哈尔、吉林、抚顺、鞍山四个地级市。经济发展速度较快，开发潜力大，城市职能多样。

四、产业专门化及地域组合引导城市体系空间走向

东北地区的城市体系是由多种交通运输方式组成的综合交通体系及不同等级城市组合所形成的网络结构，是社会生产力发展到一定阶段的产物（朱英明，2002）。随着市场经济的建立与不断完善，城市间的经济、贸易和科学文化联系日益密切，城市的功能日益增多和强化，城市体系的开放性网络结构开始形成。以城市为中心的地区间的专业化、协作化与集中化不断涌现，工业化、城市化进程不断加快，水平不断提高。由于地理位置、自然条件、经济基础与发展水平的差异，不同地区的城市都有与其发展条件正适应的主导产业和配套产业，经过一定时间的开发建设，许多城市最终在一个地区内形成各具特色的城市经济。现在东北地区已经形成许多的专业镇，反映在空间上就是不同产业在各个地区的集聚。而正是这种专业化地区的出现和专业化地区之间相互作用力的增强，使得东北地区城市体系的空间结构表现为产业组合特征。

第三节 东北地区城市体系空间结构形成机制

在不同的历史阶段，东北地区的政策、经济、交通等因素的带动作用，导致了区域中心城市的变迁，主导了空间格局的演化。东北地区城市体系空间结构演变的动力机制也是不同的，主要包括以下方面。

一、大型项目建设的拉动

"一五"期间，国家在东北地区投资的58项重点项目中，除一项为轻工业外，其余均属重工业项目（衣保中，2002）。重工业的性质要求以大型企业为主要的企业组织形态，因此东北地区的城市成为我国国有大型重工业企业集中分布的区域。国家在东北地区投资项目所在的21个城市，绝大多数城市目前

的支柱产业与国家当时投资项目的行业分布有着很高的一致性。"二五"时期以后，国家又先后投资兴建了大庆油田、辽阳化纤公司、辽河油田、清河发电厂、吉林油田、大庆石油化工总厂、黑龙江涤纶厂、锦州发电厂等，使东北地区成为以重工业为主体的全国最重要的工业基地。这种大规模的工业建设，不仅带动了原有城市的发展，而且促进了新城市的形成。

二、资源开发的驱动

东北地区资源开发始于20世纪30年代。从1931年开始，东北地区的煤炭、铁矿、有色金属（金、铅锌、镍、铜）进入了现代工业化开发时期。东北地区开始形成了以煤炭、钢铁、机械、化工为主的工业结构体系，并建成了铁路、港口等现代交通设施，相继出现了一批以重化工业为主的城市。这一特殊的重化工业发展历史为东北地区城市职能体系及结构体系的建立奠定了物质基础。

19世纪60年代东北地区"释禁"后，对煤炭、铁矿、石油等资源的开发，使东北地区迅速出现了以哈大铁路交通线为轴线的鞍山、抚顺、沈阳、长春、哈尔滨、吉林、齐齐哈尔等一批近代工矿城市。计划经济时期，国家又对东北地区森林、煤炭、石油资源进行大规模开发，致使生产力布局由南向北，由腹地向边远地区逐渐展开。资源型城市和工矿业城市数量迅速增加，许多资源条件和区位优越的生产综合体变为城市，原来已为城市的建制级别提高。另外，还在土地资源丰富的边远地区，发展建设了一大批农垦小城市。

三、交通网络的牵动

交通运输线路和方式的发展与城市体系空间形态的发展具有牵引和促进作用，铁路、高速公路、管道、航空、通信系统的发展对城市体系空间结构的变迁具有决定性的影响，成为支撑各种等级、类型城市相联系的骨架。近代铁路的修建，加速了人口向铁路沿线的集结过程，在铁路的节点、交通便利的地方兴起了大量的城市，有铁路通过的老城市扩展迅速，构成了目前东北地区城市沿铁路线分布格局的基础。城际高速公路的出现进一步促动了相邻城市间的互动，成为城市体系空间结构变迁的新的导轴。

四、宏观政策的促动

2003年，国家提出了振兴东北老工业基地策略，相继出台了一系列政策，如项目投资政策、吸引外资政策、扩大对外开放政策、税收政策等。这些政策的出台，给东北地区经济社会发展和城市建设带来了前所未有的契机。随着东北地区经济的振兴，城市也在不断地发展壮大，必然带来东北地区城市化水平的提高，也在一定程度上影响着东北地区城市体系空间结构的演变。

第四节 东北地区城市体系空间结构发展趋势

一、建立东北地区大都市带

从当前几个世界性大产业带的发展历程来看，一般都要经历从结构简单的小城镇聚集发展到以中心城市为核心的城市化地区，再到以城市化地区为核心的大都市区，最后通过多个大都市区的有机衔接而聚合成大都市带（陈鸿宇，周立彩，2002）。目前，构建东北地区大都市带的城市化条件已经基本形成。一是作为大都市带"骨架"的哈尔滨、长春、沈阳、大连等大都市区已经初步形成，规模不断扩大，功能日益完备，并逐渐成为吸聚国内外要素的国际性大都市。二是作为连通大都市区"节点"的地区性中心城市大量兴起，带动周边次级中心城市及小城镇迅猛发展，在空间上融合成包含多个地区性中心城市的城市化地区。其中，比较突出的是沿海区域的城市群落，区域经济一体化的趋势，客观上使得它们有向大都市带升级以分享城市分工协作利益的要求。三是从交通条件来看，城际铁路的建设，将在很大程度上带动中心城市与外围城市的联系，加强城市间的经济和产业扩散，从而有利于大都市带的建立。

二、构建大都市连绵区

构建以哈尔滨、长春、沈阳、大连为中心城市的大都市连绵区。放大中心城市的功能及其带动效应，形成代替行政区划的经济圈。东北地区一方面要革除狭隘的地方利益观念，协调区内的市政基础设施规划，以及逐步在较大的范围内实行统一的财税、投资等各项重大政策。另外，还要加快"五网"建设，强化城市体系内城市之间的通道联系。当前，最具战略意义和紧迫性的是，适应知识经济发展需要的信息基础设施网络建设和高速公路、轨道交通为代表的快速交通系统建设，使地铁、轻轨、城际铁路等交通方式成为城市间联系的纽带，推进大都市连绵区的形成。

三、地方性城镇组合

东北地区城市体系大城市化明显，但地方性城镇发展缓慢，主要由于单个城镇发展动力不足，脱离中心城市的辐射带动。东北地区应加强地方性城镇组合的扶持力度；重点培育营（口）大（石桥）盖（州）港城一体区、大丹东港区（丹东—东港）、清（河）开（原）都市区、延（吉）龙（井）图（们）都市区、白（城）洮（南）都市区、伊（春）乌（马河）翠（峦）友（好）都市区、赤峰都市区、通辽都市区等地方性城镇组合；整合发展资源，培育地方性中心，增大空间结构的稳定性。

第六章

东北地区城市体系职能结构

第一节 东北地区地级市职能类型的单项指标

一、主要行业及就业人口

东北地区一直是我国城镇化水平较高的地区,城镇也较多。而对于其职能结构的发展应在不断提高各城镇专业化水平的前提下,大力加强其社会经济科技文化的综合功能,形成专业化、高级化、互补共轭的和综合服务功能层次化的职能结构类型。在建设新型东北工业基地的大好契机之下,进一步改善和提高各城市的工业职能优势,并在此基础上,对重点城市的职能选择进行详细分析,最终使东北地区城镇体系形成一种层次清晰、分工明确、纵横间联系紧密的动态开放的职能结构体系。

根据目前中国的三次产业划分方法,第一产业指农业(包括林业、牧业、渔业等);第二产业指工业(包括采掘业、制造业、自来水、电力、蒸汽、热水、煤气)和建筑业;除第一、第二产业以外的各业都属于第三产业。根据《中国城市统计年鉴 2011》,一般把城市的行业分为 19 个门类:①农林牧渔业;②采掘业;③制造业;④电力、煤气及水生产供应业;⑤建筑业;⑥交通运输、仓储及邮政业;⑦信息传播、计算机服务和软件业;⑧批发和零售业;⑨住宿、餐饮业;⑩金融业;⑪房地产;⑫租赁和商业服务业;⑬科研、技术服务和地质勘查业;⑭水利、环境和公共设施管理业;⑮居民服务和其他服务业;⑯教育;⑰卫生、社会保险和社会福利业;⑱文化、体育和娱乐业;⑲公共管理和社会组织。其中,这次是对城市的非农业职能进行分类,因此将①类剔除不予考虑。根据研究需要,将上述行业分成工业(②~④)、建筑业(⑤)、交通运输、仓储及邮政业(⑥)、商业(⑧~⑪)、服务业(⑦、⑫、

⑮)、科教文卫和社会福利业（⑬、⑯～⑱）和公共社会管理（⑭、⑲）七大统计行业，分别体现城市的经济职能、文化职能和行政职能。

每一物质生产部门都可以用产值或净产值来衡量其经济活动量，非物质生产部门可以用纯收入来计量其经济活动量。货币形式的城市各部门经济活动量的资料常常不容易收集。考虑到所有的经济活动无不通过劳动力来运行，城市劳动力的数量大小是城市经济的一个重要方面，城市职能是城市对其以外区域所起的作用。根据"经济基础理论"，城市的这种对自身以外区域的作用是由城市从事对外服务活动的行业——"基本行业"的就业人员即"基本就业人员"来完成的。因此，劳动力在各经济部门的数量是更为常用的衡量城市各部门经济活动量和城市经济结构的指标。东北三省 34 个地级市的上述七大类的就业人口比例如表 6-1 所示。

表 6-1　东北三省 34 个地级市七大行业就业人口比例　　（单位:%）

省区	城市	工业	建筑业	交通运输、仓储及邮政业	商业	服务业	科教文卫和社会福利业	公共社会管理
辽宁	沈阳	32.71	5.01	9.78	13.04	6.85	21.71	10.90
	大连	45.92	5.11	5.68	14.86	5.05	15.38	8.00
	鞍山	42.88	9.89	3.01	8.60	3.55	19.61	12.45
	抚顺	51.09	7.63	3.17	7.40	2.10	15.80	12.82
	本溪	47.44	8.73	4.34	9.21	1.91	16.72	11.64
	丹东	30.16	8.13	5.45	12.52	3.30	22.75	17.69
	锦州	29.11	6.40	5.51	11.12	3.40	27.44	17.03
	营口	32.70	5.64	6.25	10.20	3.79	23.53	17.89
	阜新	41.29	5.20	2.46	9.12	2.98	23.68	15.26
	辽阳	38.73	13.03	2.10	6.86	2.47	18.84	17.97
	盘锦	59.24	5.16	1.73	7.12	6.69	9.54	10.52
	铁岭	35.80	7.51	3.03	6.81	4.18	23.87	18.80
	朝阳	33.48	5.43	2.61	9.41	4.10	26.38	18.60
	葫芦岛	48.09	2.75	3.60	6.84	2.16	19.81	16.75
吉林	长春	35.21	5.73	3.72	13.01	6.17	25.10	11.07
	吉林	40.43	4.68	3.13	8.16	1.42	25.75	16.42
	四平	33.81	2.88	2.83	7.76	2.04	32.67	18.00
	辽源	43.09	1.53	2.48	7.44	2.13	27.04	16.29
	通化	14.08	1.89	1.23	3.39	0.94	71.53	6.93
	白山	36.67	4.00	2.20	6.40	10.93	19.00	20.80
	松原	38.86	5.45	1.94	9.75	1.89	25.12	16.99
	白城	13.10	3.51	3.57	10.79	5.23	33.82	29.98

续表

省区	城市	工业	建筑业	交通运输、仓储及邮政业	商业	服务业	科教文卫和社会福利业	公共社会管理
黑龙江	哈尔滨	29.46	8.85	8.35	15.54	5.35	21.98	10.47
	齐齐哈尔	31.91	5.24	13.23	8.62	2.45	23.51	15.03
	鸡西	50.05	4.91	4.25	9.69	2.53	14.93	13.65
	鹤岗	56.92	2.54	3.63	10.15	2.65	12.69	11.42
	双鸭山	41.59	3.52	6.04	11.48	5.71	15.60	16.04
	大庆	41.44	11.60	3.05	7.24	6.98	22.19	7.51
	伊春	39.85	7.77	4.14	8.40	3.88	16.54	19.42
	佳木斯	15.55	9.91	7.19	14.06	5.04	26.62	21.64
	七台河	64.60	5.12	2.14	6.12	2.06	10.02	9.94
	牡丹江	29.17	2.72	4.27	15.84	3.36	26.13	18.51
	黑河	14.29	5.02	8.66	16.34	6.31	24.01	25.38
	绥化	18.84	8.36	4.35	10.27	2.69	33.79	21.70

资料来源：根据《中国城市统计年鉴 2011》数据整理计算所得

二、纳尔逊残差值

根据纳尔逊求标准差方法的原理，确定东北三省城市职能定量分析的主要方法与步骤：①确定三省中 34 个地级市职能参数量 X_i 的全省均值 M，作为确定城市专业化部门的界限。②求出各种职能参数量的标准差 σ，作为衡量各城市专门化部门职能作用强度的尺度。③将各城市每种职能的参数量与相应的全省均值进行比较分析，如某城市职能参数量大于均值，则认为这一职能为该市的专门化职能。④计算这一参数量大于标准差的倍数，来表示该市这一专业化部门职能作用超过全省平均水平的程度（表 6-2）。如果 X_i 超过 M 在 0.5σ 与 1σ 之间，为一般专门化城市；若 X_i 超过 M 在 1σ 与 2σ 之间，为专门化较强城市；若 X_i 超过 M 在 2σ 以上，为专门化极强城市（其中 X_i 为某城市某行业所占比重）。因此，根据上述方法就可以对东北地区城市各种主要职能依次计算比较，确定出三省中每一类型的城市个数及每个城市所具有的专门化职能数目。

表 6-2　七大行业人口构成平均值及标准差

项目	工业	建筑业	交通运输、仓储及邮政业	商业	服务业	科教文卫和社会服务业	公共社会管理
平均比重 M	36.99	5.91	4.39	9.81	3.89	23.33	15.69
标准差 σ	12.57	2.75	2.59	3.12	2.11	10.44	5.08
$M+0.5\sigma$	43.27	7.28	5.68	11.37	4.94	28.54	18.23
$M+\sigma$	49.55	8.66	6.98	12.93	6.00	33.76	20.78
$M+2\sigma$	62.12	11.42	9.57	16.04	8.10	44.20	25.86
$M+3\sigma$	74.68	14.17	12.16	19.16	10.21	54.63	30.94
$M+4\sigma$	87.25	16.92	14.75	22.27	12.32	65.07	36.03

表6-3 东北三省34个地级市城市主导职能分类表

省区	城市	工业	建筑业	交通运输、仓储及邮政业	商业	服务业	科教文卫和社会福利业	公共社会管理	一般	专门	多样
辽宁	沈阳			+++	++	++					√
	大连	+		+	++	+					
	鞍山		++							√	
	抚顺	++	+								
	本溪	+	++								
	丹东		+		+					√	
	锦州									√	
	营口			+							
	阜新								√		
	辽阳		+++								
	盘锦	++				++			√		
	铁岭		+								
	朝阳							+			
	葫芦岛	+							√		
吉林	长春				++	++					√
	吉林										
	四平					+				√	
	辽源								√		
	通化					+++					
	白山				+++		+				
	松原										
	白城				+		++	+++	√		
黑龙江	哈尔滨		++	++	++	+					√
	齐齐哈尔			+++							√
	鸡西	++							√		
	鹤岗	++									
	双鸭山			+	+	+					
	大庆	+++				++				√	
	伊春		+							√	
	佳木斯	++		++	++	+		++	√		
	七台河	+++							√		
	牡丹江				++			+			
	黑河			++	++			++	√		
	绥化		+				++	++	√		

注：如果X_i超过M在0.5σ与1σ之间，用"+"表示；若X_i超过M在1σ与2σ之间，用"++"表示；若X_i超过M在2σ以上，用"+++"表示。

以上定量化的数据可以得到34个地级市城市主导职能的基本框架（表6-3），但本方法还有一定的局限性，有些特殊因素影响下的城市表现出来的职能与计算结果不一定相符。因此，在以上数据分析基础上进行定性分析后，可以将东北三省34个地级市分为以下三大类。

1. 专门化城市

包括辽宁省的鞍山、抚顺、本溪、盘锦和葫芦岛；吉林省的辽源；黑龙江省的鸡西、鹤岗、大庆、伊春、七台河和黑河，共 12 个城市，占东北三省地级市总数的 35.29%。辽宁省的专业化城市占本省的总城市数的 35.71%；吉林省为 12.5%；黑龙江省为 50%。以上数据显示东北三省城市的专业化程度从高到低为：黑龙江＞辽宁＞吉林。

2. 多样化城市

包括辽宁省的沈阳、大连、丹东和锦州；吉林省的长春和四平；黑龙江省的哈尔滨和齐齐哈尔，共 8 个城市，占东北三省地级市总数的 23.53%。辽宁省的专业化城市占本省的总城市数的 28.57%；吉林省为 25%；黑龙江省为 16.67%。以上数据显示三省城市的多样化程度从高到低为：辽宁＞吉林＞黑龙江。

3. 一般性城市

包括辽宁省的阜新；吉林省的白城；黑龙江省的伊春、绥化，共 4 个城市，占东北三省地级市总数的 11.76%。辽宁省的专业化城市占本省总城市数的 7.14%；吉林省为 12.5%；黑龙江省为 16.67%。以上数据显示三省城市的专业化程度从高到低为：黑龙江＞吉林＞辽宁。

三、专门化指数

为弥补纳尔逊标准差法中不能真实反映城镇内部各职能相对重要性的缺陷，再利用韦布的专门化指数法，确定东北三省地区 34 个地级市城市主导职能的显著性，这是通过职能指数和专门化指数两项指标反映出来的（表6-4）。其中

职能指数 FI 表达式：$FI = \dfrac{P}{Mp} \cdot p$

专门化指数 SI 表达式：$SI = \dfrac{\sum \dfrac{P}{Mp} \cdot p}{100}$

式中，P 为某城镇某种职能部门就业人口占该城镇全部职能部门就业人口百分比；Mp 为区域中全部城镇该职能部门就业人口占区域全部城镇的全部职能部门就业人口百分比。

某城镇的专门化指数 SI 等于该城镇职能部门的职能指数 FI 的总和除以 100，是指由职能指数产生的各城市的职能分化（专业化）数量上的程度。一个城市专业化指数越高，表示它的专业化程度越高。专业化指数越接近于 1，其专业化的程度越低。

据表 6-4 可知，工业职能指数属黑龙江省七台河最高，反映出其煤炭资源的丰富性，是全国三大保护性开采煤田之一。东北地区的工业职能指数普遍较

高,这也一定程度上反映了东北地区在全国老工业基地的地位。建筑业职能指数最高的是辽阳,为27.33,而最低的是辽源,为0.38,说明了建筑业在两城市的比重差别很大,突出反映了辽阳的石化业的专门化程度相当之高。齐齐哈尔是交通运输、仓储及邮政业中职能指数最高的城市,反映了它在东北地区的交通枢纽的地理位置,沈阳是辽宁省中这一指数最高的城市,吉林省最高的是长春市。除了特殊的边境口岸城市黑河(商业指数高达24.59)以外,大连、哈尔滨、佳木斯和牡丹江的指数均较高,反映了城市的对外贸易、商品、旅游等特色。科教文卫和社会福利业、公共社会管理最高的为通化和白城。

表6-4 东北三省34个地级市七大行业职能指数及专业化指数

省区	城市	工业	建筑业	交通运输、仓储及邮政业	商业	服务业	科教文卫和社会福利业	公共社会管理	专业化指数
辽宁	沈阳	29.62	4.04	18.38	15.67	10.58	19.68	8.99	1.070
	大连	58.38	4.19	6.21	20.33	5.75	9.88	4.84	1.096
	鞍山	50.90	15.75	1.74	6.81	2.85	16.06	11.73	1.058
	抚顺	72.26	9.37	1.93	5.05	0.99	10.42	12.43	1.124
	本溪	62.30	12.27	3.63	7.81	0.82	11.68	10.25	1.088
	丹东	25.19	10.63	5.71	14.45	2.45	21.61	23.66	1.037
	锦州	23.47	6.58	5.84	11.38	2.60	31.43	21.93	1.032
	营口	29.61	5.12	7.52	9.59	3.24	23.11	24.20	1.024
	阜新	47.19	4.36	1.16	7.67	2.00	23.42	17.62	1.034
	辽阳	41.53	27.33	0.85	4.33	1.38	14.82	24.44	1.147
	盘锦	97.17	4.28	0.58	4.67	10.10	3.80	8.36	1.290
	铁岭	35.49	9.07	1.77	4.28	3.93	23.79	26.72	1.050
	朝阳	31.03	4.74	1.31	8.15	3.80	29.05	26.16	1.042
	葫芦岛	64.02	1.21	2.49	4.32	1.05	16.39	21.22	1.107
吉林	长春	34.32	5.28	2.66	15.59	8.56	26.30	9.27	1.020
	吉林	45.26	3.53	1.89	6.14	0.46	27.69	20.39	1.053
	四平	31.66	1.34	1.54	5.54	0.94	44.56	24.51	1.101
	辽源	51.42	0.38	1.18	5.10	1.02	30.52	20.08	1.097
	通化	5.49	0.57	0.29	1.06	0.20	213.64	3.64	2.249
	白山	37.22	2.57	0.93	3.77	26.93	15.07	32.72	1.192
	松原	41.80	4.79	0.72	8.76	0.80	26.34	21.83	1.051
	白城	4.75	1.98	2.46	10.72	6.16	47.75	67.98	1.418
黑龙江	哈尔滨	24.03	12.59	13.41	22.25	6.45	20.17	8.30	1.072
	齐齐哈尔	28.18	4.43	33.64	6.85	1.35	23.08	17.10	1.146
	鸡西	69.35	3.89	3.47	8.64	1.44	9.31	14.08	1.102
	鹤岗	89.70	1.04	2.54	9.49	1.59	6.72	9.86	1.209
	双鸭山	47.90	1.99	7.02	12.15	7.36	10.17	19.47	1.061
	大庆	47.54	21.65	1.78	4.82	10.99	20.56	4.26	1.116
	伊春	43.97	9.71	3.29	6.49	3.40	11.42	28.54	1.068
	佳木斯	6.70	15.79	9.95	18.20	5.71	29.58	35.41	1.213
	七台河	115.55	4.22	0.88	3.45	0.96	4.19	7.47	1.367
	牡丹江	23.56	1.19	3.50	23.12	2.54	28.51	25.91	1.083
	黑河	5.65	4.05	14.43	24.59	8.96	24.07	48.72	1.305
	绥化	9.83	11.26	3.63	9.72	1.63	47.67	35.61	1.193

资料来源:根据《中国城市统计年鉴2011》数据整理计算所得

根据专业化指数原理，将东北三省区 34 个地级市按照专业化指数划分为专业化程度低、中、高及极高四大类。其中，专业化指数为 1.00~1.05 的城市依次为长春、营口、锦州、阜新、丹东、朝阳、铁岭等 7 个城市，占东北地区地级市总数的 20.6%；1.05~1.10 范围内的城市，辽宁省的沈阳、大连、鞍山、本溪等，吉林省的吉林、松原和辽源市，黑龙江省的双鸭山、伊春、哈尔滨、牡丹江等共 11 个城市，占总量的 32.35%；1.10~1.30 范围内的城市个数为 12 个，占总量的 35.3%；而东北地区全部三省中专业化指数大于 1.3 的只有 4 个城市：通化、白城、七台河和黑河，仅占总量的 11.8%（表 6-5）。

表 6-5　东北三省 34 个地级市专业化指数范围

专业化指数范围	城市
1.00~1.05	铁岭、朝阳、丹东、阜新、锦州、营口、长春
1.05~1.10	吉林、松原、沈阳、大连、鞍山、本溪、辽源、双鸭山、伊春、哈尔滨、牡丹江
1.10~1.30	四平、鸡西、葫芦岛、大庆、抚顺、齐齐哈尔、辽阳、白山、绥化、鹤岗、佳木斯、盘锦
>1.30	通化、白城、七台河、黑河

四、城市经济基础

纳尔逊的标准差法、韦伯的专门化指数法都只是从职能强度这一变量分析进行城镇职能分类，没有考虑城镇规模对城镇职能的影响。而经济基础法是城镇职能分类中考虑城镇人口规模方面的一种较好的方法，属于多变量经济统计分析法。

1. 确定行业的最小需求量

首先运用乌尔曼-迪西（Ullman，1957）的最小需求量法来计算各个城市每一项经济活动的最小需求量，求得每个城市的基本就业人口数量。

计算方法：算出东北三省地区城市系统中各个城市行业就业人口占各个城市所有行业就业人口总数的百分比，而众多城市中百分比最低者即为区域城市行业最小需求量。

与最小需求量对应的就业人口是非基本就业人口。大于非基本就业人口（大于最小需要量行业就业百分比所对应的行业就业人口部分）的人口就是基本就业人口（表 6-6，表 6-7）。

表 6-6　东北三省 34 个地级市七大行业就业人员最小需求量

行业	工业	建筑业	交通运输、仓储及邮政业	商业	服务业	科教文卫和社会福利业	公共社会管理
最小需求量/%	13.1	1.53	1.23	3.39	0.94	9.54	6.93
城市	白城	辽源	通化	通化	通化	盘锦	通化

表 6-7 东北三省地区 34 个地级市七大行业基本就业人员

省区	城市	工业 人数/万人	工业 比例/%	建筑业 人数/万人	建筑业 比例/%	交通运输、仓储及邮政业 人数/万人	交通运输、仓储及邮政业 比例/%	商业 人数/万人	商业 比例/%	服务业 人数/万人	服务业 比例/%	科教文卫和社会福利业 人数/万人	科教文卫和社会福利业 比例/%	公共社会管理 人数/万人	公共社会管理 比例/%
辽宁	沈阳	21.45	30.95	3.80	5.48	9.35	13.49	10.56	15.24	6.47	9.33	13.32	19.23	4.34	6.27
	大连	30.59	51.82	3.33	5.64	4.15	7.03	10.69	18.11	3.83	6.49	5.45	9.23	1.00	1.69
	鞍山	11.98	47.02	3.36	13.20	0.71	2.80	2.10	8.23	1.05	4.12	4.05	15.91	2.22	8.72
	抚顺	9.96	59.98	1.60	9.63	0.51	3.05	1.05	6.34	0.30	1.82	1.64	9.88	1.54	9.29
	本溪	7.90	54.22	1.66	11.36	0.72	4.91	1.34	9.19	0.22	1.53	1.65	11.35	1.08	7.44
	丹东	3.57	26.94	1.38	10.41	0.88	6.66	1.91	14.42	0.49	3.72	2.77	20.87	2.25	16.98
	锦州	3.63	25.28	1.10	7.68	0.97	6.76	1.75	12.20	0.56	3.87	4.06	28.27	2.29	15.94
	营口	3.82	30.95	0.80	6.48	0.98	7.93	1.33	10.75	0.56	4.50	2.73	22.09	2.14	17.30
	阜新	4.82	44.50	0.63	5.80	0.21	1.93	0.98	9.05	0.35	3.22	2.42	22.34	1.42	13.15
	辽阳	4.15	40.46	1.86	18.16	0.14	1.37	0.56	5.47	0.25	2.41	1.51	14.69	1.79	17.43
	盘锦	14.13	72.86	1.11	5.72	0.15	0.79	1.14	5.89	1.76	9.08	0.00	0.00	1.10	5.66
	铁岭	4.56	35.85	1.20	9.43	0.36	2.84	0.69	5.40	0.65	5.11	2.88	22.63	2.39	18.73
	朝阳	4.76	32.17	0.91	6.15	0.32	2.17	1.41	9.50	0.74	4.99	3.94	26.60	2.73	18.42
	葫芦岛	7.77	55.24	0.27	1.91	0.53	3.74	0.77	5.45	0.27	1.92	2.28	16.23	2.18	15.50
吉林	长春	20.22	34.91	3.84	6.62	2.27	3.92	8.80	15.19	4.78	8.25	14.24	24.58	3.79	6.54
	吉林	8.64	43.15	0.99	4.97	0.60	3.00	1.51	7.54	0.15	0.76	5.13	25.61	3.00	14.98
	四平	4.16	32.70	0.27	2.13	0.32	2.53	0.88	6.90	0.22	1.73	4.65	36.53	2.23	17.48
	辽源	2.54	47.36	0.00	0.00	0.11	1.97	0.34	6.39	0.10	1.87	1.48	27.64	0.79	14.78
	通化	0.51	1.54	0.18	0.56	0.00	0.00	0.00	0.00	0.00	0.00	32.19	97.90	0.00	0.00

续表

省区	城市	工业 人数/万人	工业 比例/%	建筑业 人数/万人	建筑业 比例/%	交通运输、仓储及邮政业 人数/万人	交通运输、仓储及邮政业 比例/%	商业 人数/万人	商业 比例/%	服务业 人数/万人	服务业 比例/%	科教文卫和社会福利业 人数/万人	科教文卫和社会福利业 比例/%	公共社会管理 人数/万人	公共社会管理 比例/%
吉林	白山	3.53	37.21	0.37	3.89	0.15	1.53	0.45	4.75	1.50	15.78	1.42	14.94	2.08	21.90
	松原	4.91	40.67	0.75	6.19	0.13	1.12	1.21	10.05	0.18	1.49	2.97	24.61	1.92	15.88
	白城	0.00	0.00	0.30	3.12	0.35	3.70	1.12	11.68	0.65	6.77	3.67	38.35	3.48	36.39
黑龙江	哈尔滨	21.21	25.83	9.48	11.54	9.23	11.24	15.75	19.19	5.72	6.96	16.13	19.65	4.59	5.59
	齐齐哈尔	6.45	29.69	1.27	5.86	4.12	18.94	1.80	8.27	0.52	2.37	4.80	22.07	2.78	12.79
	鸡西	7.74	58.34	0.71	5.34	0.63	4.76	1.32	9.94	0.33	2.50	1.13	8.52	1.41	10.60
	鹤岗	7.60	69.19	0.17	1.58	0.42	3.79	1.17	10.68	0.30	2.70	0.55	4.98	0.78	7.08
	双鸭山	5.19	44.99	0.36	3.13	0.88	7.60	1.47	12.78	0.87	7.53	1.10	9.58	1.66	14.39
	大庆	14.60	44.74	5.19	15.90	0.93	2.86	1.98	6.07	3.11	9.54	6.52	19.99	0.30	0.91
	伊春	2.13	42.24	0.50	9.85	0.23	4.58	0.40	7.91	0.23	4.64	0.56	11.06	1.00	19.72
	佳木斯	0.44	3.86	1.51	13.22	1.08	9.41	1.93	16.84	0.74	6.46	3.09	26.98	2.66	23.22
	七台河	6.74	81.32	0.47	5.67	0.12	1.43	0.36	4.31	0.15	1.77	0.06	0.76	0.39	4.75
	牡丹江	3.01	25.38	0.22	1.87	0.57	4.79	2.33	19.66	0.45	3.82	3.11	26.21	2.17	18.28
	黑河	0.16	1.87	0.46	5.50	0.98	11.73	1.70	20.45	0.71	8.47	1.91	22.86	2.43	29.13
	绥化	1.39	9.06	1.65	10.78	0.75	4.92	1.66	10.86	0.42	2.76	5.86	38.30	3.57	23.31

2. 确定优势职能

根据表 6-7，确定 34 个地级市各自的优势职能。在一个城市诸项经济活动中，基本就业人口比例最高的那项经济活动职能就是该城市的优势职能。

3. 确定显著职能

运用前面的纳尔逊的标准差法，确定各城市的显著职能。但完全依靠定量的分析这些方法仍存在一定的不准确性，因此结合东北地区城市体系的特殊性，加以修正（表 6-8）。

表 6-8 东北三省地区 34 个地级市城市职能分类表

城市	优势职能	显著职能	城市	优势职能	显著职能
沈阳	工业	交通运输、仓储及邮政业、商业、服务业	辽源	工业	—
大连	工业	交通运输、仓储及邮政业、商业、服务业	通化	工业	公共社会管理
鞍山	工业	建筑业	白山	工业	公共社会管理
抚顺	工业	建筑业、公共社会管理	松原	工业	商业
本溪	工业		白城	工业	科教文卫和社会福利业、公共社会管理
丹东	科教文卫和社会福利业	建筑业、服务业、公共社会管理	哈尔滨	工业	建筑业、商业、服务业
锦州	科教文卫和社会福利业	建筑业、交通运输、仓储及邮政业、服务业	齐齐哈尔	工业	交通运输、仓储及邮政业
营口	工业	科教文卫和社会福利业、公共社会管理	鸡西	工业	
阜新	工业	交通运输、仓储及邮政业、服务业	鹤岗	工业	
辽阳	工业	公共社会管理	双鸭山	工业	建筑业
盘锦	工业	公共社会管理	大庆	工业	建筑业
铁岭	工业		伊春	工业	交通运输、仓储及邮政业、商业
朝阳	工业	科教文卫和社会福利业、公共社会管理	佳木斯	工业	
葫芦岛	工业		七台河	工业	
长春	工业	商业、科教文卫和社会福利业	牡丹江	工业	商业
吉林	工业		黑河	工业	商业、服务业
四平	科教文卫和社会福利业	公共社会管理	绥化	科教文卫和社会服务业	交通运输、仓储及邮政业、商业

4. 乌尔曼-迪西分类法

利用乌尔曼-迪西的多样化指数作为分类标准。

$$S = \sum_{i=1}^{n} \left[\frac{(P_i - M_i)^2}{M_i} \right] \div \frac{(\sum_{i=1}^{n} P_i - \sum_{i=1}^{n} M_i)^2}{\sum_{i=1}^{n} M_i}$$

式中，i 为每一经济活动的职能组；P_i 为城市中每一个 i 部门职工在总职工中的百分比；M_i 为每一个 i 部门的最小需要量（即非基本部分的百分比）；$\sum_i$ 为所有部门的和。

多样化指数 S 越高，该城市的专门化程度也越高；反之，则多样化指数越低，该城市的专门化程度越低。当某城市的多样化指数为 1.0 时，表示该城市的专门化程度最低，它的经济活动基本上是为本城市居民服务的。

通过多样化指数的公式整理 34 个地级市的多样化指数，如图 6-1 所示。

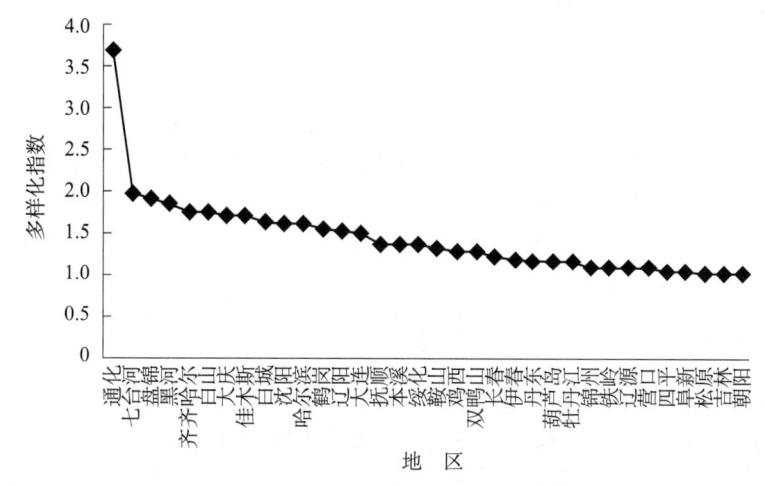

图 6-1 东北三省 34 个地级市七大行业多样化指数折线图

东北三省 34 个地级市中，多样化指数最高的是通化，为 3.69，最低的是朝阳为 1.04。为 1.5~2.0 的城市有七台河、盘锦、黑河、齐齐哈尔、白山、大庆、佳木斯、白城、沈阳、哈尔滨、鹤岗、辽阳、大连 13 个，占东北三省 34 个地级市数量的 38.24%，其中属辽宁省的城市占本省地级市总数的 28.57%，吉林省和黑龙江省的比例分别为 14.29% 和 50%。为 1.0~1.5 的城市有 20 个，占全部城市的 58.82%。

第二节　东北地区地级市综合职能类型

一、行政职能城市

（一）省会城市——一级行政中心

省会城市是各省（自治区、直辖市）的行政管理中心，大部分省会城市都具有上千年的悠久发展历史，历史上省会城市也多为各种行政管理中心（程必定，2007）。省会城市由于其行政职能产生的强大的辐射力和向心力，形成与其行政职能相一致的经济职能，大部分省会城市都是省域内最大的综合性产业城市和省域文化中心。省会城市集政治、经济、文化为一体的特征，体现了中国城市政治、经济、文化高度集中的规律。省会城市作为省域行政中心，其行政职能等级是相同的，但是不同省会城市由于自然环境、发展历史、社会文化背景的差异，其经济职能类型与职能规模有较大差异。其中一些省会城市已发展成为大区域经济中心，成为区域经济发展的核心城市和全国重要的工业基地，如沈阳。东北地区省会城市3个，即沈阳、哈尔滨和长春。

（二）地区级行政中心城市及地级市——二级行政中心

地区级行政中心城市是省会城市以下的次级行政管理中心城市，同时也是省域内次级行政管理中心城市，同时也是省域内次级经济、文化中心。东北三省共有34个地级市，大部分都是行政区划的延续。另外城市职能并不单一，多为综合性城市，与周围地区有密切的传统联系，有相对较大的人口和经济规模，综合服务职能较强。

（三）县级市——三级行政中心

县级市是县域政治、经济、文化中心，是中国城乡经济的结合点（胡厚国，2004），是农副产品集散中心，初级加工中心，是国家对农业地区执行具体行政领导的中心，长期以来为农业服务是县城的主要职能。目前，东北三省已有县级市55个，县城101个。

二、交通职能城市

（一）交通中心城市职能类型

按照交通方式的不同类型，结合东北地区的特殊情况，可将整个地区的交通中心分为三个亚类，即铁路枢纽城市、港口城市和航空交通中心城市。多数的交通枢纽都是具有全国、大区、省区和地区意义的综合性中心城市，同时也兼有若干种交通职能，成为综合性运输的枢纽。

1. 铁路枢纽城市

作为铁路枢纽城市，它既是铁路运量的集中地和列车交接站，又是组织铁路运输生产的中心环节。这些城市与其他地区的铁路网相结合，共同形成了我国比较完整的新型交通中心体系。不仅在本地区的经济、社会和文化联系上起到很好的沟通作用，也在与区外的联系上起到积极的促进作用（表6-9）。

表6-9 东北地区铁路枢纽城市

铁路枢纽城市	连接干线方向	枢纽等级
沈阳	5	1级枢纽
锦州	4	2级枢纽

续表

铁路枢纽城市	连接干线方向	枢纽等级
大连	2	3级枢纽
本溪	4	—
四平	4	—
丹东	3	—
哈尔滨	5	1级枢纽
齐齐哈尔	4	2级枢纽
牡丹江	4	3级枢纽
佳木斯	3	3级枢纽
长春	4	3级枢纽
吉林	4	

资料来源：顾朝林（1999b）

注：—表示"无"。

2. 港口城市

港口城市是东北地区面向全国和对外开放的窗口，因此港口城市在交通中心城市体系中具有不同的职能和地位，尤其在东北地区，其意义更加重大。东北地区的港口城市全部集中在辽宁省范围内，其中大连是本区最大也是全国很有影响力的港口，是东北地区的重要枢纽港，而营口、丹东、锦州、盘锦和葫芦岛等市也是相当重要的港口交通中心。

3. 航空交通中心城市

航空交通中心是城市综合运输体系的重要组成部分，在长距离和国际客运方面具有重要作用。东北地区的四个中心城市，即沈阳、大连、长春和哈尔滨是东北地区相当重要的航空交通中心城市（蔡中为，2011；宋飏等，2007；王士君、宋飏，2006；赵玉红等，2006；王晓玲，2005）。

（二）综合性交通枢纽城市职能组合

东北三省综合性交通运输枢纽城市，如表6-10所示。

表6-10 东北三省综合性交通运输枢纽城市

职能类型	城市
各种运输方式兼备型	大连、吉林
水陆空运型	齐齐哈尔、佳木斯、丹东
陆空运型	沈阳、长春、牡丹江、延吉、图们
水陆运型	营口

资料来源：顾朝林（1999b）

（三）口岸城市职能

口岸是国家对外开放的前沿，是城市体系职能结合的重要组成部分。东北地区在改革开放前就已经对外开放了很多城市，而1986年以来，中国恢复和扩大开放了边境口岸，东北地区的一些边陲小镇变成了新兴城市。东北地区按出入境运输方式，可将口岸分为水运口岸、空运口岸和陆运口岸，其中水运口岸为东北地区的主要出入境方式（表6-11）。

表6-11 东北三省对外开放一类口岸的发展

年份	水运口岸	空运口岸	陆运口岸 铁路	陆运口岸 公路
1978年以前	大连、黑河	沈阳、哈尔滨	满洲里、丹东、图们、集安、绥芬河	临江、南坪（和龙）、开山屯（龙井）
1980	营口	—	—	—
1984	—	大连	—	—
1988	—	—	—	珲春
1989	锦州、哈尔滨、佳木斯、漠河			
1990	大安			

资料来源：顾朝林（1999b）

三、工业职能城市

（一）重工业城市

2000年，东北三省能源储量如表6-12所示。

表6-12 东北三省能源储量略表（2000年）

能源种类	辽宁省	吉林省	黑龙江省	合计
煤炭工业储量/亿吨	60.2	21.4	226.6	308.2
石油/亿吨	20.6（累计探明）	3（探明）	57（累计探明），5（可采）	—
天然气/亿米^3	21.9（探明）	17.14（探明），9.58（可采）	536（大庆探明）	—
水力/万千瓦				1530.6
油页岩/亿吨	32.8	174.3		207.1

资料来源：陈才等（2004）

1. 能源（煤炭）工业城市

我国是世界上煤炭资源最为丰富的国家，原煤产量居世界首位，而我国煤田相对集中于华北、东北、西北地区。因此，东北地区在煤炭资源开采、利用的基础上形成和发展起来了一批能源工业城市。从现状工业部门结构看，这类城市职能可分为三种类型：①单纯型煤炭工业城市；②以煤炭开采为中心的多职能复合型城市；③煤炭开采逐渐衰落，其他职能替而代之的变异型城市（表6-13）。

表6-13 东北煤炭工业城市及专业化程度

省区	城市	占城市工业总产值/%	产值排序	类型
辽宁	抚顺	10.6	3	变异型
	阜新	33.8	1	专业型
	铁法	80.8	1	专业型
	北票	31.4	1	专业型
黑龙江	鸡西	58.1	1	专业型
	鹤岗	69.8	1	专业型
	双鸭山	53.2	1	专业型
	七台河	92.9	1	专业型

资料来源：顾朝林（1999b）

2. 石油、化工工业城市

东北三省化工资源丰富，特别是海盐和油气资源，不但在数量上丰富，而且配套组合好，为石油化工和海洋化工生产创造了良好条件。20世纪90年代，东北三省海盐产量一直占全国的66%。丰富的海盐资源为发展以"两碱"生产为主的基本化学工业提供了良好基础。东北三省石油资源亦比较丰富，原油以轻质油为主，适合作为化工原料。东北三省石油产地主要是三大油田，即大庆油田、辽河油田和吉林油田。依靠这种特殊的资源在东北地区形成了以此为特殊职能的城市，大庆是典型的石油工业城市，吉林是典型的化工工业城市。

3. 冶金、建材工业城市

东北三省依靠自身丰富的自然资源优势，大力发展了以钢铁工业为代表的冶金工业，为新中国的经济建设提供了支撑。经过几十年的建设，东北地区已形成包括矿山、烧结、焦化、炼铁、炼钢、轧钢，以及相关的铁合金、耐火材料、碳素制品和地质勘探、工程设计、建筑施工及科学研究等部门组成的完整的以钢铁工业为代表的冶金工业体系，并且也发展起来像鞍山、本溪、通化等城市（表6-14）。

表6-14 东北三省主要钢铁企业产能（2002年） （单位：万吨）

企业	城市	综合产能	生铁生产	钢生产	钢材生产
鞍钢	鞍山	1000以上	1030	750	715
本钢	本溪		320	350	320
通钢	通化	200			
抚钢	抚顺		51	70	54
凌钢	凌源		180	200	200
北台钢	本溪		150	150	

资料来源：陈才等（2004）

4. 机械、电子工业城市

东北三省城市机械工业所占比重较大，沈阳、长春、哈尔滨已经形成了大型机械工业生产基地,属全国范围内的大型综合工业基地。东北地区的机械工业不仅规模大,更为重要的是它还拥有在全国机械工业中规模最大、数量最多、分布最为密集的国有大、中型企业和全国机械行业排头兵企业。例如,电力设备行业的哈尔滨电站设备集团、东北输变电设备集团;重型矿山机械行业的一重、沈重、沈矿、大重和大起等;石化通用机械行业的沈阳鼓风机、沈阳气体压缩机、沈阳水泵、沈阳高中压阀门及大连冷冻机等厂;机床行业的沈阳机床股份公司、齐齐哈尔机床集团、哈尔滨工具集团等;机械基础件行业的哈尔滨轴承、瓦房店轴承公司;汽车行业的一汽集团等;此外,还有一大批具有相当规模、有优势特色产品的企业。

(二)轻工业城市

东北地区是我国传统的老工业基地,无论是国家政策上,还是自身资源禀赋方面都偏向于重型工业发展,因此东北地区的轻工业发展相对较慢,并且形成的轻工业类型也并不完善。但仍有相当一批中小城市在当地农牧资源加工利用基础上发展成以某一轻加工行业为主导的、专业化程度较高的城市,主要包括食品工业城市、造纸工业城市和森林工业城市,而我国东南沿海形成的纺织工业城市等较少出现。

四、旅游职能城市

中国的旅游业作为一个新兴的行业,是从1978年以后才迅速发展起来的,而东北地区的旅游业发展的稍晚一些。2010年,东北三省旅游外汇收入达到33.27亿美元,占中国旅游外汇总收入的近7.3%,辽宁省接待海外旅游者361.8万人次,创汇22.6亿美元,接待境内旅游者2.8亿人次;吉林省接待海外旅游者82万人次,国内旅游总收入712.4亿元,相当于全省GDP的8.2%;黑龙江省接待海外旅游者172.4万人次,旅游创汇7.6亿美元,国内旅游总收入832亿元,相当于全省GDP的8%。

东北地区的风景旅游项目也相对独特:冰雪旅游、国家级和省级森林公园及自然保护区、沼泽湿地旅游、工业旅游、火山地貌旅游、滨海旅游及关东文化旅游等。

五、东北三省城市职能类型构成

综合以上单项指标和视角,得到东北三省地级市职能体系类型结构,如表6-15所示。

表 6-15　东北三省城市基本职能类型表

地域主导作用	城市基本职能类型		城市
行政职能为主综合性城市	行政中心城市	区域性中心城市	沈阳、长春、哈尔滨
		地方性中心城市	34 个地级市
交通职能为主的综合性城市	综合交通枢纽城市	综合枢纽城市	大连、吉林
		水陆枢纽城市	大连、营口
		陆空枢纽城市	沈阳、长春、牡丹江、延吉、图们
	部门交通性城市	铁路枢纽城市	沈阳、锦州、大连、本溪、四平、丹东、哈尔滨、齐齐哈尔、牡丹江、佳木斯、长春、吉林
		港口城市	大连、营口、丹东、锦州、葫芦岛
		水运口岸城市	大连、黑河、营口、锦州、哈尔滨、佳木斯、漠河、大安
	口岸城市	空运口岸城市	沈阳、大连、哈尔滨
		陆运口岸城市	满洲里、丹东、图们、集安、绥芬河、临江、和龙、开山屯、珲春
工业职能为主城市	重型工业城市	煤矿工业城市	抚顺、阜新、铁法、北票、鸡西、鹤岗、双鸭山、七台河
		石油工业城市	抚顺、葫芦岛、大庆、松原
		冶金工业城市	鞍山、本溪、抚顺、葫芦岛、通化、凌源
		电力工业城市	—
		化学工业城市	吉林、大连、沈阳、哈尔滨
		建材工业城市	本溪、鞍山、抚顺、通化、凌源
		机械工业城市	长春、哈尔滨、沈阳、朝阳、瓦房店
	轻型工业城市	食品工业城市	延吉、绥芬河
		森林工业城市	浑江、敦化、伊春
		皮革工业城市	
		造纸工业城市	佳木斯、图们
流通职能为主城市	贸易中心城市	地方贸易中心城市	—
		对外贸易中心城市	—
	旅游城市		大连、沈阳、哈尔滨、五大连池、兴城、吉林、集安

第三节　东北地区城市职能结构形成与发展动力机制

　　城市职能结构的形成与发展不仅受城市既有基础的影响，而且受外部空间的制约。尤其是在市场经济前提下，城市发展的外部空间对城市职能结构内涵的合理组织与发展的影响作用更直接、更强大。城市发展的外部空间是指城市发展外部一切与之相关的因素集合，主要包括自然的、社会的、经济的等因素（于霞，2002）。它们协同作用于城市发展过程之中，影响和制约着城市职能的形成和发展,并随着城市职能的变化而变化。合理辨析外部空间对城市社会、经济产业发展的各种影响因素对其影响作用规律,是城市职能结构合理化的前提。

本书主要从城市发展的内在自主性原动力、再生性推动力及外在性制动力三个角度,分析外部影响因素对城市职能结构形成的作用机制。

一、内在自主性原动力

内在自主性原动力是指影响城市职能结构形成的经常的、必要的和内在的原有基础性动力,主要指自然因素对城市发展所产生的作用力。城市职能的形成和发展在任何情况之下都离不开自然因素的影响。在一定社会条件下,自然因素甚至对地域分工、经济发展方向有决定性影响。自然因素主要包括地形地貌条件、矿产资源条件、水资源条件等,这些因素构成了城市职能结构形成和发展的一般性物质环境基础,对城市职能结构形成具有基础性作用。

(一)自然因素是城市形成的必要条件

1. 作用机制

城市职能的形成往往受区位条件的影响较大,表现为以下两个方面。

1)城市区位往往决定了城市职能的特殊性,如位于自然资源密集区域的城市,原料、燃料等资源在空间上较为接近,有利于组织城市产业的发展,因此城市职能趋向多样化(邬丽萍等,2010)。反之,若城市自然地理位置不佳,不具备产业发展的物质基础,因而不利于城市发展和城市职能结构的完善。

2)资源禀赋对城市职能结构的形成和发展起着基础性作用。在城市临近的区域环境中若没有矿藏,就不可能有开采业的兴起与发展;若没有充足的水力资源条件就不可能建立水力发电业。然而即使相邻地区中拥有矿藏和水力资源,但由于其各自的资源禀赋结构不同,则各个城市的职能结构与发展也可能受其影响而存在巨大差异。

2. 自然因素对东北地区城市职能的影响

自然因素在东北地区城市职能形成和发展过程中起到了相当重要的作用。东北地区自然资源丰富,其中40多种矿产储量居全国前三位。多年以来,资源产业一直是支撑东北三省最重要的产业之一。依托资源优势和大型企业,在东北地区形成了一批以资源开采、加工为主导产业的资源型城市。我国经济学界按照采掘业产值比重、从业人员比重等指标,并适当考虑特殊情况,确定了全国资源型城市共118个,东北三省就有30个。专家学者将以上标准进一步提高,界定出全国典型资源型城市共计60个,其中东北三省20个,占全国的

1/3（表 6-16）。东北地区资源型城市特点有以下几个方面（李培祥，2007；马兆俐和陈红兵，2006；卢培元和卢宁，2000）。

表 6-16　东北三省资源型城市分布

省份	数量	城市名称
辽宁	7	抚顺、本溪、阜新、盘锦、葫芦岛、铁法、北票
吉林	10	辽源、白山、敦化、珲春、桦甸、蛟河、松原、舒兰、临江、和龙
黑龙江	13	鸡西、鹤岗、双鸭山、七台河、大庆、伊春、五大连池、铁力、尚志、海林、穆棱、宁安、虎林

（1）资源型城市产业总量大、分布广

东北三省的资源型产业在全国占有极为重要的地位，从产值规模看，东北地区采掘业的重要地位体现在石油和天然气开采业、煤炭采掘业、木材及竹材采运业三个行业上。到 2001 年，东北地区累计探明的煤炭资源保有储量为 277.99 亿吨，占全国的 2.77%；探明的石油资源约为 80 亿吨；吉林省已探明母页岩储量占全国探明储量的 1/2 以上。东北地区的铁矿石资源储量为 64.79 亿吨，占全国的 14.18%，其中辽宁省的铁矿储量为 55.59 亿吨，占全国的 12.16%。辽宁省菱镁矿储量约占全国的 80% 以上。围绕东北地区矿产资源的开发，形成了重要的资源基地和拥有较强生产能力的大型矿资源产业企业。东北地区蕴藏着丰富的森林资源，属全国三大林业基地之一。2001 年，东北地区活立木总蓄积量为 25.3 亿米^3，占全国的 20.26%，其中辽宁省为 1.7 亿米^3，吉林省为 8.6 亿米^3，黑龙江省为 15 亿米^3。各种矿产资源型产业产值占全国同行产值的比重很高。东北地区中各省资源型产业产值占本省工业总产值的比重也很高。

（2）资源型产业发展提高了东北地区总体城市化水平

东北三省由于一大批大型矿产地的勘查发现与成功开发，先后建起一批资源型城市。例如，辽宁省现有矿城 9 座，GDP 总量约占全省的 1/5，市区总人口占全省市区人口的 1/3，占全省总人口的 1/7。资源型产业通过矿业开发成为向国家提供矿产品和矿产加工制品的主体。东北地区经济建设的发展史表明，采掘工业是东北地区重化工业崛起的基础和前提。资源性产业是地区产业链条展开和延伸的源头。由于矿产资源采掘业提供着原材料工业的"食粮"，因而矿业的巨大后续效应不仅影响到原材料工业的发展，也在很大程度上改善了区域经济格局，在促进区域经济协调发展方面发挥了重要作用。

（二）自然因素的区域差异是城市职能分异的客观基础

自然因素中除了自然资源的分布差异能对城市职能结构产生影响外，地形地貌条件也是城市职能分异的客观基础。20 世纪以来，由于大型远洋船的产生，海洋运输道广、量大、经济，尤其是随着海洋型经济捕捞、旅游等的发展，产生了许多海洋型职能的城市。陆地型职能城市可分为平原、盆地、高原、丘陵和山地城市等类型。一般而言，地形地貌因素直接影响第一产业，间接影响第二、第三产业的发展，并进而影响城市职能结构的形成。

东北地区多平原和山地，而平原和山地的自然状况不同，人口密度也不同，以商业为主的服务业的发展就会有所差异。平原地区人口密度大，以耕作业为主，要求商业网点密度大，并以固定服务为主，而山地区域人口密度小，以林牧业为主，要求商业网点密度小，并以流动服务为主。如今随着科学技术的日新月异，交通工具的不断改进，联系的日益密切，信息的快速传播，地形地貌差异对城市乃至整个区域发展的影响越来越弱，人们可以借助不同的手段和工具来弥补自然分布上的缺欠和不足。

（三）自然因素影响城市职能的效用

其根源在于自然因素的差异性决定了不同职能城市综合劳动生产率的不同。为了追求其社会生产活动的综合劳动生产率，各城市不得不从其外部空间获得或所能利用的各种自然条件出发，以提高效率（黄飞，2007）。对于一些物耗系数较高的加工工业而言，它在城市产业中的发展虽不直接取决于城市的外部空间自然条件，但却在很大程度上伴随着矿藏产地的采矿业发展而发展，目的在于提高城市产业的劳动生产率。对于一些物耗系数较低的加工工业而言，其在城市产业中的兴起和发展却与自然因素并无密切联系。所以，某一产业的兴起与发展，物耗系数越高，受自然因素的影响作用也就越直接、强度也就越大。

伴随着生产力和科学技术的发展，自然因素对城市产业的影响也不断发生着变化。一方面，人们可以克服自然因素对城市产业兴起与发展的不利影响，如可以借助各种现代技术手段，扩大原料、燃料及动力的来源，从而扩大城市产业兴起与发展的领域范围；各产业部门单位产品成本中自然资源占有比重的下降，加工工业部门中技术密集型成分的增加，运费的日趋低廉，会使城市职能对自然因素的直接依赖性降低。另一方面，随着大量的、多种新资源的开发利用，出现了许多相应的新兴产业部门，使得自然条件对城市职能的影响范围扩大。与此同时，生产部门积聚可大大提高经济效益，自然因素对以资源依赖性产业部门为主的城市兴起与发展产生影响。在任何社会形态下，自然因素随着技术进步，其内涵也会动态地发生变化，但对城市职能结构的影响作用也将始终存在，具有不可替代性。

分析、评价影响城市职能形成和发展条件的最终目的是为了城市职能的协调，而区域历史基础是城市职能形成发展的出发点。因此，历史因素作用力也应归于自主性原动力类。

二、再生性推动力

再生性推动力是指后天形成的、变动性强的影响城市职能结构的作用力。城市是社会经济的综合体，其产业的发展涉及经济社会的诸多方面。城市职能体系作为区域经济社会发展中的一个重要组织结构体系，其发展无不受到区域空间中各种社会、经济因素的影响，如人口与劳动力、经济因素、基础设施、生产技术等。

（一）人口与劳动力

人既是物质资料的生产者，又是物质资料的消费者，对城市社会发展及职能结构有着十分重大的影响（黄飞，2007）。

首先，人口素质的高低直接影响着区域劳动力素质和劳动生产率水平，一个区域劳动力资源丰富、素质高，不仅为区域的经济发展提供了最基本的条件，也可以选择发展那些技术水平较高、现代化的产业部门，有利于提高经济发展的综合效率。相反，在人口稀少和人口素质较低的地区，发展新兴产业时，势必要迁入相应的劳动力，追加大量资金与费用，城市发展成本较高。

其次，通过劳动力投入的增加，可以提高区域经济及城市产业的水平。一般而言，劳动力投入与经济增长成正比，劳动力与生产资料投入增大，则产出就越多，增长也就越快。

再次，劳动力素质的高低是能否提高区域、城市及国内经济增长的关键。劳动力素质包括劳动者的身体素质、劳工素养、技能、科学文化与思想素质等。身体素质好，标志着其劳动能力强；高水平的科学文化素质可以将知识形态生产力转化为现实的劳动力；思想素质高则是劳动者不断提高自身素质的动力。从根本上讲，在科学技术加速发展的情况下，生产增长的根本途径主要是靠提高劳动生产率而不是依赖劳动力的增加。因此，不断提高劳动力素质，可以大幅度提高劳动生产率，从而加快经济增长。

在城市发展过程中，必须注意所在区域的劳动力素质影响。应从提高劳动生产率角度出发，合理选择与发展其产业。传统的经济理论认为经济增长必然依赖于物质资本和劳动力的增加，其已不再符合发展的现实，对于现代经济而言，人的知识、能力、身体素质等人力资本的提高，对经济增长的贡献远比物质资本、劳动力数量的增加重要（李光，2003）。正如美国著名经济学家西奥多·舒尔茨（T. Schultz）所强调的那样，人力资本的素质或质量对于推动经济发展是极为重要的。

最后，区域人口的数量与构成还内在地决定着区域的市场需求结构，进而影响着区域与城市的产业结构与市场潜力。

（二）经济因素

经济因素是城市发展的先决条件，也是城市职能形成的重要影响因素。主要包括经济实力、经济发展水平等，具体而言主要体现在 GDP、人均 GDP、产业结构、经济效益、居民生活水平等方面。

城市现有发展水平是城市职能结构化调整的基点，也是未来城市职能结构体系发展的基础。如果某城市经济实力强大，经济发展水平、产业结构层次、居民生活水平和文化素质较高，开放程度较大，则该城市今后发展的前景广阔，职能结构将沿着高水平、高质量、高效益的方向发展。当前，经济全球化已成为不可逆转的基本定势，以信息技术为主要内容的新技术革命，将为世界经济的持续增长开辟更大的空间，成为 21 世纪最明显的特征，决定着未来世界产业结构的特点和经济增长方式，传统产业发展将面临更大的压力。同时，跨国公司通过全球化生产经营和对产品分销渠道的控制，对相关行业或产品的控制力、影响力也变得越来越强。

（三）基础设施

基础设施主要包括对外交通、通信、供电等条件，是支撑城市发展的重要物质基础（邵清，2003）。交通基础设施属于中间公共消费品，它在生产过程中起着积极的作用，影响着地区的生产和就业情况。交通基础设施的发展能够为城市产业发展提供条件。它通过影响劳动力在地区间的流动和企业选址，从而影响生产活动。如果两个地区的其他生产要素生产条件和经济环境相同，投资者都倾向于在交通基础设施较好的地区寻找发展机会。

东北地区的交通基础设施条件较好，大多数都是殖民地时期保留下来的。1896 年，沙俄强迫中国签订了不平等的《中俄密约》，以及《中俄旅大租地条约》及其《续约》，获得了在中国东北地区修筑铁路的特权（宋玉祥、陈群元，2005）。中东铁路于 1898 年 8 月开工，1902 年 10 月正式通车，它成为俄国在中国东北地区进行殖民侵略和扩张的工具。铁路作为区域经济发展的最重要的基础设施之一，对东北地区城市发展与城镇体系形成的推动作用持久而深远，铁路网的扩展及其干线的形成与东北地区城市发展及空间结构演化构成互为推动的局面。伴随着铁路的修建与运营，东北地区城镇的发展进入一个新的阶段，奠定了具有殖民经济色彩的东北地区近代城镇的格局。

（四）生产技术

社会分工及其发展水平是与社会物质技术基础相适应的。城市作为区域经济总体的组成部分，其产业的组织与区域的生产技术发展水平有密切的关系。生产的发展与社会的进步，使得任何生产活动都与其他生产有着密切关系，相互提供生产上的服务与支持。尤其是在生产技术上存在着一定的技术等级序列关系，发展与组织产业活动，如果打破这种内在的技术等级序列关系，就会使得产业间内在关联性弱化，某些产业孤立式的发展，不利于总体经济的高效发展。区域中的城市在组织和发展其产业时，应结合区域经济的生产技术水平，组织发展那些能与区域经济发展水平内在衔接的产业部门，以实现总体经济的耦合共进。

1. 技术进步影响城市产业结构的变动

一定的技术体系支撑起相应的城市产业结构，并在推进技术进步时，影响城市产业结构的变动。历史发展中每一次技术体系的大变动，都使产业结构也随之发生较大变动，城市产业也是如此。技术上的新突破，通过人们的推广，一直到其他领域，从而推动产业结构的变革与转变；新技术的发明，会开辟新的技术领域，或使原有的技术领域得到改造，这些新兴技术又往往相互渗透和关联，形成一个有机的技术群体，从而使得整个产业结构变得高级化，打破传统的地域分工限制，为社会、生产提供一个新的技术基础。

2. 技术进步通过引起社会需求结构的变化而使产业结构层次提高

城市经济增长的动力，来自外部市场对城市产品的需求（李雪英，孔令龙，2005）。由于这种需求促使城市基础产业部门的建立，从而带动非基础产业部门也得到相应的发展。人类的社会需求具有层次性，生产技术的革新、进步促进了需求结构的不断调整与变动。在微观经济学中，供给和需求是相互制约、相互依存的矛盾的两个方面，需求结构的变动带来供给结构的调整，从而影响了为人类提供生产、生活等服务部门的结构变化，进而带来了产业结构的调整（黄飞，2007）。

3. 技术进步通过作用于劳动过程而推进产业结构的升级

教育、学习技术水平的提高，使得劳动力素质逐步提高。劳动技术革新，使得劳动工具和生产工艺得以逐步改革，降低了劳动消耗，从而可能使许多生产部门迁往劳动力资源有限的地区；与技术发展水平密切相关的生产的专业化和集中化特点，使生产的各种劳动消耗得以节约，从而可以在个别地区利用最有利的生产因素来扩大生产规模，提高生产综合效益。

三、外在性制动力

外在性制动力是指推动或限制城市职能结构发展的人为作用力，大体包括政治体制、经济制度、城市发展政策等。

（一）政治体制

1. 政府政策是城市职能形成和发展的重要制动力

20世纪80年代以前的中国城市职能类型始终是以传统经济体制为背景的政府推动型（冯云廷，2004）。政府在决策中处于主体地位，企业和个人基本没有决策权。由于政府主体在政治力量对比与资源配置权力上的优势地位，成为决定城市职能发展方向和战略安排的主导力量。在这种状态下，城市职能的发展是由政府作为外部力量来"推动"的，而不是由内在动力来"拉动"的。

2. 政府职能的合力和健全制约城市职能的发挥

政治体制改革会推动经济体制的全面改革，带动产业结构调整，进而使城市职能逐步趋于合理化（黄飞，2007）。所以，转变政府职能特别是城市的政府职能是城市职能完善和发挥城市作用的迫切要求。

（二）经济体制

按照经济主体的不同，即功能及体制可以分为市场经济体制和计划经济体制（黄飞，2007）。在市场经济体制下，企业是独立的经济实体，拥有充分的自主权，可以根据市场的需求灵活地进行经营决策，有较强的应变能力，作为城市细胞的企业被激活，城市的职能也就有了活力。计划经济体制是一种人为的强制性体制，在计划经济体制下，企业不是独立的经济实体，缺乏自主权，一切按照计划部门的意志办事，一旦发生决策失误，城市职能也就出现紊乱。经济体制对城市职能的影响表现为以下三个方面。

首先，我国在长期性计划经济体制下对城市职能造成的后果（如城市职能的单一型与偏离经济性）是短时间内难以消除的。自改革开放以来，尤其是1984年开始的城市经济体制改革政策实施后，城市职能发展才走上了健康、良性的轨道。

其次，经济体制的不同直接导致了城市职能的强弱不同。在市场经济体制下，城市的商业中心职能突出，而在计划经济体制下，许多城市商业中心职能十分薄弱。

最后，经济体制是城市职能体系优化调整的保障。经济是城市职能发展的基础，也是其优化调整的推动力。积极推进经济体制和经济增长方式的根本转变，建立社会主义市场经济体制，可以配置素质较高的产业结构体系，确保城市职能的优化升级。

（三）城市发展政策

一个城市的发展政策对城市职能的影响是相当大的，而城市发展政策的影响更为突出。适时适地地采取积极的城市发展政策，能直接促进城市化进程和城市职能的发展。例如，改革开放以来，以城市为中心组织经济区、建设投资集中于城市、发挥城市在区域经济中的带头作用、市领导县等一系列政策，促进了城乡分工和城市职能的集中形成和发展。反之，不切实际的超前或滞后政策也会阻碍城市职能的发展与完善。一个城市在不同的经济发展阶段，或是处于同一经济发展阶段的不同城市，可以根据自己的市情、市力，以及面临的外部环境，制定不同的产业政策来完善城市职能。无论是赶超型、调整型还是先导型的城市产业发展政策都要适时适地的选择，那些不合时宜的城市产业政策会人为地制约城市职能的进一步发展。

第七章

东北地区城市经济区划

第一节 区划的技术路线

一、基本思路

利用城市流强度模型，计算东北地区地级及以上中心城市的城市流强度，并按城市流强度值的大小进行分级，分析各中心城市的城市流强度结构，对中心城市与外围的经济联系进行定量研究；基于城市流量化分析的结果，构建时距函数来划分各中心城市的等时交通圈，明确基于交通可达性的中心城市的直接经济腹地范围，进而明晰东北地区各级城市经济区的组织结构，具体步骤如下。

首先，测算东北地区地级及以上中心城市的区位熵、外向功能量、城市流强度，利用城市流强度值的大小对各中心城市进行分级，并对城市流强进行标准化处理，实现城市流强度结构分析，确定各中心城市的总体实力和综合服务能力。

其次，依据城市流强度及其结构分析，构建时距函数，确定各中心城市等时交通圈的时距，利用 ArcCatalog 和 ArcMap 中的网络分析模块，在对东北地区基础数据进行矢量化的基础上，将点、线数据建立关系型数据库，构建时间网络数据集，进行服务区分析，最终得到各中心城市的等时交通圈的空间表达图示。

最后，基于城市流强度分析和等时交通圈的空间表达图示，综合考虑东北地区社会经济背景、行政区划、自然环境等因素，构建不同层级的城市经济区，实现东北地区城市经济区的划分。

二、方法与数理模型

（一）城市流强度模型

城市流强度是指在城市群、都市圈区域城市间的联系中城市外向功能（集聚与辐射）所产生的影响量，它表明了城市与外界联系的数量（朱英明，2004）。其计算公式为

$$F = N \cdot E$$

式中，F 为城市流强度；N 为城市功能效益，即各城市间单位外向功能量所产生的实际影响；E 为城市外向功能量。

考虑到指标选取的容易性及可行性，选择城市从业人员作为城市功能量的度量指标，则城市是否具有外向功能量 E，主要取决于其某一部门从业人员的区位熵，i 城市 j 部门从业人员区位熵 Lq_{ij} 为

$$Lq_{ij} = \frac{G_{ij}/G_i}{G_j/G} \quad (i=1,2,\cdots,n; j=1,2,\cdots,m) \tag{7-1}$$

式中，G_{ij} 为 i 城市 j 部门从业人员数量；G_i 为 i 城市从业人员数量；G_j 为城市所在区域 j 部门从业人员数量；G 为城市所在区域总从业人员数量。

若 $Lq_{ij} < 1$，则 i 城市 j 部门不存在外向功能，即 $E_{ij} = 0$；若 $Lq_{ij} > 1$，则 i 城市 j 部门存在着外向功能，因为 i 城市的总从业人员中分配给 j 部门的比例超过了城市所在区域的分配比例，即 j 部门在 i 城市中相对于城市所在区域是专业化部门，可以为城市外界区域提供服务。因此，i 城市 j 部门的外向功能 E_{ij} 为

$$E_{ij} = G_{ij} - G_i \times (G_j/G) \tag{7-2}$$

i 城市 m 个部门总的外向功能量 E_i 为

$$E_i = \sum_{i=1}^{m} E_{ij} \tag{7-3}$$

i 城市的功能效率 N_i 用从业人员的人均 GDP 表示，即

$$N_i = \text{GDP}_i / G_i \tag{7-4}$$

i 城市的流程度 F_i 为

$$F_i = N_i \times E_i = (\text{GDP}_i / G_i) \times E_i = \text{GDP}_i \times (E_i / G_i) = \text{GDP}_i \times K_i \tag{7-5}$$

式中，K_i 为 i 城市外向总功能量占总功能量的比例，反映了 i 城市总功能量的外向程度，称之为城市流倾向度。

城市流强度结构是指构成城市流强度影响因素之间的相对数量比例关系（朱英明，2004）。由公式（7-5）可知，构成城市流强度的因素最终可以概括为城市总体实力和城市流倾向度两个因素，二者之间的相对比例关系直接影响城市流的大小。其公式为

$$GDP'_i = GDP_i/\mathrm{max}GDP_i \tag{7-6}$$
$$K'_i = K_i/\mathrm{max}K_i \tag{7-7}$$

式中，GDP'_i 与 K'_i 分别为各市 GDP 与城市流倾向度的标准化值，$\mathrm{max}GDP_i$ 和 $\mathrm{max}K_i$ 分别为各市 GDP 与城市流倾向度的最大值。GDP'_i、K'_i 分别反映城市的总体实力和综合服务能力。

（二）等时交通圈理论

关于"圈域"范围界定的方法，国外主要采用通勤流的统计指标，而在我国由于私人交通还处于起步阶段，与通勤流相关的统计数据也缺失，利用通勤流对"圈域"范围进行界定在我国还难以实现。随着1987年日本国土厅全国第四次国土开发规划中提出并构建全国一日交流圈的目标，交通圈作为一个距离概念，在设定速度的情况下，自然地与时间建立了联系。交通圈作为依据时距的方式来描述交通方便程度的主要概念，已广泛应用于城市规划、城市交通规划中。我国对"圈域"空间范围的界定大多采用简单划定交通距离的方法，即以某一半径划圈，把半径范围内的区域作为"圈域"的空间范围。通过对"一日交流圈"的研究，可以把交通联系和经济联系用较为简单、形象的方法联系起来，既能反映出两地区间的交通联系状况，也能从某种程度上反映出一个城市最直接的经济腹地。

随着现代城市功能日益复杂，城市间各种社会经济要素的流动也日益频繁，城市与区域、城市与城市间的联系也更加多元化，因此要从空间上十分准确地划定城市经济区的范围是不可能的。根据中心城市职能、规模的不同，其形成的具有高度功能联系的外围腹地范围也千差外别，即使是普通的日常生活圈也会因为城市的差异而表现出很大的差异，而城市特别是大区中心城市，其高度一体化的范围可能覆盖东北大部分地区。这使得即使采用引力模型、潜力模型或断裂点模型对城市引力场中间线附近区域进行分析，也很难获得十分清晰的界限。基于这种思考，本书在对东北地区城市经济区划空间界定时结合日本"一日交流圈"的方法，尝试引入等时交通圈的概念，将基于可达性的时距作为对城市经济区范围划定的基本判断依据。

（三）耦合分析

城市流是城市间人流、物流、信息流、资金流、技术流等空间流在城市群区内所发生的频繁、双向或多向的流动现象（朱英明，2004），通过对城市流强度模型构建及测度，反映中心城市与外围地区要素流动情况，量化中心城市对周围地区的经济联系，从定量和定性的角度对城市经济区进行初步的探讨。等时交通圈则是通过交通网络构建中心城市对外围的辐射范围，反映中心城市的直接经济腹地，利用 GIS 网络分析从空间落实城市经济区范围。二者从量化角度和空间角度分别对城市经济区进行分析，具有一定的相关性，而本书以此为基础通过构建时距函数，将城市流强度模型与等时交通圈理论进行耦合，通过定量、定性及 GIS 网络分析综合分析方法来划分城市经济区，以期形成较为科学、合理的结论。

三、指标选取与数据来源

（一）城市流强度指标

依据数据的可获取程度和可操作性，本研究将整个东北地区（兴安盟和大兴安岭地区数据缺失）地级市作为基本单位，通过计算 2010 年的城市流强度，考察东北地区中心城市与周围腹地的经济联系。

为了更好地反映各中心城市对外服务能力与结构特点，依据城市流强度的内涵及指标的可得性和代表性，结合韩增林等（2011）对东北地区城市流强度的研究及东北地区产业结构中第二产业比重较高的特点，经过多指标的选择与对比，在第三产业主要外向功能产业部门的基础上，增加了制造业。而第三产业中的居民服务和其他服务业在研究区域中各城市的区位熵大都小于 1，对外服务能力性不强，公共管理和社会组织从业人员的基本部分作为测量城市政府行政管理中心性的指标时，城市样本体系的行政最小需要量与城市规模并不存在相关关系，所以在指标选取时不予考虑；对于教育部门，在实际测算过程中如果以全部的教育从业人员来计算发现，如哈尔滨、沈阳等大城市的教育部门区位熵为负，而一些中小城市区位熵畸高的情况，与现实不符，原因是作为城市非基本部门的中小学教育从业人员比重较大，本书直接选取高等学校的专任教师数作为教育部门的基本部分（表 7-1）。

表 7-1　用于城市流强度测度的中心城市对外服务能力的主要指标

指标	指标代码	指标	指标代码
制造业	X_1	租赁和商业服务业	X_8
交通运输、仓储及邮政业	X_2	科研、技术服务和地质勘查业	X_9
信息传播、计算机服务和软件业	X_3	水利、环境和公共设施管理业	X_{10}
批发和零售业	X_4	教育	X_{11}
住宿、餐饮业	X_5	卫生、社会保险和社会福利业	X_{12}
金融业	X_6	文化、体育和娱乐业	X_{13}
房地产业	X_7		

（二）等时交通圈时距

现实中，城市流强度对其影响圈层的时距具有直接的决定作用，城市规模越大，城市对外服务能力越强，城市最直接的经济腹地的时距范围越大。基于这种思考，可以将等时交通圈的范围界定转化为时距函数，因为可达性是城市实现对腹地控制的直接途径。虽然当前在信息化推进下，信息时代的"虚空度"开始展示其在经济联系中的独特价值，通过远程控制也可以实现对外围地区的联系，但是这种联系最终仍然需要人员、物质和资本等要素的流动。因此城市的可达性是城市经济区范围的决定要素，而城市经济区边界范围则可以通过一定的方式转化为基于不同通行时间的时距函数。

日本在建设"一日交流圈"时，确定时距为单程 3 小时（加藤晃，1990），而在我国交通设施现状相对较差，私人交通工具较少，对普通居民而言，一般出行均采用公共交通工具（火车和长途汽车），而且我国公共交通与日本公共交通的舒适程度和便捷程度存在较大的差距，因而在我国"一日交流圈"单程时距应低于 3 小时。2001 年，王德和刘锴（2003）在对上海、北京等一线城市研究中确定了我国"一日交流圈"的时距为 2.5 小时；随后冯章献（2006）在对沈阳进行大量实地考察的基础上提出沈阳"一日交流圈"的时距：内部交通时间为 1.5 小时，城际交通时间为 1.5 小时。城市内部交通对城市内部空间组织存在较大的影响，但对于区域层面的城市经济区系统研究而言，城市内部交通属于微观意义上的联系，对于中心城市与外围腹地联系而言其影响相对较小，出于对本书的研究视角和研究目的考虑，仅考虑城市对外交通，因为城市对外交通才是各中心城市与外围腹地间人流、物流主要交通载体。而随着近年交通工具改进和基础设施的建设，本书拟将 2010 年沈阳等时交通圈的时距确定为 2.5 小时，其他城市同期的时距选择按照一定比率进行换算，考虑到不同等级中心城市综合实力和对外服务能力的差异，应该设定一定的权重值，设计公式如下

$$T_i = a \times (\text{GDP}_i / \text{GDP}_{沈}) \times T_{沈} + b \times (K_i / K_{沈}) \times T_{沈} \tag{7-8}$$

式中，a、b 分别为总体实力和综合服务能力的权重值，设定为 $a=0.4$，$b=0.6$；T_i 为城市 i 的时距圈所用的时间；GDP_i 为 i 城市的总体实力；$\text{GDP}_{沈}$ 为沈阳的总体实力；K_i 为 i 城市的综合服务能力，$K_{沈}$ 为沈阳的综合服务能力，$T_{沈}$ 为沈阳时距圈所确定的时间，此处设定 2010 年为 2.5 小时。

（三）数据来源

本书主要选取 2010 年年末东北地区 37 个地级及以上城市市辖区分行业从业人数、从业人员总数、各城市市辖区 GDP、全国分行业从业人数、从业人员总数，主要数据来源于《中国城市统计年鉴 2011》，少量数据参照《中国城市统计年鉴 2010》、《中国城市统计年鉴 2009》、《辽宁省统计年鉴 2011》、《吉林省统计年鉴 2011》、《黑龙江省统计年鉴 2011》修正。有关交通线路矢量化底图数据来自 2011 年的《吉林及周边省区公路里程地图册：吉、黑、辽、内蒙古》，并参照 2010 年的《中华人民共和国分省地图集》、Google 地图网页进行修正。

第二节 东北地区城市流强度

一、区位熵分析

依据上述的城市流强度模型，利用公式（7-1），计算 2010 年度东北地区地级及以上 37 个中心城市的区位熵（表 7-2）。由表 7-2 可以看出，东北地区尚未出现主要外向服务部门区位熵大于 1 的中心城市，大部分中心城市只有少数几个行业的区位熵大于 1，且一些资源型城市仅有 1 个或没有行业的区位熵大于 1，如鸡西、鹤岗、双鸭山等市仅有 1 个部门区位熵大于 1，而伊春、七台河所有部门的区位熵均小于 1。从各行业看，东北地区大部分中心城市在水利、环境和公共设施管理业，卫生、社会保险和社会福利业的区位熵大于 1，表明该部门的外向服务功能易于形成并发挥作用，较全国来说具有重要意义；而大部分城市在住宿、餐饮业，房地产业，租赁和商业服务业等行业的区位熵小于 1，说明这些部门外向服务功能的发挥需要较高的门槛要求，部门的专业化程度明显不足，是今后扩大城市流强度的突破口。计算结果还显示，沈阳、齐齐哈尔、黑河等市的交通运输、仓储及邮政业的区位熵分别高达 1.92、2.34、1.97，白山、呼伦贝尔的信息传播、计算机服务和软件业的区位熵分别高达 2.65、2.04，大庆的科研、技术服务和地质勘查业的区位熵高达 3.48，位居全国领先地位。

表 7-2 东北地区地级及以上中心城市主要外向服务部门区位熵

城市	制造业	交通运输、仓储及邮政业	信息传播、计算机服务和软件业	批发和零售业	住宿、餐饮业	金融业	房地产业	租赁和商业服务业	科研、技术服务和地质勘查业	水利、环境和公共设施管理业	教育（仅含高校教师数）	卫生、社会保险和社会福利业	文化体育和娱乐业
沈阳	0.92	1.92	0.67	1.03	1.03	1.01	1.15	1.33	1.43	1.65	1.39	1.24	1.32
大连	1.40	1.07	1.46	0.84	1.27	1.25	1.56	0.72	0.58	1.11	1.33	0.91	0.76
鞍山	1.29	0.52	0.56	0.54	0.47	0.88	0.68	0.64	0.75	1.19	0.39	0.83	0.55
抚顺	1.17	0.42	0.39	0.45	0.19	0.85	0.37	0.32	0.67	1.70	0.57	0.81	0.65
本溪	1.18	0.76	0.58	0.45	0.13	1.03	1.05	0.15	0.30	1.24	0.44	1.22	0.53
丹东	0.92	1.04	1.20	1.14	0.93	0.79	1.65	1.14	2.19	0.64	1.09	0.98
锦州	0.81	0.69	0.80	0.89	0.26	1.68	0.47	0.38	1.12	0.97	1.67	1.59	0.72
营口	1.08	1.23	0.60	0.55	0.60	1.31	0.85	0.79	0.55	1.53	0.32	1.26	1.10
阜新	0.36	0.35	0.69	0.67	0.23	1.03	0.46	0.43	0.47	1.27	0.93	1.30	1.15
辽阳	1.11	0.40	0.56	0.42	0.44	0.74	0.44	0.45	0.49	1.74	0.74	1.09	0.88

续表

城市	制造业	交通运输、仓储及邮政业	信息传播、计算机服务和软件业	批发和零售业	住宿和餐饮业	金融业	房地产业	租赁和商业服务业	科研、技术服务和地质勘查业	水利、环境和公共设施管理业	教育（仅含高校教师数）	卫生、社会保险和社会福利业	文化、体育和娱乐业
盘锦	0.40	0.24	0.41	0.46	0.44	0.69	0.49	1.92	0.41	1.33	1.23	0.34	0.39
铁岭	0.54	0.64	1.29	0.38	0.29	1.43	0.37	0.51	0.52	1.11	1.17	0.87	1.49
朝阳	0.76	0.59	1.36	0.61	0.25	1.56	0.49	0.75	0.67	1.23	0.32	1.15	0.64
葫芦岛	1.24	0.45	0.76	0.39	0.58	1.15	0.31	0.48	0.39	1.14	0.32	0.74	0.38
长春	1.08	0.65	1.23	1.07	1.07	0.82	1.51	1.19	1.63	1.75	1.87	1.05	1.57
吉林	1.18	0.51	0.41	0.50	0.30	1.00	0.26	0.12	0.51	1.41	1.49	1.54	1.12
四平	1.27	0.36	0.89	0.21	0.19	0.96	0.29	0.13	0.82	1.12	1.34	0.96	0.71
辽源	0.33	0.48	0.51	0.20	0.15	1.10	0.38	0.32	0.55	0.84	0.78	1.41	0.85
通化	1.06	0.75	0.88	0.25	0.23	1.21	0.97	0.20	0.62	1.35	0.69	1.15	1.27
白山	0.56	0.27	2.65	0.45	0.17	0.78	0.21	1.10	0.34	2.08	0.15	0.81	0.71
松原	0.21	0.15	1.02	0.77	0.21	1.13	0.30	0.09	0.30	0.47	0.21	0.53	0.62
白城	0.32	0.50	0.78	0.99	0.70	0.65	0.40	0.31	0.58	2.71	0.68	1.39	1.11
哈尔滨	1.09	1.52	0.94	1.74	0.99	0.84	1.06	0.74	1.18	1.26	1.76	1.05	1.20
齐齐哈尔	1.04	2.34	0.84	0.39	0.04	0.90	0.72	0.24	0.69	1.27	0.82	0.86	0.90
鸡西	0.20	0.32	0.54	0.46	0.03	0.91	0.13	0.09	0.21	1.31	0.18	0.50	0.54
鹤岗	0.06	0.23	0.41	0.46	0.04	0.50	0.19	0.03	0.11	1.39	0.11	0.64	0.55
双鸭山	0.11	0.46	0.93	0.48	0.05	0.68	0.05	0.04	0.04	1.53	0.12	0.54	0.10
大庆	0.46	0.52	0.59	0.49	0.16	0.59	0.43	0.01	3.48	0.35	0.45	0.78	0.48
伊春	0.50	0.29	0.82	0.18	0.09	0.50	0.28	0.09	0.33	0.64	0.09	0.52	0.52
佳木斯	0.39	0.75	0.87	1.65	0.56	1.22	0.72	0.33	0.48	0.60	1.28	0.94	1.54	0.94
七台河	0.07	0.34	0.38	0.22	0.04	0.66	0.08	0.29	0.28	0.80	0.10	0.40	0.43
牡丹江	0.72	0.51	0.81	0.69	0.69	1.69	0.78	0.57	0.56	1.21	0.15	1.87	1.02
黑河	0.06	1.97	0.18	0.56	0.32	0.91	0.81	0.11	1.04	1.11	1.03	0.96	1.79
绥化	0.71	0.51	0.20	1.62	0.19	0.10	0.19	0.13	0.13	0.77	1.22	1.30	1.03
赤峰	0.49	0.53	0.79	0.39	0.23	1.14	0.19	0.94	0.89	1.45	0.69	1.46	1.04
通辽	0.45	0.42	1.22	0.83	0.50	1.01	0.70	0.24	0.83	1.73	1.19	1.49	1.11
呼伦贝尔	0.33	1.11	2.04	1.15	1.17	1.36	0.49	0.67	1.05	0.67	1.02	1.11	1.08

二、外向功能量及城市流强度分析

利用公式（7-2）和（7-3）计算东北地区地级及以上中心城市13个外向服务部门的外向功能量 E_{ij}（当 $LQ_{ij}<0$ 时，E_{ij} 记为0）及各中心城市的外向功能总量 E_i（表7-3）。从表7-3可知，东北地区各中心城市外向功能总量大小相差悬殊，大连为14.07，位居首位，其他城市为0~14.07。沈阳、大连、长

春、哈尔滨4个副省级中心城市的外向功能总量均为8~15，远高于其他城市的外向功能总量，从一定程度上反映了这4个中心城市在东北地区经济空间联系中所具有的突出地位；而其他城市的外向功能总量均较小，表明这些城市的辐射能力较弱，空间要素流动较少。其中，大庆仅有科研、技术服务和地质勘查业具备外向功能量，且高达3.56，仅次于东北地区四大核心城市，充分反映了大庆石油城市的特质。此外，从各省区看，大部分资源型城市相较区内其他中心城市而言，外向功能总量都偏小，黑龙江省的伊春、七台河、鸡西、鹤岗、双鸭山等市尤为突出，即使个别资源型城市的外向功能总量较高，也仅贡献于1个或2个部门，说明资源型城市产业结构不尽合理，三次产业比重偏低，经济发展路径依赖痕迹明显，城市综合服务能力较弱。

表 7-3　东北地区地级及以上中心城市主要外向功能量（单位：万人）

城市	制造业	交通运输、仓储及邮政业	信息传播、计算机服务和软件业	批发和零售业	住宿和餐饮业	金融业	房地产业	租赁和商业服务业	科研、技术服务和地质勘查业	水利、环境和公共设施管理业	教育（仅含高校教师数）	卫生、社会保险和社会福利业	文化、体育和娱乐业	外向功能总量
沈阳	0.00	5.44	0.00	0.14	0.07	0.05	0.36	1.12	1.39	1.09	0.65	1.04	0.41	11.76
大连	10.03	0.32	0.75	0.00	0.49	0.87	1.02	0.00	0.00	0.15	0.43	0.00	0.00	14.07
鞍山	2.88	0.00	0.00	0.00	0.00	0.00	0.00	0.00	0.00	0.10	0.00	0.00	0.00	2.98
抚顺	1.20	0.00	0.00	0.00	0.00	0.00	0.00	0.00	0.26	0.00	0.00	0.00	0.00	1.46
本溪	1.17	0.00	0.00	0.00	0.00	0.03	0.00	0.00	0.00	0.10	0.00	0.19	0.00	1.49
丹东	0.00	0.03	0.00	0.00	0.00	0.00	0.21	0.00	0.00	0.28	0.00	0.06	0.00	0.80
锦州	0.00	0.00	0.00	0.00	0.00	0.00	0.51	0.00	0.06	0.00	0.18	0.42	0.00	1.17
营口	0.39	0.21	0.00	0.00	0.00	0.21	0.00	0.00	0.14	0.00	0.17	0.02	0.00	1.13
阜新	0.00	0.00	0.00	0.00	0.00	0.02	0.00	0.00	0.06	0.00	0.17	0.03	0.00	0.27
辽阳	0.46	0.00	0.00	0.00	0.00	0.00	0.00	0.00	0.16	0.00	0.05	0.00	0.00	0.67
盘锦	0.00	0.00	0.00	0.00	0.00	0.00	0.00	0.00	0.81	0.00	0.00	0.00	0.00	1.06
铁岭	0.00	0.00	0.00	0.04	0.00	0.12	0.00	0.00	0.01	0.00	0.00	0.04	0.00	0.21
朝阳	0.00	0.00	0.00	0.07	0.00	0.22	0.00	0.00	0.00	0.03	0.00	0.05	0.00	0.37
葫芦岛	0.96	0.00	0.00	0.00	0.00	0.00	0.00	0.00	0.00	0.00	0.00	0.00	0.00	1.08
长春	2.05	0.00	0.37	0.29	0.12	0.00	0.89	0.48	1.54	0.95	1.07	0.17	0.54	8.45
吉林	1.15	0.00	0.00	0.00	0.00	0.00	0.00	0.00	0.14	0.16	0.46	0.03	0.00	1.93
四平	0.80	0.00	0.00	0.00	0.00	0.00	0.00	0.00	0.00	0.00	0.00	0.06	0.00	0.86
辽源	0.00	0.00	0.00	0.00	0.00	0.03	0.00	0.00	0.00	0.00	0.00	0.10	0.00	0.12
通化	0.14	0.00	0.00	0.00	0.00	0.07	0.00	0.00	0.00	0.00	0.00	0.12	0.00	0.33
白山	0.00	0.00	0.00	0.35	0.00	0.00	0.00	0.00	0.00	0.00	0.00	0.21	0.00	0.56
松原	0.00	0.00	0.00	0.00	0.00	0.00	0.00	0.00	0.00	0.00	0.00	0.07	0.00	0.07
白城	0.00	0.00	0.00	0.00	0.00	0.00	0.00	0.25	0.00	0.00	0.14	0.01	0.00	0.40
哈尔滨	3.09	3.22	0.00	4.14	0.00	0.00	0.16	0.00	0.60	0.46	1.30	0.23	0.27	13.46

续表

城市	制造业	交通运输、仓储及邮政业	信息传播、计算机服务和软件业	批发和零售业	住宿、餐饮业	金融业	房地产业	租赁和商业服务业	科研、技术服务和地质勘查业	水利、环境和公共设施管理业	教育（仅含高校教师数）	卫生、社会保险和社会福利业	文化、体育和娱乐业	外向功能总量
齐齐哈尔	0.30	1.73	0.00	0.00	0.00	0.00	0.00	0.00	0.10	0.00	0.00	0.00	0.00	2.13
鸡西	0.00	0.00	0.00	0.00	0.00	0.00	0.00	0.00	0.07	0.00	0.00	0.00	0.00	0.07
鹤岗	0.00	0.00	0.00	0.00	0.00	0.00	0.00	0.00	0.08	0.00	0.00	0.00	0.00	0.08
双鸭山	0.00	0.00	0.00	0.00	0.00	0.00	0.00	0.00	0.07	0.00	0.00	0.00	0.00	0.07
大庆	0.00	0.00	0.00	0.00	0.00	0.00	0.00	3.56	0.00	0.00	0.00	0.00	0.00	3.56
伊春	0.00	0.00	0.00	0.00	0.00	0.00	0.00	0.00	0.00	0.00	0.00	0.00	0.00	
佳木斯	0.00	0.00	0.00	0.32	0.00	0.09	0.00	0.00	0.04	0.00	0.21	0.00	0.00	0.67
七台河	0.00	0.00	0.00	0.00	0.00	0.00	0.00	0.00	0.00	0.00	0.00	0.00	0.00	
牡丹江	0.00	0.00	0.00	0.00	0.00	0.29	0.00	0.00	0.03	0.00	0.35	0.00	0.00	0.67
黑河	0.00	0.15	0.00	0.00	0.00	0.00	0.00	0.00	0.01	0.00	0.00	0.00	0.03	0.19
绥化	0.00	0.00	0.00	0.08	0.00	0.00	0.00	0.00	0.00	0.00	0.01	0.03	0.00	0.12
赤峰	0.00	0.00	0.00	0.00	0.00	0.07	0.00	0.00	0.09	0.00	0.23	0.01	0.00	0.40
通辽	0.00	0.00	0.00	0.04	0.00	0.00	0.00	0.00	0.11	0.03	0.18	0.01	0.00	0.37
呼伦贝尔	0.00	0.03	0.10	0.04	0.02	0.07	0.00	0.00	0.01	0.00	0.00	0.02	0.00	0.28

根据 2010 年东北地区各城市的 G_i、GDP_i，利用公式（7-4）和（7-5）计算出各中心城市的 N_i、K_i、F_i（表 7-4）。

表 7-4 东北地区地级及以上中心城市城市流倾向度与城市流强度

城市	G_i/万人	GDP_i/亿元	N_i/（万元/人）	K_i	F_i	外向功能总量
沈阳	103.77	4184.91	40.33	0.11	474.19	11.76
大连	81.18	3432.21	42.28	0.17	594.73	14.07
鞍山	31.44	1256.18	39.95	0.09	118.97	2.98
抚顺	22.81	663.14	29.07	0.06	42.34	1.46
本溪	20.27	628.36	31.00	0.07	46.25	1.49
丹东	14.31	260.94	18.23	0.06	14.59	0.80
锦州	17.07	439.18	25.73	0.07	30.20	1.17
营口	15.64	563.58	36.03	0.07	40.83	1.13
阜新	13.55	199.17	14.70	0.02	4.00	0.27
辽阳	13.07	378.47	28.96	0.05	19.34	0.67
盘锦	27.30	601.03	22.02	0.04	23.30	1.06
铁岭	6.08	201.84	33.20	0.04	7.12	0.21
朝阳	9.00	174.20	19.36	0.04	7.24	0.37
葫芦岛	12.95	353.82	27.32	0.08	29.40	1.08

续表

城市	G_i/万人	GDP_i/亿元	N_i/(万元/人)	K_i	F_i	外向功能总量
长春	77.53	2363.91	30.49	0.11	257.65	8.45
吉林	20.53	1024.18	49.89	0.09	96.48	1.93
四平	9.32	205.66	22.07	0.09	19.08	0.86
辽源	5.82	241.78	41.54	0.02	5.19	0.12
通化	7.76	203.33	26.20	0.04	8.72	0.33
白山	10.36	217.97	21.04	0.05	11.85	0.56
松原	10.55	422.36	40.03	0.01	2.61	0.07
白城	8.85	113.78	12.86	0.05	5.15	0.40
哈尔滨	108.67	2581.95	23.76	0.12	319.89	13.46
齐齐哈尔	22.74	441.38	19.41	0.09	41.42	2.13
鸡西	13.59	163.53	12.03	0.01	0.83	0.07
鹤岗	11.96	162.33	13.57	0.01	1.02	0.08
双鸭山	8.45	158.63	18.77	0.01	1.36	0.07
大庆	45.78	2633.01	57.51	0.08	204.98	3.56
伊春	14.33	135.85	9.48	0.00	0.00	0.00
佳木斯	9.57	256.15	26.77	0.07	17.89	0.67
七台河	11.52	244.64	21.24	0.00	0.00	0.00
牡丹江	9.44	235.49	24.95	0.07	16.83	0.67
黑河	2.76	40.29	14.60	0.07	2.76	0.19
绥化	2.40	68.44	28.52	0.05	3.31	0.12
赤峰	11.84	457.18	38.61	0.03	15.29	0.40
通辽	8.87	381.42	43.00	0.04	15.86	0.37
呼伦贝尔	4.57	162.42	35.54	0.06	10.03	0.28

表7-4反映了东北地区各中心城市在区域经济空间联系中的地位，可以看出各城市的城市流强度差异较大。一般而言，高城市流强度值的城市与外界联系紧密，反之，则较为疏松。根据城市流强度值的大小可将东北地区地级及以上37个中心城市划分为三级（表7-5）：一级城市流强度值的城市包括3个省会城市沈阳、长春、哈尔滨及副省级城市大连，其值均大于250；二级城市流强度值的城市有大庆、鞍山、吉林、本溪、抚顺、齐齐哈尔、营口、锦州、葫芦岛、盘锦、辽阳、四平、佳木斯、牡丹江、赤峰、通辽等16个中心城市，分别为区域的次级联系中心；三级城市流强度值的城市有丹东、白山、呼伦贝尔、通化、朝阳、铁岭、辽源、白城、阜新、绥化、黑河、松原、双鸭山、鹤岗、鸡西、七台河、伊春等17个中心城市，是地方集聚与辐射的中心。

表7-5 东北地区地级及以上中心城市的分级

省区	一级中心城市（$F_i>250$）	二级中心城市（$15<F_i<250$）	三级中心城市（$F_i<15$）
辽宁	沈阳、大连	鞍山、本溪、抚顺、营口、锦州、葫芦岛、盘锦、辽阳	丹东、朝阳、铁岭、阜新

续表

省区	一级中心城市 （$F_i>250$）	二级中心城市 （$15<F_i<250$）	三级中心城市 （$F_i<15$）
吉林	长春	吉林、四平	白山、通化、辽源、白城、松原
黑龙江	哈尔滨	大庆、齐齐哈尔、佳木斯、牡丹江	绥化、黑河、双鸭山、鹤岗、鸡西、七台河、伊春
内蒙古东部四盟市	—	赤峰、通辽	呼伦贝尔

从城市流强度值的空间部分来看（图7-1），哈大交通经济带作为东北地区主要城市分布和产业集聚的一级轴线，大连、沈阳、长春、哈尔滨4个中心城市是这条经济带的核心增长极。从2010年城市流强度值分布来看，哈大铁路沿线的中心城市城市流强度高，京沈、绥满、京通铁路沿线为二级轴线，沿线重点城市的城市流强度也较高。大连的城市流强度高达594.73，位居东北地区第一，紧随其后的沈阳、哈尔滨、长春分别为474.19、319.89、257.65。大部分资源型城市及边缘城市的城市流强度值偏低，有的甚至为0，例如，七台河、伊春等市测算结果均为0，可能与实际不符，但这与多位学者（姜博等，2008a，2008b；宋飏等，2007）研究中出现的情况相似，证实结果可信。究其原因：一是产业结构不合理，双鸭山、鸡西、鹤岗、七台河严重依托煤炭产业，此类城市的资源型产业结构明显，城市综合服务功能较弱，从而导致城市流强度值较低；二是统计口径的限制，目前部门从业人数，主要登记单位从业人员，造成一些作为农业主产区的地区城市农业从业人员偏高，使得第一产业单位从业人员相差悬殊。

从东北地区沿海与内陆城市的城市流强度值来看（主要从辽宁地区来看），沿海城市得到辽宁省"五点一线"沿海经济带开发战略的支撑，在港口经济和海洋经济的带动下，城市流强度值普遍高于内陆城市，这与沿海地区固定资产投资、项目引进、港口物流带动下的生产要素流动密不可分。而需要特别指出的是，就整个东北地区而言，辽宁省各中心城市的城市流强度普遍较高，且沈阳和大连的城市流强度均高于长春和哈尔滨，说明沈阳和大连是东北地区的一级中心城市和对外港口城市。

三、城市流强度结构分析

根据城市流强度计算公式（7-5）可知，构成城市流强度的主要影响因素可以概括为城市总体实力GDP_i与城市流倾向度K_i两个因素，二者间的相对比例关系影响城市流强度的大小。利用公式（7-6）和（7-7）对东北地区2010年各城市的GDP_i、K_i值进行归一化处理，得到各城市相对应的GDP_i'、K_i'值（表7-6），并依据此数据做出东北地区各城市的城市流强度结构图（图7-2）。

第七章 东北地区城市经济区划

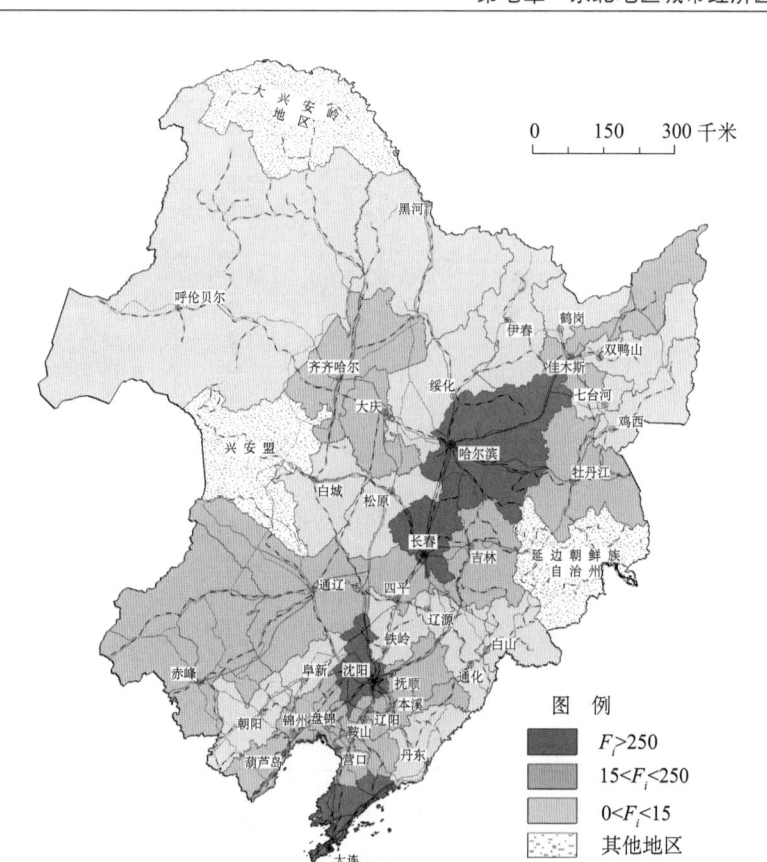

图 7-1 东北地区地级及以上中心城市城市流强度空间分布图

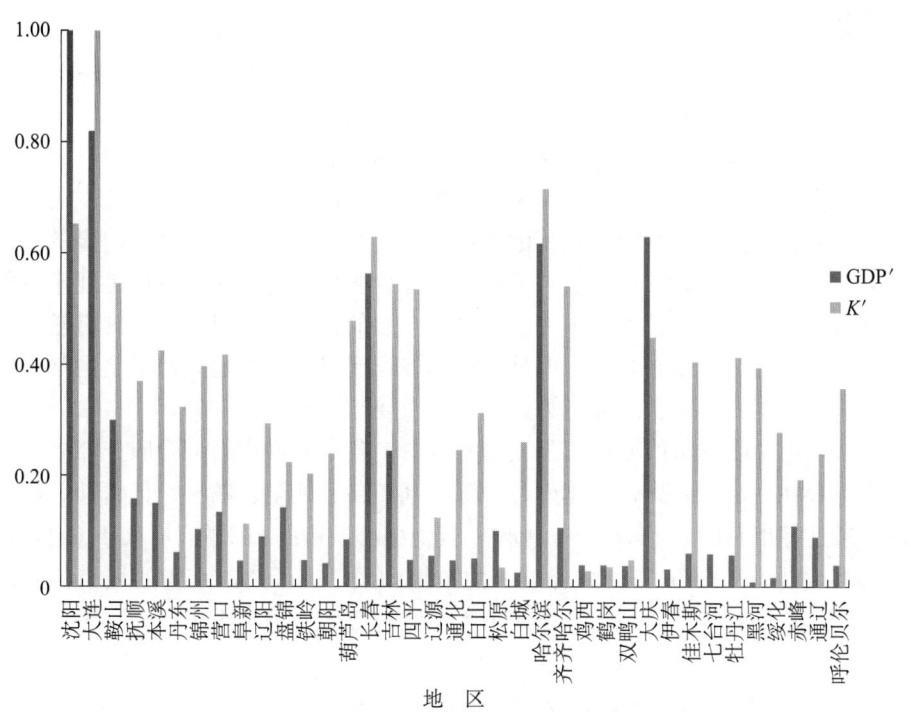

图 7-2 东北地区地级及以上中心城市城市流强度结构图

表 7-6 东北地区地级及以上中心城市城市流强度结构

城市等级	城市	F_i	GDP'	K'	城市等级	城市	F_i	GDP'	K'
一级中心城市	大连	594.73	0.82	1		丹东	14.59	0.06	0.32
	沈阳	474.19	1	0.65		白山	11.85	0.05	0.31
	哈尔滨	319.89	0.62	0.72		呼伦贝尔	10.03	0.04	0.36
	长春	257.65	0.56	0.63		通化	8.72	0.05	0.25
二级中心城市	大庆	204.98	0.63	0.45		朝阳	7.24	0.04	0.24
	鞍山	118.97	0.3	0.55		铁岭	7.12	0.05	0.2
	吉林	96.48	0.24	0.54		辽源	5.19	0.06	0.12
	本溪	46.25	0.15	0.43	三级中心城市	白城	5.15	0.03	0.26
	抚顺	42.34	0.16	0.37		阜新	4	0.05	0.12
	齐齐哈尔	41.42	0.11	0.54		绥化	3.31	0.02	0.28
	营口	40.83	0.13	0.42		黑河	2.76	0.01	0.4
	锦州	30.2	0.1	0.4		松原	2.61	0.1	0.04
	葫芦岛	29.4	0.08	0.48		双鸭山	1.36	0.04	0.05
	盘锦	23.3	0.14	0.22		鹤岗	1.02	0.04	0.04
	辽阳	19.34	0.09	0.3		鸡西	0.83	0.04	0.03
	四平	19.08	0.05	0.54		七台河	0	0.06	0
	佳木斯	17.89	0.06	0.4		伊春	0	0.03	0
	牡丹江	16.83	0.06	0.41					
	赤峰	15.29	0.11	0.19					
	通辽	15.86	0.09	0.24					

从一级中心城市的城市流强度结构来看，4个城市的综合服务能力与总体实力都较高，其标准化的 GDP' 和 K' 均大于 0.5，从一定程度上反映了这些城市在东北地区的核心地位。大连、哈尔滨、长春等市的城市综合服务能力均大于总体实力，其中哈尔滨和长春的城市综合服务能力与总体实力差距较小，虽然整体经济量有限，但在一定程度上说明这两个城市是区域的主要外向型城市，具有区域核心城市的功能。大连虽与哈尔滨和长春属于一类，但其城市综合服务能力远高于总体实力，这与大连是我国东北地区主要的出海口有直接关系，作为东北地区的港口门户，大连的外来资金促进金融、房地产业发展，同时大连的制造业和外贸产业较其他产业而言具有明显的优势，具有明显的对外服务功能。沈阳的城市总体实力远高于其综合服务能力，沈阳不仅是辽宁省的集聚与辐射中心，而且也是东北地区乃至全国的集聚与辐射中心，具有较高的城市总体实力无疑是必要的，但是从沈阳在辽宁省、东北地区乃至全国地位来看，进一步提高其综合服务能力显得更为重要与必要（图 7-3）。

从二级中心城市的城市流强度结构来看，各中心城市的综合服务能力和总体实力存在一定的差异，总体而言，除了葫芦岛、辽阳、四平、佳木斯、牡丹江、通辽等市 GDP' 为 0.05~0.1 外，其他中心城市的 GDP' 值均大于 0.1，而 K' 值主要为 0.19~0.55。结合以上的数据和图 7-4 可知，大庆的城市流强度值最大，且仅有大庆的城市总体实力大于综合服务能力，大庆作为一个以石油

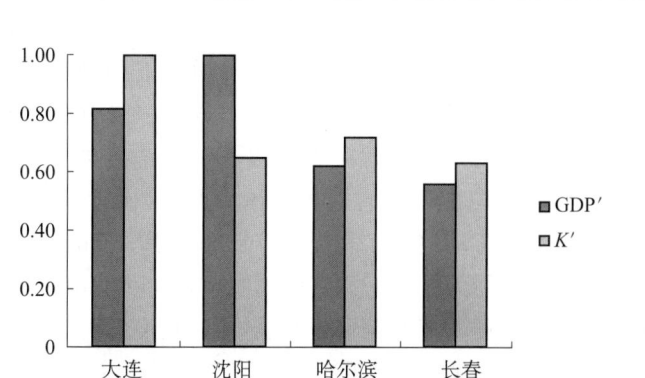

图 7-3　一级中心城市的城市流强度结构图

开采为主的资源型城市，经济发展围绕石油产业形成强势的产业集群和相对完整的产业链条，其城市总体实力很强，而其综合服务能力略低且仅归功于科学技术服务和地质勘查业，从一定程度上反映了大庆市区与外围地区缺少要素流动，在发展时在注重经济转型的同时要加强其城市的综合服务功能，进一步增强对外的经济联系。其他中心城市的城市总体实力均小于综合服务能力，从加强中心城市对外的经济联系方面考虑，今后的发展除了进一步加强城市综合服务能力的建设以外，应按照其所在区域内部不同的职能分工，增强城市的总体实力，只有这样，才能真正提高其城市流强度，促进其健康发展。其中，四平、佳木斯、牡丹江、葫芦岛等市虽然总体实力较低，经济不够发达，但其独特的区位，使其在区域内部作用明显，具有较高的综合服务能力；而盘锦和赤峰呈现较高的总体实力，综合服务能力却不足，分析其原因发现，盘锦和赤峰在不同程度上采掘业从业人员较多，且主要侧重于生产阶段，致使两市的综合服务能力较弱。

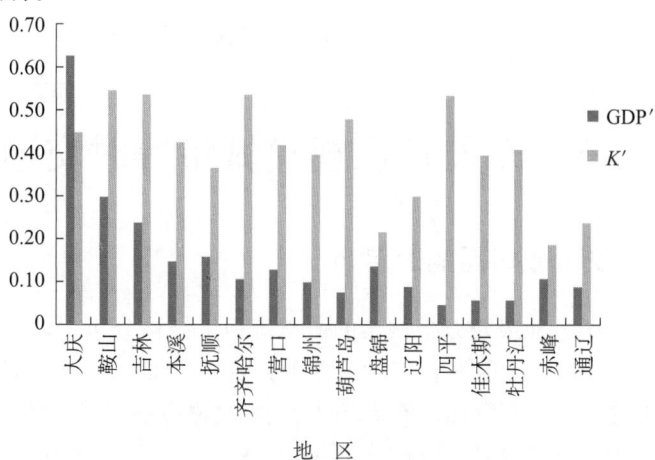

图 7-4　二级中心城市的城市流强度结构图

从三级中心城市的城市流强度结构来看，GDP′值除松原外其他城市均小于0.1，各中心城市的K'存在较大差异，其中丹东、白山、呼伦贝尔、通化、朝阳、白城、绥化、黑河等市的K'均为0.2~0.4，虽然经济实力不发达，但因其独特的经济区位（均位于各省边界或国界），周围地区受外界影响较小，中心城市与外围的要素流动较强，表现为较强的综合服务能力；而其他各市均是总体实力与综合服务能力偏低，究其原因发现，这些城市主要是一些资源型城市，产业结构不尽合理，产业偏重化明显，除伊春（森林资源较为发达，第一产业从业人员过高）外，其他城市主要以煤矿资源为主，采掘业从业人员比重均很高，在今后发展中，应该根据城市所在区域职能分工，增强城市的总体实力，同时注意产业结构的调整，进而提高城市综合服务能力。而其中铁岭、辽源、阜新又略有不同，该3市的K'值均为0.1~0.2，虽然产业结构不合理，但该3市均在一级中心城市周边，受一级中心城市的辐射，中心城市能量外溢，城市交流与互动较为明显，因而表现为一定综合服务能力（图7-5）。

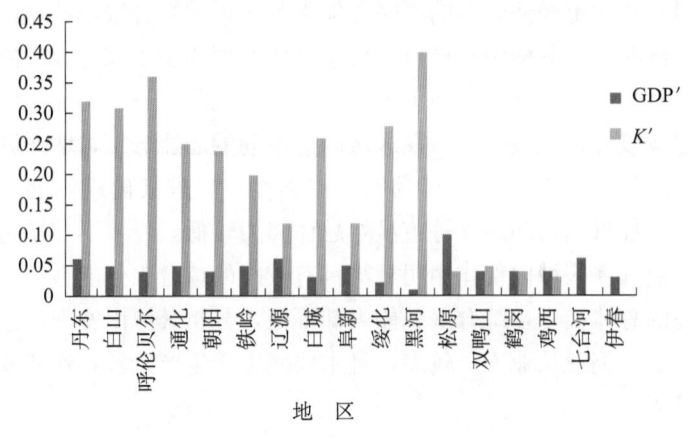

图7-5 三级中心城市的城市流强度结构图

第三节 东北地区规模城市等时交通圈

一、等时交通圈时距的确定

在对东北地区各地级及以上城市的城市流强度结构分析中，发现东北地区各城市之间综合服务能力和总体实力差异十分明显，而根据公式（7-8）确定各中心城市等时交通圈时距发现，各城市间等时交通圈存在一定差异，依据研究结果数据获得各中心城市等时交通圈时距的大小次序，如表7-7所示。

表 7-7　东北地区地级及以上中心城市等时交通圈的时距

城市	F_i	GDP′	K'	修正前的时距/小时	城市流强度大小的次序	按时距大小的次序
大连	594.73	0.82	1.00	3.31	1	1
沈阳	474.19	1.00	0.65	2.50	2	2
哈尔滨	319.89	0.62	0.72	2.40	3	3
长春	257.65	0.56	0.63	2.12	4	4
大庆	204.98	0.63	0.45	1.68	5	6
鞍山	118.97	0.30	0.55	1.71	6	5
吉林	96.48	0.24	0.54	1.63	7	7
本溪	46.25	0.15	0.43	1.27	8	11
抚顺	42.34	0.16	0.37	1.12	9	15
齐齐哈尔	41.42	0.11	0.54	1.54	10	8
营口	40.83	0.13	0.42	1.23	11	12
锦州	30.20	0.10	0.40	1.15	12	13
葫芦岛	29.40	0.08	0.48	1.35	13	10
盘锦	23.30	0.14	0.22	0.70	14	26
辽阳	19.34	0.09	0.30	0.88	15	20
四平	19.08	0.05	0.54	1.49	16	9
佳木斯	17.89	0.06	0.40	1.12	17	15
牡丹江	16.83	0.06	0.41	1.15	18	13
赤峰	15.29	0.11	0.19	0.59	19	28
通辽	15.86	0.09	0.24	0.71	20	24
丹东	14.59	0.06	0.32	0.91	21	19
白山	11.85	0.05	0.31	0.87	22	21
呼伦贝尔	10.03	0.04	0.36	1.00	23	18
通化	8.72	0.05	0.25	0.71	24	24
朝阳	7.24	0.04	0.24	0.68	25	27
铁岭	7.12	0.05	0.20	0.58	26	29
辽源	5.19	0.06	0.12	0.37	27	30
白城	5.15	0.03	0.26	0.72	28	23
阜新	4.00	0.05	0.12	0.36	29	31
绥化	3.31	0.02	0.28	0.77	30	22
黑河	2.76	0.01	0.40	1.08	31	17
松原	2.61	0.10	0.04	0.18	32	32
双鸭山	1.36	0.04	0.05	0.16	33	33
鹤岗	1.02	0.04	0.04	0.14	34	34
鸡西	0.83	0.04	0.03	0.11	35	35
伊春	0.00	0.03	0.00	0.02	36	37
七台河	0.00	0.06	0.00	0.05	37	36

对东北地区地级及以上各中心城市的城市流强度与等时交通圈时距进行比较时发现，抚顺、盘锦、辽阳、赤峰等市虽然城市流强度高达 42.34、23.30、19.34、15.29，名列第 9、第 14、第 15、第 19 位，但等时交通圈时距却仅为 1.12、0.7、0.88、0.59，分别名列第 15、第 26、第 20、第 28 位。究其原因发现，抚顺、盘锦、赤峰等市均在一定程度上受产业结构影响，产业结构偏重

化明显，第三产业发展滞后，城市综合服务能力较弱，同时抚顺、盘锦、辽阳受到周围城市的影响（抚顺受沈阳的辐射，盘锦受辽宁沿海经济带其他城市的竞争，辽阳受沈阳、鞍山、本溪多个城市的辐射），周边城市对其行政区划腹地辐射较强，弱化其自身对其腹地的要素流动，城市对外综合服务能力较弱，致使等时交通圈时距偏小。而四平、牡丹江、呼伦贝尔、白城、绥化、黑河城市流强度仅为19.08、16.83、10.03、5.15、3.31、2.76，名列第16、第18、第23、第28、第30、第31位，等时交通圈时距分别为1.49、1.15、1.00、0.72、0.77、1.08，名列第9、第13、第18、第23、第22、第17位，分析发现，该类城市主要因其独特的区位使其具有较大的行政区划腹地范围，且受周边城市影响较小，中心城市与周围行政区划腹地要素流动较强，而自身经济实力虽然有限，但综合服务能力较大，所以等时交通圈时距较大。此外，还有部分城市流强度较小的城市，等时交通圈时距也很小，这与实际可能存在差异。

部分城市等时交通圈的时距与现实存在较大差异，因此本书综合考虑各城市等时交通圈时距大小及各城市社会经济状况，对部分城市的等时交通圈时距进行修正，对于类似时距小于1小时的城市研究中结合实际将时距不足0.5小时的，修正为0.5小时，时距为0.5~1.0小时的，修正为1小时，最终确定东北地区各地级及以上城市等时交通圈的时距，如表7-8所示。

表7-8 东北地区地级及以上城市等时交通圈的时距

一级中心城市	修正前的时距/小时	修正后的时距/小时	二级中心城市	修正前的时距/小时	修正后的时距/小时	三级中心城市	修正前的时距/小时	修正后的时距/小时
大连	3.31	3.31	鞍山	1.71	1.71	丹东	0.91	1.00
沈阳	2.50	2.50	大庆	1.68	1.68	白山	0.87	1.00
哈尔滨	2.40	2.40	吉林	1.63	1.63	呼伦贝尔	1.00	1.00
长春	2.12	2.12	本溪	1.27	1.27	通化	0.71	1.00
			抚顺	1.12	1.12	朝阳	0.68	1.00
			齐齐哈尔	1.54	1.54	铁岭	0.58	1.00
			营口	1.23	1.23	辽源	0.37	0.50
			锦州	1.15	1.15	白城	0.72	1.00
			葫芦岛	1.35	1.35	阜新	0.36	0.50
			盘锦	0.70	1.00	绥化	0.77	1.00
			辽阳	0.88	1.00	黑河	1.08	1.08
			四平	1.49	1.49	松原	0.18	0.50
			佳木斯	1.12	1.12	双鸭山	0.16	0.50
			牡丹江	1.15	1.15	鹤岗	0.14	0.50
			赤峰	0.59	1.00	鸡西	0.11	0.50
			通辽	0.71	1.00	伊春	0.02	0.50
						七台河	0.05	0.50

二、交通方式的选择及相关设定

(一) 交通方式的选择及相关数据来源

城市内部交通主要对于城市内部空间组织存在极大影响,而对于中心城市与外围城镇联系而言其影响相对较小,加之城市内部交通影响因素众多,测度比较困难,基于本书的研究视角及研究目的考虑,仅测度城市对外交通。传统的城市对外交通方式一般包括公路运输、铁路运输和水运(内河航运和海运),以及航空运输与管道,东北地区内河通航能力十分有限,受季节影响较大,部分河流长期处于封冻状态,而航空运输主要针对经济条件较高的人群,客运量有限,且缺乏群体特征。以2010年东北地区交通运输数据为例,如辽宁省客运总量为102 452.34万人,其中铁路接近13%,公路高达86%,水运和航空均不到1%,相对于公路运输和铁路运输而言,水运和航空可以忽略不计(表7-9)。

表7-9 2010年东北地区各地区客运量统计

省区	铁路旅客运量/万人	铁路占总量百分比/%	公路客运量/万人	公路占总量百分比/%	水运客运量/万人	水运占总量百分比/%	民用航空客运量/万人	航空占总量百分比/%	客运总量/万人
辽宁	13 297.61	12.98	87 908.22	85.80	469.00	0.46	777.51	0.76	102 452.34
吉林	5 318.02	9.85	48 294.01	89.45	137.03	0.25	239.43	0.44	53 988.49
黑龙江	9 862.43	22.74	32 961.19	76.01	57.73	0.13	482.63	1.11	43 363.98
内蒙古	3 849.44	17.12	18 176.72	80.84	0.00	0.00	459.75	2.04	22 485.91

基于以上分析,本书选择东北地区交通运输比重最大的铁路和公路运输系统作为研究对象,忽略航运和水运的影响。按照实际地图(包括《中华人民共和国分省地图集》、《吉林及周边省区公路里程图册》)中对于各类交通方式的设定,其中公路系统主要包括高速公路、高级公路、国道、省道、县乡道,铁路包括国家铁路网和地方铁路网。

(二) 对交通方式的相关设定

本书研究的是群体特征,在分析过程中忽略个体行为的细节差异,考虑实际行车中每条道路的交通量、路况、道路坡度都在存在较大差异,而且在行车中还要受具体天气情况的影响,在研究中很难准确量化这些影响。在实际研究中主要采用设定标准时速的方法来简化计算,各级别道路的标准时速定义为其设计时速乘以所对应的折减系数。其中,高速公路折减系数取0.9,高级公路取0.8,国道取0.7,省道取0.6,县乡道取0.6。这里主要考察主要道路相关的设计时速,忽略各级别道路内部与个别差异,做均值法给定各等级道路的设计时速，其中高速公路为 120 千米/小时，高级公路为 100 千米/小时，国道为 80 千米/小时，省道为 60 千米/小时，县乡道为 40 千米/小时（图 7-6）。

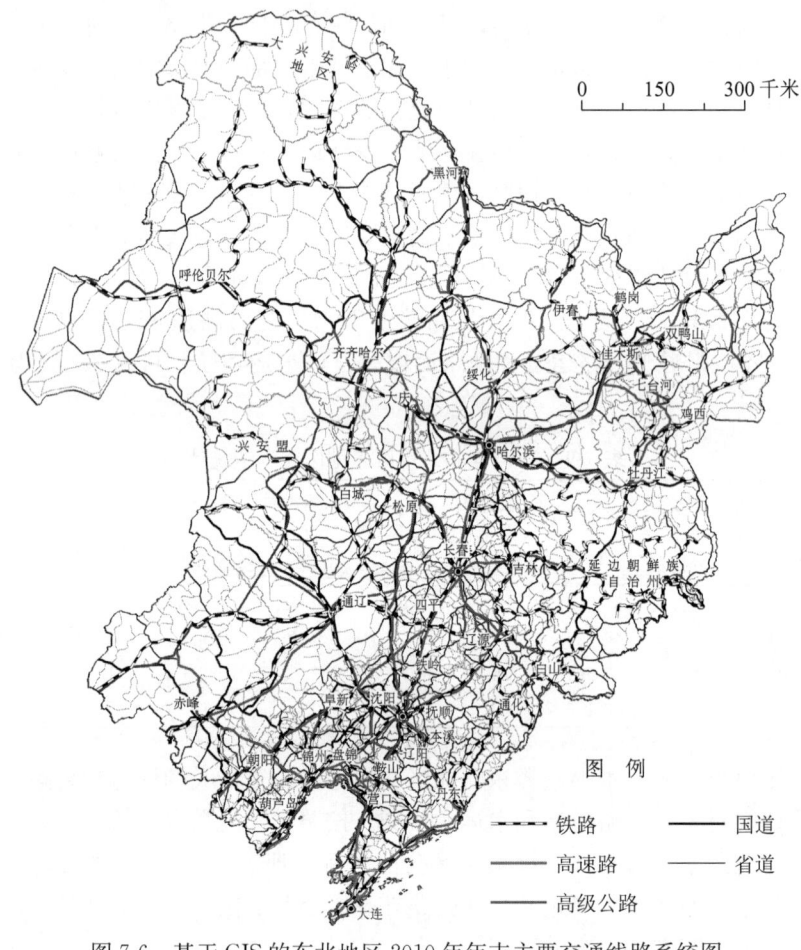

图 7-6 基于 GIS 的东北地区 2010 年年末主要交通线路系统图

东北地区作为我国铁路系统最发达的地区，主要铁路交通已实现高通达度和一定程度的网络化，几乎所有县城都有铁路通行，货运站分布十分广泛，因此要把铁路系统纳入等时交通圈的研究范围内。东北地区铁路众多，大致形成了"四横五纵"的铁路运输网格局，运行时速为慢车的 80 千米/小时到动车的 200 千米/小时不等，本研究中主要采用普快的一般速度 120 千米/小时计算，折减系数取 0.8（表 7-10）。

表 7-10　主要交通方式及速度设定

交通方式	设计时速/（千米/小时）	折减系数	计算时速/（千米/小时）
铁路	120	0.8	96
高速公路	120	0.9	108
高级公路	100	0.8	80
国道	80	0.7	56
省道	60	0.6	36
县乡道	40	0.6	24

三、等时交通圈范围划分

对于等时交通圈的划分主要基于 ArcGIS 9.3 平台进行，首先，获取标准的带坐标的矢量化底图，并对东北地区相应的交通地图进行配准；其次，对交通地图进行矢量化处理，包括点状（point）数据——37 个地级及以上城市的位置，线状（polyline）数据——不同等级道路（铁路、高速公路、高级公路、国道、省道、县乡道）的走向，面状（polygons）数据——各市、区、县行政范围；再次，将矢量化后的点线数据建立关系型数据库，并利用 ArcGIS9.3 的 Network Analyst 拓展模块构建时间网络数据集，形成每个城市的多时段时间控制点；最后，将时间网络数据集导入 ArcMap 进行服务区分析，在网络分析窗口中选取城市作为树状节点，对 Analysis Settings 进行相应设置，最后点击求解（solve）生成服务区的多边形，对国界及海域进行阻隔处理，得到各城市的等时交通圈空间表达图示。

按照上述方法，对东北地区地级及以上中心城市进行等时交通圈范围的界定，并对国界及海域进行 Clip 处理，将 37 个中心城市的等时交通圈输出如图 7-7 所示，不同城市等时交通圈范围差距很大，在不同方向上等时交通圈拓展形态大不相同。

由图 7-7 可知，按照城市流强度值划分的等级来看，依据城市流强度值等级，将 37 个中心城市的等时交通圈范围按照地理空间分布进行叠加分析，可以得到不同层级下的等时交通圈的嵌套图示，如图 7-8～图 7-11 所示。

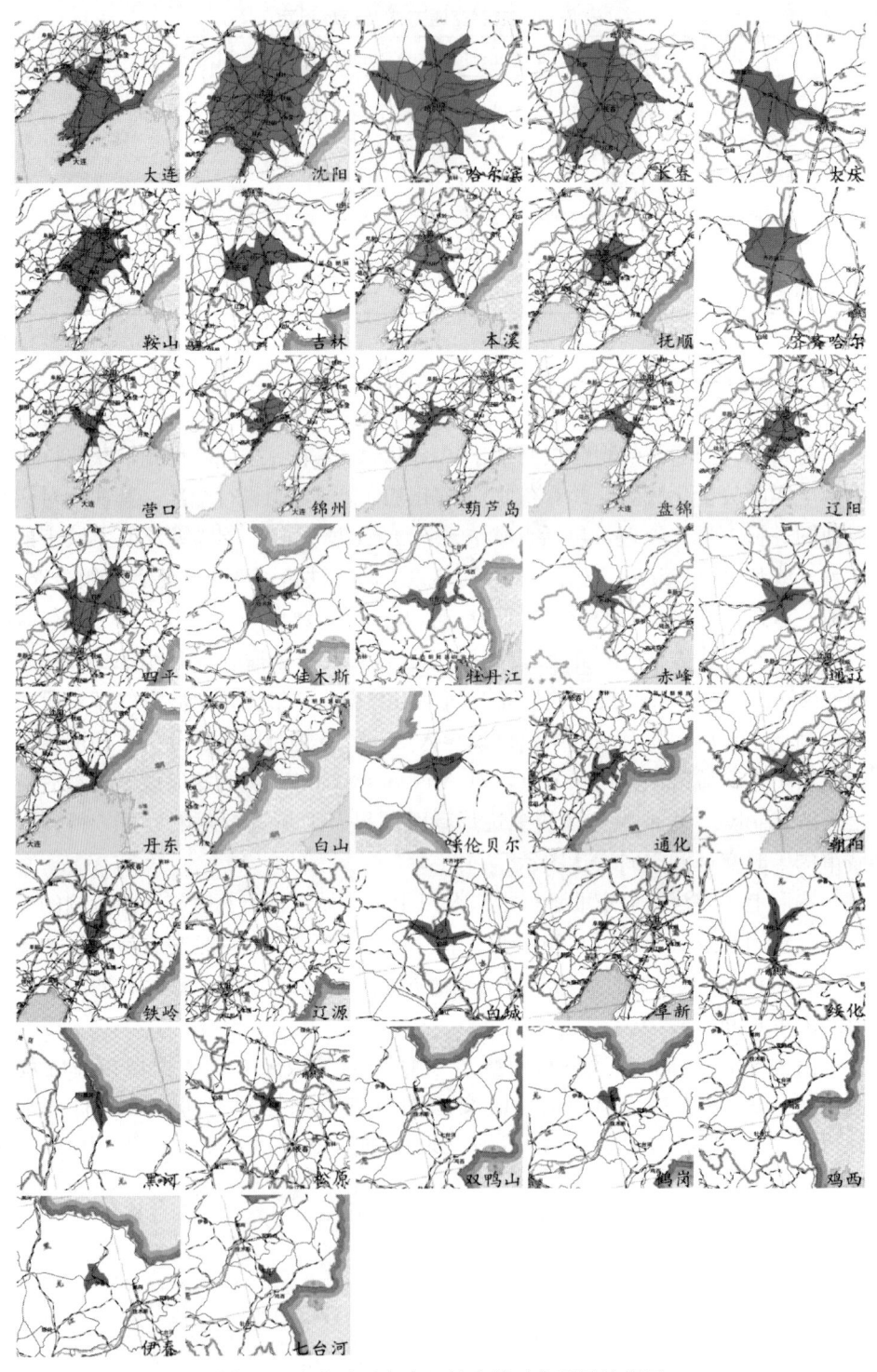

图 7-7 东北地区各中心城市等时交通圈的范围

第七章　东北地区城市经济区划

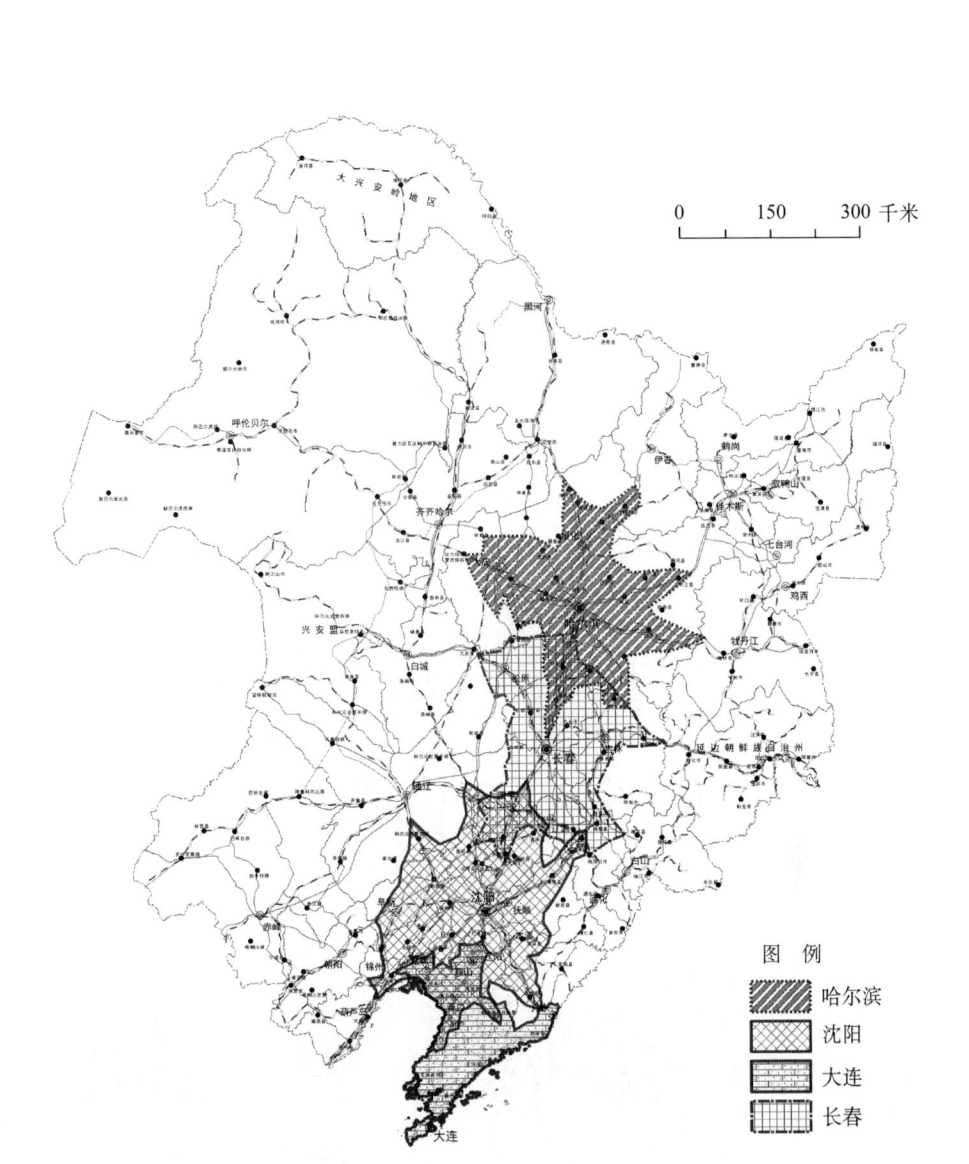

图 7-8　东北地区一级中心城市等时交通圈嵌套图

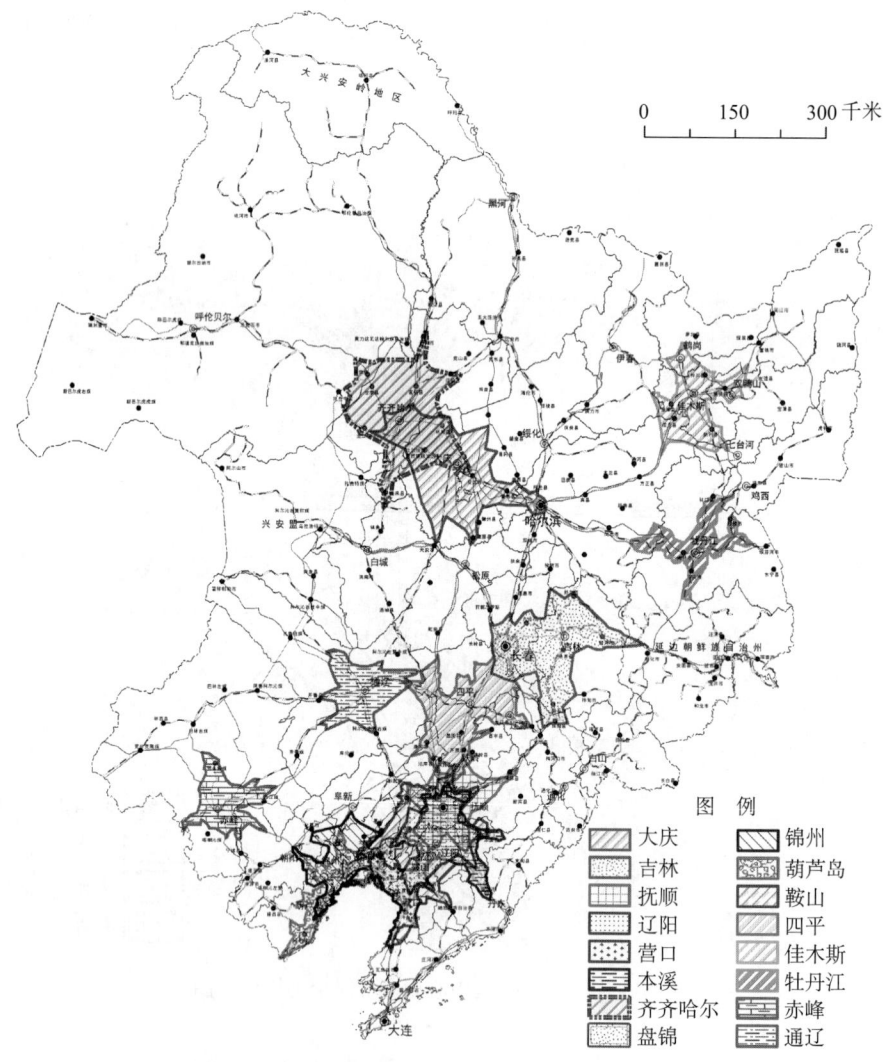

图 7-9 东北地区二级中心城市等时交通圈嵌套图

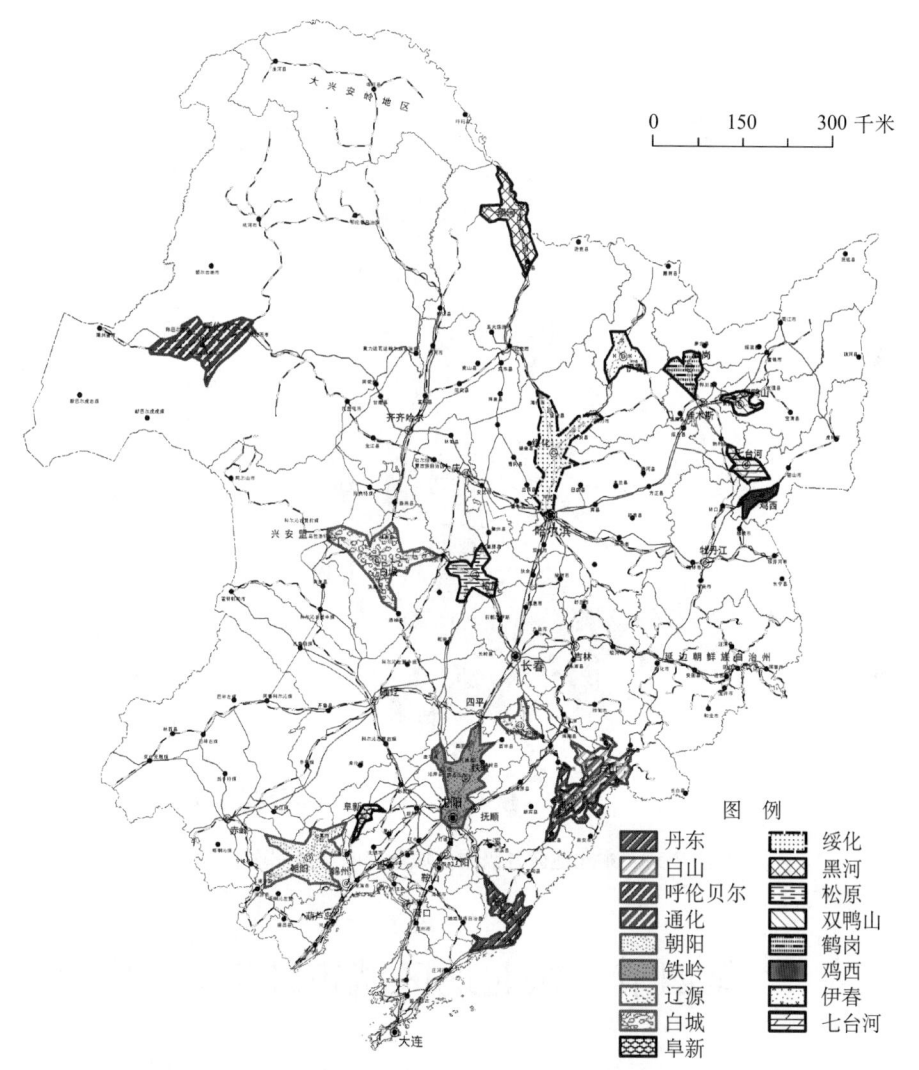

图 7-10　东北地区三级中心城市等时交通圈嵌套图

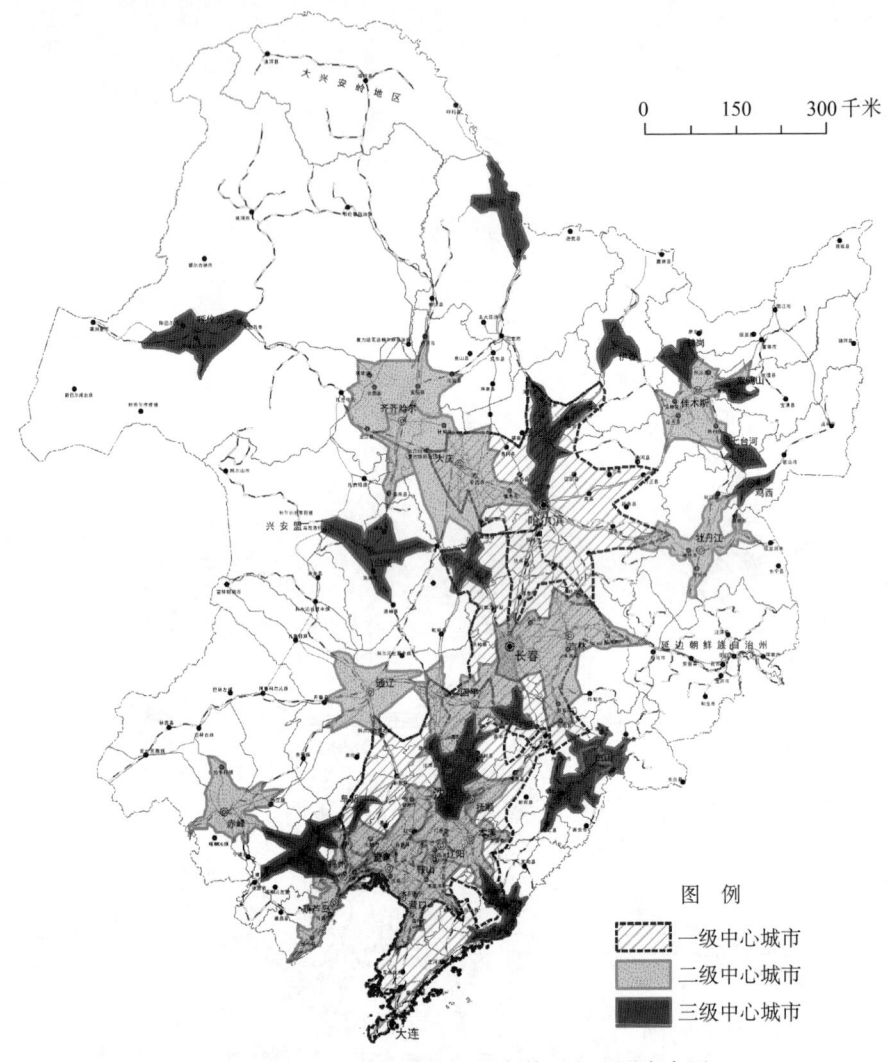

图 7-11 东北地区各级中心城市等时交通圈嵌套图

第四节 东北地区城市经济区

按照城市经济区划的原则,以城市流强度为基础,优化分配城市资源,以等时交通圈为支撑,最大限度地发挥城市的作用,以达到带动区域经济发展、提高区域整体竞争力的目的。城市经济区划要明确两个目标,一是明确城市定位,合理安排城市经济区;二是促进发达地区对落后地区的带动。综合上文分析结果,按城市流强度对城市的分级,将东北地区城市经济区划分为两级,就三级中心城市而言，城市流强度值和等时交通圈范围均很小，对周围地区辐射力不足，大部分为一些地方的集聚与辐射中心。

一、一级城市经济区

从图 7-8 中一级城市流强度城市等时交通圈可知，东北地区的四大核心城市的等时交通圈存在不同程度的重叠，而大连和沈阳的大范围重叠尤为明显。综合考虑城市的职能分工、行政区划的完整性及各城市间的空间分布，可以把东北地区划分为以大连、沈阳、长春、哈尔滨为核心的四个不连续的、未全覆盖的一级城市经济区，即大连经济区、沈阳经济区、哈尔滨经济区、长春经济区，四个一级城市经济区的范围如表 7-11，图 7-12 所示。

表 7-11 东北地区一级城市经济区

经济区	中心城市	紧密腹地	边缘腹地
大连经济区	大连市区	大连市	丹东市；盘锦市；鞍山市部分区域
沈阳经济区	沈阳市区	沈阳市；辽阳市；鞍山市（部分区域）；营口市（除盖州市）；铁岭市（西丰县除外）；本溪市（恒仁满族自治县除外）；抚顺市；彰武县	盖州市；岫岩满族自治县；恒仁满族自治县；新宾满族自治县；清原满族自治县；西丰县；阜新市区、阜新蒙古族自治县；锦州市区、凌海市、义县；科尔沁左翼后旗、库伦旗
哈尔滨经济区	哈尔滨市区	哈尔滨市区、双城市、尚志市、五常市、巴彦县、宾县；绥化市区、安达市、肇东市、青冈县、兰西县	大庆市部分区域；延寿县、方正县、通河县、依兰县、木兰县；铁力市、海伦市、明水县、望奎县、绥棱县、庆安县
长春经济区	长春市区	长春市；辽源市；四平市（除双辽市）；吉林市区、磐石市、永吉县；松原市区、扶余县	前郭尔罗斯、乾安县、长岭县；双辽市；梅河口市、柳河县、辉南县；舒兰市、蛟河市、桦甸市

1) 大连经济区以大连市区为核心。大连是我国重要的港口城市，以大连为主导的辽宁省港口群，构成了东北地区对外联系的主要门户，并通过沈海高速、鹤大高速沟通了与内陆的交通联系。大连作为辽宁省沿海经济带的中心城市，工业基础雄厚、门类齐全，具有较强的综合配套和承载世界制造业转移的能力，与沿海经济带其他城市及辽宁省内陆具有较好的互动联系，结合城市流强度与等时交通圈将大连经济区范围确定为大连市域、盘锦、鞍山部分区域、丹东，总面积约 4 万千米^2。而大连虽然总体实力和综合服务能力均很大，但受地理位置的限制，距其他城市较远，城市规模不足以抵消距离衰减规律而形成的空间障碍，无法十分有效地发挥中心城市应有的带动和辐射作用。

中国东北地区城市地理

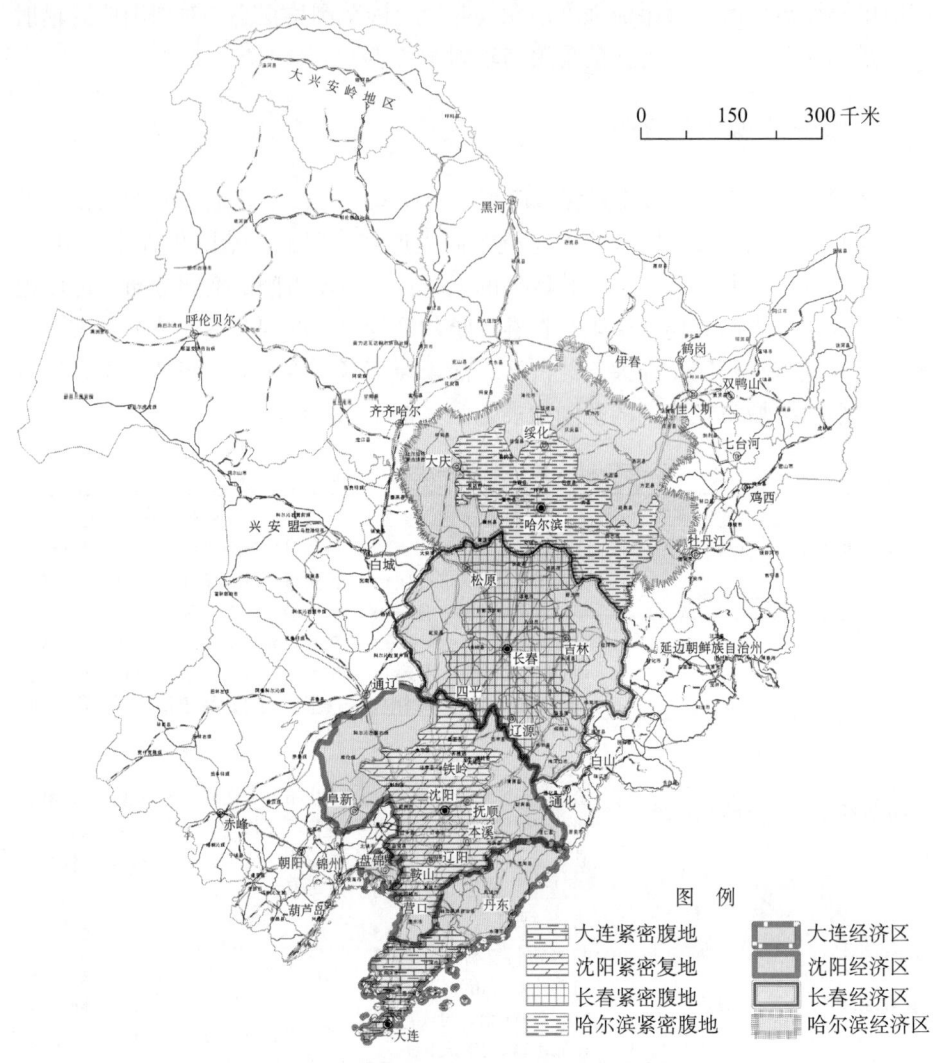

图 7-12 东北地区一级城市经济区分布图

2) 沈阳作为东北地区最大的中心城市,地处东北亚经济圈和环渤海经济圈的中心,工业门类齐全,战略地位明显。以沈阳市区为核心的沈阳经济区,覆盖了沈阳、铁岭、抚顺、本溪、鞍山(部分)、辽阳、营口、阜新等八市及内蒙古东部四盟市通辽的科尔沁左翼后旗和库伦旗,具有资源丰富、结构互补性强、技术关联度高等特点,总面积为 10 万千米^2。而从等时交通圈来看,营口虽然同时受到大连和沈阳的辐射,但从区域互动角度来看,营口与沈阳中部城市群形成了经济共同体,将其划分到沈阳经济区,是沈阳城中部城市群的出海口,与沈阳具有较好的互补性。以京哈高速、沈海高速、沈抚高速、沈丹高速、沈大高速、沈彰高速为主要支撑,沟通了沈阳经济区的内外联系。

就大连经济区和沈阳经济区而言，大连作为一个港口城市，与经济实力最强的沈阳在功能上存在一定互补，且二者所在的城市经济区存在大面积重叠区域，两个城市经济区之间具有较强的经济联系，具有一定海陆方向的产业交流态势，同属于辽宁省，共同构成辽中南城市群，具有较强的一体化趋势，未来可能形成以沈阳和大连为核心的辽中南城市经济区，具备辐射整个东北区域的经济势能，成为可集聚和扩散区域生产要素并覆盖整个东北的经济增长极。

3）哈尔滨经济区以哈尔滨市区为核心，紧密腹地沿哈大齐工业走廊呈条带状，主要辐射哈尔滨、大庆、绥化三市，总面积达 11 万千米^2。齐齐哈尔与哈尔滨空间距离过大，受空间阻隔影响，哈尔滨的城市规模不足以将其纳入经济区范围内。哈尔滨是黑龙江省最重要的门户和商服中心，以装备制造、医药、食品、石化为主导产业，重点发展高新技术产业，通过哈大高速、沈哈高速、哈绥高速、哈佳高速沟通了城市经济区内外的交通联系。哈尔滨经济区也是东北地区铁路网最发达的一个地区，欧亚大陆桥贯穿哈尔滨经济区，具有较好的区内外联系。

4）长春经济区以长春市区为核心，覆盖了长春、松原、四平、吉林、辽源五市及通化的梅河口、辉南县、柳河县等地，总面积约 9.66 万千米^2。长春是吉林省的省会城市，东北地区重要的政治、经济、文化、金融、贸易和交通中心，我国重要的汽车产业基地，其紧密腹地沿京哈高速南北向扩张，包括吉林、松原、四平、辽源及通化多市，形成了以农产品加工、机械制造、化工及石油化工等多行业互补的区内产业格局。对外有京哈高速、珲乌高速公路，并以长春为中心，有长大、长哈、长图、长白主要铁路干线向四方辐射。

二、二级城市经济区

在东北地区四个一级城市经济区覆盖范围以外，划分以二级中心城市或城市密集区为核心的相对完整的二级城市经济区（图 7-13）。从图 7-8 中二级中心城市等时交通圈可看出，东北地区二级中心城市等时交通圈重叠程度更为明显。综合考虑各方面因素，划出相对成熟的六个二级城市经济区（表 7-12）。但在各区的具体组织过程中，各个因素具备程度有所差异，并不具备绝对的可比性。

表 7-12　东北地区二级城市经济区

二级城市经济区	中心城市	腹地
锦葫经济区	锦州、葫芦岛	锦州市；葫芦岛市；朝阳市
齐齐哈尔经济区	齐齐哈尔市	齐齐哈尔市、呼伦贝尔市部分区域
牡丹江经济区	牡丹江市	牡丹江市；鸡西市；七台河市部分区域
佳木斯经济区	佳木斯市	佳木斯市区、桦川县、桦南县、汤原县；鹤岗市区；双鸭山市区、集贤县、友谊县；勃利县；依兰县
赤峰经济区	赤峰市	赤峰市（宁城县除外）
通辽经济区	通辽市	通辽市区、开鲁县、科尔沁左翼中旗、奈曼旗、库伦旗

中国东北地区城市地理

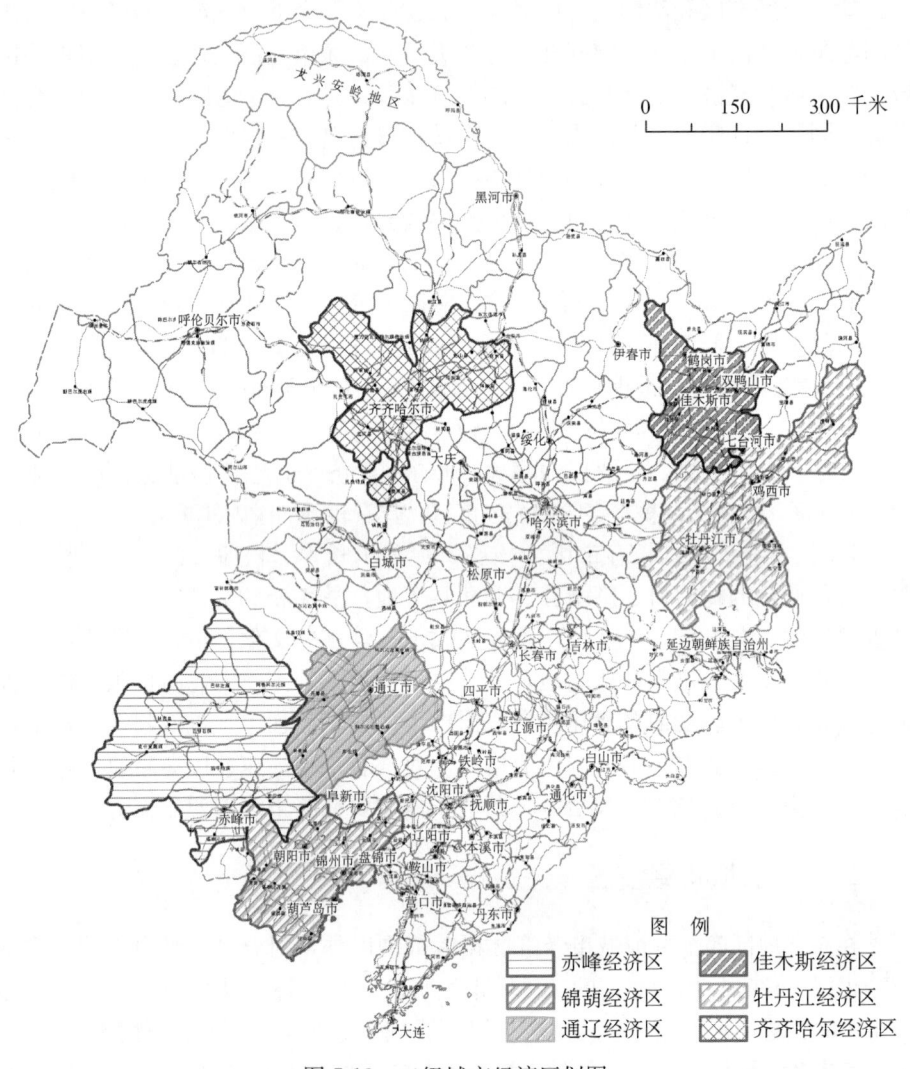

图 7-13 二级城市经济区划图

1) 锦葫经济区。锦州与葫芦岛在各自城市定位中均提到了"工业"、"港口"、"辽西中心城市",作为辽西走廊上的两个核心城市,其自身的自然历史条件及所面临的发展机遇决定了两市必然向着一体化方向发展,且考虑到与辽中城市群的空间距离,综合考虑两市等时交通圈的空间范围(存在大面积的重叠),确定以锦州、葫芦岛为核心,以锦州、葫芦岛、朝阳为腹地的锦葫经济区,重点发展现代物流、金融、船舶重工、高新技术等产业。该区作为东北地区与华北地区的重要连接地带,京哈高速、丹锡高速贯穿全区,与区内高级公路、国道、省道构成了区内外联系的主要通道。

2) 齐齐哈尔经济区。以齐齐哈尔为核心,覆盖讷河、甘南、龙江、依安、杜尔伯特、泰来、林甸、阿荣旗等地。区内以机械、冶金、化工、食品等行业主体，重点发展轻工、纺织、医药、建材、广告印刷等行业。该区对外有绥满高速、嫩泰高速及四通八达的铁路网，通过与302高级公路、111国道及省道、县乡道共同构成了区内道路支撑体系。

3）牡丹江经济区。以牡丹江为核心，腹地包括牡丹江、鸡西。牡丹江虽然经济实力较弱，但其作为黑龙江省东部和吉林省东部最大的中心城市，具有重要的区际意义。牡丹江作为欧亚大陆桥的重要节点，哈绥高速贯穿全区，并通过牡丹江—鸡西高速、201国道及两条十字交叉的铁路网共同支撑区内外的交通联系。

4）佳木斯经济区。佳木斯是黑龙江省东部的区域性中心城市，以其为核心的城市经济区，覆盖了桦川、桦南、汤原、鹤岗市区、双鸭山市区、集贤、依兰、勃利等地，具有丰富的自然资源，以煤炭资源为主。而本区内交通网络优势明显，哈同高速公路贯穿全区，区内有哈佳、图佳、佳鹤、佳富四条铁路干线，与201、221国道及其他道路共同构成区内交通体系。

5）赤峰经济区。以赤峰为核心，以翁牛特旗、喀喇沁旗、敖汉旗为腹地。赤峰是内蒙古自治区人口最多的城市，具有丰富的自然资源和矿产资源，整体实力较高，但综合服务能力偏弱，对外围城市地区的辐射力弱。位于蒙冀辽三省区的交汇处，与多个城市具有直接的交通联系，但道路等级均偏低，从交通时间来看通达性不足。有大广高速、丹锡高速通过赤峰，306、111国道贯穿全区。

6）通辽经济区。以通辽为核心，包括开鲁、科尔沁左翼中旗、奈曼旗、库伦旗等地。通辽是我国六大铁路编组站之一，有京通、大郑、通让、通霍、集通五条铁路干线交汇，境内有111、303、304等四条国道纵横贯通，并与多条省道共同构成区内的公路交通体系。

三、地方集聚与辐射中心

在将东北地区经济地域划分为两级城市经济区的基础上，发现还存在一些未来可能形成城市经济区的地方集聚与辐射中心，主要以三级中心城市为主，包括白山—通化、呼伦贝尔—满洲里、白城—洮南、黑河，以及延龙图等。

1）丹东-东港经济区。以丹东市区为核心，位于东北亚的中心地带、环黄海经济圈与环渤海经济圈的重要交汇点，自身经济实力较强，是一个以工业、商贸、物流、旅游为主体的沿江、沿海、沿边城市，区位优势明显，与区域中心城市大连、沈阳的空间距离较大，未来可能成为新的城市经济区。

2）白山-通化经济区。通化位于吉林省南部，与白山市毗邻，具有丰富的水利、矿产、森林和野生动植物资源，享有"中国医药城"、"中国葡萄酒城"、

"中国钢铁城"的美誉，以医药、冶金、食品三大产业为支柱。白山位于吉林省东南部，具有丰富的自然资源和水利资源，通往各重要城市的高速公路均在建设当中，使白山与发达地区资源对接和优势互补成为可能，未来可能以白山、通化二市为核心组建城市经济区。

3）呼伦贝尔—满洲里经济区。呼伦贝尔市位于内蒙古自治区的东部，幅员辽阔、资源丰富，境内有滨洲线内蒙古呼伦贝尔段（满洲里—哈尔滨）、牙林线（牙克石—满归）、博林线（博克图—塔尔气）、朝乌线（朝中—莫尔道嘎）、两伊线（伊敏—伊尔施）、伊加线（伊图里河—加格达奇）、加漠线（加格达奇—漠河）、齐加线（齐齐哈尔—加格达奇）等多条铁路，且其境内的满洲里是我国最大的沿边陆路口岸，区位优势明显，未来可能形成以呼伦贝尔市区和满洲里为核心的城市经济区。

4）开原-清河经济区。开原位于辽宁省东北部，隶属于铁岭。开原和清河是辽北地区重要的经济中心，二者地域相连、历史相承、文化同源、产业互补、交通衔接，同城化发展基础良好，主要产业包括装备机械制造、绿色食品加工、生态与文化旅游业等。随着同城化的不断深化，增长极地位进一步凸显，辐射源作用进一步增强，综合竞争力也进一步提高，未来可能围绕其组建城市经济区。

5）白城-洮南经济区。白城位于吉林省西北部，具有丰富的自然资源、风电资源、水利资源、土地资源、芦苇资源、石油资源、动植物资源，交通便利，四平至齐齐哈尔、长春至白城、通辽至让湖路、白城至阿尔山四条铁路贯通全市，珲乌、嫩丹高速公路使市内公路四通八达。而境内的洮南地处东北三省与内蒙古东部交界的中心，直达沈阳、大连；北可直达齐齐哈尔、海拉尔等地，区位优势明显，且离区域中心长春空间距离较大，受其辐射力较小，未来可能形成城市经济区。

6）绥化经济区。绥化地处黑龙江省中部，是我国大型商品粮基地和农副产品出口创汇基地，境内有哈绥高速公路、哈伊和哈黑两条国道及六条高等级公路形成四通八达的交通网络，哈佳、滨北两条铁路贯穿交汇，凸显了其重要的交通枢纽地位，同时绥化还是一个新兴的工业城市，已拥有以食品、化工、医药、建材、机械、纺织等六大产业为支柱的较为完整的工业体系，未来可能形成以其为核心的城市经济区。

7）黑河经济区。黑河是东西方文化的融汇点，我国北方重要边境贸易中心，首批沿边开放城市，幅员阔辽，区位优势明显，资源丰富，初步形成了以新能源、新材料、新医药为主的"三新"产业，以及以机械制造、矿产开发、农副产品加工等为主的产业格局，随着对俄经贸合作的深化，未来可能形成以其为核心的城市经济区。

8）松原经济区。松原处于长哈经济带中间，是吉林、黑龙江、内蒙古三省区的结合部，区位优势明显，境内有 4 条铁路和 5 条国省干线公路，交通网络四通八达，水运条件也得天独厚（上行至吉林，下可达哈尔滨）。以石油化工、农畜产品深加工为主导产业，工业经济粗具规模，形成了石油开采、石油炼制、化工、医药、轻工、食品、建材、纺织、机械、电力等门类较为完整的工业体系，未来可能形成以松原为核心的城市经济区。

9）延龙图经济区。随着《中国图们江区域合作开发规划纲要——以长吉图为开发开放先导区》的批复，延吉作为长吉图开发开放先导区的重要组成部分，其开发建设上升到国家战略层面，而延龙图三市也初步形成了以延吉为中心的城市产业群，并试图共同打造延龙图一体化的对外贸易中心、进出口加工基地和国际物流集散基地，未来可能形成以延龙图为核心的城市经济区。

这些地区集散和辐射中心大部分为边缘型城市或资源型城市，主要处在一个集聚的过程中，受地理位置或产业结构的限制，辐射能力不足，在未来发展过程中，应该注意自身产业结构的调整，在加快自身经济建设的过程中，加快区域一体化的建设。

四、城市经济区空间组织

从东北地区来看，城市经济区的组建划分为两级，一共 14 个城市经济区，4 个一级城市经济区主要沿哈大主要周线分布，个别城市经济区之间存在一定的重叠，而 4 个城市经济区中心城市相对均势，辐射功能较弱，都不具备辐射整个东北区域的经济势能，缺乏可集聚和扩散区域生产要素且能覆盖整个东北地区的经济增长极，城市梯度增长体系能力较弱，区域辐射能力不强，不利于形成有效的沿海陆方向发展的产业交流态势。而 10 个二级城市经济区也主要沿各主要交通轴线分布，包括黑龙江省的大庆经济区、齐齐哈尔经济区、牡丹江经济区主要沿滨洲线分布，内蒙古自治区的赤峰经济区、通辽经济区沿大广高速分布，吉林省的吉林经济区与四平经济区也都处于哈大沿线上，辽宁省的锦葫城市经济区和辽中城市经济区均与各主要出海口相连，并通过京沈高速连接两区。而地方的集聚与辐射中心大部分都具有重要的地缘位置，通过一些主要交通轴线沟通了与其他区域的经济联系。

从各个城市经济区来看，城市经济区的空间形态受其境内主要交通基础设施走向影响。哈尔滨城市经济区的走向为东西向，主要是因为东西向上布局了与哈尔滨城市经济区中心城市关系密切的城市，即哈大牡绥城市带，而城市间的要素流通主要通过重要交通基础设施实现。同样，长春城市经济区的走向为南北走向，主要是因为吉林省中部城市群中，并未出现能与长春有积极互动的城市节点；反而长春作为哈大城市走廊的中心节点，具有承南接北的重要作用，形成了南北向的城市经济区走向。沈阳城市经济区走向为西南向，虽然沈阳城市经济区的空间形态更加趋向于椭圆，但由于其西南有营口、盘锦等海港城市的出现，现阶段的沈阳向西南倾斜，成为沈阳经济区重要的外向型通道。东北城市经济区中，二级城市经济区的紧密腹地也都大多依附主要的交通基础设施布局，均呈现出空间形态受交通基础设施走向的深刻影响。

第八章

东北地区城市群组

城市群组是城市群和城市组群的统称。城市群是指在特定的地域范围内具有相当数量的不同性质、类型和等级规模的城市，依托一定的自然环境条件，以两个或两个以上特大或大城市作为地区经济的核心，借助于现代化的交通工具和综合运输网的通达性，以及高度发达的信息网络，发生与发展着城市个体之间的内在联系，共同构成一个相对完整的城市"集合体"（姚士谋等，2001）城市组群是指在特定地域范围内，具有一定数量的、规模不等、等级不同、性质和类型可能相异的城市的载体。狭义上，城市组群特指城市群形成和演化的中间形态；广义上，既可以理解为城市群体结构嬗变的过渡，也可以认为是城市群地域结构的构成单元。城市群是城市群体发育到高级阶段的一种表现形式，而城市组群是城市群形成演化的中间形态，同时也是城市群地域结构的构成单元（王士君等，2011）。本书将城市组群视为城市群发展的初级阶段，并将城市群和城市组群统称为城市群组。

第一节 东北地区城市群组基本格局

东北地区的形成发展与"东北问题"的出现，都伴随着东北地区城市的兴衰。这种在特殊历史时期、特定经济背景下成长起来的城市及城市群组，以其特有的结构和功能关系，承担着老工业基地的劳动地域分工，甚至左右着东北区域经济的发展（王士君等，2008；姚士谋等，2001）。便捷的交通网络与信息网络加速了城市群组内部城市之间人流、物流、信息流、资金流、技术流等空间要素的流动，城市间的相互作用日益复杂，城市流也日益强化，区域城市群组的基本格局也初步显现。

一、城市群组的圈层格局

作为城市化发展到一定阶段的产物，东北地区的城市群和城市组群（以下统称城市群组）逐渐趋于显性化，目前基本形成了"三圈"的基本格局，即辽中南、哈大齐、吉中3个城市群组（王士君，宋飏，2006），如图8-1，表8-1所示。

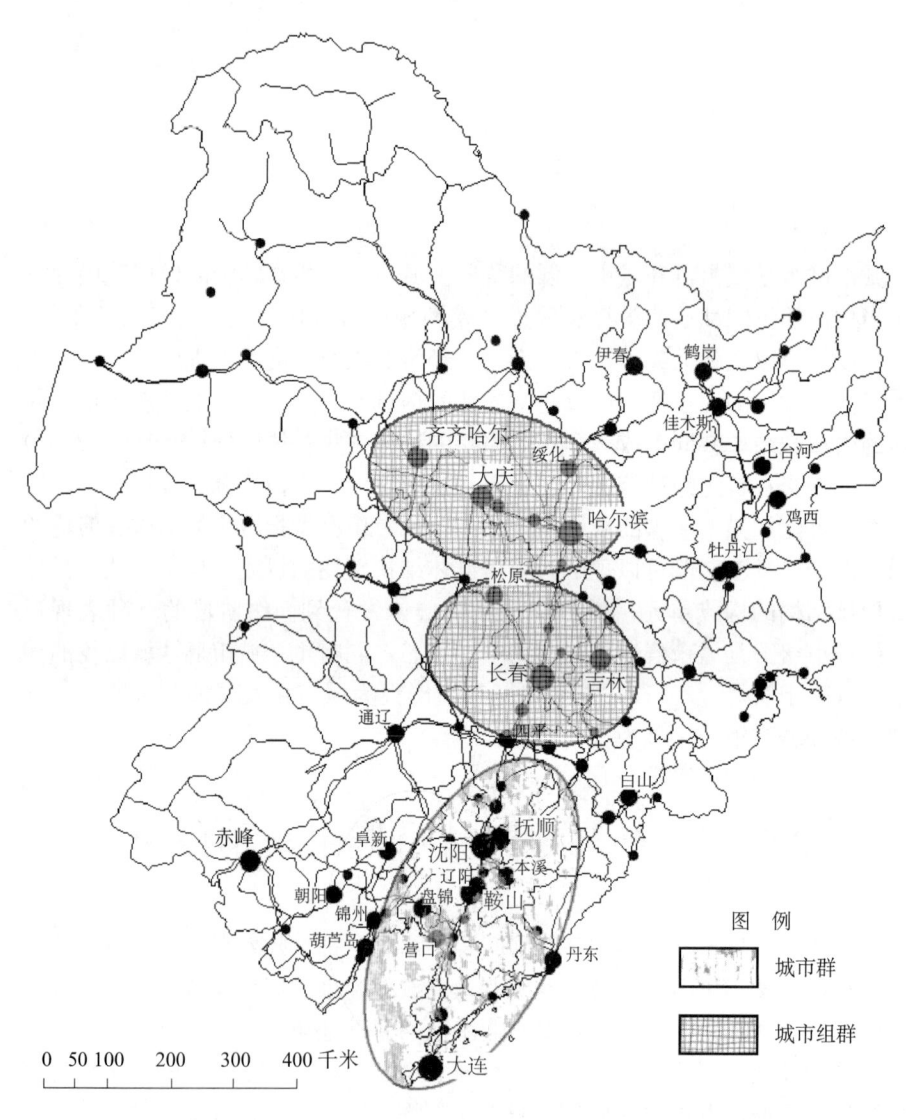

图 8-1 东北地区城市群组分布图

表 8-1　东北地区大型城市群组发育现状（2010 年）

指标名称	辖区 面积/万千米²	辖区 占全省比重/%	人口 总量/万人	人口 占全省比重/%	GDP 总量/亿元	GDP 占全省比重/%	工业总产值 总量/亿元	工业总产值 占全省比重/%	平均城市化水平/%	相邻城市间的平均距离/千米
辽中南	8.17	55.61	3 129.95	74	18 171.46	87.99	8 739.81	89.68	67.87	84.8
吉林中部	9.58	51.23	2 081.83	75.8	7 738.87	76.33	3 375.9	82.77	42	120
哈大齐	16.52	36.39	1 299.82	34	6 910.13	66.6	6 751.6	73.51	75.52	55.6

辽中南是东北地区发展最成熟的一个城市密集地带，已经运演至发达的城市群阶段，而且作为国家级的城市群，具有重要的区内和国内意义（周一星，张莉，2003）。该城市群由沈阳、铁岭、鞍山、抚顺、本溪、辽阳、大连、丹东、营口和盘锦 10 个地级市及其所辖市县组成，行政区域共 8.17 万千米²。区内有重要的冶金工业城市鞍山和本溪，能源工业城市抚顺和盘锦，机械化工城市沈阳、大连和丹东等，城市组群原材料生产的职能结构特征明显。在空间结构上，又可分成辽中、辽南两部分，形成了以沈阳为中心的辽中放射状城市群和沿沈大交通走廊发展的、以大连为中心的辽南带状城市群，整体空间布局呈"Φ"形。

吉中城市组群在地域上涵盖了长春、吉林、四平、辽源和松原五个省辖市，以及通化的梅河口市、辉南和柳河县，总面积达 9.58 万千米²，人口为 2081.83 万，分别占全省的 51.23% 和 75.8%。该城市组群的特点是工业发达，是我国重要的汽车工业基地，汽车产量占全国汽车总产量的 1/3 左右。交通运输便利，科技力量雄厚，是我国重要的光学和应用化学研究中心。而以 101 省道、长吉公路南线、长吉高速公路、长图铁路、龙嘉国际机场为主体结构的城市交通走廊所连接的长春、吉林两大核心城市，在空间结构上打造了本城市组群双子座的模式特性。

哈大齐城市带（组群）是在改革开放后迅速崛起的，它以我国重要的机电工业城市哈尔滨为核心，以横贯我国最大的平原——松嫩平原的滨洲铁路为纽带，连通我国最大的石油城市大庆、重要的机械工业城市齐齐哈尔和新兴的中小城市绥化、安达、肇东、双城、阿城等组合而成。各城市分布相对密集，相邻城市间的平均公路距离仅为 55.6 千米（以两城市间的国道距离测算）。其中，4 个地级市的面积为 1.34 万千米²，占全省总面积的 2.95%，整个组群的 GDP 和工业总产值分别占全省的 66.6% 和 73.51%。群体的特点是工业基地基础雄厚，是我国重型机械制造中心和石油基地，尤其是机电工业占全国首位；交通便利，是北方重要交通枢纽；科技力量雄厚，是重要的科技信息中心。哈大齐城市带在空间扩散上明显以铁路为主线沿交通干线推进和演化，继而奠定其现状格局，并形成农业—矿产资源—加工工业的功能类型结构系统（陈才，2004）。

二、城市群组的形成与发展

（一）计划经济时期城市组群的形成

浓郁的半殖民地和殖民地色彩的地域结构，畸形发展的工业是东北地区在新中国成立前的显著特征，因此直到1949年新中国成立初，东北地区的工业几乎苍痍一片，生产技术和装备十分落后，全区工业总产值仅有23.6亿元。新中国成立后，东北地区经济发生了很大转折，在"一五"时期成为全国经济建设的重点地区，囊括了全国156项重点工程中的58项，其中辽宁省的25个项目重点布设在沈阳、抚顺、鞍山、阜新、本溪和大连，吉林省的11个项目主要建设在长春、吉林、辽源和通化，黑龙江省的22个项目则布局在哈尔滨、佳木斯、鹤岗和鸡西等地，这些项目的选址和建设无异于经济发展的孵化器，为以上城市的发展壮大和经济腾飞继而成为区域性的核心或中心城市奠定了产业基础。"一五"期间，国家在东北三省的固定资产投资总额高达124.34亿元，占全国的20.33%，此间一个向全国提供能源、原材料和机电设备的重工业基地在东三省建立起来了，初步形成了以国有大中型企业为骨干、重化工业为主体、门类齐全的工业体系，成为国家重要的工业基地。一直到20世纪60年代初，东北地区经济得到长足发展，成为其发展史上最为辉煌的时期，城镇人口也处于迅猛增长阶段。

这一阶段，辽宁中部城市组群发展迅速。这个由以沈阳为中心，包括鞍山、抚顺、本溪和辽阳等共5个地级市及其所辖的10县1市所形成的城镇群体，作为我国以钢铁工业为中心的原材料和机电设备的生产供应基地，其钢铁、有色金属、原油加工、石油化纤、输变电设备、矿山设备和重型机械等产品生产能力在全国均占有重要地位，并且拥有一大批在全国冶金、能源、机械、化学和建材等工业行业中规模较大的骨干企业。在地域上这些城市密集分布，相距很近，具备全省乃至全国最发达的交通运输条件，形成以沈阳为中心，拥有包括铁路、公路、航空和管道四种运输方式，沿长大、京沈、沈丹、沈吉、沈承五条铁路和公路干线，向四周放射的十分发达的综合交通运输网络，在此基础上促进了经济、科技、文化等方面的联系（宋玉祥，陈群元，2005）。

辽宁省中部的五个城市，在产业结构特别是工业结构和地域分工等方面的特征是很显著的。沈阳是以机械工业为主的综合性城市，鞍山和本溪是以钢铁工业为主的专业性城市，抚顺是以石油化工、煤炭工业为主的综合性城市，辽阳是以化纤、轻纺工业为主的专业化城市，海城是以建材、机械工业为主的工业城市，这充分体现了城市工业重型结构的特点。在这一时期，组群内以沈阳为中心，以长大、沈丹、沈山、沈吉和沈承五条交通干线为依托轴线的点轴发展模式和空间结构基本形成。

（二）改革开放后结构性矛盾逐渐积累阶段东北地区城市组群结构和功能的变化

由于工业项目的集中，引发大规模的人口集中，在东北地域上曾出现表象化的"过度城市化"现象。在随后的十几年中，由于"三年自然灾害"和"文化大革命"，东北地区城市群组经历了人口和经济的缓慢曲折发展阶段，直至改革开放，才实现经济和整体功能的调整和优化，东北地区开始进入稳步发展阶段。

哈大齐城市带在这一时期迅速崛起，中等城市数量不断增多，人口也不断增加。到 20 世纪 80 年代末，哈尔滨已经成为超过 200 万人的特大城市，齐齐哈尔增容为特大城市，大庆也跃入大城市的行列。到 21 世纪初，哈大齐城市组群已达到 11 个城市共 1182.9 万人的城市人口规模。在空间结构上，哈大齐城市组群呈明显的单中心结构特征，哈尔滨的区域核心作用突出。而从内部各市域来看，则集中和分散相结合，其中哈尔滨、绥化、肇东、安达、阿城等城市均为集中式地域空间结构，而齐齐哈尔和大庆则为一城多镇的分散式的地域结构，整个组群在空间扩散过程中，"点－轴"推进和"渐进－跳跃"扩散并举。哈大齐城市组群具有明显的农业—资源开采业—加工工业的结构和功能特征，城市工业专门化水平较高，但各市域二元结构特征鲜明；工业部门几乎都集中于化学、机电和食品工业，反映出哈大齐城市组群工业结构的相似性特征，同时说明处于形成阶段的哈大齐城市组群还须进一步明确分工（表 8-2）。

表 8-2 哈大齐城市带（组群）发展概况（1949~2010 年）

年份	>100 万人 城市数/个	>100 万人 城市人口/万人	50 万~100 万人 城市数/个	50 万~100 万人 城市人口/万人	20 万~50 万人 城市数/个	20 万~50 万人 城市人口/万人	<20 万人 城市数/个	<20 万人 城市人口/万人	合计 城市数/个	合计 城市人口/万人	人口年均发展速度/%
1949	—	—	1	66.0	—	—	1	17.6	2	83.6	
											7.56
1965	1	177.1	1	74.1	—	—	1	17	3	268.2	
											0.65
1977	1	277.1	1	78.1	1	35.0	—	—	3	290.2	
											5.10
1990	2	347.4	1	64.55	1	22.24	5	92.78	9	527.0	
											6.97
2002	3	570.5	8	612.4	—	—	—	—	11	1182.9	
											1.19
2010	3	746.9	8	552.92	—	—	—	—		1299.8	

辽中城市组群也在原有的基础上，内聚力不断增强，辐射范围拓展，区内各城市间的联系度加大，城市群的网络结构和功能开始体现，并同辽宁南部以大连为中心，包括丹东、营口、盘锦的城市地带，在经济、科技、文化等诸多方面开始渗透，在地域上逐步整合，实现城市组群向城市群的跃变，并形成了中国现阶段五大城市群之一的辽中南城市群，作为原材料工业与重工业较发达的区域城市群，它在全省乃至全国都有举足轻重的地位。

吉中城市组群的雏形也在同期开始出现，虽然经历了与辽中南和哈大齐城市组群极其相似的迅猛发展到停滞不前再到稳步发展的过程，但历史基础和区位优势的差别，使得吉中城市组群的发展略显滞后，到21世纪初各组群内部的城市之间联系不断加强，整合势头已十分强劲。尤其是由于各城市公路客货流量的主导方向基本上与区内各城市的联系方向一致，城市间交通基础设施的共建共享得到较好的实现，各城市的历年客货运量呈现逐年增长的趋势，反映出各城市间联系在不断加强（图8-2）。

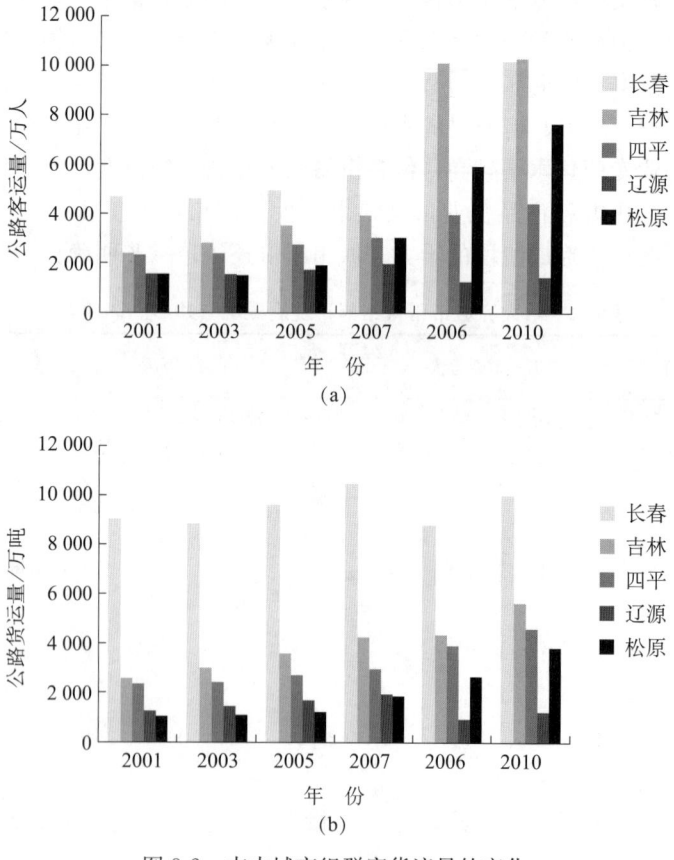

图8-2 吉中城市组群客货流量的变化

三、城市群组发育中存在的问题

（一）内部产业结构基于地区资源开发而形成

东北地区大多数城市的工业结构是在新中国成立初期强调"优先发展重工业"的特殊历史背景下（王士君等，2008），以资源为基础形成的，导致目前三个城市组群的产业结构均呈现出第二产业"一枝独秀"的特点（图8-3）。建设过程中集中了相对的人力、财力和物力，忽视了农业和轻工业的利益，以大力兴办工业企业的方式，在较短的时期内形成了以重化工业为主的工业经济体系。到目前，历经半个世纪的生产运营，区内能源和原材料资源储量逐渐减少，乃至枯竭，有些能源和原材料需要大量进口，导致东北地区的产业结构类型处于急剧变化之中——由资源型产业结构向资源-加工混合型的产业结构和加工型产业结构转变。虽然具体到个体城市，其内部的产业结构类型不尽相同，或以矿产资源开采为主、或以森林资源采伐为主、或是综合性资源型地区，也可能是加工型城市，但主体上，东北老工业基地及其城市组群内部的产业结构还是基于地区资源开发而形成的。正是这种对资源强烈依附的产业结构特征，导致了后续发展中的多种矛盾。例如，资源型产业结构为主的城市发展与资源相对匮乏之间的矛盾；同一类型尤其是在地域上毗邻的城市为进行产业结构调整、发展接续产业、带动产业结构升级可能出现的争夺资源和重复布局的矛盾；载有深刻的老工业基地痕迹的，无论是个体城市性质还是城市组群的结构和功能同新型工业化和城市化之间的矛盾等。

图8-3 东北地区城市群组三大产业结构图（2010年）

（二）结构和功能未能呈现有效的系统关系

东北地区的城市及城市组群是在特定历史时期、特定经济背景下成长起来的，又以其特有的结构和功能关系，承担着老工业基地的劳动地域分工，甚至左右了本区域经济的发展（宋飏等，2007）。例如，沈阳机床业、大连造船业、长春汽车业、哈尔滨机电业的产业格局一度是不可更改的区域分工模式；在辽中南城市群内部，抚顺每年供给鞍山、本溪钢铁工业180万吨焦煤及两市所需的绝大部分成品油和燃料油，鞍山、抚顺则提供沈阳所需的大部分钢材，沈阳每年40万吨的废钢铁返回鞍山、抚顺，并提供给其他几个大城市大量的采矿和冶炼设备，这种供给计划几乎是20世纪80年代前不变的城市之间的结构和功能义务关系。一直到目前，东北地区多数城市还是老工业基地建设时期形成的基本功能，在城市组群内部、城市组群之间虽然已经打破了计划经济时期的调拨和供销关系，但是仍然未能形成以市场机制为动力、以要素流动和产业分工为主体的、协调稳定的结构和功能关系。这种状态从某种程度上已经成为东北老工业基地振兴中的机制性瓶颈。

（三）处于不同发展阶段的"三圈"问题各异

根据城市群组所处的时空发展状态、当地的资源禀赋及不尽相同的发展历史，"三圈"处于不同的发展时期，并存在特有时期相应的问题。辽中南城市群目前已经进入融合发展时期，网络空间结构正在形成，目前面临的主要问题是计划经济时期的城市联系正在弱化，而基于市场经济的城市有机联系还在建设之中。另外，辽中和辽南还存在一定的二元分化，还没有形成完整有效的联系。哈大齐城市组群处在生长点较多的发展期，问题是工业结构呈现严重的相似性，资源型城市正面临经济转型与新型产业选择的挑战。吉中城市组群处于启动期向发展期过渡的阶段，虽然有流通领域较好的合作，但产业关联度低，缺少生产领域的内在协作，基本还停留于显著的分割阶段（王士君，宋飚，2006）。

四、城市群组的协调发展关系及调控手段

由于东北地区城市组群所处的时空发展状态、当地的资源禀赋及发展历史不尽不同，所以各个城市组群协调发展的类型关系、协调模式及调控机制相应地存在差异：辽中南城市群由于形成时间较长，目前已经进入融合发展时期，网络空间结构正在形成，所以在继续要素－产业互补模式的基础上，开始走向一体化综合发展，市场调控也在逐步取代行政调控而成为辽中南城市群的主导调控机制。哈大齐城市组群处在生长点较多的发展期，空间上增长点——组群内大城市的集聚功能和沿交通走廊的扩散作用不断加强，在经济联系和基础设施共建方面存在巨大的协调发展空间。吉中城市组群，目前处于启动期向发展期过渡的阶段（陶希东，2005），在空间形态上，主要由点域空间和廊道空间组成，两个城市组群内部的整合发展也多集中在经济层面，除此之外前者基础设施的整合势头比较强劲，而后者由于是基于煤炭采运而发展起来的能源型的城市组群，所以生态环境成为各城市间重要的整合节点。此外，除了辽中南城市群，在其他几个城市组群中，行政调控机制均处于主导地位，在东北地区城市组群的协调发展中政府已经占据重要作用。沈阳、鞍山、抚顺、本溪、辽阳、铁岭六市政协曾在沈阳举办联席会议，充分发挥各城市政协组织智力密

集、联系面广等优势，积极为推进辽宁省中部各城市的经济社会快速发展建言献策，东北地区政府在参与城市组群协调发展问题上迈出了实质性的一步，可供其他城市组群借鉴。

此外，行政机制和协商机制在调控东北地区各城市组群之间的关系时，正在发挥且将发挥更大的作用，一些措施不断提出并且开始运作。例如，2004年4月末，沈阳、大连、长春、哈尔滨首届四市峰会的召开，特别是会上《东北四城市协同合作全面推动东北老工业基地振兴的意见》的签订，为东北四大城市及其带动的各大城市组群的共同发展提供了一个商议的平台，在协同和互动的指引下，能够避免整个东北地区重大项目的重复建设和产业链条的冲突；从2001年开始，在吉林、黑龙江、辽宁省政府的协助下，东北师范大学举办的一年一度的"中国东北论坛"会议，为众多探讨东北老工业基地问题的学者和研究人员提供了讨论的空间和载体，在深化对东北地区各类问题认识的同时，为政府解决面临的长期问题提供了参考。总之，不论是以学术形式体现的关注，还是政府部门的实际参与，都会对在地域上具有整体性、在文化上同源、在产业结构上互补的东北地区的振兴起到积极的推动作用（表8-3）。

表8-3 东北城市群组的协调发展关系和调控机制

城市组群 项目	辽中南	吉中	哈大齐
时空状态	融合期 网络空间	启动期 点线	发展期 点线
类型关系	复合型	经济型 基础设施型	经济型 基础设施型
存在问题	城市间有机联系尚未建成 二元分化明显	产业关联度低 缺少生产领域的内在协作	工业结构相似 资源型城市正面临经济转型 和产业选择
协调模式	要素－产业互补 一体化综合	要素－产业互补 功能替代	要素－产业互补 一体化
行业选择	重工业 装备制造业	汽车工业 新兴工业	资源接续产业 新兴产业
调控机制	市场机制 行政机制	行政机制 协商机制	行政机制 市场机制

第二节 辽中南城市群

一、辽中南城市群发展现状

（一）范围界定

辽中南城市群是指以沈阳为中心，大连为副中心，以哈大铁路沿线的鞍山、抚顺、本溪、辽阳和营口，以及铁岭和盘锦，另外还有开原、新民、调兵山、灯塔、海城、大石桥、盖州、瓦房店、庄河、普兰店县级市为主体构成的城市密集区，是辽宁省经济发展核心区，同时也是我国重要的工业基地和东北经济发展的龙头区域。

沈阳是东北地区最大的中心城市，传统的政治、经济、文化和信息中心，全国重要的综合性工业基地；大连是东北地区最大的贸易口岸城市，东北地区对外开放的窗口城市，全国重要的机械、石油化工和轻纺工业基地；鞍山、本溪是全国重要的钢铁工业基地；抚顺、辽阳是中国重要的石油化学、化纤工业基地；营口是东北地区重要的港口城市和轻纺工业城市。辽中南城市群总面积为 81 691 千米^2，约占辽宁省总面积的 56%。

（二）区位条件

1. 东北亚核心、大陆桥东端

经济全球化、区域一体化已成为当今世界发展的两大重要趋势。全世界经济合作组织大大小小多达 140 多个，但在世界经济中起决定性作用的、占有最大市场份额的是欧盟、北美自由贸易区和正在筹划并形成中的东亚自由贸易区（简称东盟）三大主体。中国与东盟已在 2010 年建立自由贸易区，日本与东盟自由贸易区也在 2012 年初步建成。在此基础上，以"10＋3"组成的东亚自由贸易区，可望在 2015 年左右建成。

在东亚经济区中，东北亚地区一直是最富有活力的地区之一，东北亚地区占东亚地区 GDP 的 90% 以上，是东亚一体化的关键地区，地域范围包括中国的东北、华北地区，以及日本、韩国、朝鲜、蒙古和俄罗斯东部地区。中、日、韩、朝、俄等国地缘接近，经济互补性强，政府对开展东北亚经济区经济合作均持积极态度。总的来看，东北亚经济合作重点在环黄渤海经济圈，而不是环日本海经济圈。辽中南城市群是东北亚地区内最具发展潜力的地区。

从历史上来看，作为联系欧亚地区的重要陆上通道，欧亚大陆桥主要分布在中高纬度地区。在我国，欧亚大陆桥东西向贯穿我国北方地区，在东亚经济持续发展、欧亚联系日益紧密的情况下，东北地区作为联系欧亚两大经济体的陆上桥头堡，区位优势明显，发展潜力巨大。

辽宁省位于东北亚地区的交通中心，我国沿海城镇带北段、东北亚跨国城市带、哈大城镇发展轴交汇于此。辽宁省向东可达朝鲜、韩国、日本，北上可达吉林、黑龙江、内蒙古，以及蒙古和俄罗斯东部地区，南下可达山东，西去可达华北，战略地位十分重要，处于东北亚地区的核心地位（图 8-4）。

图 8-4　环渤海三大城市群

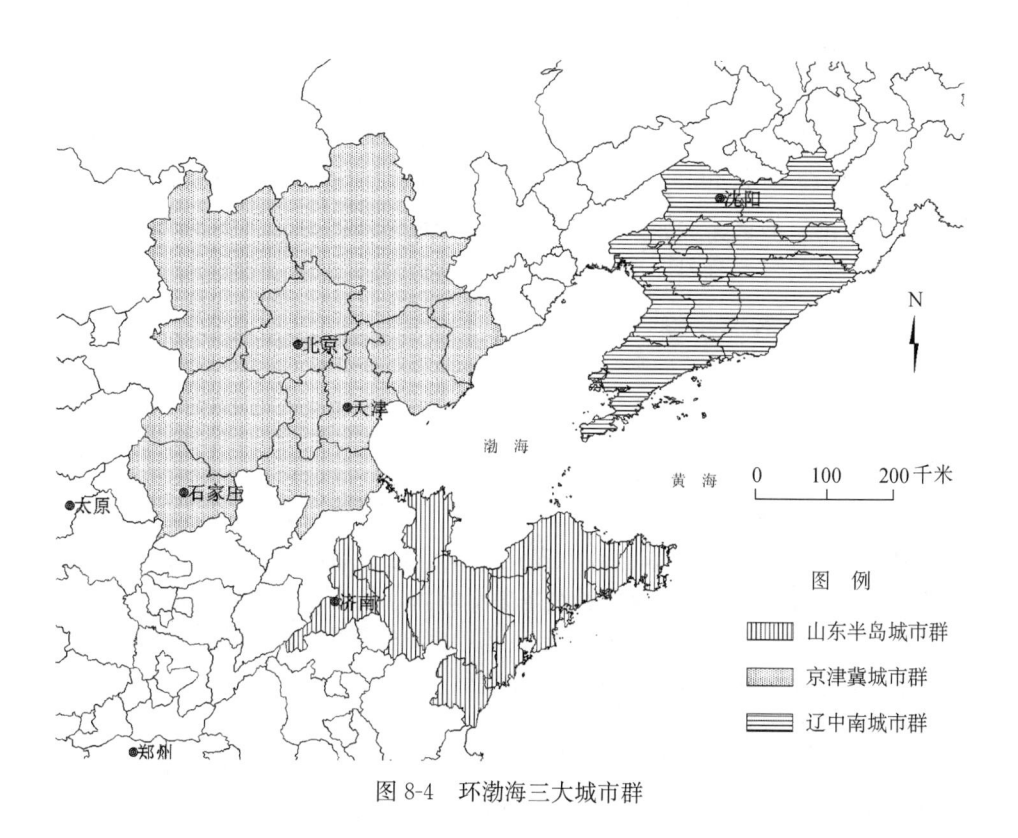

2. 环渤海北翼、东北出海口

环渤海地区是中国城市密集的三大地区之一，共有城市 151 个，占全国的 1/4；百万人口以上的大城市有 13 个，占全国的 40%。在全国竞争力排前十名的副省级以上等级的城市中，环渤海地区就有 4 个，即北京、天津、大连、青岛。沿渤海分布的京津冀、辽中南、山东半岛三大城市群，是我国北方的政治、经济、文化中心，在全国和区域经济中发挥着集聚、辐射、服务和带动作用。

环黄渤海地区三大城市群围绕渤海，成"C"形带状分布。辽宁省沿海地区位于渤海、黄海北翼，是辽中南城市群与京津冀、山东半岛城市群交通联系的前沿。辽西走廊的京哈铁路、京沈高速、秦沈客运专线是联系东北、华北地区的主要通道。大连、烟台之间的烟大轮渡是联系山东半岛、辽东半岛的最便捷海上通道，随着 2006 年烟大铁路轮渡的开通，渤海南北两岸城市群的社会经济联系将更为紧密，以大连为龙头的辽宁沿海经济带将成为三大城市群相互交流的前沿地带。

东北地区目前已形成"一纵三横"的区域空间格局，未来将形成"三纵三横"的空间格局（崔功豪，2001）。

辽中南城市群是东北地区唯一的出海口，与东北三省和内蒙古东部四盟市等腹地之间形成了完善的铁路、公路网络运输体系，目前承接了东北地区70%的进出口货物吞吐量。随着"三纵三横"空间结构的形成，将把东北地区主要出海口由大连一个点扩展到丹东、锦州、营口、葫芦岛等多个沿海城市，辽宁省沿海港口的集疏运能力大大增强，作为辽中南城市群的一部分，成为东北地区的重要门户，有力地推动了东北地区的振兴。

（三）社会经济状况

1. 发展阶段判断

（1）工业化发展阶段判断

2010年，辽中南城市群人均GDP为58 057元。按照联合国和我国学者给出的PPP美元标准，辽宁省整体上略高于工业化中期水平。辽中南城市群三大产业结构为6∶54∶40，但发展水平极不均衡，既有处于工业化后期阶段的沈阳、大连、鞍山和盘锦，也有处于工业化中期阶段的抚顺、本溪、辽阳和营口，还有处于工业化初级阶段的铁岭。

（2）城镇化发展阶段判断

2010年，1%的人口抽样调查结果显示，辽宁全省63.3%的城镇化水平，辽中南地区城镇化水平为67.87%，处于城镇化加速发展阶段。而城市群内部的城镇化水平差异显著，呈现中部地区高于沿海城市的状态。

2. 综合经济实力提升

从经济的增长速度来看，辽中南地区是辽宁省内乃至整个东北地区的开放前沿和发展最为迅速的地区。总体来看，自2000年以后，这个区域的增长速度都快于辽宁、吉林、黑龙江各省的平均水平。2001～2010年，辽中南地区每年新增地区生产总值占全省新增地区生产总值的比重保持在50%以上，增长速度明显。

（1）第一产业整体相对薄弱，产业特色明显

辽中南地区农业基础相对薄弱。2010年，农林牧渔业总产值为1116亿元，占全省的66.9%，人均产值3863元，低于全省3921元的平均水平。农业、林业、牧业和渔业分别占全省的65.6%、72.5%、66.5%和79.4%，其中渔业发展优势相对突出。

沈阳大米、大连海鲜、盘锦辽蟹、营口绒山羊等优势品牌产品名扬海内外。大豆、食用植物油等出口产品在全国占有举足轻重的地位，出口市场包括中国香港、日本、韩国、俄罗斯、北美、欧盟等国家和地区。海洋渔业的发展潜力较大，具有经济价值的鱼类达200多种，虾、蟹、贝类30多种，藻类

100多种。毛虾、对虾和海蜇是全国的三大地方捕捞品种，海参、鲍鱼等海珍品的产量居全国首位。

（2）第二产业基础雄厚

1）实力雄厚的能源和化工产业基地。辽中南城市群是全国重工业基地，重要的石油、天然气能源生产基地，原油和天然气开采能力名列前茅。石油年炼油能力超过5000万吨，占全省的90%以上，占环渤海地区的50%以上。

辽中南地区现已形成以机械、建材、冶金、石油、石化、化工门类齐全、配套性较强的完整的产业体系。中石油集团所属的辽河油田、大连石化、大连西太平洋、锦州石化、葫芦岛石化构成了辽宁石油、石化工业的主体，华锦集团、大连化工、沈阳化工、葫芦岛化工四大国有企业构成了辽宁化工的主体。

2）发达的装备制造业基地。辽宁省是全国重要的装备制造业基地，大型设备成套能力强。在国家划定的装备制造业八大行业、178个小类产品中，辽宁省居全国前六位的有58类，有44种主要装备产品在技术水平方面居国内领先水平。

3）重要的冶金生产基地。辽中南城市群地区是全国特钢行业的龙头企业，东北特钢集团重要的生产基地，鞍山是全国重要的冶金工业基地；营口是全国最大的镁质材料生产基地，重要的铝材加工基地。

4）高新技术产业发展方兴未艾。辽宁省的高新技术产业已成为国民经济发展速度最快、带动最大的支柱产业。2003年，辽宁省实现高新技术产品产值2010亿元，同比增长25.1%，其中规模以上1835亿元，占全国高新技术产业产值的6.7%，居广东、江苏、上海、山东和北京之后，居全国第六位；高新技术产业增加值占GDP总量的9.6%，高于全国平均水平5个百分点，对全省国民经济发展的直接贡献率达21.5%；高新技术产品出口达26.5亿美元，同比增长24%，占全省出口总额的18.2%；销售超过10亿元的企业有28家。据中国科技发展战略研究小组对2005年全国各省市区域创新能力的跟踪评价，辽宁省的区域创新能力综合指标在北京、上海、广东、江苏、天津、浙江、山东之后，居全国第八位。其中，知识综合创新能力指标居第八位；知识获取综合指标居第八位；企业技术创新能力综合指标居第六位；技术创新环境与管理综合指标居第八位；创新的经济效益综合指标居第十七位；在五项综合指标中，有四项居全国前十位。

辽中南城市群内目前有九个国家级开发区：沈阳经济开发区、营口经济开发区、大连经济开发区、沈阳高新技术产业开发区、大连高新技术产业开发区、鞍山高新技术产业开发区、沈阳星火农业试验区、大连保税区、大连旅游度假区。

（3）第三产业潜力巨大

1）突出的现代商贸物流业。大连、锦州是全省"三四二商业物流网络体系"的中心节点，大连大孤山半岛国际物流园和营口口岸物流园区是全省生活消费品物流体系和原油、钢材、木材等重点生产资料区域性物流中心。

2）全面发展的金融业。沈阳、大连的金融业经过多年努力，初步形成银行、保险、证券、期货、信托各业并举，中外资金融机构并存，功能完备，运行稳健的金融体系，金融市场体系建设和金融国际化特征得到明显加强。目前，大连已成为东北地区金融机构种类最全，密度最大，开放度最高的城市。

大连是东北地区银行业开放程度最高的城市。目前，东北地区所有的八家外资银行全部在大连，另有六家外资银行代表处设在大连，大连已是东北地区的外汇业务中心。

3）旅游业发展迅速。辽中南城市群地区拥有丰富的旅游资源，以滨海旅游和工业旅游为主，包括众多省级以上风景名胜区、旅游度假区、森林公园、自然保护区和工农业旅游示范点。旅游资源分布广，特色鲜明，每年都能吸引众多的国内外游客。旅游业作为现代服务业的先导和龙头产业，大大提高了服务业的比重，从而促进了全省经济结构的优化。在辽宁老工业基地振兴的实践中，旅游业对经济、社会的综合拉动作用得到进一步体现，已经成为沿海地区国民经济新的增长点。

4）会展服务业前景看好。大连是我国著名的旅游会展城市，每年均有大量的国内外专业性和综合性的会展在大连举办，为企业的进出口、形象宣传、拓展国内外的客户资源提供了强有力的支撑。目前，专业化和国际化的展览项目已经占到了80%以上。其中，大连国际服装博览会、大连进出口商品交易会已成为我国著名的国际展会之一，大连国际汽车展、国际电子工业展、国际海事展和软交会、环保展览会等多个专业展会也都具有较高的国际知名度。从发展的趋势来看，会展服务业前景看好。

3. 城镇化和人口变动情况

辽中南城市群经济结构从总体上还是以大型企业和重型原材料工业为主，尽管大城市密集，但扩散能力不强，都市区普遍较小，特别是县域城镇化明显滞后，都市连绵区尚未形成。辽中南综合交通走廊对资金、技术、产业、人口等向沿线聚集有很大作用，城市群内的集聚现象明显。沈阳、大连在集聚的同时，也都已经有了向郊区化发展的倾向，工业、人口向外迁移，中心区人口绝对量下降，近郊人口增长最快，远郊区人口缓慢增长，甚至减少。与南方相比，辽中南小城镇发展缓慢，乡村地区城市化速度也不如南方。城市群内部总人口的绝对量和省内相对量都呈增长趋势。2010年年末，辽中南城市群的总人口为3129.95万人，占全省总人口的74%；城镇人口2124.3万人，占全省总城镇人口的78.2%。

辽宁全省2005～2010年的城镇化速度为1.72%，2010年年末城镇化水平为62.15%；辽中南城市群地区的城镇化水平为50%，但城镇化速度基本与全省持平。另外，城市群内部各城市城镇化水平与速度差异也较为显著，沈阳、大连、抚顺和本溪城镇化水平超过50%，而葫芦岛以3.7%的城镇化速度高速增长。城镇化水平与速度的差异将逐步改变之前的城镇化空间格局。

（四）现状特征

1. 城市群粗具规模

从城市群内部城市的规模结构上看，辽中南城市群整体的城市化水平达到67.87%，高于长三角、珠三角和京津冀三大城市群（李依浓，2007）。这主要是由于新中国成立后，东北地区大规模的工业化建设，推动了工业城市迅速发展，城市化水平在这一时期提高较快。而且，大中城市密集，中部以沈阳为中心，包括鞍山、抚顺、本溪、辽阳等重工业发达的城市；在南部沿海地区，则以大连为中心，包括营口、盘锦等沿海城市。辽中南城市群成为区域经济的核心，城市平均密度大，达到2.17个/万千米^2。

2. 发展基础十分优越

1) 中国发育最完善的城市密集区之一。辽中南城市群集中了辽宁省2/3的城市，全区非农业人口占总人口的57%，远高于全省、全国平均水平，是我国最大、发育最完善的城市密集区之一。

2) 全国最重要的重工业基地之一。沈阳、鞍山、抚顺、本溪、辽阳均是全国重要的重工业基地，区内冶金、机械、石油化学工业在全国均占有重要地位。

3) 中国经济发展最活跃的地区之一。辽中南城市群位于辽东半岛，是我国最早对外开放的地区之一，大连是我国首批对外开放的沿海城市之一。本区目前有九个国家级开发区（沈阳经济开发区、营口经济开发区、大连经济开发区、沈阳高新技术产业开发区、大连高新技术产业开发区、鞍山高新技术产业开发区、沈阳星火农业试验区、大连保税区、大连旅游度假区），九个省级开发区，2010年该区利用外资188.3亿美元，占全省利用外资总额的92%，社会商品零售额占全省的81.5%。

3. 空间差异显著

本区城市分布北密南疏，城市实力北强南弱，北部有沈阳、鞍山、抚顺3个特大城市和本溪、辽阳2个大城市，而南部只有大连1个特大城市和营口1个大城市，其他城市规模较小，实力较弱，在营口至大连间没有大城市，是本区城市发展的"低谷区"，城市间联系相对薄弱。

4. 资源环境问题凸显

1) 能源问题。辽中南地区自然条件良好，资源丰富，土地肥沃。但自开始发展以来，一直以高耗能型产业为主，而且工业和城市分布集中于此地带，重工业比重很大，能源消耗总量巨大，加之工业设备落后，技术水平低，能源单耗高，能源问题更加突出。曾经引以为豪的丰富矿产资源，在经过几十年的高强度开采之后，已开始逐渐萎缩，后备资源不足，矿产资源优势正在逐步减退。现阶段能源资源、水资源等已经十分短缺。

2) 环境问题。本区的工业布局在辽宁中部城市群过分集中，致使区域环境恶化，造成严重污染的三大部门——化工、冶金、轻工，六大企业——钢铁厂、有色冶炼厂、火电厂、水泥厂、石油化工厂、造纸厂等在辽中南城市群内均十分集中。工业固体废弃物产业量大。另外，工业地点布局和厂址布局不当，工业区与居民区混杂，致使噪声扰民问题也成为城市一大公害，中部城市群各功能区环境噪声均超国家标准的 1~6 分贝，并有继续增加的趋势。工业发展和布局与区内自然、经济、环境资源条件不相协调，城市布局过密，人口膨胀，致使土地资源和水资源日益紧张，特别是水资源不足的矛盾异常突出，三废污染严重，区域环境严重恶化。

二、辽中南地区交通与城市群演变过程

（一）交通条件变化对东北地区城市与区域相互作用的影响

1. 促进区域经济发展

交通的发展，打开了东北地区的"门禁"，使 19 世纪末封闭、落后的东北地区一跃成为 20 世纪早期中国发展相对快速的地区，而东北地区南部门户区域也因其优越的区位与交通条件迅速发展起来。分布密集的公路、铁路网及优良的沿海港口，便于辽宁省各城市资源的开发与工矿业的发展，因而也加强了辽宁省与东北地区及全国的经济、文化和贸易交流，进一步加速了辽宁省现代城市化和工业化进程。

2. 推动区域文化交流

交通条件的改进，促进了东北地区边疆的开发，东北地区相对封闭的经济体制逐步瓦解，加速了东北地区向近现代文明发展的进程。19 世纪末，以铁路修建为先导，打破了东北地区长期的封闭状态，开始了向现代化文明迈进的步伐。同时，铁路的修建也给人们带来了思想观念的变化，破除了许多封建思想，从衣食住行到利益风尚都发生了巨变；而来自各地的移民，也将其文化带

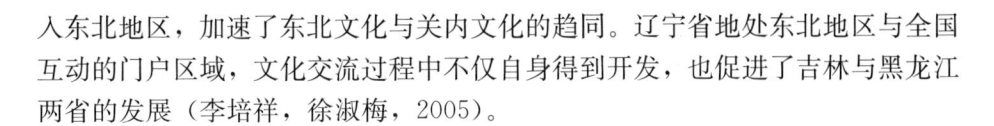

入东北地区,加速了东北文化与关内文化的趋同。辽宁省地处东北地区与全国互动的门户区域,文化交流过程中不仅自身得到开发,也促进了吉林与黑龙江两省的发展(李培祥,徐淑梅,2005)。

3. 加速资源开发、工业发展

铁路的修建促进了资源的开发和工矿业的发展,客观上为东北地区发展成为全国的重工业基地打下了基础。帝国主义为掠夺东北地区资源而来,因此铁路多选在资源丰富的地区修建(李依浓,2007)。一方面促进了新兴城市的产生和发展,另一方面城市空间布局也渐趋合理,有利于城市与区域间的相互作用,为城市群的形成奠定基础。同时,外国先进技术的传入,使东北地区落后的工矿业技术得以向现代化迈进,重工业发展较快,为新中国成立后东北地区重工业基地的地位打下了坚实基础。

4. 增强城市辐射作用

铁路的修建推动了新兴城镇的崛起,便于城市经济功能的发挥,促进了东北地区的近现代化进程。由于东北地区开发较晚,城市个数有限,且只有两个城市人口达到了20万。伴随着铁路的兴建和加工工业的发展,陆续出现了一批沿铁路沿线发展起来的中心城镇,这使得东北地区城市数量明显增加,并在各级别上均有分布,这种相对合理的城镇体系状态有利于发挥城市的辐射带动作用,促进了城市的发展与区域的联系。

(二)交通导向的辽中南城市群演变历程

交通运输在东北地区城镇发展过程中,起着独特的作用,辽中南城市群的形成亦受交通条件的极大影响。辽中南城市群的发展是以铁路开发为先导,水路和公路作为补充,加之港口城市的兴起,而逐渐演变发展起来的。

1. 分散增长阶段(马车时代)

在明朝之前,东北地区由于自然条件影响与区外经济联系甚少,主要的交通工具为马车和帆船。明代因军事政治需要建立了都司、卫所,统治着东北地区,以辽东都司为中心,北连开原,西接广宁等军事城堡,并建有水陆联运驿道。

清代,辽中南地区交通驿道以盛京为中心向周围辐射,联系了"柳条边墙"内外一些城镇。但清朝为保护"龙兴之地",对其实行了"封禁"政策,交通不便,致使东北地区长期处于"休眠"状态。光绪七年(1881年),东北地区全部开放,广设驿站,兴建桥梁,人口集聚,促进了这一时期辽中南地区城镇的形成。

总之，这一时期的辽中南地区和东北大部分地区一样，城镇完全被笼罩在古老的文明氛围之中，处于自给自足的乡村型城镇阶段，并且呈现单核封闭式的城市发展模式，而城镇群总体上处于多点分散增长阶段（孙晓东，2006；任启平，陈才，2004）。

2. 轴向分散增长阶段（火车时代）

蒸汽机的发明与使用，使交通工具产生了巨大的变革，轮船和货车成为重要的交通载体。东北及辽宁地区的水系较为发达，有利于轮船交通的发展，而轮船的使用也促进了沿河、沿海地区城市的形成与发展，沿江、河、海建港口或船厂，如营口和大连港的兴起。

中东铁路的建成通车，更为城市和区域间的相互作用提供了便利通道，加速了地区人口与物资的流动，促进了铁路沿线新城市的形成。1903年，中东铁路建成通车，中东铁路西至满洲里，东至绥芬河，从哈尔滨南下至大连，形成贯穿东北地区"丁"字形铁路干线。并修筑了大石桥至营口的支线，这就贯穿了辽中南地区两个港口城市。加快了辽中南地区的开发进程，从而出现了更多的聚落，并迅速发展成为大城市，如辽阳和奉天。

这一时期的城镇开始由较封闭的城堡向较开放的近代城市过渡。多数城市冲出城墙向铁路附属地方向延伸，有两者相容的趋势，开始形成一种新的双核城市，即无目的蔓延的旧城与功利型的新区铁路附属地构成的统一。辽阳和奉天就是在南满铁路附属地和旧城自身膨胀，构成新旧两区（双核）共同体，这样城市功能明确，也改变了旧有城市结构，多呈开放形态。

此时期的辽中南城市群呈现沿铁路轴向分散发展的状态，并出现了跨越城墙发展的较大型城市。

3. 轴线核心极化阶段（汽车时代）

汽车是继火车、轮船之后出现的另一重要交通工具之一。1910年，东北地区首次出现汽车，1912年开始正式运营。1914年，长春"华立自动车行"开始在老城至头道沟火车站间运营，哈尔滨1918年开通道里至道外自动车运营线路。由于汽车运输具有灵活机动的特点，不仅使汽车的数量迅速增加，而且很快在各城市普及，使陆路交通体系得以完善。到1941年，东北地区建成国道、省道等公路共计31 432千米，1945年，铁路通车里程达到16 673千米，东北地区交通网基本形成，但仍以铁路、公路为主。

汽车的发展和使用方便了城市之间的联系，特别是铁路沿线和非铁路沿线城镇间的交通联系，迅速有效地疏散了沿线城镇的滞留人口，向远离铁路周边地区迁移，使得辽中南地区的城镇分布趋于合理，促进了城市与区域的相互作用，也使城镇的分布趋于均衡，一些衰退的古驿道城镇得以重新发展，使城市由封闭的单核向开放的多核演化，城市内部开始出现明确的功能分区，而城镇群空间上进入了轴线极化的发展阶段。

4. 双核轴线增长阶段（综合交通运输时代）

随着区域经济的高速发展，辽中南地区逐渐形成了以铁路、公路、航空和港口组成的综合交通系统。新老城市一并发展，产生了新的空间组织。铁路、公路沿线城市迅速成长，并向两翼蔓延扩展，步入了以沈阳、大连为核心，沿哈大铁路和沈大高速交通走廊多点分布的双核轴线的城镇群发展阶段（杨荫凯等，1999；杨荫凯，韩增林，1999）。

三、辽中南城市群空间特征

（一）形态特征——双核结构模式

区域双核结构模式广泛存在于我国沿海和沿江地区。根据陆玉麒等对区域双核结构模式的研究，辽中南城市群双核结构是由港口城市和区域中心城市及其连线所组成的。构成双核的两个城市：一方是政治、经济、文化三位一体的区域性中心城市，主要是省会城市；另一方则是重要的港口城市，行使着区域中心城市的门户港口功能。而在辽中南城市群经济发展过程中也出现了这样的双核城市，即沈大双核城市（韩文涛，2006）。

在辽中南城市群中，沈阳和大连在人口和经济方面的核心地位逐渐显现，成为辽中和辽南地区，甚至辽宁省的人口和经济核心。沈阳和大连构成的双核结构，成为带动辽中南城市群经济发展的两极。从港城关系的角度来看，沈阳和大连作为区域中心城市和港口城市形成了双核结构的港城模式。这是一种空间尺度大、区域效应强烈的特殊的、广义的港城关系。传统的港城关系是指城市的市区和港口的关系，其基本类型主要有3种：港口在市区之内、港口在市区之外和混合式（即港区一部分在市区之内，一部分在市区之外）。而大连和沈阳则构成了一种泛港城模式，是以区域双核结构为空间结构基础，以整个区域为结构单元，体现了一种经济区的理念，而非传统的行政区划理念。

1. 沈阳中心城市的确定

根据港城关系理论，沈阳具有了作为中心城市的条件。沈阳作为中心城市不仅有客观的省会城市的政治、经济基础，而且从地理位置上也近于辽宁省的几何中心，交通也十分便利。通过计算各城市的最短距离和指标可以确定沈阳的地理中心性。

沈阳经济具有绝对的优势，所以从综合的角度来看，沈阳作为区域的中心城市在人口、经济、交通等方面具有明显优势，这也有利于沈阳城市中心性的进一步发挥。

2. 大连港口城市的确定

港口城市作为区域对外交往的通道和窗口，具有明显的外向型特征，即贸易依存度很高，一个地区的贸易依存度是进口总额除以 GDP 的值再加上出口总额除以 GDP 的值。通过计算得到大连、丹东和营口的外向指数、贸易依存度均居前三名，同时三个城市也是辽中南城市群中的沿海城市，但是从外向指数和贸易依存度指标的数值上看，大连明显处于绝对优势，外向型特征比较明显，远远大于丹东和营口。因此，大连作为辽中南城市群的双核结构的港口城市也是符合现实的。

3. 沈大间的港城互动

大连和沈阳的互动必须充分发挥"港"、"城"功能，在不断完善"港"、"城"功能的基础上，对两城市产业进行合理分工，扬长避短，此外还应在科技教育方面加强合作与交流，实现功能互补（李依浓，2007）。

(1) 强化大连和沈阳的"港"、"城"功能

首先，大连应根据自身区位特点和水运低成本的优势，积极建设集装箱运输、船舶制造业等与铁路、港口配套的产业，以优势产业和特色产业为基础，利用外资，发展高、新技术产业，具体包括港口工业（船舶修造、港机工业、拆船工业等）、海洋工业（海水养殖及加工、海洋业、海洋化工等）、集装箱出口工业（集装箱生产、外贸加工等）、食品加工等。大连港口作为复合型的港口兼具腹地型和中转型港口的特点，在建设东北亚国际航运中心的大背景下，应不断加强港口自身的建设，如矿石、原油、粮食、汽车、集装箱等专业港区及码头后方配套设施的建设，进而发挥港口为腹地服务的功能，形成以港口为依托的产业系列，通过建设国际性港口城市，营造良好的开放环境，并为港口货物的中转提供优质的服务，最终使大连建设成为集外向型临港工业、沿海工业、商贸物流和航运服务多功能于一体的港口城市。

其次，沈阳应充分发挥老工业基地的工业优势，积极发展装备制造业、汽车工业，以及技术含量高的化工工业、机电行业等，借助便利的交通条件，充分利用其周围的资源，如辽阳、营口、盖州的蔬菜、水果、农畜产品等，以及抚顺、盘锦的石油产品和鞍山的钢铁产品进行深加工，做强五大产业，即汽车业、先进装备制造业、电子信息产业、化工制药业和食品饮料业。除此之外，还应加强沈阳中心城市的建设，坚持城乡一体化，发挥中心城市的强辐射力和综合服务功能，通过以沈阳为中心的多条铁路，加强与其周围中小城市的密切经济协作和文化科学交流，使其成为辽中南城市群的政治、经济、文化、科技、信息中心。

(2) 明确沈阳和大连的产业分工，促进产业"集群化"发展

沈阳和大连形成的产业集群行业或部门主要集中在制造业，并且在黑色金属冶炼及压延加工业、通用设备制造业、交通运输设备制造业、通信电子设备及计算机制造方面两城市都具有产业优势，形成了竞争性的产业集群。如果这些产业集群不加以控制的话，必然会引起无序竞争，结果将影响到各自城市经济的发展。因而，必须认真规划各自的产业，实行产业错位"集群化"发展的战略，促进产业的合理分工。在已有的竞争性产业之间，应该制定相应的政策，促进两城市该产业的沟通合作，为做强城市产业集群而共同努力，避免恶性竞争。而在非竞争性的行业里，应发挥各自的产业优势，打造出本城市的产业集群，增强城市的功能。

(二) 辽中南城市群空间组织

1. 沈大（哈大）轴地位突出，沿线城市密集

沈大（哈大）轴是东北地区人口和产业集聚最主要的地区。哈大轴上串接了沈阳、大连、哈尔滨、长春4个副省级市、9个地级市和18个县级市。在仅为全区面积8.5%的土地上，集中了30%的城市，56%的城市人口，87%的特大城市和超大城市，工业总产值占全区工业总产值的60%。哈大城市带城市密度为2.84个/万千米^2，是全国平均水平的4.8倍；平均城市规模65万人，是全国平均水平的2.1倍。营口—大连作为沈大（哈大）轴的南端，具有优越的地理区位和腹地条件。

沈阳、大连之间距离360千米，接近日本学者提出的"一日交流圈"（3小时交通所达到的空间范围）的上限。核心城市间空间距离较远，再加之沈阳、大连的经济辐射能力远不如长三角、珠三角、京津冀核心城市，因此在沈大轴上，城镇分布两头密集，中间稀疏，北端辽宁省中部城市群一带，城市几乎首尾相接连成一体，工业密度达327.6万元/千米^2。南端大连附近的城镇也比较密集，工业密度达180万元/千米^2。海城至瓦房店170千米区段城镇稀疏，没有较大的工业城市，是沈大轴的断裂点周边区域，此段工业密度仅为30万~50万元/千米^2（表8-4，图8-5）。

表8-4 沈阳、大连断裂点

项目	沈阳	大连	断裂点（距沈阳）/千米
市区人口/万人	515.42	304.26	203.6
GDP/亿元	4185	3432	188.9
商品零售额总量/亿元	1890	1338	195.5
批发贸易业销售总额/亿元	5431	2524	214.1

资料来源：根据《辽宁省统计年鉴2011》计算得出

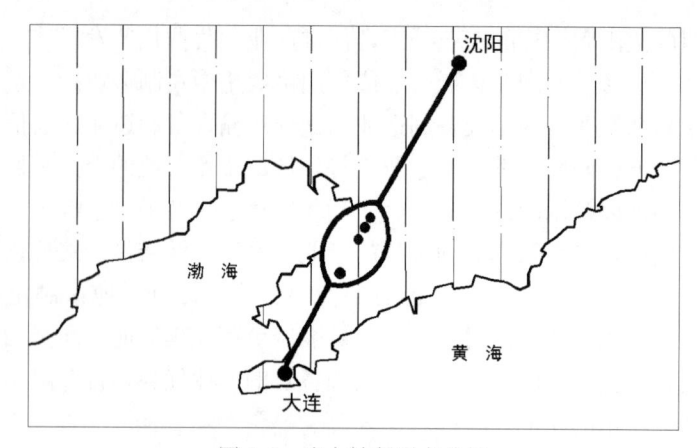

图 8-5 沈大轴断裂点分析

2. 大连核心作用提升，辐射能力受到地理环境的制约

综合比较经济发展水平等条件，可以看出大连在辽宁南部沿海地区的独特地位。但在与我国其他沿海重要城市绝对量的横向比较中，大连仅在客货运量上处于中游，在人口规模、经济总量上分别居第五、第六位，处于相对较弱的位置。为了促进辽宁省沿海经济带甚至辽中南地区的发展，大连应进一步加强其沿海城市中心地位，提高其集聚和辐射能力。但大连位于半岛尽端的地理特征，使其较难有效地辐射整个辽中南城市群地区。

3. 营口、盘锦关系日益密切，串接辽中、辽南、辽西作用日益突出

盘锦空间结构正在形成以城市市区、大洼、胡家、辽滨新区为主发展轴的空间格局，辽滨新区的建设和空间主发展轴的形成，使其与营口的关系日益密切。

营口与盘锦串接辽中、辽南、辽西的作用日益突出，该地区是沈大轴与东北亚跨国城镇带的重要节点。特别是营口作为辽中最近的出海口，辽中与辽南的交汇点，区域地位日益突出，经济发展迅速。营口近几年经济增长迅速，港口吞吐量急剧增加，随着鞍钢等企业的转移，已成为辽宁省产业聚集，物流发展的重要地区（表 8-5）。

表 8-5 我国沿海各城市群核心城市比较

区域	城市	2010全市GDP/亿元	比值	2010市区GDP/亿元	比值	2010客运总量/万人	比值	2010货运总量/万吨	比值
长三角	上海	17 166	3.35	16 972	3.76	17 434	0.44	80 834	2.64
	南京	5 131		4 515		39 688		30 592	
珠三角	深圳	9 582	0.89	9 582	0.97	156 407	2.5	26 174	0.46
	广州	10 748		9 879		62 595		56 644	

续表

区域	城市	2010全市GDP/亿元	比值	2010市区GDP/亿元	比值	2010客运总量/万人	比值	2010货运总量/万吨	比值
京津冀	天津	9 224	0.65	8 561	0.62	24 873	0.18	40 368	1.84
	北京	14 114		13 904		140 663		21 886	
山东半岛	青岛	5 666	1.45	3 231	1.08	23 804	1.44	26 971	1.17
	济南	3 911		2 960		16 477		23 146	
辽中南	大连	5 158	1.03	3 432	0.82	17 804	0.58	31 073	1.79
	沈阳	5 018		4 185		30 657		17 348	

资料来源：《中国城市统计年鉴2011》

（三）空间组织存在的问题

1. 核心城市不够强大

要实现继长三角、珠三角和京津冀城市群之后的中国城市群第四极的目标，首先要着力打造强大的核心城市。而核心城市沈阳、大连的综合实力较北京、上海、广州还存在较大差距。无论从城市化水平、人口密度，还是客货运总量与人均GDP、三大产业结构上看，沈阳与大连两个城市群核心城市仍存在发展相对缓慢、发展动力单一及产业结构不尽合理的问题，两城市亟待解决制约城市发展的首要问题，才能推动辽中南城市群的快速发展。

2. 城镇体系不尽合理

进入高度城镇化和快速发展时期的辽中南城市群，与国内三大城市群相同，都形成了由特大城市、大城市、中等城市、小城市等组成的城镇群层次等级，各类城市形成了"金字塔"形结构。但辽中南城市群在第一、二层次上的城镇规模与数量较其他都有所差距。并且城镇体系不尽合理，中小城市不是很发达，城镇群出现"头重脚轻"的状态。出现了大城市不大，中城市不强，小城市不特的局面。城市群的城镇人口规模等级序列呈首位分布。首位度在波动中呈下降趋势，首位城市沈阳的人口增长率低于下位城市。而小城市发展相对滞后，并存在地区性的城镇功能趋同现象，城镇体系各城镇间缺乏合理分工的引导，城镇增长极的极化效应和辐射作用不明显。

3. 城市群内部差异甚大

城市群内部各个城市的城镇发展水平较大，在空间上分布不均。总体来说，以沈阳为核心，沈大为轴线的区域发展势头较好，城市间关联度高，而以大连为核心的南部沿海区域由于自然因素制约，城镇间的联系相对较弱，大连的辐射带动力体现不明显，小城镇发展相对缓慢。

4. 沿海与腹地关联性较弱

由于辽中南城市群是双核结构的发展模式，空间发展上利弊共存。由于沈阳与大连在空间上距离较远，约 400 千米，因而两城市在发挥各自辐射集聚能力时的互动能力较弱。这使得辽宁省南部沿海与中部内陆腹地间的关联性很弱，城镇间的产业得不到互补，位于两城市间的鞍山、营口等城市发展动力明显不足，出现了中部连接"塌陷"的现象。

四、交通引导下的辽中南城市群空间走向

（一）现代综合交通对辽中南城市群的作用机制

1. 交通产业自身推动力

无论是重工业化阶段，还是第三产业主导的后工业化阶段，交通运输产业都是发展的重要基础。辽中南城市群作为我国重工业基地，同时，部分城市已进入工业化中后期，很多城市都进入产业结构的调整阶段，加上鞍山、本溪等资源型工业城市面临资源枯竭的趋势，大量城市开始注重向第三产业调整与转型。第三产业的发展必须以交通运输业高速发展为基本前提，因此形成了以沈阳、大连双核的东北地区乃至全国重要的物流、客流及信息流集散中心。

2. 交通网络的空间导向

交通条件是工业用地布局的重要影响因素，在城市工业区的形成前期一般是工业企业自发在交通可达性较好的地区集聚，形成原始工业区。随着交通技术进一步发展，优化原有产业区位条件，同时加强了原有工业专业化分工和协作，推动了辽中南地区工业园区的建设，改变了城市群的空间布局。

3. 交通轴线的集聚与辐射作用

随着区域经济的发展，沿重要交通轴线高速发展的城市化战略已成为世界各国区域经济发展过程的普遍现象，这也是由交通沿线具有潜在的高经济型所决定的。铁路和公路沿线对辽中南城市群的城市集聚产生了相当重要的影响，沟通了辽中南城市群南部沿海与中部腹地的区域联系与协作，城镇的分布受交通干线的导向作用明显。

辽宁铁路网络是以哈大和京沈为主要铁路干线走廊，以沈阳和锦州为中心的体系的；十条高速公路组成高速公路网：沈山、沈大、沈四、沈阳绕城、沈丹、沈抚、锦朝、锦阜、盘海营、丹大高速。高度密集的公路、铁路沟通了网

络上发育良好、分布集中的辽宁省大部分重要城市。

（二）辽中南城市群综合交通发展策略

《辽宁省城镇体系规划》中明确规划了辽中南城市群未来的基础设施框架。未来将建立以沈阳桃仙国际机场和大连周水子机场为主的国际航空港；以大连港为中心，以集装箱运输为主的通商大型综合港；以沈阳环城高速公路为枢纽，沈大、沈山等六条高速公路为主骨架的综合性、立体化、网络型的区域交通体系，成为东北地区出海入关的通道。

1. 共同构建东北亚的综合交通枢纽门户

（1）构建综合交通枢纽门户

沈阳作为全国性的交通枢纽城市，尤其是其强大的铁路枢纽功能，是全国运输通道网络中京哈运输通道和哈大运输通道的重要节点。大连作为东北亚航运中心，服务面向东北亚，直接服务于东北地区，是东北经济区的重要出海口。

发挥哈大客运专线沈阳—大连段、沈大高速公路、沈阳—大连的铁路、烟大火车轮渡、大连港疏港铁路等的高速便捷的衔接功能，集成沈阳、大连交通枢纽的功能，建设多方式的联运枢纽，共同构建东北亚的综合交通枢纽门户。

（2）提高铁路运输的比例，发挥综合交通网络的整体协调作用

以哈大客运专线、京沈客运专线、秦沈客运专线、东北地区东部铁路通道的建设为契机，大大提高运输通道的运输能力，扩展铁路的辐射范围，缓解铁路运输能力不足的问题。

以城际轨道交通的建设为契机，增强客运服务能力，推行公交化的运行服务模式，将区域间城市客运交通需求吸引到铁路系统，减少对于汽车交通方式的依赖。

（3）东北亚航运中心建设为核心，建设"一主一辅支撑"的港口体系

大连港在区域的领先地位是明显的。被国家定位为"东北亚国际航运中心"；营口港虽然在规模上、管理水平上、国际物流和贸易经港量上与大连有明显的距离，但近年来的增长速度较快，也反映出营口作为沈阳经济区板块出海口的重大作用。

"一主一辅支撑"的港口体系会有效地改善辽宁省沿海的吞吐能力和效率，避免过度投资和竞争，推动港口间的分工协作，增强沿海港口的集疏与辐射功能。

（4）完善空港布局，建设便捷的空运体系

区域内以沈阳桃仙国际机场和大连周水子机场作为航空枢纽，承担区域与

国外联系、国际中转，以及本地的国内外联系。

应扩建沈阳桃仙机场，提高其运输能力；在大连周水子机场扩建的基础上，进行新机场的选址研究；同时，应提升其他城市机场的运输能力作为该区域空运的辅助支撑。

(5) 增大高速公路网络的密度，提高沿海与内陆腹地的辐射通行能力

《国家高速公路网规划》采用放射线与纵横网格相结合的布局方案，形成由中心城市向外放射，以及横贯东西、纵贯南北的大通道，由7条首都放射线、9条南北纵向线和18条东西横向线组成，简称"7918网"，总规模约8.5万千米。其中，主线6.8万千米，地区环线、联络线等其他路线约1.7万千米。其中，沈阳、大连是国家公路主枢纽，鞍山、营口为二级公路枢纽；沈阳是北京－哈尔滨这条首都放射线上的重要节点，沈阳、辽阳、鞍山、大连位于沈阳－海口南北纵线的北段；同时形成以沈阳为中心，联系辽中的鞍山、本溪、抚顺、铁岭的辽中高速环线。《国家高速公路网规划》将为本区域的发展创造良好的交通条件（图8-6，图8-7）。

图8-6 辽中南城市群海港、空港布局示意图

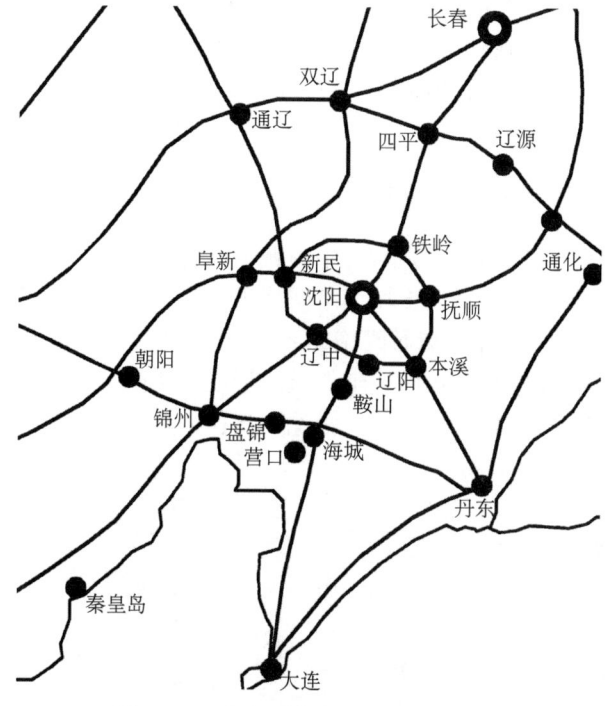

图 8-7　辽宁省国家高速公路网规划图

2. 以不同层次等级的交通枢纽城市为核心，构建一体化、多元化的运输网络，发挥区域内城际快速客运交通系统的作用，促进区域整合的力度

1）构建不同层次等级的交通枢纽城市。沈阳、大连承担着全国性交通枢纽的功能，鞍山、本溪、营口作为区域性的交通枢纽，盘锦、抚顺作为地区性的交通枢纽，形成不同层次不同等级的交通枢纽节点。

2）采取公交化铁路运输策略，发挥铁路系统服务于城镇化空间布局的功能。随着东北地区客运专线的初步建成，特别是哈大客运专线、京哈客运专线等相继通车，城际间的高速化公交系统将有望形成，这将有利于促进沿线城镇的功能整合与协同发展，推动沈大城镇密集带的发展。

3）加快地区性交通网络的建设，提高地区性的公共交通服务水平，增强辽中南地区的交通可达性，促进城镇之间的联系，以及与港口、产业区之间的交通联系。

3. 以疏港通道的建设和沿海向内陆的辐射通道建设为主导，增强沿海地区港口、产业和城镇之间的交通联系

目前，在辽宁省沿海经济带国家战略带动下，港口、港口城市、运输通

道、腹地物流等重要经济要素日趋活跃，竞争、分工、合作框架内的门户之间、腹地之间、门户与腹地之间的相互关系得以规范，国家在东北地区的战略布局效果初步显现，港口、通道这一过去的经济发展瓶颈已经打开，并成为区域经济协调发展的优势条件。

（三）交通引导下的辽中南城市群空间布局

区域交通设施的规划建设，对辽中南城市群空间布局产生积极的引导，区域中心将进一步强化，区域内部城镇空间将进一步整合，加速形成区域一体化的发展格局。辽中南丰富的交通网络体系将区域内几个重要城市紧密联系起来，构筑辽宁中部城镇群的出海通道，最终形成以沈阳、大连为核心，辽中城镇密集区、辽南城镇密集区为主体，沿沈大高速公路的具有国际意义的城镇发展带（图8-8）。

图8-8 辽中南城市群空间结构示意图

哈大客运专线（沈阳—大连）、沈大铁路、沈大城际轨道、沈大高速公路为依托的复合型交通走廊，将进一步提高沈大轴的集聚能力，在沈阳、大连两个核心城市之间，进一步带动沿线城镇的发展，形成产业、人口相对集聚的带状区域，继续发挥增长极核和腹地的纽带作用，成为带动辽宁全省发展的核心地区，并与东北亚城镇走廊相契合，逐步建成联系东北亚地区的国际大通道。

1. 辽中城镇密集区

沈阳的中心地位毋庸置疑。一方面，沈阳地处辽东半岛的腹地、东北亚地区的中心，作为辽宁省和我国东北地区的经济、政治、文化和交通中心，在参与东北亚区域经济合作中具有不可替代的优势地位，发挥着十分重要的作用。另一方面，沈阳是全国重要的交通枢纽，交通优势尤其突出，是东北地区出关入海的必经之地，也是联系东北地区经济腹地与沿海经济带的黄金通道。长期的经济发展，形成了密如蛛网的航空、铁路、公路运输网络。

当集聚与扩散达到一定程度，城镇空间将沿着交通轴线扩散，各级轴线相互交织，扩散效应作用于周边区域，便形成城镇网络。随着沈阳中心地位的强化，且与周边城市组团的交通联系日益密切，与抚顺、本溪、鞍山、辽阳、铁岭等城市形成更加紧密的联系，形成沈（阳）抚（顺）本（溪）都市区、鞍（山）辽（阳）海（城）都市区、铁岭（市区、调兵山市）城镇组群，发展完善了辽中城镇密集区。

2. 辽南城镇密集区

（1）大连都市区

大连位于东北经济区和环渤海经济区的交汇处，在地理位置上有"东北之窗"之称。得天独厚的区位优势，使得大连成为我国北方重要的交通枢纽之一，承担着东北地区 70% 以上的海运和 90% 以上的集装箱运输任务，是东北地区最大的外贸口岸和物流平台。同时，大连是东北亚的中心点，面向韩、日等国和山东半岛及渤海沿岸各港口城市和经济发达地区，背靠辽东半岛和广大的东北地区，不冻港加上便捷的海、陆、空交通，使大连在辽宁省乃至整个东北地区对外开放中的地位和作用越来越重要。大连港口经济的发展必将带动东北地区经济的发展，鉴于大连的门户作用，国家做出了把大连建成东北亚重要的国际航运中心的决策，在大连形成高效的大型港口将成为东北地区经济的资源进口通道和产业出口通道，使接续产业和装备制造业的快速发展成为可能。大连的门户地位得到进一步强化，支撑城市快速发展，同时将带动其腹地瓦房店、普兰店、庄河的经济快速发展，形成大连都市区（张小军，韩增林，2001）。

（2）营盘鲅都市区

营口新港（鲅鱼圈）港口规模仅次于大连港，是国家 19 个枢纽港之一，营（口）盘（锦）鲅（鱼圈）地区具有连接南北，承东启西的区位优势，既支撑东北地区中部城市群的发展，又面向辽东半岛发挥其独特作用，地位逐步加强，成为沈大城镇发展带的重要经济隆起区。营盘鲅都市区由营口市区、盘锦市区及沿线城镇组成，将逐步发展成为辽南城镇密集区的重要组成部分。

（四）辽中南城市群的产业空间布局

1. 两大产业空间体系

辽中南城市群产业空间体系在地域空间上形成两个次级集聚群：辽中城市群产业空间体系和辽南沿海城市群产业空间体系，两个城市群产业空间共同构成的辽中南城市群产业空间体系，形成了具有相当基础和规模的工业化和城市化地带，同时也是科技密集，交通信息条件优越，高新技术产业率先发展的区域。沈大高速公路的建设及沿线高新技术产业带的发展使辽中和辽南沿海城市群产业空间体系在地域上连为一体，形成巨大的大都市产业连绵带。

辽中城市群产业空间体系在以沈阳为中心的100千米半径范围内，有特大城市沈阳、鞍山、抚顺，大城市本溪、辽阳，以及中小城市铁岭、铁法、新民、海城、灯塔和开原。在约1万千米^{2}的面积上分布着3个特大城市和2个大城市，各城市之间的距离大多不足70千米，其中鞍山至辽阳仅25千米，沈阳距抚顺、辽阳、本溪分别是47千米、64千米和84千米。城市地域的扩张使城市之间的距离迅速缩短，小城市围绕中心城市集中分布，在沈阳、抚顺、鞍山、本溪、辽阳5市之间集聚了20多个小城市镇，形成连片的城市郊区和卫星城镇群。

辽南沿海城市群产业空间体系以大连为中心，大连虽然距沈阳397千米，但其特殊的地理位置使其与辽中城市群产业空间体系有着密切联系，其间不仅有中等城市营口，以及普兰店、瓦房店、盖州、大石桥等小城市相接，沈大高速公路高新技术产业带也已成为连接两大城市群产业空间体系的纽带。该高新技术产业群集中了1000多个企业，是中国五大高新技术产业带之一。

2. 产业空间布局

（1）现代化农业基地

依托发达的交通运输网络，建成沈阳农业高新区的"农业硅谷"和辽南沿渤海（营口—大连）绿色高新农业产业带，大连、营口地区建设水果生产带，盘锦、营口、鞍山、辽阳等地建设水稻生产带，铁岭建设玉米生产带，抚顺、本溪、辽阳、铁岭等山区建设柞蚕生产带、药材生产带和山野菜生产带，发展城郊农业、观光农业；建设鸡蛋生产加工，肉鸡、肉牛、生猪、奶业生产出口加工基地和营口全国最大的绒山羊养殖基地；抓好大连、营口、盘锦等海、淡水渔业生产及海珍产品养殖加工；重点发展鞍山的副产品加工业，本溪依托林业资源重点发展林业、中草药产业链,抚顺发展现代化的以畜牧业为核心的农业循环经济产业链。

(2) 高新技术产业基地

以各类开发区建设为先导,以雄厚的科技力量为依托,发展信息、环保、生物工程三大高新技术产业。用高新技术提高机床、汽车、船舶等成套设备工业水平,发展冶金、石化等原材料工业的深加工,淘汰落后的生产能力和不适应市场需求的产品,建设新材料和先进制造基地,逐步形成点、线、面结合的高新技术产业带。

以沈阳、大连和鞍山的高新园区为主要载体,充分利用和进一步发挥抚顺、丹东、营口、辽阳、盘锦和铁岭等6市的经济技术开发区条件和产业及科技基础,发展各具特色的高新技术产业,逐步形成以沈阳和大连为核心区,以本区八市为支撑点的高新技术产业化布局。

(3) 现代化装备制造业基地

依托沈阳和大连两大装备制造业中心,充分发挥产业聚集作用,以各门类装备制造业的大型骨干企业为核心,以产业链条为纽带,促进要素合理流动,并包括鞍山、辽阳、抚顺、本溪和营口五大产业集群(汽车、造船、基础设备、通用设备和成套设备),形成辽中南地区装备制造业布局优化,协调发展的格局,建成具有较强国际竞争力的现代化多门类装备制造业基地。

基础装备制造业布局。以沈阳为核心,发展特色装备类产品和配套产品,打造成城市群装备制造业研发继承总部;鞍山、辽阳建设成为专用设备生产基地;在大连长兴岛临港工业区重点发展机床、重工起重、工程机械等现代制造业;营口沿海产业基地重点发展冶金矿山重型装备、石油钻采设备;汽车产业则依托现有的基础和条件,在大连花园口工业园区重点发展电动汽车零部件产业。

船舶制造业布局。船舶制造业是南部沿海的优势产业,要合理地在各产业基地间进行分工,并预留未来发展空间。大连长兴岛临港工业区重点发展10万吨级以下船舶制造及配套;营口沿海产业基地重点发展1万吨级以下船舶制造及甲板机械、船用电器等;盘锦船舶工业园重点发展5万吨级以下中、小型专用船舶。继续保持大连船舶重工造船全国第一、中远船务修船全国最大的地位。

(4) 石化、钢铁、建材产业基地

石化产业布局。以抚顺为核心,打造石化及精细化工产业基地;把大连建设成为具有世界级规模的千万吨炼油百万吨乙烯炼化一体化生产基地;盘锦建设成为中国最大的重油沥青和环烷基润滑油生产基地,以及我国重要的化肥、聚烯烃、炼化生产基地;营口建设成为国家级炼化生产基地。

冶金产业布局。以鞍钢新区、五矿营口中板为龙头,在营口沿海产业基地重点延伸钢铁深加工产业链，建设精品钢材区；沈阳、大连要承接国际钢铁工业转移，在重点发展区域发展钢铁精深加工。

（5）现代服务产业基地

以沈阳和大连两大经济中心城市为依托，丹东、营口、抚顺、本溪、鞍山、辽阳、盘锦和铁岭为支撑点，积极构建现代服务体系。

现代物流业以沈阳、大连、鞍山、营口为核心，依托工业园区、港口及其他交通枢纽，大力培育现代物流业龙头项目，建设起点高、规模大、辐射力强的商业物流基地，形成一批国家级和省级现代物流龙头企业。建设成国内最大的仓储集散地、国际物流园区和东北综合物流园区，与沿海物流中心联通，形成覆盖全省、辐射全国的现代物流配送网络体系。

金融业以沈阳、大连金融商务区为中心，其他各市区金融机构网点合理布局，农村金融网络不断完善，加大力度吸引国内外金融机构在沿海区落户。形成东北地区外汇结算中心、外汇交易中心、离岸金融中心和国际性期贸中心，建立起适合现代临港产业发展所需的金融服务体系。

商贸业以沈阳、大连为区域性商贸中心，建立面向东北、京津冀以至全国，辐射朝、韩、日等国的水果、蔬菜、禽蛋及土特产品的专业市场。加快大型物流企业和外资零售业的合资合作，培育主业突出、竞争力较强的大型商贸流通企业。

大力发展旅游业是辽宁省沿海城市重要的发展战略之一，发展旅游业不仅在改善生态环境、营造良好的居住环境、促进文化传承与交流等方面发挥了积极的作用，而且也是优化经济结构、扩大对外开放、增强辽宁省整体竞争力的需要。

第三节　吉中城市组群

一、吉中城市组群发展现状

吉中城市组群即吉林省中部地区城市组群，由长春、吉林、四平、辽源、松原五个地级市，以及通化市的梅河口市和辉南、柳河县组成，地域面积 9.58 万千米^2，人口为 2081.83 万，分别占吉林省全省的 51.23% 和 75.8%；组群内各地区的生产总值达 7739 亿元，占全省的 76.3%，其中工业总产值 3375.9 亿元，占全省的 82.77%，平均城市化水平达 36.76%，是全省的核心区域和经济命脉。吉中城市组群的特点是工业发达，是我国重要的汽车工业基地，汽车产量占全国的 1/5 左右，交通运输方便，科技力量雄厚，是我国重要的光学和应用化学的研究中心。而以 101 省道、长吉公路南线、长吉高速公路、长图铁路、龙嘉国际机场为主体结构的城市交通走廊所连接的长春、吉林两大核心城市，在空间结构上打造了吉中城市组群双子座的模式特性。

对吉中城市组群内部差异及功能关系的分析是进一步进行功能优化研究的前提和关键，这里遴选均衡度、区位熵及城市流强度等指标拟对吉中城市组群的内部经济差异和城市间的功能联系进行定量分析（表 8-6）。

表 8-6 吉中城市组群及各城市现状指标（2010 年）

地区	土地面积/万千米^2	总人口/万人	城镇人口/万人	城市化水平/%	GDP/亿元	工业总产值/亿元
长春	2.06	758.89	362.75	47.80	3 329	1 470
吉林	2.71	434.03	183.47	42.27	1 800	766
四平	1.41	340.55	61.09	17.94	779	311
辽源	0.51	123.75	47.87	38.68	410	197
松原	2.11	290.05	58.79	20.27	1 104	522
梅河口	0.22	61.85	26	41.94	181	71
辉南	0.23	35.39	13.71	38.74	67	15
柳河	0.33	37.32	11.56	30.98	69	23
城市组群（A）	9.58	2 081.83	765.24	36.76	7 739	3 375.9
全省（B）	18.70	2 746.6	1 465.58	53.36	10 138	4 078
(A/B)/%	51.23	75.8	52.21	68.89	76.3	82.77

资料来源：《吉林省统计年鉴 2011》、《中国城市统计年鉴 2011》

二、吉中城市组群与吉林老工业基地关系分析

吉中城市组群的演化速度和发展水平受很多因素的影响，诸如经济总量、区域发展均衡度、城市综合服务能力等，但是究其更深层次原因，吉中城市组群的形成发展同吉林省老工业基地建设有着无法分割的历史渊源。因此，城市组群城市流强度总体偏低，城市外向功能发展滞后，城市间缺乏经济联系领域及高层次的有机联系等不整合状态同吉林老工业基地机能衰退不无相关。两者关系体现在以下几个方面。

（一）彼此影响、互为条件

吉中城市组群及其内部的很多大中城市是在新中国成立后，伴随着吉林省老工业基地建设发展而形成壮大的，无论是个体城市性质，还是城市组群的结构和功能，都带有深刻的老工业基地痕迹。例如，长春汽车城、吉林化工城、辽源煤炭城的形成，都是重化工型产业发展道路的直接产物；而在吉中城市组群发展过程中曾有的辉煌及遭遇的障碍，则是老工业基地在不断改革过程中沉浮的映射，在产业结构几轮调整后，吉中城市组群重工业产值比重高亦是其表现之一。资源型工业占整个工业的比重、装备技术水平和国有经济战略性调整的难易是衡量老工业基地是否"老"的标准，同时也是城市组群各城市功能优化调整的关键。

相应地，在这种特定历史时期、特定经济背景下成长起来的城市及城市组群，又以其特有的结构和功能关系，承担着吉林省老工业基地的劳动地域分工，甚至左右了吉林省区域的经济发展。20世纪80年代前的供给计划几乎仍是当前吉中城市组群区域乃至整个东北地区城市之间结构和功能的义务关系。一直到目前，吉中城市组群多数城市的基本功能还是在老工业基地建设时期形成的，在城市组群内部虽然已经打破了计划经济时期的调拨和供销关系，但是仍然未能形成以市场机制为动力、以要素流动和产业分工为主体、以协调稳定的结构和功能为特征的相互关系。这种状态在某种程度上已经成为老工业基地振兴中的机制性瓶颈。也正因为如此，东北三省在2004年3月召开的十届全国人大二次会议上，人大代表们不约而同地提出了"协调城市关系，合力打造区域经济品牌"的想法。

（二）工业化与城市化的反映

工业化和城市化是人类社会发展的自然历史过程，从狭义上看，工业化是城市化的经济内涵，城市化是工业化的空间表现；工业化是前提条件，城市化是最终结果，如果没有政策、体制等方面的制度性刚性约束，工业化必然带来城市化。如果说工业化是经济发展的主旋律，城市化是社会发展的主旋律，那么吉林省老工业基地的建设与吉中城市组群的发展则恰好是两者在具体地域上的体现。

从吉中城市组群的形成演化过程可以看出，吉林省改革开放前传统体制下的工业化是由国家集中有限的生产资源，进行现代化主导工业部门的建设及发展科学技术事业来形成独立的、完整的工业体系的过程。这一过程以中心城市为依托，在启动阶段大大推进了城市化进程，作为城市化发展到一定阶段的产物，吉中城市组群得到了较为快速的发展，两者呈现出较好的融合状态。但此后的20年间，前已述及，由于特定的历史局限和政策制约，工业化和城市化并未走上相互融合的道路。在这种历史条件下，单一的、高度集中的计划管理体制为非常规的工业化道路提供了制度保证，但破坏了城市化的经济基础，从根本上扼制了城市化的基本条件。到20世纪末，又出现城市化率递增，而工业化率下降的势头，说明工业化与城市化尚未形成良性互动。继而导致城市组群内部某些功能的不整合，以及吉林省老工业基地机能的衰退。

工业化与城市化的良性互动机制，是以促进工业化进程，提高工业化质量为前提的，工业化过程加快，城市化会得到强有力的支持。同时，加速城市化进程，解决城市化过程中的体制障碍，城市化就会为工业化提供良好的保证，从而形成工业化与城市化的良性循环。因此，吉中城市组群的功能优化同老工业基地的改造振兴是相辅相成的一个问题的两个方面，应遵循经济发展的内在规律（陈玉梅，丁晓燕，2002）。

（三）问题根源的相似性

东北老工业基地机能衰退是中国这样一个发展中大国在加速实现现代化转型的背景下产生的区域性发展困境，产生的根源包括经济体制、产业结构、社会成本和地域文化等方方面面，而且相同城市组群结构和功能的整合状态不无相关，两者之间的关联现象如图 8-9 所示。

从图 8-9 中不难看出，导致老工业基地机能衰退的诸种根源性要素恰恰是城市之间的整合关系因素。在制度因素方面，国有大中型企业占主导地位的经济体制，以及较单一的企业组织模式是吉林省乃至东北地区经济走入低谷的制度性因素。作为制度的行为主体，政府行为在制度创新过程中的作用尤为重要，然而在东北地区，一方面制度创新明显滞后，另一方面行政藩篱的存在又制约了城市组群内城市间的制度整合。在经济因素方面，工业结构的刚性和脆性，大多停留在旧的福特式大规模生产的企业生产模式，城市间产业结构雷同，以及要素互补性不强等现状既是老工业基地振兴的桎梏，也是城市组群结构和功能整合的制约，尤其是组群内各城市功能雷同导致恶性竞争，大大影响了城市组群的生长进程。在政治因素方面，由工业结构刚性所引发的诸如失业和退休工人数量大、城市社会保障负担重，自然生态系统萎缩、人工生态系统恶化等社会问题，加大了老工业基地改造的社会和环境成本，生态共建成为老工业基地振兴的必然，同时也是城市组群的结构和功能趋向整合的关键之一。在文化因素方面，东北地区体现了双重性，东北人的"等靠要"思想和创新意识薄弱是"东北现象"产生的关键因素，但是同为白山黑水文化，却为城市组群内或城市组群间的文化融合奠定了基础，为城市组群的强化和向上运演提供了便利。

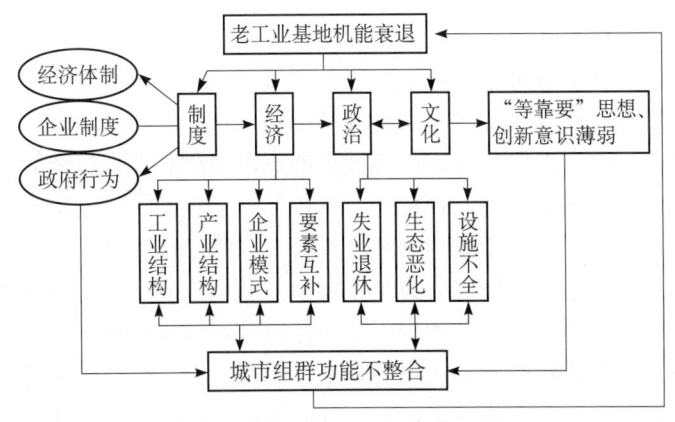

图 8-9 老工业基地机能衰退与城市组群功能不整合的关联示意图

三、吉中城市组群功能关系优化

不同的地域组织由于发展阶段的不同，以及区域背景和发展机制的差异，采取的发展战略和发展模式也不尽相同。在新型工业化和城市化的目标指导下，立足吉中城市组群功能联系现状，对其进一步发展进行 SWOT 分析，借助城市相互作用及整合发展的基本原理，对吉中城市组群功能整合的模式、节点与链条选择、空间结构及组织架构作一探讨。

（一）吉中城市组群功能的共生及整合模式选择

共生理论中涉及的共生模式也称共生关系，从行为方式角度可划分出寄生、偏利共生及互惠共生三种类型。吉中城市组群在形成演化过程中，特别是在传统计划经济体制下，由于受国家指令性计划的干预，尤其是国家对产品定价调拨的影响，一些城市都承担着特定的功能义务，产品被低价调往其他地区，造成城市组群区域同其他地区的偏利共生关系，一定时期内在组群内部也存在以长春为核心的倾斜的建设模式。在经济全球化和市场经济日益完善的今天，吉中城市组群应积极培育互惠共生模式，以便减小共生单元之间的形态方差，促进每个共生单元新的能量的诞生，使城市间不仅存在双边双向交流，也存在多边多向交流。并在协调发展中遵循以下五条原则，即规划管理协调化、公共设施区域化、区域交通快速化、开发资源合作化及规模生产分工化（段进，1997）。

在互惠共生模式中，按照城市整合发展关系的形成机制和核心内容，又可归纳为三种类型，按由简单关系到复杂关系的梯次顺序，分别是要素-产业互补模式、城市功能替代模式与一体化综合发展模式。鉴于吉中城市组群目前仍处于城市群发展的初级阶段，城市间整合基础较为薄弱，进程比较缓慢，现阶段最为适宜的整合模式为要素-产业互补模式。

具体而言，根据吉中城市组群各城市的资源禀赋和产业优势，积极培育当地的支柱产业，在此基础上，合理进行城市整合节点的选择，形成区域性的产业分工与协作，密切城市产业间的经济互补。以汽车产业基地、石油化工产业基地、农产品加工基地、现代中药与生物制药基地、光电子信息等高新技术产业基地五大产业基地建设作为切入点，通过产业链的衔接、产业间的互补密切、长春与城市组群其他城市之间的联系，按照专业化分工、优势互补、强强联合等原则，组建大批企业集团，整合区内资源，加强团结专业化协作；通过长春一汽集团及其配套的汽车零部件企业，密切长春与吉林、四平及沿线城镇的联系；通过初加工产品和中间产品，密切腹地与地区中心城市，以及四平、松原、辽源等城市与长春间的联系；以吉林油田的发展、吉化的改造、扩建和重组为契机，密切吉林市与松原市，以及两者与长春市的联系；以长春、吉林、辽源等特色鲜明的新材料产业群为龙头，加速新型工业化进程，推动产业升级和区域振兴。

(二) 吉中城市组群功能优化的类型关系选择

基础设施、产业、资源与生态环境是城市整合发展的三大板块，也是城市整合发展的三个节点因素。围绕这三个节点因素而展开的整合内容，会广泛延伸到城市及其所在区域的自然、社会、经济、文化、技术等各个领域，与此对应就存在着基础设施型、经济型、生态环境型、复合型等整合关系。对于一个城市组群而言，参与优化的共生单元一般在两个以上，这样的多边关系决定了整合类型关系的多样性。同时，无论是吉中城市组群还是我国其他近域城市间的整合发展进程，目前均处于初级阶段，城市整合的类型关系尚不稳定和顺畅，其各种整合行为的发生、发展及变化的时空间指向比较模糊，所以各种整合类型中节点的选择和稳定至关重要。

1. 基础设施型节点和链条

基础设施的囊括范围很广，一般可分成硬设施和软设施两部分。硬设施主要包含：①公路、铁路、机场、港口、管道等各种交通运输设施；②电话、电传等各种通信设施；③提供各行各业生产用水及居民生活用水的供、排水设施；④提供各行各业生产用电及居民生活用电的供电设施。软设施主要是指：①为经济发展提供各层次人才的教育设施；②为经济发展提供智力支持的科技设施；③为人类提供优良生活、生产环境的医疗卫生和环境保护设施；④包含各种政策、制度、意识等在内的策略环境设施（王士君，2003）。城市之间具有整合意义的基础设施主要是指硬设施部分，其中又以交通运输设施的整合最具有普遍意义，不过软设施对密切城市间的联系所起到的作用也逐渐为学术界所关注。

(1) 交通运输设施共建

吉林省中部地区交通设施的衔接与协调，是吉中城市组群功能优化的前提，也是组群内部单体城市进一步发展的硬件要求。在具体操作时，应该整合各市新一轮交通规划的战略和思路，按照多层次、多样化、重点突出、可行性强的原则，构筑铁路、公路、机场等有机衔接的综合立体交通网络。

1) 高等级公路。加速高等级公路建设，为密切和便捷区域内的交通联系，在长春市绕城高速公路的基础上，构建新的高等级公路环：第一环连接农安、德惠、九台、双阳、伊通、公主岭等围绕核心城市周边的市县，半径在80千米以内；第二环连接吉林、磐石、梅河口、辽源、四平、双辽、长岭、前郭、扶余、榆树等级别不同的大小城市，环线半径为150千米左右。此外，建设吉林、四平绕城高速公路，结合城市组群省道的布局现状（单中心放射），形成多核心放射环状结构。

2）国道。吉中城市组群两横（203国道、303国道）三纵（102国道、202国道、203国道）的国家级道路骨架基本形成，除了少数边缘地带的市县（乾安、舒兰、东丰、辉南、柳河），其他市县均处在国家级道路网的结点位置。为了道路网的完善，实现区域内城城相通，近期，辽源和通化两市政府应在协商合作的基础上，依靠国家和吉林省的部分资金支持，规划建设辽源至梅河口段国道；开工改建102国道四平至长春段一级公路。远期，拟建次中心城市——吉林同松原和四平等地级市的国道干线工程，打通次级中心城市间的空间联系通道，使其有效发挥自身的优势和实力（图8-10）。

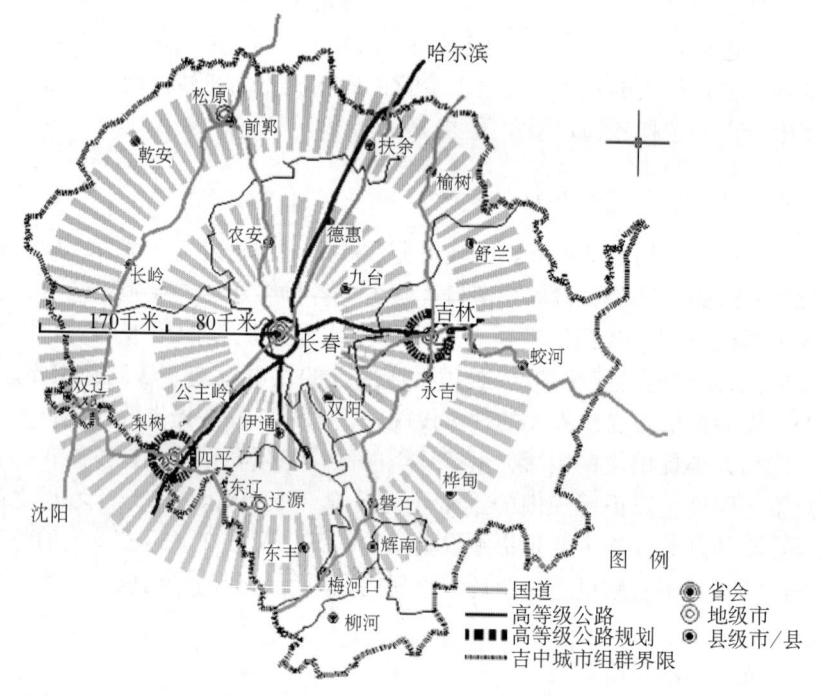

图8-10 吉中城市组群高等级公路规划示意图

3）铁路。完成长春—吉林铁路复线改造建设，提高铁路设施和设备质量，实现货运重载化和客运快速化；规划建设京哈客运铁路专线，线路沿哈大线的西侧布置；推进建设中的长春—双阳—烟筒山铁路工程项目，尽早发挥其作为长图铁路与沈吉铁路的联络线功能；改造和建设长春同各地级市间的铁路客货运站。

4）航运。加快航运基础设施建设，加大支持系统的投资力度，疏浚第二松花江航道，将其建设达到4级航道标准；建设吉林港工程、松原港二期工程；同时做好相关市县的港口配套建设。

5) 机场。近期，吉中城市组群区域不再建新的机场，未来吉林省的机场布局业已基本确定：以长春龙嘉机场为龙头，确立龙嘉机场为长吉两市服务，辐射周边六大城市的龙头地位，加紧扩建延吉机场、长白山旅游机场，逐步开发建设以支线为主体的吉林西部机场。远期规划将四平占地 580 万米^2 的军用机场改建成军民两用机场。

(2) 城市间社会设施统筹

吉中城市组群的功能优化，还可以在重要的社会设施方面上有所作为，主要突出基础设施在城市间的统筹，例如，包括高层次的展览馆、体育馆等在内的文化设施、教育设施建设的城际分工。根据吉中城市组群 5 个地级市社会设施的丰度及分布现状，确定各自的发展重点。省会长春拥有全日制高等院校 28 所，具有其他城市不可比拟的优势，作为高校聚集地，长春是当之无愧的"吉中大学城"，电影事业机构的规模及其发展历史，又为长春建成"电影城"提供了支撑；吉林的医药制造业是其重要部门之一，市域内各医疗机构数相对其他城市较大（3346 所），可以将其作为"吉中康健中心"加强建设，吉林市博物馆数也大于其他市县，所以其另一条发展思路是"吉中博物馆"；四平市的广场文化活动点分布相对密集，可以整合利用各个活动点的文化设施，密切各点的联系，并连点成线，线线成网，构筑具有特色的"吉中文化设施群"；辽源可依托辽源矿工墓，整合雷锋展览馆、人民英雄烈士纪念碑等现有设施，建立爱国主义教育基地。

总之，基础设施的共享整合，既是城市组群功能优化的切入点，同时也是落实和深化吉中城市群规划的重要内容。综合安排城市取水口、排污口、垃圾处理场、天然气门站，以及管网、电网、城市之间综合交通网、物流中心等基础设施建设；编制好区域绿地系统规划、区域供水规划、区域排水和污水处理规划、城市间轨道交通规划等专项规划，指导区域性基础设施和公共设施项目建设，既是规划要求，也是吉中城市组群健康、协调和有序发展的保障。

2. 经济互补型整合领域

对经济利益和经济利益最大化的追求往往是城市整合行为之所以发生的普遍的原始动力及共同的基本目标。因此，可以认为，在诸多城市整合发展的节点因素之中，经济要素是最有意义、最普遍、最重要的节点因素。而在经济要素的节点作用中，城市之间存在经济互补性是城市经济整合的基本出发点。城市经济互补性整合主要有两种类型：一种是生产要素的互补性整合；另一种是产业的互补性整合。其中，生产要素流动、产业链接、城际贸易、产业集群化、企业集团化等又是城市整合发展的诱发性和多发性行为（王士君，2003）。

(1) 吉中汽车产业集群的构建

产业集群是某一产业领域内具有内在联系的众多企业和机构在相对狭小的地理区域内聚集而形成的一个经济群落。由于横向同类企业集聚可以带来外部规模经济，而纵向产业联系的邻近能够产生外部范围经济，所以产业集群化道路是吉中城市组群在新型工业化和城市化过程中的必然选择。

长春作为中国汽车工业的摇篮，发展汽车工业具有得天独厚的优势。随着一汽的不断发展，周边市县的汽车工业也得到了长足进步：四平市及长平沿线城镇为一汽配套的汽车零部件企业达116家，专用车企业也多集中在长春、四平两市；吉林市具备发展整车生产的相应基础；辽源汽配行业发展势头良好。可见，吉中城市组群具备构建汽车产业集群的先决条件。同时，由于区内大部分汽车企业不具备自主开发能力，零部件企业投入不足、发展滞后、集约化程度低，亟须整合区内资源，所以构建吉中汽车产业集群又具备必要性。

按照汽车工业的区域布局，应着力形成长春、吉林两市汽车工业的集群优势，加快四平、辽源等市汽车工业的发展，支持公主岭、舒兰、伊通汽车工业上规模、上水平的发展，提高企业竞争力。即以一汽为龙头，以汽车零部件、专用车与客车为两翼，以建设长春汽车工业园为契机，加快长春汽车城的建设，把长春建设成为全国最强的汽车生产基地；同时，加强吉林市汽车工业园与一汽集团及其他汽车生产企业的合资合作，推进现有企业的改造重组，把吉林建成吉林省第二个汽车基地；四平、辽源等地区，要发挥为一汽等国内主机厂配套的优势，抓好汽车零部件和专用车的发展，不断提高参与市场竞争的能力。公主岭、舒兰、伊通、延吉等县（市）要发挥比较优势，加快零部件、专用车和客车的发展（吉林省政府办公厅，2005）。

此外，应鼓励汽车企业集团化发展，关停并转让一些小型或经营不善的企业，按照专业化分工、优势互补、强强联合等原则组建大批企业集团，扩大企业规模效益，提高市场集中度，支持发展大型汽车零部件集团和小巨人零部件企业。

(2) 吉中城市组群物流业的统筹规划

城市组群功能的强化离不开城市社会物资的合理流动，因此物流产业的一体化、规模化、现代化就成为城市间生产和流通布局合理化的必然要求之一。

吉林省从2002年开始构筑全省现代物流发展规划，在2005年编制的《振兴吉林老工业基地规划纲要》中，现代物流业作为新兴的服务业，被确定为老工业基地结构调整的重要内容。由多种渠道紧密互连的吉中城市组群业已具备发展现代物流业的条件，并能够依托区位和交通优势，发挥区内资源特色，形成不同级别与规模的物流中心和节点，最终发展为互补型整体物流网络体系，该体系由三层架构组成。

1) 物流中心枢纽：长春、吉林。作为吉中城市组群的核心城市，它们可以依托作为经济、信息、交通枢纽的中心地位，联结汽车、石化、冶金、轻纺、农副产品深加工等产业，统筹一批大型商贸及连锁企业集团，通过政府统一宏观规划，建立若干省级物流园区，并利用现代通信技术形成各园区间的联系纽带，构建星型物流体系的主干框架，从而将各自为政的产业物流链集成为综合物流网，以形成整体规模效益、提升城市组群的经济凝聚力。其中，省级物流园区主要是发挥物流网络指挥中心的作用，实现整个网络的规划、运作、管理、协调、监控等功能，并且可以根据需要建设园区仓储、加工、转运、配送等基地，形成省级物流集散中心。具体运作过程中，可效仿一汽、大众的成功做法，由物流指挥中心根据物流信息网络采集的监控信息完成对生产制造所需物料的全面物流管理，实现物流半径内的准时化供货，并把原始物资的理货、分拣、初加工交由第三方物流公司完成，从整体提高流通效率，降低生产加工成本，保证物流的准确率和安全性（图 8-11）。

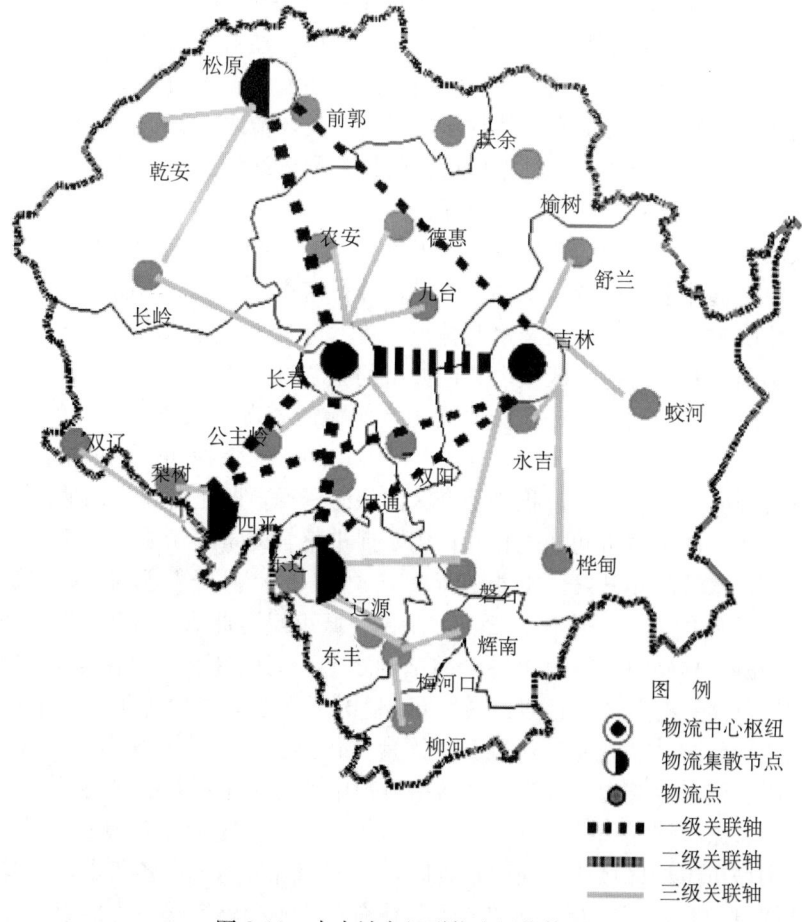

图 8-11　吉中城市组群物流网络体系

2）物流集散节点：四平、辽源、松原。它们作为物流中心枢纽下设的二级架构，主要作用是建立地区性物流中心，形成所在区域的物流子网络。对上层枢纽而言，物流集散节点承担汇总所辖区域物流及信息流的任务，并要按照上层的规划完成与其他节点的协调和互补；而对于子网络的下层而言，它们是城市级物流中心，在子网络中的角色类似于枢纽。由于每个地区的产业特色不同，在建设物流集散节点时需要发挥地区优势，在已有基础上有针对性的侧重发展。

四平可以立足长平沿线城镇，建立以医药产品为主的综合物流集散节点，形成特色鲜明、辐射能力强、市场影响力广的批发市场群和物流通道；辽源则主要把重点集中在建设农产品、轻工业物流集散点上；松原的特色是加强石化、农畜产品加工等产业的配套物流服务业。

3）各专业及区域物流点：集散节点下的各地方性小物流转运点及小规模特有产业集散点。它们共同构成了吉中城市组群物流网络的下层直接接触点，其主要作用是渗透到更低层区域，形成全面网络化经营，在上层物流集散节点的统筹安排下完成小额配送、客户定制等细化物流。由于功能的细化，保证它们的灵活性、快捷性是提高整体物流质量的重要环节之一。例如，梅河口松子仁加工集散中心，长春、吉林近域市县的粮食配送站等。

（3）旅游产品联合开发及线路衔接

从旅游景点分布图可以看出，吉中城市组群的旅游资源地域分布差异较大。其中，吉林市是旅游资源种类丰富，分布密集的地区，市内的龙潭山风景宜人，北山古迹荟萃，松花湖水明林秀，自然奇观——吉林雾凇盛名在外，天然滑雪场凸现北国特色。区域内其他城市的旅游景点相对匮乏，但是净月潭旅游区的建成一定程度上弥补了长春真山真水旅游资源的匮乏，松原的查干湖、草原运河、大布苏湖、狼牙坝，四平的叶赫山川等的保护和开发也丰富了区域内旅游资源的数量和种类。积极整合区内旅游资源，既是各城市加速旅游产业发展的需要，也是城市间加强相互作用，促进整合的重要领域及内容。

第一，旅游产品开发。本着"新、奇、特"的产品开发思路，以旅游资源为基石，以游客需求为根本出发点，在吉中城市组群原有的冰雪游、民俗游、人文史迹游、林湖游等特色旅游产品基础之上，向内涵和外延两个方向发展，推出"反季冰雪游"、"红色景区游"（以爱国主义教育基地为重点和依托的学习及感化性旅游）、"观光农业游"、"饮食文化体验"、"会展旅游"等新产品，在"电影、汽车、雾凇"以外打造吉中城市组群乃至全省新的旅游品牌。

第二，旅游线路衔接。吃、住、行、娱、购、游是旅游活动的六大要素，所以吉中城市组群区域旅游路线设计时，应该综合考虑上述各要素，尤其是当地理路线过长时，可作专项旅游的重要补充。旅游线路衔接一方面表现为各市原有分散专项旅游路线的连接，另一方面也表现为多项旅游线路的交融。前者在吉中城市组群区域可进行下列运作。

1）异族风情游路线。连接松原蒙古族旅游路线和四平的叶赫满族民俗旅游路线，可依梨树叶赫山川—四平—长春—前郭县城—查干花镇（或郭尔罗斯草原）路径，体会蒙古族人民的豪爽朴实和能骑善射，以及满族古典的祭祀风情。

2）沿江游路线。松花湖—吉林雾凇—前郭县城—哈达山—哈拉毛都，体验山明水秀及冬日雾凇的诗情画意。

3）"红色景区游"路线。辽源（矿工墓、雷锋展览馆、人民英雄烈士纪念碑）—四平（四平战役纪念馆及烈士陵园）—吉林，如果从广义上理解"红色旅游"，还可将长春的殖民遗迹（伪皇宫、关东军司令部、伪新皇宫、伪国务院）纳入此条线路，成立爱国主义教育基地及旅游专线。

4）影视文化游路线。长春电影城—长春电影制片厂—吉林电视塔—长春广播电视中心—吉林博物馆。

第三，扩大旅游宣传，开展大型旅游活动。积极筹备和举办长春冰雪旅游节、吉林国际雾凇冰雪节、吉林松花湖之夏旅游节、吉菜美食旅游节、叶赫满族风情游等庆典活动；加强旅游信息市场交流，借此扩大吉中城市组群区域及全省的旅游产品知名度和影响力。

3. 生态环境优化与协调

生态环境型整合发展关系是近域城市之间为解决跨区域的生态环境保护问题而形成的协调、共建共享关系。吉中城市组群生态环境优化与协调主要体现在松花江流域的综合治理及城市间绿色开敞空间系统的共建。

（1）松花江流域的综合治理

松花江是我国七大河流之一，也是吉林省和黑龙江省的重要水源地，从吉中城市组群区域穿行而过。"一五"时期国家在吉林布局的高污染性项目，忽略了对松花江流域的环境保护，导致局部流域挥发酚、石油类物质及高锰酸盐等指数超标，流域内的一些重要水源地水质下降。江河流域内的城市生态环境整治与建设问题，必须通过协同流域内上中下游的各个城市的行动方能够实现。尤其是江河的发源地和上游的水资源保护与利用，对保证整个流域地区水资源供应和防治洪涝灾害具有举足轻重的作用。当前，松花江的治理问题已经成为整个吉林省可持续发展的关键。加大松花江流域的治理力度，应从以下几个方面着手。

第一，统筹规划和建设城市组群污水处理设施。根据经济和社会发展需求，新建或扩建污水处理厂，建设雨水及污水管道系统，实现雨污分流。加快长春北郊污水处理厂二期工程建设，完成西部污水处理厂、双阳区和雁鸣湖污水处理厂建设；建成四平市污水处理厂、公主岭污水处理厂、梨树镇污水处理厂、双辽市污水处理厂并投入运行；重点建设九台、吉林、永吉、松原等经济开发区污水处理工程。

第二，争取国家政策和资金支持。由于松花江治理需要高额费用的支撑，加上该流域水污染治理的历史欠账较多，所以需要国家加大补偿力度，吉中城市组群在加大综合治理和联合治理的基础上，要与有关部门密切配合，争取国家启动松花江流域水污染防治规划，尽快把生活污染负荷削减下来，为城市和工业经济的发展创造有利条件。

第三，新老污染治理并重。老污染的治理和新污染的预防是任何地区环保的两大任务，吉中城市组群必须深化工业污染防治，对尚未实现达标排放的老污染源，要采取经济、行政和法律手段，督促企业限期实现达标排放；对已经实现达标排放的企业，要强化日常的监督管理，确保污染治理设施正常运行；对"三同时"的项目，污染治理设施没有与主体工程同时投入运行的不许投产。对不符合国家产业政策、生产工艺落后、浪费资源和能源、经济效益低、环境污染重的企业，要下决心关闭。通过治理和强化管理现有的污染源，确保新上项目有足够的环境容量。

总之，松花江流域的各城市应该大力控制污染源，建立完善的、互相衔接的环境管理体系，加强污染物的综合治理和联合治理，在全区域推广清洁生产、清洁工艺。

(2) 绿色开敞空间系统的建设与保护

绿色开敞空间的预留为城市的进一步发展提供了生态和环境保障，对单体城市及近域城市的协调发展尤为重要。城市群、城市带、城市密集区等空间组织形式的最大特点是地域上城市的密集性，城市组群作为城市群的发展阶段，其下一步发展势必是城市规模的进一步扩大、城市数量的不断增多、城市间空间距离的减小直至城市连绵成片。绿色开敞空间尤其是生态绿地，作为城市第一产业的载体，极易被城市建设侵占，所以在吉中城市组群的生态建设中，应该对其进行有效控制和规划，以避免城市的无序蔓延，充分发挥绿色开敞空间的生态、保护、控制、景观、价值及休闲等项功能（沈德熙，熊国平，1996）。

(三) 吉中城市组群功能优化的组织建构

在世界各地城市群体的形成发展过程中，诞生过诸多基于协调区域关系的管理组织机构，例如，大都市区政府（MG）、都市议会（MUC）、美国堪萨斯城镇密集区协调委员会、英国曼彻斯特都市区成立的大曼彻斯特郡政府及意大利蒙特利尔都市区（MUC，不同于都市议会）等。由此可以看出对城市群体区域的协调不外乎两种机制，即制度化和非制度化协调。前者具有法律效应，后者只是高层的承诺；前者以谈判为主，组织严密，而后者多为磋商，组织较为松散。两者各具特色，或有执行力度，或组织灵活，能集思广益。在吉中城市组群区域，根据其发展现状，及其在城市群演化过程中所处的现状，可采取两者结合的办法，构建相关组织，以促进城市组群的功能优化。

1. 吉中城市组群"5+1"城市规划总局

在吉中城市组群区域，由于有些市镇受到多个上级城市的辐射影响，同时作为多个高级城市的腹地（例如，公主岭之于长春和四平、九台之于长春和吉林等），这些城市的规划理应在统一的框架下进行，尤其上文分析到的基础设施的共建、生态环境的综合治理等，所以可借鉴国外经验，成立"5+1"城市规划总局。"5+1"城市是指长春、吉林、四平、松原和辽源5个地级市及梅河口市。考虑到队伍的精练程度及执行力度，规划总局的成员由各市的规划局局长组成（还可以考虑投票选举如东北师范大学城市规划专业教授这样的学术界专家参与）。规划总局的性质是准行政级别，由于吉中城市组群中的各行政单元均隶属于吉林省，所以"5+1"城市规划总局直接受省政府的领导；在运作过程中，其不参与各地的政府管理，但具备相应的行政能力和财力，参与协调吉中城市组群重大基础设施的建设、产业发展的谋划、投融资的决策等。

2. 吉中城市组群"5+1+X"城市经济协调会

城市经济协调会在国内兴起于长三角地区，是受政府委托，推动城市间经济合作的协调组织，自1997年4月以来，该区域的15个城市已经成功举办了四次会议，第16个城市——台州也将加入这一阵营。吉中城市组群可以借鉴长三角地区的成功做法，组建"5+1+X"城市经济协调会。这里的"5+1"的含义同上文，X是指在后续发展中，城市组群中优势明显的一些市县可以积极吸纳进来，同时还可以包括一些较有影响力的大型企业；各市市长作为常任理事会委员，出席每届会议，并轮流做东承担会议的组织事宜；会议地点也按各城市轮流的方式确定；明确每次会议的主题，确定城市合作的发展框架、合作领域，并逐渐提高合作的层次和深度；欢迎社会上的有识之士尤其是企业家一起建言献策，将城市经济协调会办成市长的峰会和企业家的聚会，一方面提高吉中城市组群全民的整合意识，另一方面在问题协调上能够真正做出贡献。

3. 成立吉中城市组群行业发展办公室

如果说上面两种组织机构属于区域性的协调机构，那么吉中城市组群区域还应该构建一些专业性的协调机构，如行业发展办公室。汽车、石化、农产品加工、生物制药和光电子等产业既是吉林省的支柱产业，也是吉中城市组群的经济核心，因此应该建立相关行业发展办公室，具体负责制订中长期发展规划，组织实施各产业的结构调整，监控经济运行情况，协调地区间、行业间及企业间的关系，指导企业改革重组、合资合作、投资融资、科技进步及信息交流等。

从国内外比较成功的例子来看，中央政府或省级政府必须在跨区域、大范围的区域综合协调发展中发挥主导作用，制定专门的法令、法规和政策，成立权威城市群体发展协调机构，保证各项规划的制订与实施能够统一起来。但鉴于吉中城市组群在计划经济向市场经济转型过程中较发达地区滞后，市场在资源配置、实现效率最优化过程中的积极作用还有待进一步发挥，因此在建立协调体制过程中，既要通过权威部门的协调，保证城市组群整体利益的实现，又要积极发挥市场配置资源的基础性作用，二者兼顾，互为补充。

四、吉中城市组群功能关系的协调框架

城市组群功能关系得以优化，离不开多维框架的综合作用，对于吉中城市组群而言，区域内的协作、吉林省域内的定位及东北地区内的协调是其三维框架。

（一）区域内的分工合作

上述均是基于区域内的分工合作而作的现状分析及优化构想，概括而言，区域内的分工协作是城市组群功能优化的前提、关键，也是立足点。在吉中城市组群，由于GDP的均衡度在逐年降低，城市流强度两极分化，区位熵内部差异较大，经济向长春、吉林两市的集聚比较明显，所以应本着新型工业化和城市化的原则，优先打造长吉一体化。在未来一段时间内，长春继续重点发展汽车产业并向吉林辐射，加强开发农产品（布局于松花江与哈大线交汇处）、光电子、金融、物流产业和科技教育；吉林、松原发展石化、农产品加工业；四平积极发展制造业的接续产业；辽源深化煤炭和农业基地的建设。在加强整合的理念下，加大基础设施投入、实施人才战略、制定鼓励人口和资源聚集政策、扩大城市规模、加快开发区建设，以求实现各城市间的共生互控效应逐步加强，城市职能分工日益明确，产业结构与产品结构梯度转移的波及效应逐渐明显，不同等级城市间纵向联系的行政隶属关系逐步弱化，同一等级城市间的横向联系进一步增强，从而使整个城市组群系统进入新的发展阶段。

（二）省域内的定位

吉中城市组群是吉林省经济的中流砥柱，在全省50％左右的地域面积上，集聚了75％左右的人口，创造了全省80％以上的地区生产总值，同时又是全省的政治、文化和金融中心，在全省具有举足轻重的地位。如果说长春和吉林两市是吉中城市组群的增长极，那么吉中城市组群对于吉林省来说就是"火车

头"和"发动机"。吉中城市组群的功能优化可激发省域经济发展的原动力，能增强组群区域对全省的辐射能级，带动周边地区的共同发展，加速人口、生产要素和产业的聚集，所以吉林省政府理应给予足够的重视，积极推进吉中城镇群的规划。

（三）东北地区及更大地域范围内的协调

早在20世纪90年代初，东北城镇体系已经被划分为10个组群：辽东半岛沿海以港口及海洋资源开发为主的城镇组群；辽中以钢铁、机械为主的重工业城镇组群；辽西港口、旅游、能源、原材料为主的城镇组群；吉中以机械、化工为主的重工业城镇组群；吉西以能源（石油、煤炭）及商品粮、商品棉为主的城镇组群；吉东以能源、森工为主的城镇组群；黑中南以石油化工、精密机械为主的城镇组群；黑西以重型机械为主的城镇组群；黑东以煤炭开采、林木采伐为主的城镇组群；兴安岭、呼盟地区以林业为主体的城镇组群。

其中，吉中城市组群位于东北亚经济圈的几何中心，是东北地区城市体系纵向轴（大连—哈尔滨）与横向轴（图们—吉林—长春—白城—阿尔山）的交汇点。吉中城市组群功能实现优化后可形成一个超大的城市经济综合体，就有能力成为东北城市体系中的一个重要节点，并且能够改善当前吉林省经济在东北三省中的弱势地位。在今后的发展中，吉中城市组群应坚持汽车工业和新兴工业部门方向，参与东北地区城市组群之间的产业分工，并同辽中南、哈大齐、黑龙江东北部等几个发展较好的城市组群一起，共同承担东北亚经济圈工业中心的职能，保证整个东北地区哈大齐—吉中—辽中—辽南经济隆起带的稳定发展。

第四节 哈大齐城市带（组群）

一、哈大齐城市带发展现状

（一）范围界定

哈大齐城市带（组群）是指以哈尔滨为龙头，以大庆、齐齐哈尔为区域骨干，包括沿线肇东、安达等市在内的带状走廊形空间区域。其统计范围为哈尔滨、大庆、齐齐哈尔三市市区，以及肇东、安达市所辖行政区。

哈尔滨是组群内部的核心城市，是黑龙江省省会、我国东北北部中心城市、国家重要的制造业基地、历史文化名城和国际冰雪文化名城。大庆是我国重要的石油、石化工业基地，是以高新技术产业为主的高科技现代化城市，黑龙江省西部重要的区域性中心城市。齐齐哈尔市是我国重要的工业基地和绿色食品基地，黑龙江省西部中心城市。哈大齐城市带总面积为16.52万千米^2，占全省土地面积的36.39%（图8-12）。

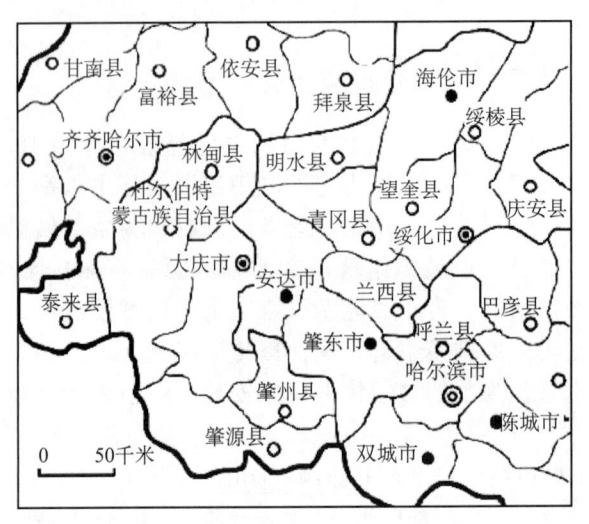

图8-12　哈大齐城市带空间分布示意图

（二）基础条件

哈大齐城市带基础条件优越，区域优势明显。

1. 交通条件

哈大齐城市带地处东北亚中心位置，滨洲铁路直接通往蒙古和俄罗斯，松花江黄金水道可直达俄罗斯，哈尔滨国际机场是欧亚空中走廊的重要枢纽（白明启，2006）。区域内的哈大、滨绥、滨洲、滨北、拉滨、通让、平齐七条铁路四通八达，与同三、明沈、京加公路及哈尔滨、齐齐哈尔机场共同构成了完善的综合交通运输网络。

密集的交通网络大大缩短了哈大齐之间的时空距离，基本上形成了以大庆为中站的两小时经济带（丁柏群，崔声伶，2007）。

2. 产业基础

哈大齐城市带的工业基础雄厚，在哈大齐三市280余千米的距离内（肇东、安达位于哈尔滨与大庆之间），有三个大中城市，两个国家级开发区，已经形成了以装备、石化、食品和医药等四大产业为重点的工业基础，这为哈大齐城市带的工业走廊产业发展铺就了一块坚石。目前，哈大齐高新技术产业带已成为国家级高新技术产业开发带，这是全国第五个也是东北三省仅有的国家级高新技术产业开发带。

3. 人才资源

哈大齐城市带内科技人才实力位居全省前列，为哈大齐工业走廊建设提供了人才保障。整合三市的人才、科研优势，大大提高了区域内的科技创新能力、组合能力和发展能力，而且降低了高额的研发成本，提高产品的竞争力。

4. 土地资源

丰富的土地资源是有效载体。城市组群之间有 800 多平方千米的重度盐碱地等未利用土地可供开发建设，土地资源约束较少，为建设哈大齐城市带的工业走廊提供了先决条件。

5. 能源优势

哈大齐城市带具有较大的能源优势。哈大齐城市带电力供应富裕，电价较低，平均价格大约只有珠三角、长三角地区的一半（李军，杨文月，2010）。黑龙江省的煤炭、油气资源储量较大，煤炭探明储量为 230 亿吨，居东北三省之首，大庆原油产量到 2010 年仍保持在 4000 万吨左右；庆深气田（探明天然气储量 1000 亿米^3）的发现，实现了"以气补油"的目的，再加上通过输油管道从俄罗斯进口原油到大庆将成为可能，为石化等工业的持续发展提供了强有力的原材料支撑。

6. 基础设施条件

基础设施水平较高，为产业聚集提供了空间条件（张雪峰，2007）。2010 年，哈尔滨、大庆、齐齐哈尔三市建成区面积达到 585.4 千米^2，占到全省地级及以上城市的 49.6%（表 8-7）。

表 8-7　哈大齐城市带基础设施建设水平（2010 年）

地区	人均拥有城市维护建设资金/元	用水普及率/%	燃气普及率/%	每万人拥有公共交通车辆/标台	人均道路面积/米^2	下水道长度/千米
哈大齐城市带	—	—	—	—	—	—
哈尔滨	—	89.2	97.6	15.6	7.9	—
大庆	—	83.2	97.7	20.4	20.4	—
齐齐哈尔	—	97.7	95.3	9.9	8	—
肇东	—	80	74.2	6.7	8.9	—
安达	—	83.8	81.9	2.4	7.9	—
全省	—	89.1	88.8	—	10.5	7504

(三) 社会经济状况

2010年，哈大齐城市带总人口为1299.82万人，地区生产总值为6910.13亿元，分别占全省的33.9%和66.6%，人均地区生产总值为53 162元，为全省平均水平的1.97倍，是黑龙江省经济实力最强、工业化水平最高、经济辐射力最大、科技人才优势最明显、可供开发利用土地资源丰富的地区。2005年年初，黑龙江省明确提出，把建设哈大齐工业走廊（由哈尔滨、肇东、安达、大庆、齐齐哈尔组成的带状经济区域）作为黑龙江省振兴老工业基地的重大战略决策。目前，哈大齐工业走廊建设启动面积已达58.7千米^2，开工项目达337个，高科技项目占65%以上。累计完成投资224亿元，投资规模超过3亿元的有20个，项目投资强度明显高于全省平均水平（表8-8，表8-9）。

表8-8 哈大齐三市市区GDP增长速度（2005~2010年）（单位：%）

年份	哈尔滨	大庆	齐齐哈尔
2005	14.5	9.6	11.9
2006	14.1	10.2	13.5
2007	15.7	10.2	11.4
2008	12.4	11.9	13.1
2009	14	10.52	11.24
2010	13.6	10.1	20.3

表8-9 哈大齐城市带经济实力主要指标（2010年）

地区	区域土地面积/千米^2	总人口/万人	生产总值/亿元	人均GDP/元	财政一般预算收入/亿元	城乡居民储蓄年末余额/万元	城镇固定资产投资/亿元	社会消费品零售额/亿元
哈大齐城市带	21 235	891.9	6 154.93	69 009	358.3	51 919 984	5 703.1	2 130.8
哈尔滨	4 272	473.25	2 581.95	54 557.84	206.4	41 269 540	2 057	1 438.7
大庆	5 107	131.9	2 633	199 620.9	83.8	4 097 771	868.8	547.7
齐齐哈尔	4 365	141.75	441.38	31 137.92	40	5 404 009	2 647.8	25.2
肇东	3 905	93	298.4	32 086.02	14.8	672 790	65.1	68.2
安达	3 586	52	200.2	38 500	13.3	475 874	64.4	51
全省	454 000	3 833.4	10 368.6	27 048	7 555.8	71 758 631	6 801.7	4 039.2

二、哈大齐城市带产业发展

哈大齐城市带的产业发展主要将依托哈大齐工业走廊展开，因此，未来的发展目标十分明确，即建设哈大齐工业走廊，促进产业集聚，加快产业发展。

（一）哈大齐工业走廊建设背景

1. 国际环境

经济全球化趋势增强，区域一体化和产业转移速度进一步加快，俄罗斯经济走上增长轨道，与我国经贸科技合作力度加大（刘莉，2010），将有利于哈大齐工业走廊更大范围地利用国际资本、资源、技术和市场，承接国际产业转移。以信息技术、生命科学、新材料为先导的新技术革命加速发展，为哈大齐工业走廊以高新技术为引领，改造提升传统产业，发展高技术产业，实现跨越式发展提供了重要机遇。

2. 国内环境

东北地区等老工业基地振兴战略的深入实施和国家对粮食主产区扶持政策力度的加大，为哈大齐工业走廊建设提供了一个难得的历史性机遇（刘莉，2010）。我国产业结构进入快速调整时期，重化工业产品市场空间巨大，哈大齐工业走廊内适应国内消费结构和产业结构升级且具有比较优势的装备、石化、食品和医药等产业面临难得的市场机遇。我国经济增长受土地、资源、环境等瓶颈制约日益明显，使哈大齐工业走廊这样一个产业基础雄厚、资源富集、能源充足的地区吸引外来投资和产业集聚的优势更加突出。

3. 制约因素

由于受历史、自然因素和现有体制机制的影响，哈大齐工业走廊建设面临四方面的制约。一是经济整体素质不高，产业集聚程度较低，区域配套协作能力弱，核心技术欠缺，战略型企业家不多，区域竞争力优势尚未形成。二是启动区基础设施还很薄弱，地理上处于闭流区，污水排放的环境容量低。三是第二、第三产业协同发展的能力弱，中心城市的现代物流、投融资服务、科技中介、管理咨询等生产型服务业发育不足，先进要素聚集功能不强。四是受行政体制局限，尚未建立资源一体化配置机制，同时人们的思想观念、企业的市场意识还难以适应日益加剧的国际国内竞争的需要。

（二）哈大齐工业走廊发展目标与定位

1. 发展目标

发挥哈大齐区域经济实力最强、工业化水平最高、经济辐射力最大、基础设施配套最好、科技人才密集、可供开发利用的土地资源丰富的优势，把哈大齐工业走廊建成一个以高新技术为引领，多种产业相互协调配套，结构合理，集约发展，新体制、高科技、生态化、外向型的新型工业为主体的经济区域，增加就业和吸纳转移人口的空间载体，成为黑龙江省的经济和人口密集区，带动省中西部乃至全省经济社会的发展（赵景海，2006）。

近期目标：到2015年，开发利用重度盐碱地等未利用地和少量农用地达558千米^2，培育起装备制造、石化、食品、医药、高新技术和以现代物流业为主的服务业等特色产业集群。为国内外战略投资者参与黑龙江老工业基地振兴、发展民营经济、建立产业协作配套体系、实现产业集聚提供一个优良的投资平台。

远期目标：到2020年，开发利用重度盐碱地等未利用地和少量农用地达921千米^2，建成产业集群优势明显、生产力布局合理、科技支撑有力、保障体系齐全、生态环境优良的工业走廊，使之成为黑龙江省参与国际国内竞争的主力军。

2. 发展定位

通过开发利用重度盐碱地等未利用地，依托现有工业基础、产业优势和科教人才资源，着力吸引国内外资本、技术，建设多种产业相互协调配套，新体制、高科技、外向型、生态化，结构合理、高速增长的产业高地和经济密集区，成为黑龙江省振兴老工业基地的核心区和全面实现小康目标的先行区。

（三）哈大齐工业走廊发展方向

1. 装备制造业

以重大项目为依托，引进和消化吸收先进技术、与创新相结合，以数字技术改造装备工业，提高重大装备产品的技术水平和国际竞争力，依托中直大企业发展下游产品和配套产品，加快重点产业配套协作生产体系建设，突出规模化、专业化、特色化生产，发展优势产业群，实现以哈尔滨、齐齐哈尔市为重点的装备制造业产业集聚。重点装备制造企业实现智能化、柔性化、个性化，建成国内一流、特色突出、具有较强国际竞争力的现代化重大装备制造基地和世界重要的装备制造业加工区。

2. 石化工业

黑龙江省石油、天然气、煤炭、粮食等资源和产业、人才优势明显，力争建设石化产业集群。坚持炼油化工一体化，提高炼油装置利用率，积极调整炼油工艺路线，增加基础化工原料。大力发展石油化工、天然气化工、煤化工和粮食化工，同时延长产业链，实现上下游一体化，加快发展新材料化工、精细化工等。

3. 农副产品深加工

发挥该区域生态优势和资源优势,重点发展乳制品、大豆制品、玉米加工、薯类制品、肉类制品等行业,采用先进适用技术和高新技术,加快食品工业产业升级步伐,提高农副产品转化程度和精深加工比重及农副产品综合利用水平,实现规模化生产经营,健全以绿色特色食品为主导的新型食品工业体系。

4. 医药工业

以生物技术为切入点,大力开发生物技术基因工程药物;发展化学药品和优势原料药,突出发展抗生素及其中间体等优势特色产品、新型药制剂;采用高新技术和先进适用技术对传统中成药进行改造,合理利用北药,推动具有独特地域品质的中药材及其制品、北药资源的深度开发利用,加快中药现代化、产业化、规模化建设,形成一批具有黑龙江省特色的优势产业集群。

5. 高新技术产业

以电子信息技术、生物技术、新材料技术、航空航天技术为重点,加快创新体系建设和产业化步伐,使高新技术产业成为引领产业。

6. 现代物流业

充分发挥区位优势和综合运输条件,运用现代物流技术和管理理念,充分整合存量资源,合理建设增量资源,构筑以物流中心为骨干节点、以各产业开发区配套物流系统为支撑的工业走廊重点产业服务的物流体系,发展物流产业群,同时服务于周边经济带农产品流通、对俄贸易、商贸等领域,逐步建成对内连接全省及东北经济区乃至全国,对外辐射东北亚的核心枢纽物流系统,带动全省物流产业快速发展。

(四)哈大齐工业走廊产业布局

根据哈大齐工业走廊内各市资源、产业等优势,突出园区特色,集中力量建设哈尔滨江北工业新区、平房工业新区、大庆东城区、齐齐哈尔南苑和富拉尔基等经济带动力强的优势产业集群(王冬石,2007)。

1. 哈尔滨

以高新技术为主导的汽车工业、航空航天、机电工业、现代医药工业、环保产业、信息产业、绿色食品工业和现代物流业是发展重点。到2020年,开发总面积达到 251 千米^2；建设江北、平房、群力、太平空港和香坊五个大新型工业区及研发服务区、物流系统。

2. 大庆

高附加值石油化工、天然气化工等接续产业和农副产品深加工、纺织、新材料、机械制造、电子信息等替代产业发展的重点。到 2020 年，预计开发总面积达 341 千米^2；建设东城、红岗、龙凤、让胡路四个项目区和物流系统。

3. 齐齐哈尔

装备工业是齐齐哈尔的主导产业，同时要壮大绿色食品产业和煤、油化工产业，大力发展电子信息、环保、能源、造纸、冶金、建材等产业。到 2020 年，预计开发总面积达 112 千米^2；规划建设南苑、北苑、富拉尔基、昂昂溪、江西五个项目区和物流系统。

4. 肇东

重点发展以粮食深加工为主的生物技术产业和特色农产品、中草药深加工业，承接哈尔滨市产业辐射和转移。到 2020 年，预计开发总面积达到 132 千米^2；规划建设肇东经济技术开发区、宋站、安民、姜家、哈肇联益五个项目区。

5. 安达

重点发展以乳制品为主的农副产品加工业和承接大庆市辐射的精细化工、石油产品加工业。到 2020 年，预计开发总面积达 85 千米^2；预计建设综合开发区、精细化工和石油化工三个项目区。

(五) 哈大齐工业走廊的产业集群

产业集群是在某一特定领域中，大量产业联系密切的企业及相关支撑结构在空间上集聚，并形成强劲、持续竞争优势的现象（张小青，2009）。集群中的企业通过地理集中和产业组织优化，通过群体协同效应获得竞争优势，在相互竞争中促进创新，促进集群企业的发展和竞争力的提高。哈大齐工业走廊内原有产业基础较好，具有建设产业集群的优势。

1. 装备制造业产业集群

黑龙江省装备制造业领域中有很多的大型国有企业，哈大齐工业走廊将延长产业链、发展配套企业作为其中的一个重点，突出规模化、专业化、特色化生产，发展优势产业群，建立以哈尔滨、齐齐哈尔为重点的装备制造业产业集聚。

2. 石化工业产业集群

大庆市的油气储量丰富，哈大齐工业走廊具有发展石化工业得天独厚的优势。将石化工业视为重要的产业发展方向，大力发展石油化工、天然气化工和煤化工，同时延长产业链，实现上下游一体化，建设以大庆为重点的石化产业集群。

3. 农副产品深加工产业集群

重点发展乳制品、大豆制品、玉米加工、薯类制品、肉类制品等行业，采用先进适用技术和高新技术，加快食品工业产业升级步伐。发挥哈大齐工业走廊这一区域的生态优势和资源优势，健全以绿色食品为主导的新型食品工业体系，发展食品工业产业集群，农副产品深加工将成为哈大齐工业走廊的一个亮点。

4. 医药工业产业集群

目前，黑龙江省医药工业的高科技园区化已粗具规模，医药工业必然成为新形势下哈大齐工业走廊产业发展的一个重要选择。采用高新技术和先进适用技术对传统中成药进行改造，合理利用北药，推动具有独特地域品质的中药材及其制品，深度开发利用北药资源，加快中药现代化、产业化、规模化建设，形成一批具有黑龙江省北药特色及优势的医药工业产业集群。

5. 高新技术产业集群

黑龙江省具有发展高新技术产业的人才资源优势，为发展高新技术产业提供了有利的条件，高新技术产业也是其发展的主要产业之一。其定位以电子信息技术、生物技术、新材料技术、航空航天技术为重点，使高新技术产业成为引领产业。

6. 现代物流产业集群

黑龙江省发展物流业的基础设施建设较好。近年来，铁路、公路、航空及通信网络都有了很大发展。为此，哈大齐工业走廊将充分发挥区位优势和综合运输条件，运用现代物流技术和管理理念，充分整合存量资源，合理建设增量资源，构筑以物流中心为骨干节点、以各产业开发区配套物流系统为支撑，发展现代物流产业集群。

三、哈大齐城市带协调发展对策

(一) 成立联席会议制度

按照现行管理体制,哈大齐工业走廊的五个城市分别归四个地方政府管辖(肇东、安达归绥化市政府领导)(金虹,黄秀瑜,2009),为了追求自身利益最大化,地区间的利益冲突和摩擦会时时出现。这种"行政区经济"或"块状经济"格局,已不能适应区域经济发展的新趋势,建立有效的区际协调机制已成为当务之急。因此,在省政府哈大齐工业走廊领导小组的基础上,应成立由哈尔滨、大庆、齐齐哈尔、绥化等四个地级市党委、政府和相关部门组成的区域经济合作协调机构,建立四个城市联席会议制度,定期举行高层会议,以研究解决跨界基础设施建设、发展规划和生态环境综合治理等重大问题,以及每个阶段遇到的难题。同时,在完善市、地级干部政绩考核体系时,应考核该地区在处理市、地关系上的具体表现,只有这样才可以避免生产力严重浪费和财政税收的损失,提高资源的配置效率。

(二) 加快转变经济增长方式

哈大齐工业走廊建设发展应按照科学发展观的具体要求,着眼于建设"资源节约型、环境友好型"社会目标,用低投入、低物耗、低排放和高效率的节约型增长方式,实现经济发展与人口、资源、环境相协调,摒弃过去那种高能耗、高物耗、高投入、低产出、低效益的粗放增长模式(张雪峰,2007)。走廊区域应大力发展循环经济,走新型工业化道路,积极发展新材料、生物制药、电子信息、航空技术、装备制造等代表未来产业发展方向的朝阳产业和优势产业,提高高新技术产业所占比重;切实保护好生态环境(盐碱地生态环境比较脆弱),不能产生新的资源浪费和环境污染,不能被动地承接发达地区的落后产业。

(三) 利用优惠政策

在国家优惠政策的扶持下,一个地区经济社会发展速度会比其他地区快,沿海发达省份经济发展的成功实践,足以说明国家优惠政策的分量。因此,如何充分利用好国家和省的各项优惠政策,对哈大齐工业走廊发展至关重要。只有把政策用好、用活,才能制订出正确的发展目标规划,才能规划合理的产业布局,才能发挥出政策对经济社会发展的正向拉动作用。

(四) 科学规划

经验证明,一个经济区域的发展建设,科学编制和实施建设规划是个首要问题,是发挥长久作用的因素,长三角、珠三角地区的发展过程提供了可供借鉴的经验。为了避免出现产业结构趋同、区域内基础设施缺乏统一规划、城镇体系不合理、生态保护不够等情况,哈大齐工业走廊的五个城市应统一产业布局规划,确保产业结构优化,布局科学合理;区域内城市优势互补,搞好产业配套,形成集群效应;扩大五个城市间资源开放度,对教育、科技、人才、知识产权、信息、管理、旅游等资源无障碍共享,以增强哈大齐工业走廊的核心竞争力和可持续发展能力,如把哈尔滨、大庆、齐齐哈尔三个市的人才和科研成果统一协调起来,不但可以大大提高区域内的创新能力、组合能力和"孵化"能力,而且可以分摊高额的研发投资,降低企业生产成本,提高产品竞争力。

(五)采用新体制、新机制进行开发建设

《中共中央关于制定国民经济和社会发展第十一个五年规划的建议》明确指出,"形成更具活力更加开放的体制环境是实现科学发展观的必然"(吕春艳,2006)。长三角、珠三角地区之所以发展快,主要在于其体制新、机制新。哈大齐工业走廊的建设发展,应抓住《国务院关于鼓励支持和引导个体私营等非公有制经济发展的若干意见》的出台,以及国有企业改组、改制和城市"退二进三"的机遇,充分调动各类经济主体的积极性,充分释放能量,吸引外来战略投资者,尤其是世界500强企业和国内的大企业、大集团,让非公有制企业成为主力军。同时,坚持市场化运作,靠市场这只"看不见的手",来推动哈大齐工业走廊区域的发展,积极转变政府职能,在市场准入、要素流动等方面放宽政策,精简行政审批事项,强化政府的服务职能,提高服务效率。

(六)着眼区域统筹发展

东北三省自然条件较好,工农业基础雄厚,教育、文化、科技实力较强,发展潜力较大,通过实施东北老工业基地改造和振兴的扶持政策,有希望成为继长三角、珠三角、环渤海地区之后的全国经济第四增长极。哈大齐工业走廊是东北区域经济的一部分,通过东北"丁"字形铁路的哈大线(哈尔滨—大连)、滨洲线,与"哈长沈大城市带"(哈尔滨、长春、沈阳、大连)相对接,产业布局应扬长避短,优势互补;充分利用大连港这个出海口,增加开放对外交流力度。

第九章

东北地区城市内部空间结构

城市空间结构包括外部空间结构与内部空间结构。国内外许多学者都曾试图利用多种方法对城市内部空间结构进行理论和实证研究（冯健，2004；冯健、周一星，2003；柴彦威等，2002；朱喜钢，2002；顾朝林等，2001；唐子来，1996）。城市内部空间结构（urban internal special structure）是城市地理学和城市规划学研究的核心领域，主要包括三方面的研究内容，即城市形态、城市内部空间的组成要素，以及各要素之间的相互作用。城市形态（urban form）是指城市地域内个体城市要素（如建筑、土地利用、社会群体、经济活动、公众机构等）的空间形式和安排（Bourne，1982），是城市内部空间结构的外在表象。

对中国东北地区城市内部空间结构的过程描述和规律总结，不但有助于厘清东北地区城市内部空间结构的发展历程、基本特征和动力机制，丰富中国城市内部空间结构研究的实证，更是为新形势下东北区域再造过程中进行城市空间重构与现实选择提供指导和借鉴（宋飚等，2009）。

第一节 东北地区城市内部空间结构的形成和基本特征

一、城市内部空间结构演化历程

东北地区城市内部空间结构的发展演化大致经历了四个不同的历史时期：古代城镇形成时期—近代城市形成时期—现代城镇体系形成时期—现代城镇体系改革发展时期（表9-1）。

表 9-1 东北地区城市内部空间结构发展演化历程

时期	社会背景	经济产业背景	城市空间结构特点	空间扩展模式
古代城镇形成时期	封建社会	自给自足的自然经济	严格的政治等级特点；单核单中心；军事性质明显；城镇轮廓以正方形居多（Bourne, 1982）	圈层状扩展
近代城市形成时期	半殖民地半封建社会	殖民入侵，铁路修建，商埠开放，近代工矿业、商业迅速发展	向开放型转变（吴晓松，王丽尔，1995）；城市道路网结构呈自由式、方格网式，或环状放射式；"多区拼贴"（商埠地、铁路附属地、新规划区、旧城区）的空间结构特征；城市呈"双核"发展；出现独立的工业区、居住区、商业街和新型的市中心区；"都邑计划"的外部引导明显（曲晓范，2001）	扇形面状扩展
现代城镇体系形成时期	社会主义社会	国家工业项目布局；计划经济	全国重点项目在东北地区的建设，导致城市用地快速扩展（宛素春等，2004）；功能分区明确的新区与旧区混杂；工业用地占主导，明显的单位大院的居住模式	连片扩展、圈层扩展、星形指状扩展并存
现代城镇体系改革发展时期	社会主义社会	市场经济；土地和住房制度改革	工业郊区化明显；市场机制下级差地租发生作用；居住的空间分异现象日益明显；东北城市在新中国成立后固化的"单位大院"组成的城市结构逐渐弱化	连片扩展、圈层扩展、星形指状扩展并存

（一）古代城镇形成时期——军事性质明显的简单内部结构

古代城镇形成时期主要是指 1840 年鸦片战争以前的历史时期。东北地区城镇的出现，大约始自战国中后期，是伴随着郡县的设置、长城的修筑，以及一些屯戍之所的开辟同步出现的（王士君，宋飏，2006）。鉴于记载的当属辽东的襄平和辽西的柳城为最早，其他如高句丽的国内城、丸都山城，渤海上京龙泉府、中京显德府（今合龙西市古城）、东京龙泉府（今珲春市八连城）、敖东城，辽上京（今巴林左旗林东镇）、黄龙府，中京大定府、金上京等，都是东北地区不同时期的政治、军事中心。清朝末期，由于清朝政府的开禁政策和手工业的发展，东北边疆城市在军垦屯田促进下，已开始由单一军事政治中心向政治经济中心演化，但由于手工业产品的产量小、规模小，城堡始终是封建统治体系中的一个基本环节。这一时期的城镇规模较小，职能性质较为单一，主要是政治和军事职能，纯商业性的城市几乎还没有出现。城市内部空间结构呈现如下主要特点：①地域结构简单，演变缓慢，城镇轮廓以正方形居多；②城镇呈封闭式，周围筑有城墙，高墙深壕，对外通道为各城门，城市与乡村因城墙而形成了严格的界限，城墙的防御功能不断强化，如辽阳、盛京（图 9-1，图 9-2）；③城市内部呈现"单核单中心"的城市结构模式雏形；④城市规模、城市布局乃至城墙高度和道路宽度等，均体现了严格的政治军事等级制度；⑤城市扩展被城墙阻隔，"城"的空间限制作用突出；⑥后期城镇由单纯的政治军事中心职能向政治经济职能转化，已有旧式商业中心在城市中出现。

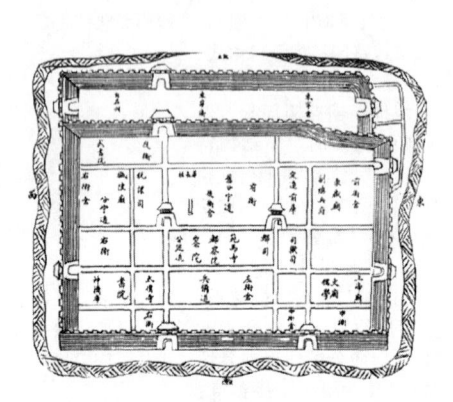

图 9-1　明代辽阳镇城全图　　　　图 9-2　清代盛京内城图

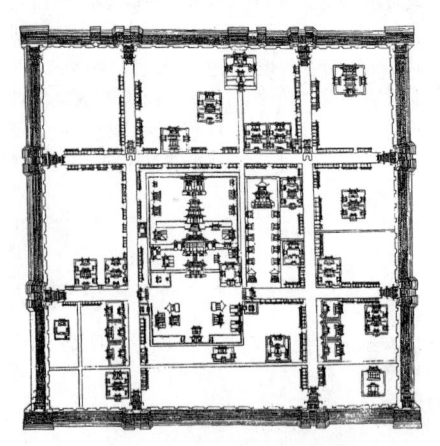

（二）近代城市形成时期——体现深刻殖民烙印的内部结构

东北地区现代意义上的城市化历史开始于清末，大约于 19 世纪 60 年代，晚于我国东南沿海地区，是在社会经济向半封建半殖民地、殖民地转化的历史条件下而开始的。这一期间，东北地区由于西方殖民者的入侵、铁路的修建、港埠的开放、工矿业和商业经济的发展，城市已经摆脱了古代城堡的桎梏，城市殖民地半殖民地性质明显，城市内部空间结构出现了崭新的面貌。这一时期，城市内部空间结构呈现以下特点：①城市规模由小到大，地域结构趋于复杂，空间演变呈现多元化趋势。②城市空间结构由过去"开"而不"放"的封闭型向开放型转变，随着工业、仓储、对外交通等的发展，过去延续几千年的具有封闭意义的城墙陆续被拆除。③城市道路网结构呈自由式、方格网式，或环状放射式，如大连（图 9-3）。④出现相对独立的城市功能分区，城市呈"双核"发展；办工厂、开矿山、设商埠使城市的发展趋于多元与多向，城市已成为地区政治经济中心，经济腹地取代了原政治统治区域，城市内部出现了现代资本主义特征的商业街和新型的市中心区；在大中城市中形成了一些以近代工业为主比较集中的工业区和工业地带，开辟工业新区，就形成双核城镇，使生产者和生产场所在空间上分离，改变了传统城市中手工业、商业、居住空间合一的形态；形成相对独立的居住区，而且居住区的社会分化现象也比较明显；此时的哈尔滨功能分区就比较明显（图 9-4），哈尔滨埠头区（道里）布置商业、金融等项目，泰家港（南港）是中东铁路附属用地，滨江（道外）为中国市民聚居区，八区为粮油加工区，顾乡为工业仓库区，香坊为哈尔滨老城区，而原位于驿道上军事城堡由于交通的不便开始衰落。⑤大多形成"多区拼贴"的空间结构特征，商埠地、铁路附属地、新规划区及旧城区，发展均各自为政，各区之间发展很不协调，如长春（图9-5）。⑥"伪满"时期，城市受"都邑计划"的外部引导明显，城市建设人为痕迹增加，多数城市按规划建设成现存的基本构架，如长春（图9-6）。1931～1938年，日本先后对37个市县制订"都邑计划"，当时的城市规划强调远近结合，为长远发展预留了足够的建设用地，并对绿化、基础设施、功能分区、城市性质和城市功能的强化等方面都给予充分重视。⑦城市空间呈"扇形"面状扩展。

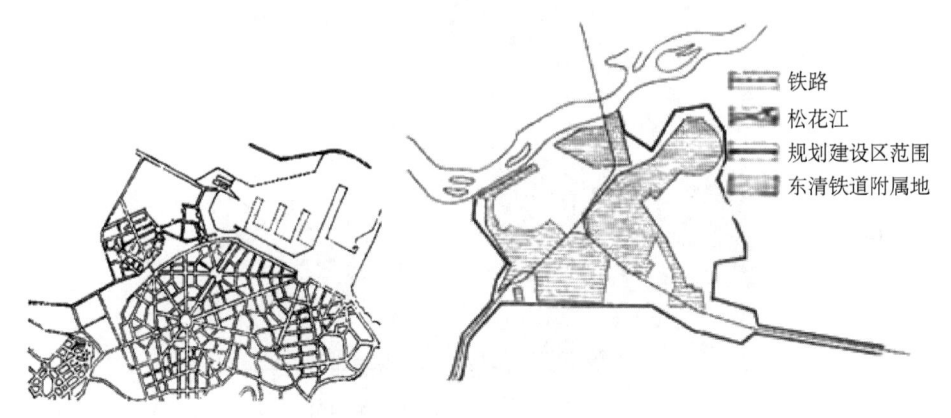

图 9-3 1900 年大连城市规划图

图 9-4 1901 年哈尔滨都市计划简图

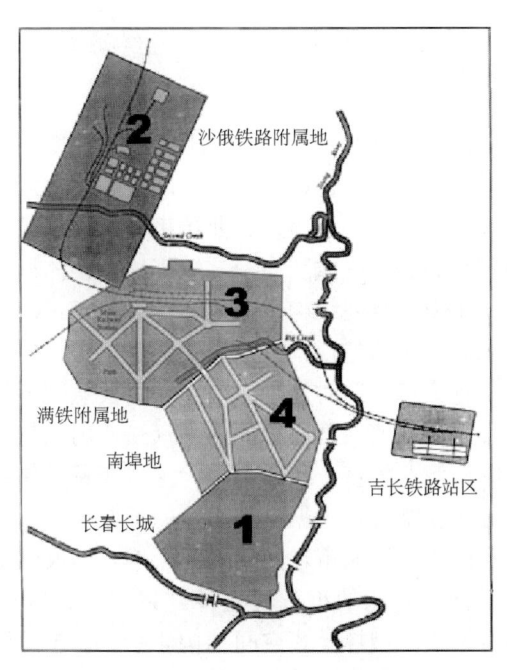

图 9-5 1932 年长春城市平面图

图9-6 1937年"新京"（长春）都市计划图
资料来源：曲晓范（2001）

（三）现代城镇体系形成时期——计划经济与项目带动显著的内部结构

东北地区城市体系的完善和城市化的加快发展是在新中国成立后开始的。新中国成立后，大规模的工业化建设有力地推动了东北地区城市化进程，原有中心城市进一步扩大，一批矿业城市、林业城市、农垦小城镇得以发展，东北地区的现代城市地理格局逐步形成。在东北城市体系整体形成的同期，计划经济背景下东北地区城市内部空间结构也呈现独有的特点：①新中国成立后，由于全国重点项目在东北地区的建设，城市用地快速扩展，规模大，占地多，而在"大跃进"和"文化大革命"时期，城市经济增长急剧下降，城市进入缓慢扩展时期；②功能分区明确的新区与功能混杂（工业用地与居住用地混杂）的旧区并存；③市中心以商业零售、行政办公为主，兼顾居住、工业等多种功能的混合；④集中与分散相结合，占据支配地位的工业布局；⑤居住社会阶层分化消失，受苏联"小区规划"城市空间结构的影响，形成以单位为基本组织单元的居住模式，大量社会职能的承载使这种"封闭式社区"形成相对独立的"城中城"，进而组合形成巨型蜂巢式空间结构体系；⑥中等城市、小城市中心区沿干道两侧（城市轴线）线形分布。

（四）现代城镇体系改革发展时期——市场机制引发多种因素共同作用的复杂的内部结构

改革开放后，东北地区城市的现代化水平不断提高，人口规模迅速增加，城市的外部扩展与内部重组同时进行，市场经济的确立，现代企业制度、住房制度和城市土地使用制度实行有偿使用的改革，引发城市内部空间结构呈现新的发展特点：①城市地域快速扩展，初期结构演变呈现无序状态，之后呈边缘扩展状态，工业郊区化明显；②功能分区明显，城市有向"多核多中心"组团式发展的趋势，由于经济规律的调节作用，城市中心区改造，工业外迁，不少城市的党政机关、学校等非经营性单位自动搬出市中心的繁华地段，商业服务单位进驻城市中心区，特定功能区在城市中形成，出现中心商务区；③市场机制下级差地租发生作用，大量工业从中心区外迁，融入到原有的郊外工业区、工业卫星城市或新的工业开发区，成为城市用地扩展的主导；④居住的空间分异现象日益明显，随着城市边缘大规模的住宅开发和旧城改造中拆迁户的安置，城市在不同地段形成不同的社会分区；⑤东北城市在1949年后固化的"单位大院"组成的城市结构逐渐弱化；⑥城市空间呈星形指状扩展（图9-7，图9-8）。

图9-7　2002年长春城市内部空间平面图
资料来源：《长春市总体规划（2004～2020）》

图9-8　2004年哈尔滨城市内部空间平面图
资料来源：《哈尔滨市总体规划（2005～2020）》

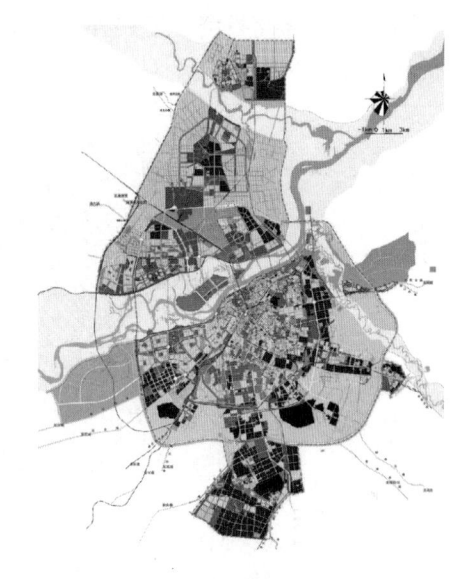

二、城市内部空间结构的基本特征

与国内外其他地区相比较，东北地区城市发展具有更清晰的地域特色和时代烙印，有其独特的内部空间结构特点和基本模式。

(一) 城市圈层结构明显

东北城市多位于平原地带,受地形地貌的约束相对较小,具有形成城市圈层结构的基本自然条件(宋飏,王士君,2011)。大多城市都经历了从点状集中到圈层发展的演变阶段,城市结构仍呈现明显的"单中心圈层式"结构,组团结构尚未真正体现出来。目前,东北地区城市内部结构已普遍形成了"三圈"的基本格局,即中心地域、周边地域和市郊外缘。①中心地域:城市活动的核心,城市化程度高,城市功能齐全,居住区和商业区混杂,主要为餐饮、娱乐、金融、办公等城市公共设施功能;②周边地域:与市中心有着上班、电话、购物等密切联系的日常生活圈,主要以居住功能为主,随着城市化进程加快,城市化水平不断提高,城市功能不断强化,居住区和新的商务办公区交错分布,并出现新的城市中心区,承担部分的管理、协调和指挥职能;③市郊外缘:城市中心和周边地缘向外延伸的广大地区或远郊区,主要为工业和市内大型基础设施的外延,由新建的工业区、居住区、工业区,以及大面积的郊区蔬菜基地、果园、林地等组成,是接纳中心城区工业扩散的重要基地和城市农副产品供应基地,也是吸引外商投资、发展外向型工业的重要基地,多为新兴的开发区和一批环境优美的新居住区(图9-9)。

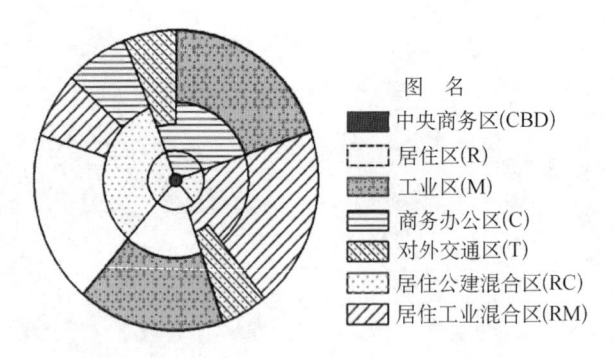

图9-9 东北城市内部空间结构基本模式

(二) 城市核心区进一步强化,"多中心"格局尚未形成

中心极化现象始于最初"伪满"时期的"都邑计划",建设形成的中心放射式路网形态,引导大量城市功能和交通集中到城市中心区。而在以后的建设和规划中,原规划的其他城市中心尚没有形成,城市周边地区城市公共设施建设滞后,致使城市中心进一步极化(宋飏等,2009)。城市中心体系等级层次尚不健全,缺少区级和专项公共中心,城区各片区之间分布仍不平衡。例如,长春就呈现为典型的单中心城市空间结构,城市主要行政办公、文化和商业设

施过度分布在人民广场一带，城市中心区就业和居住人口高度密集，目前中心地段 28 千米^2 的范围内，集中了长春市 31% 的就业岗位和 40% 的居住人口。而且城市中心区仍呈现不断集聚的趋势。分区中心逐渐发育，但发展速度缓慢，难以分散人民广场中心的吸引力。

（三）"工业包围城市"痕迹严重，"退二进三"彰显成效

近年来，多数中心城区工业用地开始实施"退二进三"，对中心城区工业用地进行调整。1949 年后固化的"单位大院"组成的城市结构逐渐弱化，但旧有"工业包围城市"的痕迹依旧严重。改革开放后，伴随着大量外资和民间资本涌入城市，城市工业得到迅速发展。高新技术开发区和经济技术开发区的成立为工业的发展提供了空间支撑。工业开发区无论在基础设施的建设还是企业的投资布局上，都彰显成效，成为东北地区城市发展的发动机。无论是"退二进三"还是工业开发区的发展重组，都形成了新时期工业分布于城市外围的空间格局。例如，长春二环内除少量零星的工业外，工业主要集中于东部、北部和西南的城市外围。

（四）城市空间规模膨胀，空间结构演化加剧

自 2003 年以来，东北地区经济总量增长和质量提高都比较明显，是城市社会经济从萎缩向增长的转折点，城市有极强的向外扩展的新趋势。近年来，开发区的建设和房地产的热潮，使城市正在进入一个迅速外延的发展阶段。几大中心城市继工业、高校外迁之后，新一轮的居住外迁已经开始，城市圈层结构面临新的重组和调整。城市的人口重心迁移必然带来商业重心的迁移，但是由于需求在经济活动中的主导地位和产业惯性的存在，商业重心又具有一定的稳定性，可以预见，商业中心的外迁在新一轮城市结构调整中必将到来（表 9-2）。

表 9-2　东北地区四大中心城市建成区面积增长情况（1998～2010 年）

（单位：千米^2）

年份	1998	1999	2000	2001	2002	2003	2004	2005	2006	2007	2008	2009	2010
哈尔滨	—	165	168	211	214	225	293	318	331	336	340	345	359
长春	145	154	159	164	169	171	193	224	267	285	328	365	394
沈阳	200	202	217	238	249	261	291	310	325	347	370	395	412
大连	227	234	234	234	248	248	248	248	258	258	258	258	390

资料来源：《中国城市统计年鉴》（1999～2011）

（五）空间扩展呈现多元化特点

东北地区城市在内部重组的同时，外部扩展也呈现出多元化的特点。大城

市主要是在圈层扩展的基础上,继续沿放射轴线发展与整块开发并存,大城市目前处于工业化、城市化逐步深入的发展时期,城市的扩展向四周有利的用地方向伸延,特别是沿着城市对外交通道路、铁路、公路不断向外伸展,形成走廊地带;中等城市的环路圈层效应在东北城市中逐步成为主流,中等城市多处于城市化发展的初级阶段,呈现出向心吸引的圈层扩展模式;而小城市则由一条街式的发展逐渐向"十"字形及团块型发展,沿街两侧向纵深发展。区域层面,城市发展在沿主要交通轴线发展的同时在网络节点的扩大放大效应成为发展的趋势,这必然使大城市空间形态向星云状、甚至更大的巨型带状城市发展。

三、城市内部空间结构的演变机制

城市内部空间结构的形成和演变是城市内部(包括自然环境、历史基础和社会人文结构)和外部各种力量(主要包括政策力、经济力、社会力)共同作用的结果,最终体现为城市空间的扩展或重组(史卫波,2007)。其中,政策力指当时当地政府的组成及其采用的发展战略,经济力主要包括控制资源的各经济部类及与国际资本的关系,社会力主要包括社区组织、非政府机构及全体市民。纵观东北地区城市内部结构的演变历程,经济发展是其根本动因,此外"三力"也均在不同时期担当不同的主导,并相互影响、相互渗透,最终共同作用于城市内部,使城市进行内部重组和外部扩展,形成当前东北地区独特的城市内部结构(图9-10)。

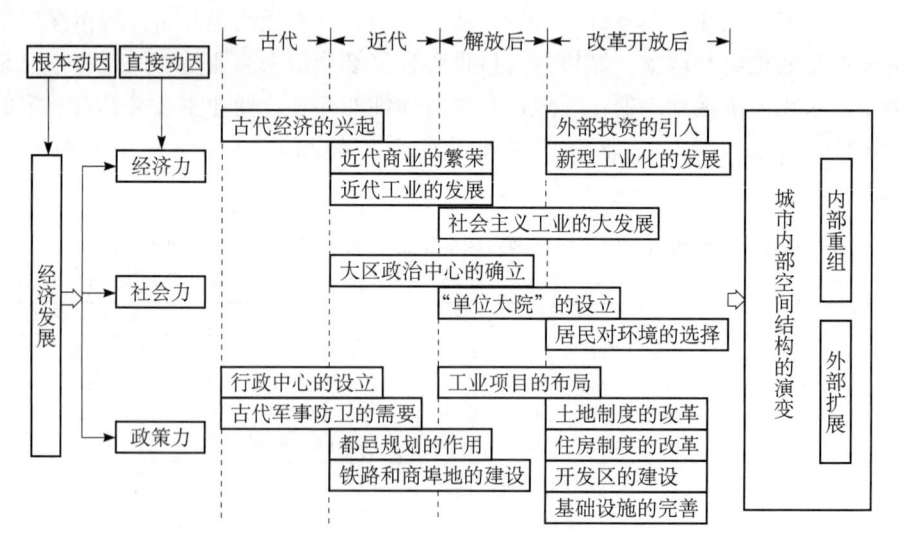

图 9-10 东北地区城市内部空间结构的演变机理

（一）经济力

经济发展是城市内部空间结构演变的根本动因，不同时期不同的经济力，引起相应的城市内部结构演变（宋飏等，2012）。最初东北地区古代经济的兴起，一部分新城市择地而建。近代，资本主义商业、殖民经济和近代工业的发展，城市内部出现工业加工区和商业中心地。新中国成立后，社会主义工业大发展，尤其是国家重点项目在东北地区的落户与投产，独具东北地区特色的"单位大院"在城市中形成，并占据城市区位较好的内环。改革开放后，"东北现象"逐渐产生，一批旧有工业或停产或外迁，搬离城市二环内的高价地段，同时大量外资引入，新型工业化选择新的工业区位，产业重新集聚。这些因素的作用除对工业企业在城市内的区位选择起到重要作用外，对居住区及商业中心的再建设同样起到重要的吸引和带动作用。

（二）社会力

社会力在东北地区城市内部结构调整中的作用日益突出。近代，哈尔滨、沈阳、大连等特大城市被确立为东北大区的政治中心，区域中心的商业职能和辐射作用日渐加强，城市内部相应出现具有强吸引力的城市中心。新中国成立后，依托单位建设家属区的情况突出，"单位大院"在城市内部大规模出现。改革开放后期，居民对居住环境的选择随生活水平的提高而提高，引发了新一轮房地产开发和居民外迁的热潮。

（三）政策力

在我国尤其是在政策痕迹深重的东北，政策力对其城市内部空间结构演变的影响尤为强烈。古代东北地区城市多为地区行政中心，军事防卫需要是城市的主要职能，这就使当时大多数城市呈现明显的军事特征。近代"伪满"时期人为地规划对多数城市建造了当前的基本骨架，铁路和商埠地的建设，极大扩展了城市用地的规模，并形成明显的分区格局。新中国成立后，工业项目布置的作用异常突出，工业与城市建设同步发展。改革开放后，城市内部结构的扩展与重组都得益于体制的变革，土地制度、住房制度的改革，将市场化运作引入城市的发展，城市按地租的经济规律进行重组和扩展。同时，政府对开发区的政策引导和对基础设施的完善，都直接导致工业在区位的选择和其他各项用地的重新组合。

第二节 城市空间形态的基本模式

据学者研究（郐艳丽，2004），东北地区现代城市空间形态主要有四种基本模式，即环辅放射型、集中团块型、线型、分散组合型（表9-3）。

表 9-3 东北地区城市内部空间结构形态的基本模式

基本模式	分布	总体特点	典型城市
环辅放射型	铁路沿线，由传统的铁路附属地发展而成	以广场为中心，城市沿若干方向发育，总体呈放射型	长春、哈尔滨、沈阳、齐齐哈尔
集中团块型	位于平原地区或较大盆地，多中小城市	方格网状道路体系，紧凑发展形成团块状布局，规则而有序	牡丹江、黑河、满洲里、北安、白城、蛟河、珲春、鞍山、锦州、铁岭、赤峰
线型	东北东部和北部山地，临近河流	受地形限制，城市空间呈线型	大连、吉林、营口、白山、本溪、阜新、丹东、海城、佳木斯、集安
分散组合型	随矿业、林业开发出现，多资源型城市	无明显中心区，各组团在空间分散布局	大庆、抚顺、鸡西、辽源、双鸭山、七台河、通化、伊春、鹤岗、五大连池

一、环辅放射型结构

环辅放射型结构模式的城市主要在铁路沿线分布，由传统的铁路附属地发展而成。城市以广场为中心，城市沿若干方向发育，总体呈放射型。主要代表城市为长春、哈尔滨、沈阳、齐齐哈尔等（图9-11，图9-12）。

图 9-11 长春城市空间形态演进（1992年）

图 9-12　齐齐哈尔中心区城市空间形态

二、集中团块型结构

城市内部空间呈集中团块型结构模式的城市是东北地区城市分布最为广泛的一种城市空间发展模式，主要分布在中部大平原或山间较大盆地。由于城市规模的逐渐扩大和规划建设的调整，多呈方格网状道路体系，并紧凑发展形成团块状布局，规则而有序。主要代表城市为牡丹江、黑河、满洲里、北安、白城、蛟河、珲春、鞍山、锦州、铁岭、朝阳、赤峰、敦化等（图 9-13～图 9-15）。

图 9-13　朝阳城市空间形态　　图 9-14　赤峰城市空间形态　　图 9-15　敦化城市空间形态

三、线型结构

线型结构模式的城市主要由于地形的限制，分布于东北地区东部和北部山地，临近河流。城市空间受周围自然环境影响较大，城市中心区和外围功能区连片向两侧拉长，呈明显的"线型"状态。主要代表城市为大连、吉林、营口、白山、本溪、阜新、丹东、海城、佳木斯、集安等（图 9-16，图 9-17）。

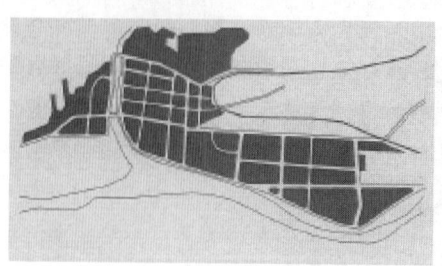

图 9-16　集安城市空间形态

图 9-17　丹东城市空间形态

四、分散组合型结构

资源型城市是分散组合型城市的主体，随矿业、林业开发出现，一般城市功能不健全。在"先生产，后生活"的城市建设指导方针下，资源型城市不同程度地呈现"城像矿，矿像城"的景象，城市基础设施落后，功能不健全，城市无明显中心区，各组团在空间分散布局。主要代表城市为大庆、抚顺、鸡西、辽源、双鸭山、七台河、通化、伊春、鹤岗、五大连池（图 9-18，图 9-19）。

图 9-18　双鸭山城市空间形态

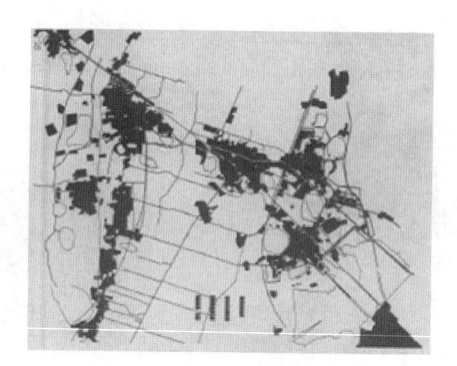

图 9-19　大庆城市空间形态

第三节　城市内部人口空间结构
——对哈尔滨市的解析

城市人口的分布、变化一直是学术界较为关注的一个研究领域。传统的研究多集中在城市人口总量的变化上（王雯菲，张文新，2001；张善余，1999；祝卓，1991；胡焕庸，1984），对城市内部人口分布、变化问题没有给予足够重视。自改革开放和市场经济体制确立以来，城市发展的动力日趋多元化，城市内部空间结构日趋复杂，突出的表现就是在城市总量增长的同时，包括人口在内的城市各类要素不断地进行内部的重组和分配。因此，传统上对城市人口总量变化的分析已不能满足新时期城市规划和管理的需求。近年来，随着中国分散性城市化或郊区化研究的崛起，学术界开始关注城市内部人口的空间积聚与扩散问题，并开展了大量的研究（冯健，2004；周一星，孟延春，1997；陈文娟，蔡人群，1996；周一星，1996）。

一、哈尔滨城市内部人口空间结构特征

（一）20世纪90年代以来大城市郊区化速度加快，但与发达地区相比仍显滞后

学术界已运用第五次人口普查数据探讨了杭州、北京和上海等大城市人口郊区化规律。通过东北地区的哈尔滨市各地域圈层人口在不同时段的变化情况与上述三个城市的比较，可以发现东北地区城市在20世纪80年代和90年代人口郊区化发展过程与国内发达地区大城市的异同（表9-4）。

表9-4　哈尔滨等城市不同地域圈层的人口变化情况

	不同时期的人口增长状况		市域	中心区	近郊区	远郊区
北京	1982~1990年	增长量/万人	158.80	-8.20	114.9	52.10
		增长率/%	17.21	-3.38	40.46	13.12
		年均增长率/%	2.00	-0.43	4.34	1.55
	1990~2000年	增长量/万人	275.00	-22.20	240.00	57.20
		增长率/%	25.42	-9.50	60.15	12.73
		年均增长率/%	2.29	-0.99	4.82	1.21
杭州	1982~1990年	增长量/万人	57.10	-5.50	35.40	27.20
		增长率/%	10.87	-11.86	39.99	6.96
		年均增长率/%	1.30	-1.57	4.29	0.84
	1990~2000年	增长量/万人	104.60	-6.60	87.00	24.20
		增长率/%	17.93	-16.17	70.13	5.79
		年均增长率/%	1.66	-1.75	5.46	0.56
哈尔滨	1982~1990年	增长量/万人	53.67	49.86	43.72	6.14
		增长率/%	6.51	20.08	21.28	14.34
		年均增长率/%	0.81	2.51	2.66	1.79
	1990~2000年	增长量/万人	63.78	50.00	40.44	9.56
		增长率/%	7.27	16.77	16.23	19.51
		年均增长率/%	0.73	1.68	1.62	1.95
上海	1982~1990年	增长量/万人	148.20	-10.9	142.5	16.60
		增长率/%	12.50	-5.40	21.85	4.98
		年均增长率/%	1.48	-0.69	2.50	0.61
	1990~2000年	增长量/万人	306.60	-69.20	337.70	38.10
		增长率/%	22.98	-36.40	49.90	10.89
		年均增长率/%	2.09	-4.42	3.91	1.04

由表9-4看出，哈尔滨中心区人口的增长率由1982~1990年的21.28%降

至 1990~2000 年的 16.23%，年均增长率则由 2.66%降至 1.62%，人口增长量和增长速度均有所下降；郊区人口增长率由前一阶段的 14.34%增至 19.51%，年均增长速度也有所增加。与其他三个城市相比，则会发现巨大差异：北京、杭州、上海 3 个城市在 1982~1990 年和 1990~2000 年中心区人口数量都在减少，而哈尔滨中心区人口的数量仍在增加，只是 1990~2000 年增长速度减缓。20 世纪 90 年代，哈尔滨郊区人口增长速度虽然在加快，但与其他三个城市相比仍显缓慢。

总体而言，早在 20 世纪 80 年代经济发达地区的大城市已经开始郊区化进程；到了 90 年代这些大城市中心区人口减少、近郊区人口快速增长、远郊区人口低速增长的现象更明显，人口郊区化的速度更快。但东北地区的大城市在 20 世纪 80 年代人口向心集聚仍占主导，人口外迁现象只在个别街道发生，并且这些街道的分布很分散，郊区化现象还不明显；到了 90 年代，中心区人口减少的街区数量开始增多，分布也相对集中并且人口减少速度加快，说明已出现郊区化趋势。

（二）越接近市中心的街区，人口增减变化越剧烈

中心区附近几个区交互地带，尤其是道外区附近的一些地域，在两个时间段内各街区的人口增减变化剧烈、前后差异强烈。例如，道外区在 20 世纪 80 年代人口减少型的街区有七个，占其全部街道数的一半，而另一半街道（三电街道无数据）则属于人口中高速增长型，人口负增长和中高速增长街区形成鲜明对比。在 20 世纪 90 年代，人口减少街区数量仍然为七个，但在这七个人口负增长街区中，有三个是前一阶段人口高速增长的街区，其中包括上一阶段的人口增长极太古街道，人口年均增长率由前一阶段的 12.83%降到−4.03%，前后差别悬殊。人口仍保持中高速增长的街区数量只剩两个，另外五个街区则由前一阶段负增长或中高速增长转为低速增长。

（三）城市人口空间重构过程的相似性减弱而差异性增强

20 世纪 80 年代，东北地区城市内部人口空间重构过程中存在极大的相似性，人口变化的地域类型相对较少，多数地域的人口缓慢增长，少部分地域的人口中、高速增长或负增长。人口减少型街区多在中心区出现；人口中、高速增长型街区多在中心区或中心区外围出现；其他街区则属于人口中、低速增长型。城市内部的区域差异还不大，人口增长的相似性大于差异性。20 世纪 90 年代，东北地区城市人口内部空间重构过程的差异性加大，人口变化的地域类型增多，人口增减幅度加剧：中心区街区人口减少幅度增大，人口减少更加明显，而且中心的扩散源在空间上有扩大趋势，人口中、高速增长型街区进一步向外扩散。城市内部人口增长的差异性大于相似性。

（四）城市的郊区化特征日趋明显

东北地区城市的郊区化还处于初级阶段，但郊区化的特征正日趋明显。近20年来，基于人口分布的哈尔滨市区空间结构渐趋复杂：城市中心形成人口分布的相对低谷，且人口密度不断降低；中心区原有的人口分布高峰有向外推移之趋势，近郊区不断形成新的人口分布高峰。

二、哈尔滨城市人口空间变动的宏观剖析

这里通过对哈尔滨城市内部人口空间变动的分析，试图总结其人口变化特点和规律，判断东北地区大城市人口空间结构的发展进程。

（一）不同圈层地域的人口增长

1982~1990年哈尔滨市域人口增长53.67万人，年均增长6.71万人，年均增长速度为0.81%。1990~2000年，总人口增长63.78万人，年均增长6.38万人，年均增长速度为0.73%。从人口年均增长量、年均增长速度指标看，1990~2000年比1982~1990年都有所下降（表9-5）。

表9-5 哈尔滨不同地域的人口数量增长情况

地域	1982~1990年 增长量/万人	增长率/%	年均增长率/%	1990~2000年 增长量/万人	增长率/%	年均增长率/%
中心区	43.72	21.28	2.66	40.44	16.23	1.62
郊区	6.14	14.34	1.79	9.56	19.51	1.95
市区	49.87	20.08	2.51	50.00	16.77	1.68
市域	53.67	6.51	0.81	63.78	7.27	0.73

其中，市区人口在1982~1990年总增长49.87万人，年均增长速度为2.51%；在1990~2000年总增长50万人，但年均增长速度已下降到1.68%。

而在市区内部，中心区与郊区人口的增长速度也在变化。1982~1990年8年间中心区人口增长43.72万人，年均增长率为2.66%；而1990~2000年10年间中心区人口增长量仅40.44万人，年均增长率下降到1.62%。1982~1990年郊区人口增长6.14万人，年均增长速度为1.79%；而1990~2000年郊区人口增长9.56万人，年均增长速度为1.95%。1982~1990年中心区人口增长速度明显快于郊区人口增长速度，说明市区仍以人口向心集聚占主导。1990~2000年中心区人口增长速度明显放缓，郊区人口增长加快且增长速度已超过中心区，说明人口郊区化现象已经出现。

就人口密度的增长而言，1982~1990年，中心区人口密度在增长，而郊区的人口密度下降：中心区每平方千米增加了2867人，郊区的人口密度每平方千

米减少了6人。这说明20世纪80年代人口仍以向心集聚为主，郊区化现象尚不明显；进入90年代中心区人口开始郊区化，但外来人口仍在向市中心集中。

（二）小结

比较1982～1990年和1990～2000年两阶段哈尔滨人口变化特点，可以发现，20世纪90年代在市域总人口平稳增长的同时，各圈层人口分布变化的差异加大：中心区人口增长的幅度比前一阶段大大降低；郊区人口的增长率比前一阶段略有上升。

三、哈尔滨城市人口空间变动的微观剖析

图9-20和图9-21分别给出了1982～1990年和1990～2000年哈尔滨市区分街区的人口增长情况。对比两图可以发现，1990～2000年街区人口增长速度的变化范围从-5.58%到25.66%，显然比前一阶段1982～1990年从-3.24%到12.83%的变化范围更大，人口变动的空间类型也比前一阶段丰富。

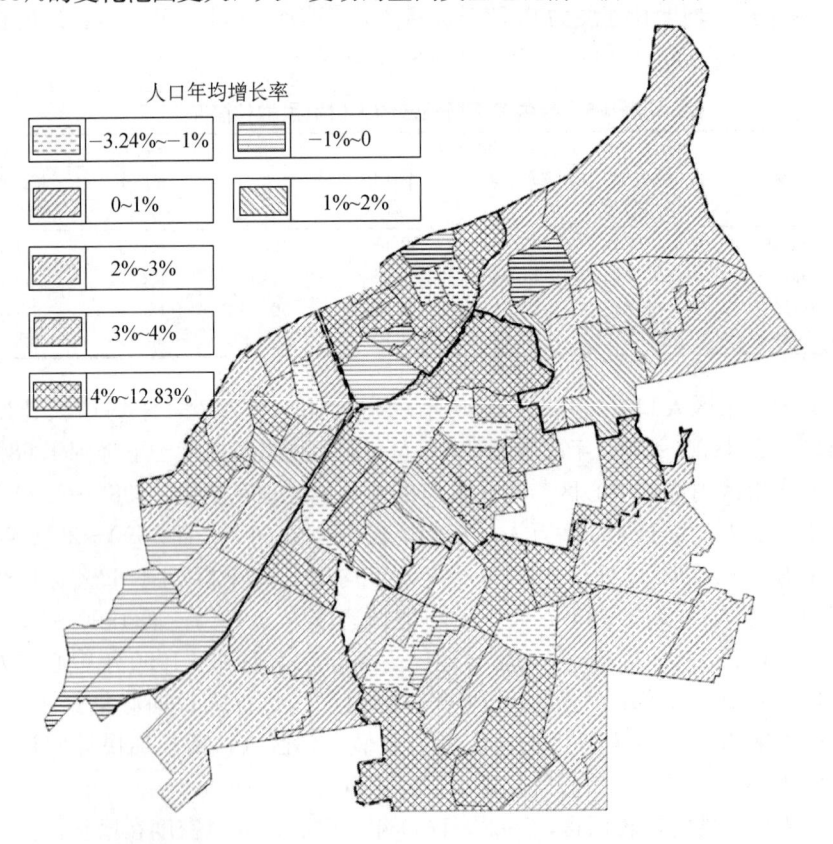

图9-20 哈尔滨分街区人口变动的空间类型（1982～1990年）

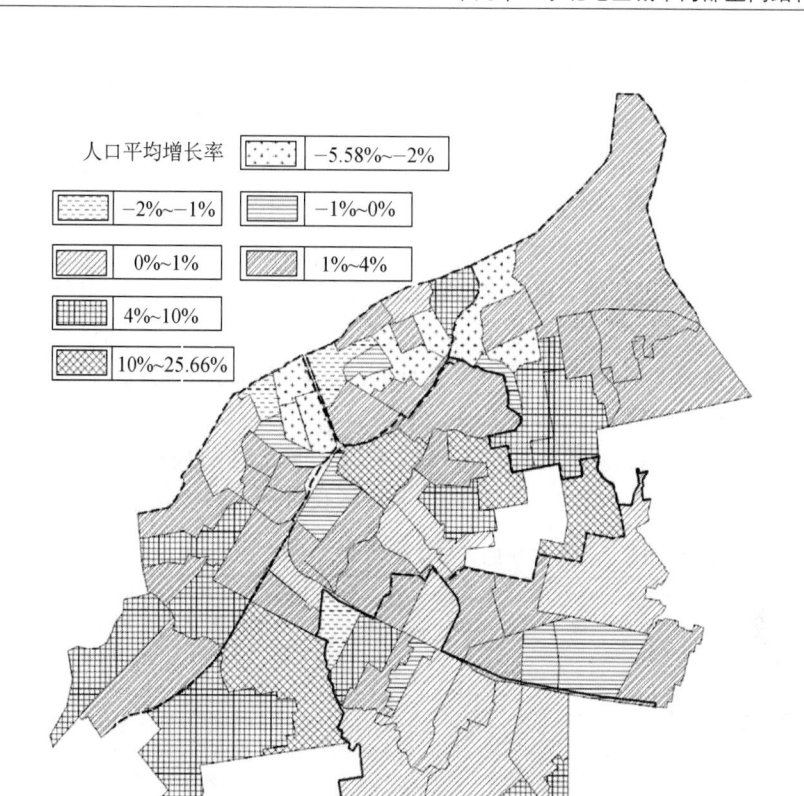

人口平均增长率
- −5.58%～−2%
- −2%～−1%
- −1%～0%
- 0%～1%
- 1%～4%
- 4%～10%
- 10%～25.66%

图 9-21　哈尔滨分街区人口变动的空间类型（1990～2000 年）

（一）人口中、高速增长的街区变化情况分析

在 1982～1990 年，人口年均增长率超过 4%的街区有 25 个，即道里区的正阳河街道（5.17%）、安静街道（5.79%）；南岗区的燎原街道（5.92%）、松花江街道（7.03%）、花园街道（8.53%）、七政街道（4.75%）、保健街道（6.29%）、奋斗路街道（7.16%）、芦家街道（5.32%）、新春街道（8.60%）；道外区的大兴街道（5.96%）、胜利街道（8.73%）、靖宇街道（8.32%）、滨江街道（9.91%）、太古街道（12.83%）、振江街道（4.81%）；太平区的水泥路街道（4.02%）；香坊区的六顺街道（4.14%）、红旗大街街道（8.96%）、新香坊（4.17%）、幸福镇（6.45%）和动力区的建筑街道（7.71%）、进乡街道（9.15%）、朝阳镇（4.28%）和平房区的保国街道（5.08%）。从统计数据上看，在年均增长率超过 4%的街区中，以南岗区和道外区的街区数最多，分别占到了 32%和 24%，其中人口年均增长速度最快的街区出现在道外区的太古街道，达到 12.83%。

而在 1990～2000 年，人口年均增长率超过 4%的街区减少到 20 个，分别为道里区的工农街道（4.96%）、新华街道（4.85%）、建国街道（4.72%）、新发镇（5.14%）、群力乡（5.55%）；南岗区的哈西街道（9.08%）、保健街道（4.79%）、芦家街道（5.93%）、和兴路（25.66%）、荣市（20.15%）、先锋路（15.72%）、新春街道（24.86%）；道外区的振江街道（5.03%）、三电街道（4.03%）；太平区的大有坊街道（4.62%）、南直路（7.95%）；香坊区的幸福乡（5.09%）；动力区的文政街道（5.90%）、黎明镇（6.98%）和平房区的联盟街道（7.30%）。按数量计算，以道里区和南岗区人口中高速增长的街区居多，分别占到25%和35%，并且人口年均增长速度超过10%的四个增长极均出现在南岗区。

为了进一步精确地揭示哈尔滨市区人口空间重构的规律，表9-6列出了1982~1990年和1990~2000年各四个人口增长极的人口变化数据。

表9-6 哈尔滨市区人口增长极的人口变化情况（1982~1990年，1990~2000年）

街道（所辖区）	1982~1990年总增长量/人	总增长率/%	年均增长率/%	1990~2000年总增长量/人	总增长率/%	年均增长率/%
滨江街道（道外）	13 372	79.26	9.91	3 707	12.26	1.23
太古街道（道外）	17 647	102.60	12.83	−14 043	−40.30	−4.03
红旗大街（香坊）	17 549	71.68	8.96	12 712	30.25	3.02
进乡街道（动力）	21 633	73.19	9.15	3 107	6.07	0.61
和兴路街道（南岗）	—	—	—	74 537	256.59	25.66
荣市街道（南岗）	−3 613	−13.41	−1.68	47 018	201.48	20.15
先锋路街道（南岗）				26 043	157.18	15.72
新春街道（南岗）	5 231	68.78	8.60	31 908	248.58	24.86

显而易见，1982~1990年的四个增长极在1990~2000年人口增长速度都大幅度下降，进入中低速增长状态，太古街道甚至进入人口快速减少状态。1990~2000年，在位于南岗区的四个人口增长极中，人口均有较大的增长，年均增长幅度超过15%；其中，新春街道的人口增长在20世纪80年代就已有基础，而荣市街道则由1982~1990年的负增长型直接进入90年代的人口高速增长，前后变化悬殊。

（二）人口负增长的街区变化情况分析

人口呈现负增长的街区也变化较大。1982~1990年，有22个街区为人口减少型；而1990~2000年间，人口减少的街区达到26个，虽然人口呈现负增长的街区数量增长不多，但这类街区的空间分布变化相当大。1982~1990年，人口减少的街区主要集中在道外区，数量占全部负增长型街区总数的32%，人口减少速度最快的太阳岛街道（年均−3.24%）也出现在道外区。而在1990~2000年，各区（除南岗区）人口负增长的街区数量均有所增加，并且人口减少幅度也在加大；这一时期各区人口减少的街区数量占人口减少街区总

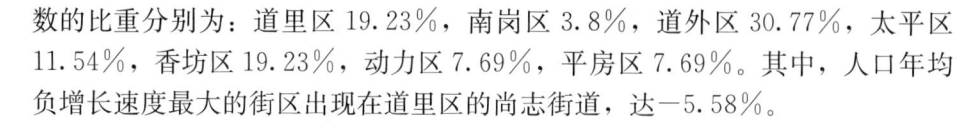

数的比重分别为：道里区 19.23%，南岗区 3.8%，道外区 30.77%，太平区 11.54%，香坊区 19.23%，动力区 7.69%，平房区 7.69%。其中，人口年均负增长速度最大的街区出现在道里区的尚志街道，达-5.58%。

（三）人口中、低速增长的街区变化情况分析

1982~1990 年，人口以中、低速度增长的街区共有 53 个，其中道里区 15 个、南岗区 8 个、道外区 2 个、太平区 11 个、香坊区 5 个、动力区 7 个、平房区 5 个，道里区人口呈中低速增长的街区数占人口中低速增长街区总数的 28.3%，而太平区除水泥路和太平大街外均属人口中低速增长型街区。1990~2000 年，人口以中、低速增长的街区共 56 个，仍以道里区数量最多（12 个）。南岗区、道外区、动力区人口中低速增长的街区数量在增长，道里区、太平区人口中低速增长的街区数量在减少，香坊区、平房区人口中低增长街区数量不变，但位置有所变化。

第四节　东北地区城市内部空间重构

一、空间结构存在的问题

东北地区城市内部结构特点鲜明，也存在如下几个方面的主要问题：①城市空间结构与功能不协调，尚未形成功能明确、联系完善、互为有机体的城市功能区系统；②城市各类功能用地比例失调，工业用地比重仍然很大，绿地、广场、公共设施用地不足是东北地区很多城市共同的现象，这种问题是导致城市生态环境恶化，影响城市可持续发展的主要症结；③东北地区的工业用地外围圈层化，隔断了城市继续发展的空间，使城市远景生活用地发展受到限制，同时造成城市与周边自然环境的隔绝，影响未来城市环境；④城市核心区的过度利用，具有强烈的交通聚焦效应，容易出现人流聚集、车行不畅和交通拥挤等弊端，城市运行效率难以保证；⑤城市中心体系等级层次尚不健全，缺少区级和专项公共中心，城区各片区之间分布仍不平衡（宋飏等，2009）。

二、空间重构的时代背景

当前，东北地区城市的发展正在迎接新的机遇与挑战，其城市内部的空间重构正处于如下时代背景。

（一）中国制度转型的大环境

中国制度转型的大环境，带来了政治、经济和社会领域的巨大变革，作为

空间载体的城市也处于剧烈的转型、重组之中（殷洁等，2005）。中国的制度转型被概括为三个相互联系的基本方面——分权化、市场化和全球化（Wei，2001）。分权化，主要体现在20世纪80年代以来政府改革不断深入，财税、金融、投资、企业管理等权限从中央逐步下放到地方政府与企业，促使地方政府为自身利益开始积极地介入经济、社会发展；市场化，即从中央集权的计划经济体制转向现代市场经济体制，表现为市场价格体系的确立，资本、土地、劳动力要素市场的建立，所有制形式和收入分配方式的变化等，其中尤以土地市场改革和住宅商品化改革对城市空间的影响最为深刻；经济全球化给城市发展提供了更多的新机遇和新动力，改变着传统的城市景观，如跨国公司的进入与CBD的出现、开发区建设引发新工业空间的扩展、城市消费空间的重塑等。

（二）现代交通通信技术的日益完善

随着科技的进步和经济的快速发展，现代交通通信技术日益完善，城市交通系统趋于快捷灵活，特别是沿主要快速干道的城市地区发展更快，私人小汽车也日渐广泛，致使城市居民对居住用地的选择不再局限于小区域（宋飏，王士君，2009）。

（三）振兴东北老工业基地战略的提出

振兴东北老工业基地战略提出后，一系列政策的确立为东北地区的城市发展注入了新的活力，新型工业化和新型城市化战略的实行，必将带动一部分旧工业企业的转型和一批新型工业的投产，使原有工业区位进行重组，进而带来城市内部空间结构的调整与升级。

（四）建立和谐社会与贯彻科学发展观的提出

坚持以人为本，全面、协调、可持续的发展观，是我们党从新世纪新阶段党和国家事业发展全局出发提出的重大战略思想。全面落实科学发展观，进一步调整经济结构和转变经济增长方式，是实现经济社会全面协调可持续发展的根本途径。建立和谐社会与贯彻科学发展观的提出，是顺应经济发展和社会进步的突出表现。人们对居住条件和生活环境质量的要求越来越高，"绿色、亲水、便捷"成为高级居住区的首选要素，这都使居住区再选择成为必然。

（五）多种因素作用的重组与扩展

影响城市增长及空间结构演变力量的要素越来越趋于分散化，制度变迁对城市发展所带来的激励作用正在弱化（胡军和孙莉，2005），城市内部结构的演变将日趋复杂，制度、经济、社会、规划等多种因素将同时作用于城市未来的重组与扩展，必将给城市内部空间带来新的机遇与活力。

三、空间重构的未来选择

在新时期发展主体和利益主体多元化的时代背景下，为各级发展主体提供满足其自身发展需求的空间载体成为空间结构规划的必然选择。在未来的发展中，城市空间的外部扩展与内部重组仍将同时进行，并将体现出如下的趋势和空间选择。

（一）发展方向

城市发展方向开始进行战略性转移，现在东北地区四大中心城市都先后完成或正在进行新一轮的城市总体规划修编，新一轮规划中，多数城市在城市发展方向的选择上充分考虑了东北大区域的空间影响和沈哈经济轴线上城市间的相互作用，如长春的"南扩"和"东展"，就与长沈和长吉的交通经济流主方向有密切关系。

（二）功能分区

功能分区日渐明确，CBD、工业、居住等各功能区在原有基础上加强整合，选择最优区位，形成既有机联系又相对独立的城市功能分区体系。随着知识经济时代的来临，交通约束力的降低，人们为追求优越宜人的生活环境条件，将企业和住房分散化布局。由于各种不同的功能区自身的聚集效应依然存在，同类产业的聚集会形成多种不同类型的产业区。作为知识中心的城市自身蕴涵了聚集的要求，高技术产业的空间集聚，往往围绕某个名牌大学或科研机构集中布局，形成产学研一体化发展的新型科技园。另外，不同阶层、不同经济收入水平和不同文化水平的城市居民，会不自觉地聚集在某一特定功能区域，形成各种类型的社区。

1. 居住用地空间调整

高级居住用地开始郊区化，由于 CBD 的发展、交通工具的现代化和人们对居住环境质量要求的提高，城市居住区开始从城市核心转移到城市内圈，同时收入不均会加剧目前社会上正在出现的贫富分化，居住空间的分异日趋明显（王开泳等，2004）。

2. 工业用地大规模重组

新型工业化势必带动工业用地新一轮的重组，城市工业将继续实行"退二进三"政策，同时，相同或关联度高的企业会相对集中，构成具有行业特点的工业区，并继承历史的空间集中模式，企业向城市主要经济腹地方向集中，与区域经济关系和交通走廊布局一致（董伟，2004）。

3. 构建开敞空间系统

城市趋向生态化和人本化，对由绿地和水系构成的开敞空间系统将日益受到人们的重视，以达到城市建设环境和自然环境的和谐交融。城市开敞空间将会系统化地建构，通过建立空间的网络或等级关系，来适应多样城市生活的发展需求，并提供充分的空间与环境潜力，同时系统化的开敞空间还为城市展现连续而组织化的城市景观。

4. 打造现代物流区

贸易与交通运输业的发展，有可能分化出专业化的运输与流通功能区，这些将承担专业化的展销、批发、储存、包装、加工和派送等职能。流通产业区主要分布在市区的主要出入口、环路沿线及大的综合交通枢纽如航空港、航运作用区、铁路与公路场站。现代物流业在东北日渐成熟，交通枢纽与流通产业区正在形成（王宏伟，李晓江，1997）。

5. 明确并优先建设创新性地域

区域性国际城市建设需要一些具有特殊经济作用和试验作用的创新地域，如高新区、自由贸易区、出口加工区、保税区等。依托高新区、高校、科研院所和高新产业企业的集聚，由完善而又充满活力的创新体系构成的创新地域即将形成，这些区域都要求有良好的外部交通联系条件、口岸条件和相对独立的地域。

（三）城市中心等级体系

城市的多种经济活动分散化，使得城市向多中心发展，并形成较为松散的城市空间结构。通过规划构建完善的城市中心等级体系，继续加强CBD的地位，增强其商业和办公功能，改变过去城市单一中心的高集聚格局，重点建立区级公共中心和专项公共中心（王开泳等，2004）。

第十章

东北地区港口城市及空间关系

第一节 东北地区港口的历史演进

一、港口发展与转型

与南方沿海港口的形成与发展相比，辽宁省沿海地区港口的发展历史相对短暂，且近代港口的形成与演进带有显著的殖民特征。总体表现出：港口类型由河口港向海岸港转变；港口布局由沿辽河两岸向沿海岸线转变；中心港口由以营口港为中心向以大连港为中心转变。

（一）大连港

远在春秋战国时期，大连地区就被用作屯粮集军和沿海通道。鸦片战争爆发后，1857年英法列强侵占大连湾称之为"阿沙港"，后改为"维多利亚港"，1878年，清政府在柳树屯筑炮台、设栈桥，修筑军港，并称附近一带为大连港（王淑琴等，1992）。

现代意义上具有口岸职能的大连港正式建港于1899年，始建之时的大连港位于辽东半岛东南端。1898年，沙俄强迫清政府签订《旅大租地条约》，租借北起普兰店，南至貔子窝一线3462千米^{2}的土地。翌年，沙俄开始在青泥洼和黑嘴子一带修筑港口，并于1903年开始通航。日俄战争（1904~1905年）之后，沙俄战败，由日本接管并建设经营大连港，1906年日本在西方列强的压力下宣布大连港为自由港，1907年受日本所迫，清政府正式在大连设立海关。此后，日本侵占大连港达40年之久，作为日本掠夺东北地区资源与侵略我国的"基地",大连港得到了日本的刻意经营建设。几十年间,大连港的基础设施在我国达到一流水平,至1939年,大连港共建成四个凸堤码头和甘井子煤码头、油码头、寺儿沟危险品码头,并整修了黑嘴子码头,配套与广大东北腹地联系的南满铁路运输干线及一系列刺激港口发展的优惠政策。此时,大连港的年吞吐能力达1200万吨,最高吞吐量完成1027万吨(1939年),超过当时日本主要港口的吞吐量,成为远东地区最大的自由贸易港之一(梁喜新等,1993;王淑琴等,1992)。

  大连港在如此短的历史时期内迅速崛起,后来居上,在国内外港口发展史上是少见的,究其根源得益于四个方面的动力因素。第一,优越的自然条件。自然条件是港口建设的基础,港口的开发与建设需要综合考虑岸线、水深、水文、水温、气象、航道、地质等多方面的影响,大连港是我国少有的天然深水良港,海岸线绵长,港湾众多,湾宽水深,气候冬暖夏凉少浓雾,港区不淤不冻浪稳……,极其有利于发展港航事业。第二,广阔与富庶的经济腹地。腹地是港口建设的前提条件和赖以生存的根本,广大的东北地区,土地肥沃、物产丰富,粮豆等农产品和林矿产品等是帝国主义列强角逐和争夺的焦点,同时也是列强们倾销商品的市场,大宗的货物运输与贸易,刺激与支撑了大连港的壮大。第三,便捷与高效的港口集疏运设施。集疏运条件体现港口的效率与影响力,与大连港同时启用的中东铁路,深入东北腹地,使大连港快速、高效地与腹地关联,降低了港口货物转运成本,提高了运输效益,从而依托铁路的建设吸引更多的腹地。第四,一系列的优惠政策。为了吸引腹地货物运输的流向,日本实行了一系列的针对大连港的优惠政策。例如,1919年以前,满铁采取了大连中心主义的"不等价铁路运费"政策,1919年以后,满铁又创立了东北大豆出口的"混合保管运输管理制度"等,这些政策极大地提高了大连港的吸引功能和货物流通效率,大连港逐渐袭夺了营口港的腹地和职能,成为东北地区对外贸易的中心港。另外,自由港的身份与职能,使大连港对辽宁省其他港口也发挥着重要的货物中转枢纽作用。综上所述,这一时期,大连港在辽宁港口省体系中的中心地位已然确立,港口发展带有典型的殖民主义色彩。

  新中国成立以后,大连港适应政治背景的变化,由为帝国主义殖民服务的角色转换成为社会主义工业化和现代化服务的角色。新中国成立初期,受帝国主义的封锁,以及严峻的国际形势所迫,我国社会主义建设向三线地区转移,港口发展环境较"伪满"时期更加封闭与恶劣,港口建设一度停滞。例如,1951年,我国政府从苏军手中接管大连港时,港口吞吐量仅为272万吨,客运量仅为36万人次(梁喜新等,1993)。随着对外开放政策的实施,港口所特有的对外口岸优势被广泛重视,港口不断改建、扩建及新建,港航设施及集疏运设施不断完善。2008年,货物吞吐量为24 588万吨,位居全国第七位,年均增长率9.31%，集装箱吞吐量452.6万国际标准箱（TEU），位居全国第八位，位居世界第二十三位，年均增长率20.61%（表10-1，表10-2，图10-1，图10-2）。

表10-1 我国主要年份沿海规模以上港口货物吞吐量统计

港口	1990年/万吨	1995年/万吨	2000年/万吨	2005年/万吨	2007年/万吨	2008年/万吨	年均增长率/%
大　连	4 952	6 417	9 084	17 085	22 286	24 588	9.31
营　口	237	1 156	2 268	7 537	12 207	15 085	25.95
秦皇岛	6 945	8 382	9 743	16 900	24 893	25 231	7.43
天　津	2 063	5 787	9 566	24 069	30 946	35 593	17.14
烟　台	668	1 361	1 774	4 506	10 129	11 189	16.95
青　岛	3 034	5 103	8 636	18 678	26 502	30 029	13.58
日　照	925	1 452	2 674	8 421	13 063	15 102	16.78
上　海	13 959	16 567	20 440	44 317	49 227	50 808	7.44
连云港	1 137	1 716	2 708	6 016	8 507	10 060	12.88
宁波—舟山	2 554	6 853	11 547	26 881	47 336	52 048	18.23
福　州	561	1 032	2 426	7 443	6 433	6 703	14.78
厦　门	529	1 314	1 965	4 771	8 117	9 702	17.54
深　圳	1 258	3 080	5 697	15 351	19 994	21 125	16.97
广　州	4 163	7 299	11 128	25 036	34 325	34 700	12.50
湛　江	1 557	1 885	2 038	4 647	6 075	6 682	8.43
海　口	288	468	808	2 118	2 373	2 614	13.04
八　所	431	275	378	486	546	554	1.40
其他港口	3 060	10 019	22 723	58 515	65 241	77 786	19.69
合　计	48 321	80 166	125 603	292 777	388 200	429 599	12.91

资料来源：中国资讯行数据库（教育网）

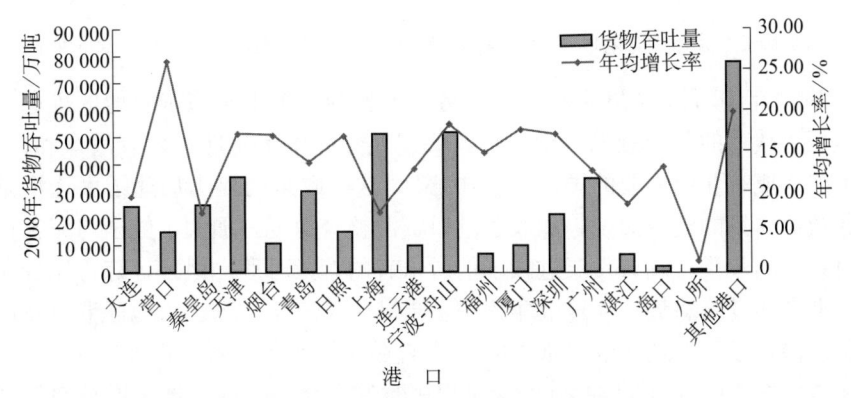

图10-1 沿海规模以上港口2008年货物吞吐量及年均增长率（1990～2008年）

表 10-2 我国历年沿海主要港口集装箱吞吐量（2000~2008 年）

港口	2000年/万TEU	2001年/万TEU	2002年/万TEU	2003年/万TEU	2004年/万TEU	2005年/万TEU	2006年/万TEU	2007年/万TEU	2008年/万TEU	年均增长率/%
上海	561.2	634.0	861.2	1128.2	1455.4	1808.5	2171.9	2615.2	2800.6	22.26
深圳	399.4	507.6	761.8	1065.0	1365.9	1619.7	1847.0	2110.4	2141.6	23.36
广州	143.1	173.8	217.3	276.9	330.4	468.3	665.6	925.9	1100.1	29.04
宁波—舟山	90.2	121.3	185.9	277.2	400.5	520.8	1420.3	1878.1	2178.0	48.89
青岛	212.0	263.9	341.0	423.9	514.0	630.7	770.2	946.2	1002.4	21.43
天津	170.8	201.1	240.8	301.5	381.6	480.0	595.0	710.2	850.3	22.22
厦门	108.5	129.3	175.4	233.1	287.2	334.2	401.3	462.7	503.5	21.15
大连	101.1	121.7	135.2	167.0	221.2	268.8	321.2	381.3	452.6	20.61
连云港	12.0	15.6	20.5	30.1	50.2	100.5	130.2	200.3	300.1	49.54
营口							101.1	137.1	203.6	
烟台							104.9	125.0	153.2	
泉州							83.9	101.9	120.7	
福州							101.1	120.1	117.7	
中山	51.0	55.0	64.0	76.0	93.0	99.9	112.5	126.6	113.6	10.53

资料来源：中国资讯行数据库（教育网）

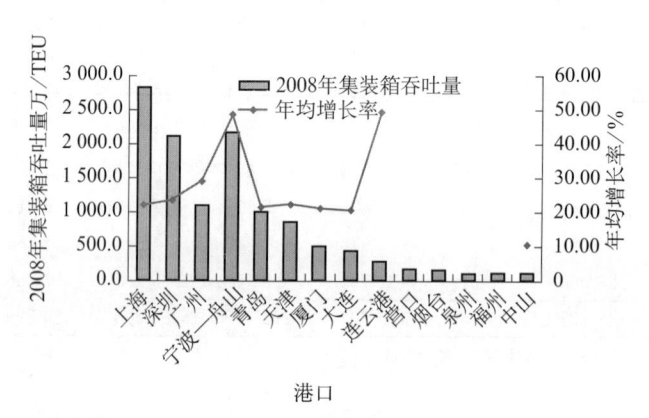

图 10-2 沿海主要港口 2008 年集装箱吞吐量及年均增长率（2000~2008 年）

2003 年 10 月，在中共中央、国务院颁发的《关于实施东北地区等老工业基地振兴战略的若干意见》中指出，要"充分利用东北地区现有港口和优势，把大连建成东北亚重要的国际航运中心"。这一政策的提出加速了大连港港口及集疏运体系的建设速度，加大了港口资源整合力度，加大了健全与完善口岸信息系统的步伐，港口发展进入了前所未有的繁荣时期。但是，综合比较我国沿海港口的发展态势，大连港相比山东半岛、长三角、珠三角地区港口发展速度仍缓慢，以反映现代港口水平的集装箱吞吐量变化来看（图 10-3），平均增长率维持在 20% 上下，在 2002 年呈现短暂的高增长之后，近年增长率呈现下降的趋势。

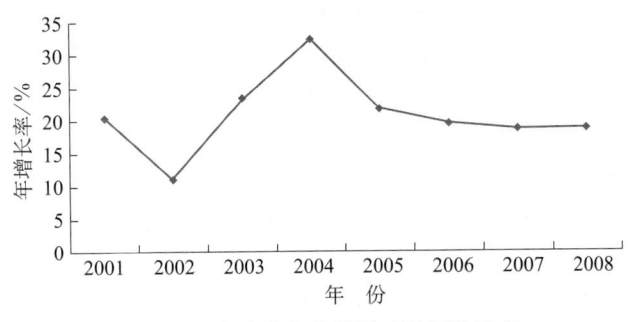

图 10-3　大连港集装箱吞吐量年增长率

（二）营口港

营口港是东北沿海地区最早形成的现代港口，在大连港、丹东港开港之前，营口港是东北地区唯一的对外交流门户，曾经以"东方贸易良港"闻名中外，现已发展成为一市两港，形成一大一小，一老一新港区，显示出港口码头向海口外移，由河口港逐渐向海岸港转变，港口由衰落到重生的一般港口演进过程与趋势。依据这一趋势，营口港的发展总体上可分为两个阶段：河口港阶段和海港阶段。

河口港阶段可视为从 1861 年营口港开埠至 1981 年营口鲅鱼圈新港获批兴建。这一时期，营口港指位于辽东湾东北角，辽河下游南岸河口处的营口老港，曾在东北地区航运和对外贸易中占有举足轻重的地位，其形成与发展伴随着辽河航运的兴衰。1858 年，英国迫使清政府签订《天津条约》，强行开放距辽河入海口 40 余千米处的牛庄为通商口岸，后因辽河下游河道迁徙，牛庄位置相对上移，且距海口较远、河道淤塞，不便于大型船舶的航行与停靠，英国于是违背条约，于 1861 年提出开放位置更为优越的营口替代牛庄为通商口岸，从而拉开了营口港现代发展的序幕。1864 年，营口港正式竣工通航，同时设立海关和领事馆，航运贸易日益繁盛。以营口港为枢纽，以辽河水运网络为纽带，营口港的航运腹地最远可拓展至距营口 724 千米处的昌图三江口。直至 20 世纪初期，作为东北地区唯一的对外通商口岸，直接经济腹地可辐射至辽宁省全境和吉林省、黑龙江省部分地区。大连港开港以后，受辽河水运条件的恶化及大连港对其腹地的袭夺，对外贸易起伏不定，徘徊不前，营口港在与大连港的竞争中，逐渐丧失了经济腹地，由原先的东北第一国际大港退化成专营国内贸易的地区性港口，东北地区的对外贸易中心也逐渐由营口转向大连。另外，由于战争对码头等港航基础设施的严重破坏，营口港的发展曾一度陷入极其衰败的境地。

海港阶段为自 1981 年国家计划委员会（简称国家计委）批准兴建营口鲅鱼圈新港区至今。鲅鱼圈港区位于辽东半岛西侧熊岳河湾沿岸，向北距营口老港 6

千米，向西距秦皇岛港241千米，向南距大连港290千米，配合长大铁路、哈大公路等疏港交通线及更接近东北广大内陆腹地的区位优势，营口港重新焕发出了勃勃生机。如今，营口港已成为我国沿海20个主枢纽港之一，2008年货物吞吐量完成15 085万吨，位居全国第十位，集装箱吞吐量完成203.6万TEU，位居全国第十位，在东北地区仅次于大连港位居第二位。其中，集装箱运输作为未来国际、国内贸易的主要运输方式，已成为衡量港口功能、地位的主要标志，营口与辽中城市群腹背相连，集装箱运输区位优势优于大连港，尽管营口港开展集装箱业务较晚，但是发展很快，其蓬勃的发展形势已被世人所瞩目。

（三）丹东港

丹东港与营口港相似，也是一市两港，由位于鸭绿江口的河口港和位于黄海海滨的大东港海港组成。

丹东港始称安东港，其发展过程可追溯至19世纪中叶（1862～1874年），港口建设作为东北东部的物资集散地和商品贸易中心。1906年，清政府签订《中美通商续订条约》、《中日通商航船续约》等不平等条约，丹东港正式开港，1907年成为对外贸易商港。殖民统治时期，丹东港的发展带有显著的地缘经济色彩和地缘政治关系的烙印。1903年，日本修筑从丹东至沈阳的铁路；1905年，丹东与朝鲜交界处陆路通商；1911年，日本修筑鸭绿江铁桥联通东北地区与朝鲜铁路；1913年开始，日本通过朝鲜半岛实行"日满鲜"三线货运联运政策，即日本铁山阳线—朝鲜釜山至新义州线—中国东北安奉线三线联运，这一政策扩大了丹东港的腹地范围，推动了丹东港的发展；1920年，丹东港超过营口港成为东北地区第二大港口，后因大连港的兴起，再加上河道泥沙淤积，逐渐不适应船舶大型化的趋势，港口逐渐萧条，虽然日本为扩大对东北地区的侵略与掠夺兴建海港大东港港区（1939年），但是由于太平洋战争的爆发，港口建设陷于停滞。新中国成立后，美帝国主义发动侵朝战争，港航基础设施受到破坏和转移，之后，港口虽然也有所发展，但是规模一直不大，吞吐量停留在几十万吨的水平。

1985年，丹东港浪头港港区经国务院和省政府批准开展国轮外贸业务，揭开了丹东港对外开放的序幕。1986年，我国开始自行设计建设大东港港区，历时两年于1988年正式投产试运行第一个万吨级深水泊位，并正式对外国籍船舶开放，丹东港自此步入区域性贸易大港行列。

（四）锦州港

锦州港位于渤海的西北部，锦州湾内大笔架山西侧，古时以马蹄沟和天桥厂两处海口最为著名（松浦章，1989）。明代后期作为税粮运输和与南方省市粮食贸易的中转港口。据《锦州府志》记载："锦县、宁远、广宁南境，俱临海，而锦、宁、去海尤近。明时，海运商舶，於此登岸。"后因营口、大连、丹东等商埠的兴起和京奉铁路（包括山海关—新民段铁路）的通车而衰落。其所依托的城市——锦州扼辽西走廊的东端，地处关内外联系的咽喉之地，多年来是兵家必争之地，其陆路交通及货物的集疏运较为发达，而港口的作用未受到重视。

随着我国实行对外开放的基本国策，1985年国家批准兴建锦州新港，1986年破土动工，历时四年于1990年正式通航，办理外贸运输业务并对外国籍船舶开放。虽然港口发展历史较为短暂，但是作为我国渤海西北部400多千米海岸线上唯一全面对外开放的国际商港，现已定位为辽宁省沿海经济带地区性重要港口。锦州港是距中国东北中部和西部、内蒙古东部、华北北部乃至蒙古、俄罗斯西伯利亚和远东地区陆域距离最近的进出海口。经过十几年的发展，锦州港正在成为西起欧洲德国汉堡港，经俄罗斯、中国满洲里至锦州港欧亚大陆桥的主要通道及东北亚地区国际综合物流的重要节点。

（五）葫芦岛港

葫芦岛港位于渤海西部的连山湾，处于辽宁省西部海岸线的中心位置，在辽宁省西部的众多港址中，是唯一港阔、水深、不淤、不冻，掩护条件好的优良港址，是辽宁省西部的主要港口。

葫芦岛港港区历史上为荒凉的渔村，筑港始于清末，晚清时期，其优良的筑港条件受到清政府重视。1908年，清朝东三省总督徐世昌聘请英国工程师休斯于葫芦岛海岸勘测选址，筹备开放葫芦岛为商埠，并于1909年兴工筑港，开始建设葫芦岛港，此后，港口经历民国、日伪和新中国成立后几个历史阶段的续建和修葺，经历了几次兴衰的发展过程。自港口建成之始，葫芦岛港多作为军用港口，是我国重要的军用港口之一，对区域经济发展的作用甚微，并不具备现代港口的功能。十一届三中全会之后，伴随着改革开放的步伐，在"军民合用联合开发、利用现有条件先搞些货物运输"的政策指引下，葫芦岛港开始从事民用营业性运输，港口实现由军港向商港的转型。此时，港口只作为内贸运输港口，不对外开放，但是已然促进了辽西地区区域经济的发展。

2000年，葫芦岛海关正式挂牌成立，标志着渤海湾的著名军港葫芦岛港的对外开放。作为国家一类口岸，中国国籍具有国际航行资格的船舶可以开展外贸运输业务；国内的远洋船舶从葫芦岛港出发，可抵达世界上任何国家和地区。东北地区的黑龙江、辽宁、吉林三省及内蒙古东部又增加了一个出海口，对促进这一地区的经济发展具有深远影响。

（六）盘锦港

盘锦港口码头的建设与发展由来已久，其中田庄台在明朝时期曾凭借辽河水运之利成为商业巨埠，是早于营口辽河航运的最大码头，清朝更是田庄台航运的鼎盛时期，被清政府称为"商贾辐辏之地"，备受重视。直至民国时期，田庄台至营口航运仍是繁忙，田庄台也成为东北地区南部经济、政治、文化中心和军事要地。另外，位于盘锦辖区的辽滨码头早在1858年便由外商相继兴建码头，至1900年已成为东北地区进出货物的集散地，直至1916年，满铁在营口辽河南岸建港后始归中国经营。

自新中国成立以来，出于封闭环境下大规模社会主义生产建设的资源需求，港口直接依托城市——盘锦的形成与发展一直是以石油资源型城市性质为定位，以至许多研究者认为盘锦并不属于港口城市。但是随着改革开放的潮流及辽宁省沿海经济带的崛起，盘锦交通区位优势日益凸显，港口的地位日益重要。

盘锦新港于1995年正式开工建设，1997年主体工程完工并试通航，被辽宁省政府批准为二类口岸，是以辽中城市群、辽西和蒙东地区产业为主要服务目标，以整个东北地区为港口腹地的综合性港区，具有直接为盘锦辽滨沿海经济区服务的工业港功能。基于此，盘锦港口城市的性质已然具备。2007年，按照辽宁省政府加快港口资源整合战略，本着"优势互补、互惠合作、加快发展、实现共赢"的原则，盘锦港与营口港进行合资合作，实现了辽河两岸港口资源共享，共同繁荣的新局面。

二、港口体系构成

港口是具有一定的设施和条件，进行船舶停靠、旅客上下、货物装卸等作业的地方，是港口城市所特有的交通设施，在一定地域范围内一系列这样规模不等、职能各异、相互联系的港口组成的有机整体即为港口体系（肖青，1999；曹有挥，1995）。港口往往体现行政区划概念，即港口的界定往往是行政区划上的，如一个城市可能有几个彼此独立的港口，但是统计上往往算作一个。从这一界定出发，将港口从物理形态上加以解构，可以发现港口由泊位、码头、港区等单元形式组成，在空间上这些单元往往散布于其所依托城市行政区划所辖的海岸线上，有的是连续的，有的是不连续的。从管理角度上加以解构，虽然在海关、领航、航道管理等方面的服务和设施往往适宜以港口为单位进行，但是码头的基本作业是以港区为单位进行的，经营是以企业为主体进行的。本书从港口组成、港口规模、港口功能和港口管理四个方面来分析辽宁省港口体系的构成。

（一）港口组成结构

改革开放以来，经过多年的建设与发展，辽宁省港口已形成由六大港口、16处规模化港区、50处港区/码头，246个1000/300吨级及以上生产用海轮/内河码头泊位所构成的港口群体。其中，规模化港区方面，大连港占总量的

75%；港区/码头数量方面，大连港占总量的78%；泊位数量方面，大连港占总量的61%，基本形成以大连港为极化中心的格局（表10-3，图10-4）。

表10-3　辽宁省港口组成结构

港口	规模化港区	港区/码头	泊位/个	泊位长度/米
大连港	大连寺儿沟港区，大港港区，黑嘴子港区，香炉礁港区，甘井子港区，大石化港区，和尚岛西区，和尚岛东区，北良港区，散矿中转港区，鲶鱼湾港区，大窑湾港区	松木岛港，旅顺新港，旅顺港，大连寺儿沟港区，大连港东港区，大连港西部港区，大连黑嘴子港区，大连港香炉礁港区，大连港甘井子港区，大连港大连湾港区，大连港鲶鱼湾港区，大连港大窑湾港区，北良港，大连星海湾旅游港，金石滩旅游港，大孤山港，小平岛港，皮口港，平岛港，曹家屯港，庄河港，青堆子港，大长山四块石港，黑嘴子码头，大连三山岛码头，皮口谢屯鱼码头，皮口凉水湾码头，皮口唐嘴子渔码头，大王家岛码头，小耗岛码头，乌蟒码头，大长山岛码头，小长山岛码头，小长岛码头，大长岛码头，广鹿岛码头，石城岛码头，獐子岛码头，海洋岛码头	150	30 356
营口港	鲅鱼圈港区	营口老港区，营口鲅鱼圈港区	51	10 231
丹东港	大东港区	大东港，大孤山港	17	2 885
锦州港	东部港区	锦州港	17	4 333
葫芦岛港	绥中港区	葫芦岛港，绥中港，兴城港，菊花岛港	6	1 117
盘锦港		盘锦港东港区，盘锦港西港区	5	440

资料来源：李长义，苗丰民（2006）；中华人民共和国交通运输部（2010，2006）

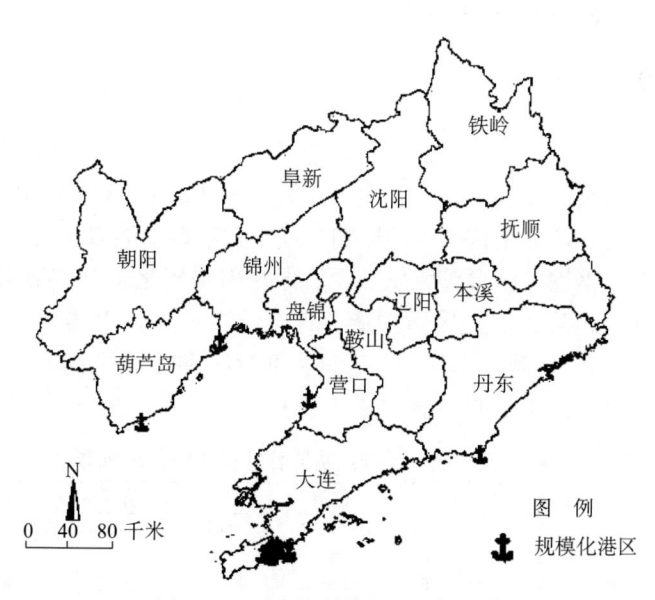

图10-4　辽宁省规模化港区分布图

(二) 港口规模结构

港口规模由通过该港口的各种物质流决定，主要体现为人流和货流的规模，取决于港口经济腹地情况（如产业结构、区域发展水平、市场体系等）和港口的活性（如进出口贸易量、购买能力与消费水平等）。

借用城市规模分布研究中的首位律理论，以最大港口与第二位港口吞吐量的比值来反映港口首位度，可以发现辽宁省港口的规模结构总体上表现为以大连港为首位港口的态势。其中，货物吞吐量首位度为1.63，集装箱吞吐量首位度为2.22，旅客吞吐量首位度为14.70。按照位序-规模法则，首位度指数为2较为合理，可见辽宁省港口体系货物吞吐量首位度相对较低，首位港口对港口体系的辐射带动能力欠缺；集装箱吞吐量首位度相对合理；旅客吞吐量出现强烈的极化，旅客吞吐量集中于首位港口大连港（表10-4）。

表10-4 辽宁省沿海港口规模（2008年）

港口	货物吞吐量/万吨	集装箱吞吐量/万 TEU	旅客吞吐量/万人
大 连	24 588.48	452.55	586.81
营 口	15 085.00	203.64	4.03
锦 州	4 722.95	65.01	0
丹 东	3 285.75	22.22	39.92
葫芦岛	798.46	0	18
盘 锦	203.52	0.5	0

资料来源：中国港口年鉴编辑部（2003）

(三) 港口功能结构

港口功能结构即码头的职能结构，包括集装箱码头、矿石码头、煤码头、油码头、散货码头、粮食码头、客运码头等，其结构主要体现在港口货种结构上。受腹地经济和产业结构特点的影响，辽宁省港口功能以煤炭、原油、成品油、金属矿石、钢铁、粮食等大宗能源、原材料物资运输和集装箱货流为主，另外还有以国内客流为主的客运功能。其中，2006年，上述七大类货流累计完成吞吐量为2.25亿吨，占辽宁省港口全部货物吞吐量的63%，其中石油吞吐量的规模最大，占总量的18%（表10-5）。

表10-5 辽宁省主要港口货流吞吐量结构（2006年）

项目	大连	营口	锦州	丹东	葫芦岛	盘锦	合计
煤炭/万吨	437	395	294	376	190	0	1692
石油/万吨	4282	550	937	0	601	73	6443
其中：原油/万吨	2169	0	398	0	555	46	3168
金属矿石/万吨	787	2115	333	494	0	15	3744
钢铁/万吨	753	1584	68	96	0	0	2501
矿建材料/万吨	176	334	0	352	0	0	862

续表

项目	大连	营口	锦州	丹东	葫芦岛	盘锦	合计
水泥/万吨	49	0	0	2	0	0	51
木材/万吨	122	45	0	28	0	0	195
非金属矿石/万吨	32	417	28	50	0	0	527
化肥/万吨	20	48	41	1	0	0	110
盐/万吨	79	23	46	5	0	0	153
粮食/万吨	1434	365	446	43	0	0	2288
其他/万吨	11876	3603	963	652	0	0	17094
集装箱/万 TEU	321	101	31	15	0	0	468

资料来源：《辽宁省人民政府办公厅关于印发辽宁省沿海港口布局规划的通知》

（四）港口管理结构

目前，我国对港口的管理实行政府部门对港口分级管理体制。最高级为交通运输部（简称交通部），对港口实行统一行政管理，制订全国尺度的港口行业发展规划，负责港航设施岸线规划和使用的行业管理，审查大中型港口建设项目，制定港口行业发展政策和法规，并实施监督。第二级为省级人民政府交通主管部门，负责本行政区域内港口的行政管理工作。第三级为省级或港口所在城市人民政府港口主管部门，其职责是按照一市一港原则依法对港口实行统一的行政管理。另外，在统一的行政管理框架下，港口经营实行多元化、灵活的投资主体，按照规划建设港口，以港口企业作为独立的经营个体与市场主体，依法从事经营（金银云，孙霄峰，2003）。

辽宁省港口管理结构体现在以下两个方面。

1. 港口行政管理

辽宁省港口行政管理表现为省、市、县三级管理结构（表10-6）。其中，由辽宁省交通厅主管全省的港口工作，由其直属单位（港航管理局）负责对全省港口的管理工作。由港口所在地的市、县（县级市、区）港航相关部门具体实施对本地区港口的行政管理。

表10-6 辽宁省港口行政管理体系

级别	主管部门	职能	备注
省级	辽宁省交通厅港航管理局	负责全省港口管理、航运管理、航道管理、船舶检验、水上交通安全监督等	
市级 港航管理机构	港口与口岸——水运（航政、港航）管理处	负责全省港口管理、航运管理、航道管理、船舶检验、水上交通安全监督等	大连，锦州，盘锦，葫芦岛
	交通局——航道管理处、港航管理处		丹东，营口
	地方海事局	负责辖区内水上运输管理和内陆水域水上交通安全	沈阳，鞍山，抚顺，本溪，辽阳，铁岭，朝阳，阜新
县级	交通局——港航管理所	负责辖区内水路运输管理、水路规费征收等	

2. 港口建设与经营管理

港口建设与经营管理要形成以政府为引导，同时，鼓励国内外经济组织和个人依法建设、经营港口，实行以企业为主体、以市场为导向的建设与经营模式。在政企分开之后，总体上形成以大连港集团有限公司、营口港务集团有限公司、丹东港集团、锦州港股份有限公司、盘锦港有限公司和葫芦岛港集团有限公司[1]等港航企业为核心和以港口生产企业、外轮理货企业、运输代理企业、港口铁路企业、港口船舶企业、港口引航站、港口工程企业、港口机械、航标制造企业、港口信息企业等企业为支撑的港口建设与经营管理架构。

第二节 东北地区港口城市的形成与发展

一、港口城市历史演进

（一）大连市

大连是东北亚重要的国际航运中心，是东北地区的核心城市，也是文化、旅游城市和滨海国际名城。大连的城市区域核心职能是东北亚国际航运中心、东北亚国际物流中心和区域性金融中心，国际旅游目的地和服务基地，国家软件和信息服务业基地，东北地区会展、先进装备制造业中心[2]。

据记载，大连地区至少有 17 000 年的人类活动历史，具有 6000 多年的开发历史。作为人类聚居的地点，大连可追溯至汉代一个叫三山浦的渔村，明清时期称为三山海口、青泥洼口，但是大连作为一个区域中心城市的发展则历程较短，与大连港的兴起同步，仅有 100 多年的历史。

1880 年，清政府为加强金州海防，在旅顺地区兴建港口和军事设施，自此，基于北洋海军的军事基地建设，旅顺成为大连最早的城镇并逐渐发展起来。1898 年，沙俄强迫清政府签订《旅大租地条约》，并开始在大连开展一系列的城市建设，如港口、交通、市政基础设施建设等，尤其是城市内部空间框架的搭建，至今仍可以看到大连俄式的"广场"、"放射状路网"等城市架构的传承。至 1903 年，大连城市已粗具规模，形成面积近 4.25 千米^2 的建成区，城市人口达 4.5 万人（胡序威、杨冠雄，1990）。日俄战争之后，日本将大连作为其进一步侵略东北地区和全中国的基地，对大连进行了具有针对性的经

---

[1] 2005 年年初，宏运集团投资组建葫芦岛港集团有限公司。
[2] 摘自《大连市城市总体规划（2009—2020）纲要》。

营，将大连城市性质定为自由贸易港、重工业基地城市和商业贸易中心城市等，大连面向海陆双向腹地的中心门户地位已然形成。同时，由于大量的日本、朝鲜移民，以及河北、山东等地劳工的大规模迁入，大连的城市规模迅速扩大，至1939年，建成区面积达45千米^2，至1943年，城市人口已达80万人左右（胡序威，杨冠雄，1990）。

新中国成立以后，基于日俄殖民统治时期建立起来的较为完善的产业基础，大连及与以沈阳为中心的辽宁中部城市群地区得到迅速发展。在当时国民经济基础薄弱并遭受战争的严重破坏的一穷二白的国情之下，以沈阳、大连为双中心的辽中南城市群地区为新中国的建设源源不断地输出资源和资本，做出了巨大的贡献。改革开放之后，凭借优良的港航条件、历史积淀及东北地区面向世界的前沿区位，大连成为位居全国前列的大港和外贸口岸，同时通过一系列的经济建设，大连位居东北"四城市"之一和环渤海"三中心城市"之一[1]。在经济全球化与知识经济时代来临的背景之下，随着大连港及城市产业结构的升级变迁，大连正由区域门户城市向世界城市网络的中心城市转变。

（二）营口市

营口是以工业、物流、商贸、旅游为主的东北重要港口城市。临港工业及港口物流构成城市的主要职能，面向东北、服务于辽宁，同时具有商贸、旅游的城市核心职能[2]。

据考古发掘证明，营口地区的人类活动可追溯至28万年前的"金牛山人"时期。明朝以前，人类聚居主要位于营口地区的北部和南部，如今营口盖州市境内。现今的营口中心城区的发展历史则不长，起源于17世纪左右名为没沟营的小渔村，发展至1861年营口港开港前已是商贾云集，庙宇林立，居民点密布、人口稠密的国内粮食贸易港口重镇。1861年，营口代替牛庄成为东北地区第一个对外开放的港口城市，各国在营口设立领事馆，修筑码头，开办银号、商号……，营口遂发展成为东北地区首位海上门户城市和东北区域中心城市，城市发展达到了空前繁荣的鼎盛时期，被誉为"关外上海"。这一时期，基于营口港的转运与贸易职能，依托辽河航运，营口城市功能直接影响范围向北可到达的郑家屯，向南通过海上航运可至天津、龙口，远可达上海、厦门和香港等地。至20世纪20年代，城市人口达20万人。但是，1912年，大连取代了营口在东北地区首位门户城市的地位，随着大连的迅速崛起及辽河航运的衰败，营口的鼎盛时期并未维持多久便逐渐走向了衰落。至新中国成立前夕，

---

[1] 东北"四城市"指沈阳、哈尔滨、长春、大连；环渤海"三中心城市"指天津、青岛、大连。
[2] 摘自《营口市城市总体规划（2005—2020）》文本。

城市发展一片萧条，城市建成区面积不足15千米^2，城市人口不足10万人[①]（胡序威，杨冠雄，1990）。

营口城市发展的再次复苏是基于港口的建设与港航事业的再次繁荣。改革开放以后，临海的优势区位及城市发展的历史基础使营口重新受到了重视。1981年，国家计委批准建设营口鲅鱼圈港区，1984年经国务院批准设立营口市鲅鱼圈区，1991年鲅鱼圈新港竣工投产，翌年经国务院批准设立国家级经济技术开发区——鲅鱼圈（又称营口经济技术开发区），成为我国为数不多的拥有大型港口、便捷交通、充足资源的国家级开发区之一。自此，营口以港带区、区港联动提升城市区域地位的城市发展态势形成。

（三）丹东市

丹东是以工业、商贸、物流、旅游为主体的沿江、沿海、沿边城市，是辽宁省重要的边境口岸、港口城市和辽东地区的中心城市。

早在18 000年前母系氏族时期，丹东地区便有人类活动。丹东作为典型城镇的发展始于西汉时期，唐朝设都护府，丹东也始称安东。1876年，清政府设置安东县、岫岩县、凤凰厅，翌年，设置宽甸县，并由凤城厅为首府管辖岫岩、安东和宽甸三县，至此丹东城镇地域格局基本形成。这一时期丹东中心城区名为沙河镇，是中韩交通通道上的商业重镇和外贸港口，至1900年城市人口为5000人左右（曲晓范，2001）。1904年，安奉铁路（丹东—沈阳）修建，1906年，在不平等条约《中美通商续订条约》和《中日通商航船续约》下，丹东被开辟为商埠，港口口岸城市地位确立。此时，水陆贯通，使城市"交通益便，商业益兴"，城市发展一度繁荣，至1909年，城市人口增至6万人，成为东北东部最大的工商业城市（曲晓范，2001）。1913年，日本通过朝鲜半岛，实行"日满鲜"三线货物联运，丹东与日本、朝鲜间国际贸易的大发展使丹东一度成为著名的"国际都市"。1939年，日本为扩大其对华的侵略与掠夺，大规模兴建大东港，丹东兼具内河港和海港城市特征。

新中国成立以后，基于殖民时期的贸易需求而建立的产业基础，丹东逐渐发展成为以轻纺电子工业为主的边境口岸城市。改革开放之后，为适应时代发展需求，大东港得到再度开发，城市港口口岸职能集中于东港，随着丹东新城区的开发建设，城市空间发展呈现南移态势。

（四）锦州市

锦州是辽宁省重要的工业、港口城市，是辽宁省西部地区的中心城市。

---

① 参考《营口市城市总体规划（2005—2020）》文本。

锦州城市发展历史悠久，春秋时期为山戎活动地区。作为城镇的发展，锦州是一座具有 2000 多年历史的文化名城。辽代，辽太祖耶律阿保机"以汉俘建锦州"，锦州（县）之名亦始于此。清初设锦州府，锦州成为辽西地区"唯一之重镇"，市场以营销皮毛、粮食、白酒为主业，至 1860 年前后，人口约达 2 万人（曲晓范，2001）。地理区位上，锦州位于辽西走廊东端，处于距今锦州港 35 千米的内陆地区。在古代，海洋是天然屏障，因此多年来锦州一直作为连接我国东北地区和华北地区的陆路交通枢纽，经济上成为沟通两个区域的货物集散地，陆路贸易繁荣，但其依托海洋的贸易与城市发展并未受到重视。

　　新中国成立以后，基于辽西地区丰富的能源和矿产资源，以及便捷的陆路交通条件，尤其是铁路运输基础，锦州（包括今葫芦岛市）布局了大规模的石化、冶金等重化工企业，成为辽西地区的经济、文化、交通中心和重化工业基地，1990 年，锦州重化工业产值占工业总产值的 60%。改革开放以后，随着区域发展政策的转变，面向海洋、面向世界的发展趋势使得拥有优良海岸线及广阔城市腹地的锦州将其目光投入到港口的建设。1990 年，锦州港正式通航，并获批为国家一类对外开放港口口岸，标志着这一内陆型城市步入港口城市行列。

（五）葫芦岛市

　　葫芦岛是辽宁省西部的重要城市，是东北、华北两大经济区的节点城市，也是环渤海地区以工业、港口、旅游为主体的海滨宜居城市。

　　葫芦岛原名锦西，虽然设市级行政建制较晚，但城市发展历史悠久，距今 7000 多年前的新石器晚期就有人类在此繁衍生息。1906 年起，葫芦岛始设县制，称抚民厅。清朝末年，随着现代西方工业技术的引进，葫芦岛地区的经济开始有较快的发展。葫芦岛港筑港亦始于清末，但是由于战争、资金等因素的影响，港口建设时断时续。城市发展主要依赖其地处辽西走廊的咽喉区位及自身丰富的资源，内生增长和陆路交通是推动城市辽宁省西部工业重镇地位形成的核心机制。

　　新中国成立以后，葫芦岛港由海军接管，经过几次的改建和续建，港口一直为军事活动服务。1984 年，葫芦岛港开始部分从事民用营业性生产，开展内贸运输。1989 年，葫芦岛（时称锦西市）升级为地级市，成为地区性的政治、经济中心，同时具有港口城市的特征。2000 年，葫芦岛港获批为国家一类口岸，葫芦岛作为辽宁省西部地区交通枢纽与港口城市地位已然确立。

（六）盘锦市

　　据考证，距今 5000 年前，盘锦境内已有人类活动。基于辽河航运，在营口港开埠之前，位于今盘锦境内的田庄台在港口贸易的驱动下成为辽河沿岸的中心市镇之一，是东北地区南部经济、政治、文化中心和军事要地。1906 年，清政府在盘锦境内设盘山厅，1913 年，民国政府改盘山厅为盘山县，此为今盘锦前身。但是随着辽河航运的衰败，盘锦作为交通枢纽与贸易中心的地位也逐渐消失。

新中国成立以后，盘锦基于其自身的条件谋求了新的发展道路。基于地域优良的农业生产条件，作为重点垦区，国家投入了大量资金进行农业开发建设。20世纪70年代，随着石油和天然气的勘探和开发，工业得到迅速发展，盘锦成为我国石油化工和农业生产的重要基地。1984年，经国务院批准，盘锦撤县建市（地级市），此时，盘锦以我国重要的石油资源型城市而著称，而作为港口城市的特征微弱。随着我国对外开放的深入，港口的振兴再次回到盘锦城市发展的主旋律之上。1995年，盘锦港正式开工建设，1997年主体工程完工并试通航，被辽宁省政府批准为二类口岸；2009年，盘锦港海港区开工全面建设，将结束盘锦有海无港的历史，将全面提升盘锦港口城市职能。

二、港口城市发展的阶段特征

港口城市作为一种特殊的城市类型，具有港口和城市的双重内涵，是港口和城市的有机结合体，其形成与发展遵循一定的规律（王海平和刘秉廉，2000）。港口城市本质上是城市，港口并不独立于城市，而是城市的一项重要的特殊功能（郑弘毅，1991）。从城市的构成上讲，它与道路、铁路、行政机构、企业等相同，是城市的组成部分之一。当然，港口强烈的外向型特征，使港口城市的发展具有显著的外部驱动特征，这在一定阶段内使得港口城市的发展偏离了克氏中心地理论中城市演变的一般规律，而显示出港口城市强烈的个性特征，即一般意义上的门户特征。这一特征的强弱又是港口与城市之间的关系程度、模式和阶段等的反映，从而出现了不同类型及发展阶段的港口城市。从总体上看，港口城市的这种门户特征显现与港城关系这一港口城市所特有的发展机理密切相关。

纵观我国港口城市的发展历程，辽宁省港口城市的发展历程较为短暂，起源于1840年之后的半殖民地半封建社会时期。依据港口及港口城市的发展背景与机理，现代辽宁省各港口及其所在城市的演进历程总体上可分为两个时期，即新中国成立以前的传统发展时期和新中国成立后的复苏与全面开放时期（姜丽丽，2011）。

（一）传统发展时期

传统发展时期的港口城市带有显著的殖民地特征。鸦片战争的爆发结束了我国千余年来对外贸易的方式。首先，贸易对象由传统的东方国家转变为欧美资本主义国家；其次，贸易性质由互通有无转变为经济侵略，贸易商品为资本主义国家的工业制造品换取我国廉价的工业原料资源。对外开放的港口则成为资本主义国家掠夺资源与倾销产品的结节点，于是在这样的背景之下，港口城市畸形的在外表上繁荣起来（黄盛璋，1951）。

依据港口与城市的关系特征，辽宁省港口城市的发展总体上体现出由初级贸易型港口集镇向贸易中心及工业中心型港口城市进而向多元化港口城市的阶段演进（表10-7）。

表10-7 传统发展时期港口城市阶段发展特征

特征	初级贸易型港口集镇	贸易中心及工业中心型港口城市	多元化港口城市
历史时代	1861年以前	1861~1903年	1903~1949年
港口特征	沿河码头	以海港（河口港）为中心，以河港为支撑	海港主导
经济特征	自然经济	商品经济繁荣、贸易导向的近代工业产生	殖民特色的近代工业化
城市形式特征	集镇、渔村	城镇、城市	城市、城镇
港城关系	最强	强	弱
港城关系动力结构	直接联系	直接联系，间接影响	直接影响，间接影响城市自增长效应

1. 初级贸易型港口集镇发展阶段

古代东北地区城市大多缘起于基于政治、军事统治需要而建立的具有城邑特征的都城、军事要塞，辽宁省各港口城市前身的发展也具有这一特征。例如，明洪武（1368~1398年）至宣德（1426~1435年）年间，与东北内陆地区少数民族政权的军事对峙需要，将连接东北和华北的辽西地区作为军事重点布防地带，兴建了一批带有军事功能的城镇，如宁远、中后所（今绥中）、广宁、锦州、义州、盘山等（曲晓范，2001）。由于城市形成是出于政权及军事防卫需要，所以这一时期城市的经济中心职能遭到抑制甚至缺失，港口的运行也多为军事活动服务，如运送军队、运输军事物资等。

至清政权建立前后时期，统治者为适应城市中居民生产生活需要，开放并设置商品交易市场，吸引了以专门从事交换的商人的集聚与活动，促进了商品的区际流通，刺激了手工业的发展与人口的集聚。此时城市作为"市"的功能逐渐凸显，如锦州、金州、复州、盖平、凤凰城等城镇初步具有了区域中心地的性质，主要是为周边乡村服务的商品交换中心、简单手工业中心等。其中，由于辽河航运逐渐由军事用途转为商业性运输，商品经济的繁荣促使了基于帆船水运贸易的兴起，诱发了许多依托港口贸易为主的中心地的产生，从而演变出今天的港口城市。这类地域可划分为两类：一是沿河口，凭借舟楫渔盐之利而形成的小规模的中心地，如盘锦的前身田庄台；二是沿海岸线对近代海运具有巨大发展潜力的小渔村，如大连的前身三山浦（青泥洼），营口的前身没沟营，辽东湾西侧的现锦州、葫芦岛滨海地区。这类地域的发展落后于内陆地区传统的由政权、军事中心而演变的城镇，但具有显著的交易中心性质，因此本书认为这一时期的港口城市处于城镇发展的初级阶段——集镇。

这些因港口而发展起来的集镇，规模大多比较小。例如，营口至1850年前后人口只有1000~2000人，其中主要包括渔民、商人和码头工人。港口对集镇的作用以直接影响为主，直接影响又主要是靠港务、集散两个作用单元的活动来实现的，经济活动主要是简单地依靠港口这一交通便利场所的农产品交换，经济形态总体上为服务其自身及周边的自然经济形式。

2. 贸易中心及工业中心型港口城市发展阶段

1861年，营口的开埠历史性地改变了东北地区的经济社会形态，包括今辽宁省港口城市地域在内的东北地区由传统的封闭型形态向开放的近代化形态转变。作为开放的前沿地区，在殖民地特征鲜明的商埠经济发展框架下，商业和金融业的发展使部分乡村的自然经济转向商品经济，为市镇的形成创造了条件，一些条件较好的港口集镇获得了大发展。这一时期港口城市的发展具有以下三方面重要特征。

第一，工业的近代化发展促使港口城市生产性中心职能的形成。由于外国资本主义经济实力的渗透，在繁荣的商品经济条件下，农产品的生产由封建性的自给生产向具有一定资本主义性质的商品生产过渡。以加工贸易为目的油坊、酿酒、缫丝等轻工业兴盛。尤其在中日甲午战争之后，外国资本进入东北地区，在商埠、口岸地区大量设厂投资，引入近代技术、设备及经营手段，传统作坊式的手工业步入规模化、专业化及机器化的近代化历程。例如，营口在19世纪末期使用机器规模化榨油，榨油业粗具规模，大连开港之后，袭夺营口的港口腹地成为东北大豆的集散中心，以机器生产为手段的产业化榨油业亦迅速崛起，取代营口，成为东北地区榨油业中心；丹东的缫丝厂引入烟台的脚踏机器，缫丝业迅速发展，一时间集聚大小制丝厂二三十家，丹东成为东北地区缫丝业的生产中心和贸易中心。

第二，基于多级市场结构的区域城镇体系的发展。辽河航运的兴起及商品经济的繁盛，使东北地区城乡经济实现对接，逐渐形成以营口为中心，以辽河航道为轴线的逐渐向内地辐射的三级市场体系。其中，初级市场是出口产品的集中地和进口产品的消费地；中级市场不以本身消费为主，主要是产品的集散和转运，设有专门市场；高级市场是全国性的商品交易中心和重要的进出口口岸，是大区域性的商品集散中心（曲晓范，2001），这一时期处于东北地区高级市场地位的便是营口。由此，基于这种等级市场体系框架之下，发育了以营口为中心的辽河流域早期的城镇体系。

第三，专为城市居民服务市政设施、社会团体的发展。经济的发展必然带动人口的增长和城市建设的需求。一系列专为城镇居民服务的非生产性设施的布局与建设标志着传统以单纯贸易为目的城镇向近代城市的转变。例如，这一时期的首位城市营口，城市中建设了具有现代意义上的体育运动场、集会场所、医院、马路、步行道、街灯等城市公共实施，另外，还出现了市民社会组织"公议会"（曲晓范，2001），标志着近代城市的形成。

总体上看，这一时期的港口城市，港口对城市的作用以直接联系为主，各项经济活动都是围绕港口运输、贸易开展，并由此吸引人口、管理、市政建设、前后相关产业等向城市集聚。在商品经济的繁荣发展和以贸易为导向的近代工业形成过程中，基于多级的市场结构形成了以大区域性贸易中心港口城市为核心的城镇体系。

3. 多元化港口城市发展阶段

在近代，中东铁路及其南满支线的开通，改善了港口的集疏运条件，扩大并强化了位于铁路端点的港口与腹地的联系。这一时期，辽宁省沿海港口城市的格局发生了历史性的转变。大连港开港以后，优良的海港条件及中东铁路的端点区位配以"等价不等距"的铁路运输激励政策，加之辽河航道淤塞、航运日趋不便，依托大连港发展起来的大连迅速发展壮大，不久便取代了营口成为东北地区南部对外联系的首位城市。另外，位于安奉铁路端点的丹东基于国际铁路联运节点区位及大东港海港的兴建获得了快速发展，成长为辽宁省及东北东部的中心城市；位于山海关—新民铁路沿线的锦州、葫芦岛基于陆路贸易亦获得了长足的发展。总体上看，伴随了辽河航运的衰败和东北铁路网络及满铁附属地的建设，城镇格局由以营口为中心的辽河沿岸城镇带转变为以大连为中心的铁路沿线城镇带。

工业化及临港工业的大发展是这一时期城镇发展的重要特点。在农产品加工业发展的带动之下，一些以港口贸易为导向的农产品加工业及城市建设配套和服务的上下游产业也相继出现，包括机械、建材、电力、市政等近代产业部门。同时，随着殖民掠夺的深入及民族资本的兴起，一些资源、资本密集型的工产业部门兴起，如化工产业、钢铁产业、重型机械、造船等重化工业，其中一些部门通过不断地发展又形成了新的专业中心。例如，营口、大连产生了大量生产榨油机及零部件、船只用具等铁工厂，大连集中了一些为航运服务的修造船厂，为铁路服务的机车修造厂等，锦州、葫芦岛作为日本"南进华北"的战略基地，城市工业发展以石油化工为主，成为化工工业中心。另外，临港工业的大发展是近代港口城市性质确定的重要标志。海港是海陆运输的结节点，货物的运输是港口城市发展的根本动力机制，港口又往往是生产要素的最佳结合点，因此当港口发展到一定规模之后，影响港口城市发展的就不只是围绕着港口的货运中转活动了，临港工业在此时发展起来。临港工业的出现使原来简单的货物机械性中转转为商业性、加工性中转，港口城市性质由商业贸易型转为工业型，工业化的发展带动城市化的快速推进。围绕港航贸易建立起来的发达的基础设施产生集聚引力，港口城市成为新工业布局的理想区位，吸引与港口直接相关或间接相关的工业集聚，城市工业体系日趋完善；各部门工业的发展从区域获得生产资料和劳动力，促进了城市与外围区域的联系，城市成为区域的经济中心，带动整个区域经济的发展，这一区域又与港口的腹地密切相关；人口的流动、产业的融通，促使并增强了城市的自增长效应，港口城市发展逐渐摆脱对外界力量的依赖，通过自身的规模循环和累计保持发展。

九一八事变之后，辽宁省港口城市发展步入"伪满"时期，其发展得到了"伪满"当局的重视。其中，营口、锦州、丹东、葫芦岛分别制订了城市建设规划，此时港口城市的建设得到了长足的发展，城市内部空间布局得到优化、城市规模迅速增长、城市化水平迅速提高，城市的区域地位也得到了显著提升。1945~1948年，由于战争频繁与政权更迭，港口城市的发展遭受战争的破坏，发展一度停滞甚至倒退，是港口城市发展最为低迷的时期。

(二) 复苏与全面开放时期

1. 改革开放前缓慢 (停滞) 发展阶段

新中国成立初期，辽宁省的各港口城市是我国城市化水平较高的地区，但在接下来的近30年时间内港口城市并未得到正常的发展。

首先，这一时期，朝鲜战争、越南战争爆发，中苏关系紧张，中国作为社会主义制度的大国，帝国主义国家又虎视眈眈，对我国实行经济封锁，总体上我国的各项发展处于封闭的状态。港口城市作为一种具有强烈外向型发展特征的城市类型，其区域节点区位此时成为了区域端点区位，区位优势的消失使城市的发展缺乏活力。其次，由于党中央出于国防和安全的考虑，在区域平衡发展战略政策的框架之下，国家的战略投资和重点项目布局本着"靠山、分散、隐蔽"的原则倾向于中西部地区，生产力布局大规模向西迁移。而辽宁省港口城市作为当时的"一线"地区，地处战略前沿，容易受到敌对势力的威胁和破坏，因此城市发展受到忽视，尤其是工业的发展，由于缺少对工业的改造、扩建、新建的投资，较好的工业基础没有得到应有的发挥和加强，城市产业没有得到应有的发展。最后，在新中国成立初期一穷二白的国情之下，社会主义的大规模建设和国防需求，需要依赖资源的开发和资源型重工业的支撑。在项目拉动之下，促使了一批资源型城市及重化工业职能城市的产生，港口对城市发展的影响作用退化，港口城市的特征变得不明显，甚至城市的性质也发生了转变。例如，盘锦基于石油资源的开发和石化产业的集中，其城市属性转变为典型的石油资源型城市；锦州、葫芦岛由于其国家石油化工基地、冶金基地等的战略地位，港口对城市发展的影响较小，港口城市特征微弱。

2. 改革开放后快速发展与多样化演进阶段

在改革开放的新背景之下，港口城市重新获得了生机，多要素相互作用，使得港口城市的发展复杂多样。

港城关系作为港口城市发展的主线，是港口城市发展演进的核心机制，它贯穿于港口城市发展成长的整个过程（陈洪波，2010）。法国地理学家 César Ducruet 在对世界海港城市的研究中曾归纳出港口与城市规模关系矩阵（图 10-5）（Ducruet，Lee，2006），以此反映港口城市的演进轨迹。其中，左上角至右下角对角线表示港口与城市的同步发展，显示为由小港小城到大港大城的发展过程，如香港、纽约、东京等港口城市的演进过程；右上角至左下角对角线显示港口与城市分异化的轨迹，由大港小城（如弗里波特、莱城等）到小港大城（如斯德哥尔摩、加尔各答等）的演变过程。但是，客观世界异常复杂，港口与城市之间的相互关系亦是如此。由于制约港城关系要素的地域差异，尤其是港口与城市发展的模式与机制不同，综合表现为多样的港口与城市规模关系，地域上表现为多样的港口城市类型。另外，由于港口与城市发展的路径、外部环境的改变及影响港城关系演进要素的突变等，港口与城市规模关系的发展会偏离一般发展途径，表现出特殊的发展轨迹（王缉宪，2010）（图 10-6），港口城市的演进亦表现出多样化特征。

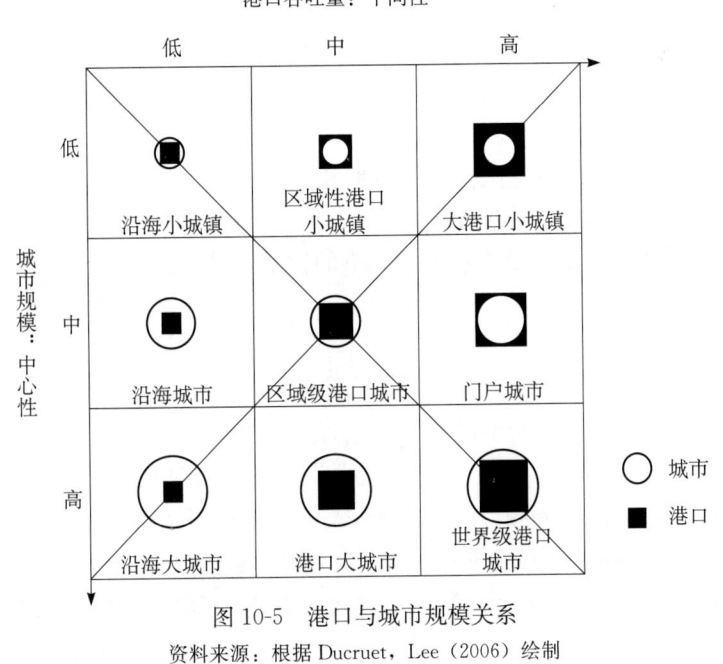

图 10-5　港口与城市规模关系

资料来源：根据 Ducruet，Lee（2006）绘制

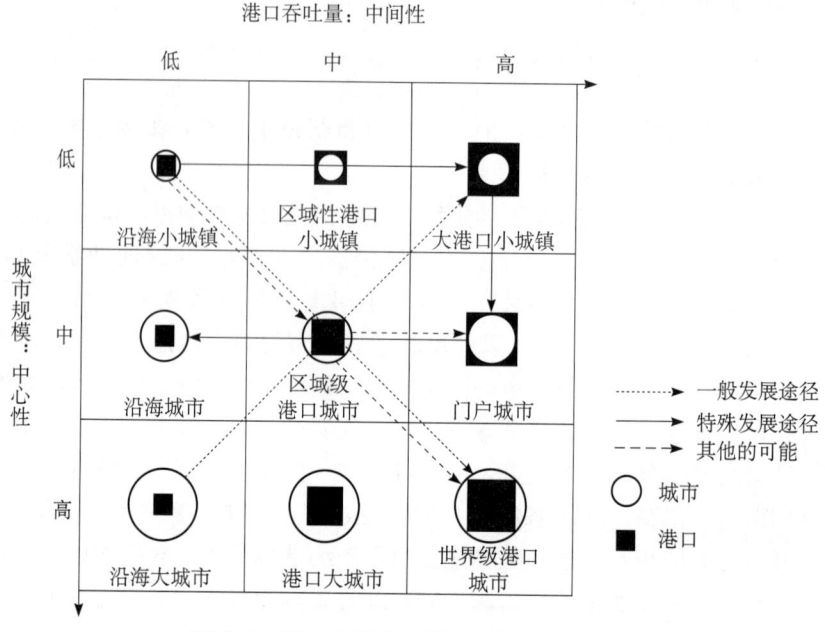

图 10-6 港口与城市规模关系特殊发展轨迹
资料来源：王缉宪（2010）

在国内外港口与城市关系的相关研究中，相对集中指数（relative concentration index，RCI）是用来量化评价港口与城市关系的一个较为实用的指标。这一指数由 Vallega 于 1979 年提出并用以分析地中海地区的港区和与之关联的居民点的组织关系，他定义 RCI 为一个整体区域中某一港口吞吐量比重与同该港口关联的居民点人口比重的比值（Vallega，1979）。通常，人口数量被认为是反映城市发展规模的一般性指标，港口吞吐量被认为是反映港口综合规模与地位的一般性指标。因此，本书借鉴国内外学者的相关研究，引入 RCI 来反映港口与城市发展规模的相对大小，以此探讨辽宁省港口城市多样化发展的特征。定义 RCI 为港口吞吐量比重与城市总人口比重的比值，公式为

$$\text{RCI} = \frac{T_i}{\sum_{i=1}^{n} T_i} \bigg/ \frac{P_i}{\sum_{i=1}^{n} P_i} \tag{10-1}$$

式中，T_i 为城市 i 港口货物吞吐量，P_i 为城市 i 总人口，n 为一定区域内的港口城市数量。RCI 值表示一定区域内，港口与城市相对规模的水平，RCI＝1 表示港口规模与城市规模相当，RCI→0 表示港口城市系统中城市的地位趋于重要，RCI→∞ 表示港口城市系统中港口的地位趋于重要。按照 Ducruet 的界定，RCI 值趋近于 1（0.75～1.25）表示港口与城市规模之间处于相对平衡状态，RCI＞1.25 认为港口的重要性显著，RCI＜0.75 认为城市的重要性显著，

其中当 RCI＞3 和 RCI＜0.33 时反映港口与城市规模严重不均衡，也是交通中心（hub）与一般城市（general cities）特征显著的情况（Ducruet，Lee，2006）。由此，依据这一港口与城市规模关系界定，可将港口城市划分为五大类九小类（图 10-7，表 10-8）。

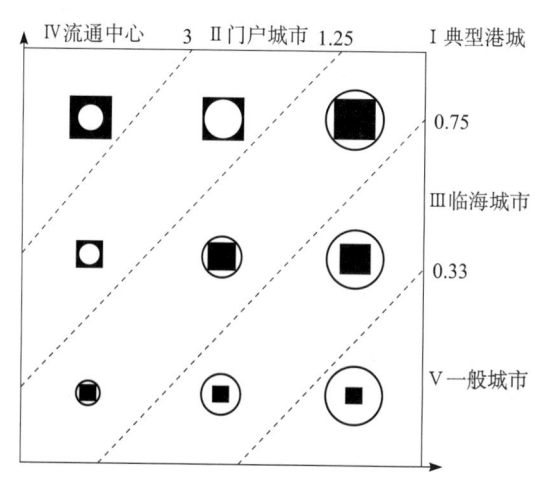

图 10-7 港口与城市 RCI 关系图

资料来源：根据 Ducruet，Lee（2006）绘制

表 10-8 基于 RCI 关系的港口城市类化

类型	RCI	特征
Ⅰ 典型港城	$0.75 \leqslant x \leqslant 1.25$	港口规模与城市规模相对均衡。港口与城市互为依托，港口城市的特征显著，按照其规模等级可划分为地区级、大区域级和世界级三类不同区域地位的港口城市
Ⅱ 门户城市	$1.25 < x \leqslant 3$	港口规模高于城市规模。港城互为关系中港口对城市的作用关系较强，港口是城市的关键与优势部门，城市凭借港口获得发展机会与区域地位，按其规模等级可分为地区级和大区域级门户城市
Ⅲ 临海城市	$0.33 \leqslant x < 0.75$	城市规模高于港口规模。港城互动关系中城市对港口的作用关系较强，城市本身自组织与自运行能力较为综合与完善，对港口的依赖相对较小，按其规模与职能可划分为两级临海城市
Ⅳ 流通中心	$x > 3$	港口规模显著高于城市规模。港城关系松散，港口的区域及际流通地位显著，城市区域地位仅为海陆交通转换点
Ⅴ 一般城市	$x < 0.33$	城市规模显著高于港口规模。港城关系松散，港口仅为城市的普通基础设施部门，对城市发展贡献很低，城市总体发展不以港口为依托，与一般内陆城市发展轨迹无异

基于公式（10-1），以辽宁省 6 座港口城市作为对象，选取港口货物吞吐量（万吨）和年末总人口（万人）作为评价指标项，基础数据分别来源于

2000~2009年的《中国港口年鉴》和《中国城市统计年鉴》。据此，考察辽宁省6座港口城市的港口与城市规模关系及近10年的演变特征。评价结果如表10-9，图10-9，图10-10所示（原始数据略）。

表 10-9　1999~2008 年辽宁省港口城市 RCI 值

年份 城市	1999	2000	2001	2002	2003	2004	2005	2006	2007	2008
大　连	2.33	2.22	2.22	2.11	2.05	1.80	1.75	1.73	1.64	1.54
营　口	1.22	1.28	1.36	1.39	1.54	1.81	1.89	2.02	2.24	2.36
锦　州	0.34	0.42	0.44	0.48	0.51	0.56	0.56	0.50	0.48	0.56
丹　东	0.22	0.26	0.17	0.27	0.27	0.31	0.37	0.43	0.46	0.49
葫芦岛	0.02	0.04	0.03	0.06	0.04	0.23	0.20	0.14	0.11	0.10
盘　锦	—	—	—	0.03	0.03	0.03	0.04	0.03	0.04	0.06

注：盘锦1999年、2000年、2001年数据缺失

由表10-9，图10-8，图10-9考察辽宁省各港口城市自1999~2008年10年RCI值的变化可知，港口与城市规模关系变化呈现出以下五方面特征（姜丽丽等，2011）。

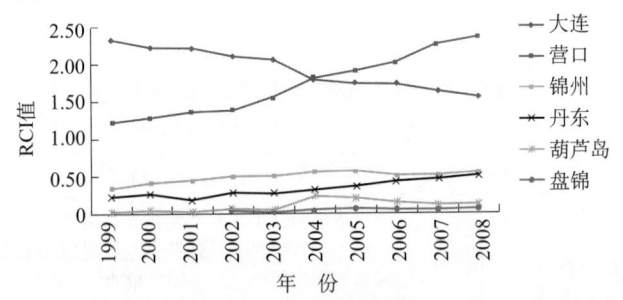

图 10-8　1999~2008 年辽宁省港口城市港口与城市规模关系变化

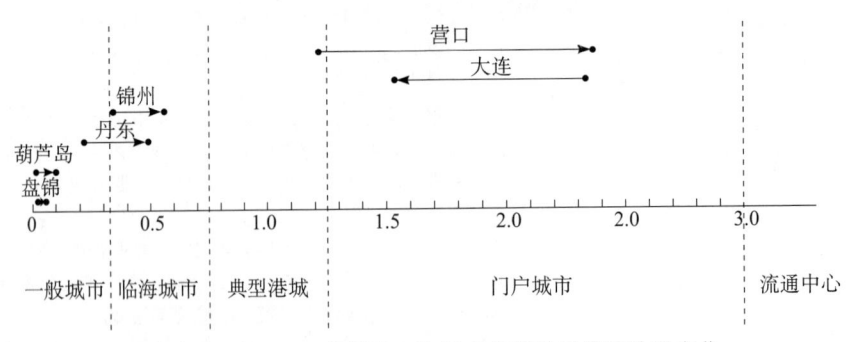

图 10-9　基于 RCI 值的港口与城市规模关系类型阶段变化

（1）大连由门户城市向典型港口城市类型发展

1999年，大连的RCI值为2.33，城市的区域门户特性显著，港口对城市的性质、职能及城市区域地位意义重大。事实上，自从大连港开港，依托港口

发展起来的大连便迅速超越了传统港市营口成为东北地区对外贸易的首位门户,并一直保持着这一区域地位。进入21世纪,伴随着我国全面融入世界城市体系的潮流,大连城市发展立足于广大东北地区并积极谋求城市发展模式的升级。近10年以来,大连的RCI值不断下降,向典型港口城市类型发展,同时基于自身较强的城市综合实力,大连正由大区域级门户城市向世界级港口城市转变。

(2) 营口由典型港口城市转变为特征显著的门户城市

营口港是东北地区传统的对外贸易大港,伴随着港口的兴衰,营口总体上历经着由繁盛—衰败—复兴的过程。1999年,营口的RCI值为1.22,经济总量为154.5亿元,位于全省第九位,仅为辽宁省第二位城市大连的15.40%;人口规模位于全省第十位,为第二位城市大连人口规模的41.12%。这一时期,营口可视为区域级典型港口城市,职能范围主要在其近域地区。2000年,营口城市发展实现了跨越性的转变,城市发展以港口为主导和主要依托,由典型港口城市转变为门户城市,港口在城市发展中的地位日益增强,至2008年,营口的RCI值上升至2.36,远超大连位居辽宁省港口城市首位,城市的区域门户特征凸显。

(3) 锦州、丹东、葫芦岛和盘锦四市作为港口城市发展缓慢

锦州、丹东、葫芦岛和盘锦四市的RCI值多年变化从总体上看均表现为较为稳定的缓慢上升的态势,反映出随着港口的建设与繁荣,港口对城市发展的影响力日益提升。

锦州的RCI值由1999年的0.34上升至2008年的0.56,表现出逐渐显著的临海城市特性,并向典型港口城市发展。2008年,锦州港货物吞吐量为4722.95万吨,仅为辽宁省港口货物吞吐量的10%,另外,标志着现代港口发展水平的集装箱运输方面,锦州港集装箱吞吐量为65.01万TEU,仅占辽宁省总量的13.72%。若将锦州作为辽宁省西部地区及内蒙古东部地区对外开放的前沿城市与窗口城市,其港口实力尚不足以支撑城市的这一区域定位。

丹东在近10年间的发展中实现了由一般城市向临海城市的跨越性转变,并且港口的影响力在城市总体发展中持续稳定提升。丹东港的形成与发展历史久远,20世纪初期,日本实行的"日满鲜"三线货运联运政策,曾使丹东港一度繁荣,丹东也因此成为著名的"国际都市"。后来,港口自然条件恶化、大连港的兴起与对其腹地的袭夺、政治边界的地域屏蔽等因素使得丹东港的区位优势消失,甚至成为难以逾越的瓶颈,在港口城市的光环之下,丹东悄然转变为一般的区域中心城市。改革开放之后,伴随着大东港的开发建设,城市的港口职能再度凸显,并推动丹东作为港口城市的发展演进。2004年,丹东由一般城市转变为临海城市,并较为稳步、快速地向典型港

口城市发展。

葫芦岛和盘锦的港口城市特性不突出，多年来虽然对港口进行了大规模的建设，但城市总体上仍然徘徊在一般城市类型的范畴。其中，盘锦的 RCI 值低于 0.1 且提升缓慢，葫芦岛虽然一段时期内出现了明显的上升浮动，但是总体水平仍然较低，虽然近年来盘锦大力建设盘锦港海港区，葫芦岛着力建设发展以柳条沟新港区为重点港口体系，但两市距离典型港口城市的阶段仍具有较大的距离。

(4) 营口和丹东的港口与城市规模关系实现了阶段跨越

营口和丹东是辽宁省的两个具有历史意义的港口城市，其中营口是东北地区最早的对外通商口岸，丹东是继营口、大连之后东北地区第三个对外通商口岸。大连港开港之后，受制于区位、港口自然条件、政策等因素影响，两市作为港口城市的发展长期萎靡不前甚至后退。改革开放之后，我国区域发展政策的转变及世界经济发展的潮流，客观上催动了两市的复兴。同时，基于传统港城的历史传承，两市在短期内实现了快速的发展，其中营口在 2000 年实现由典型港口城市向区域级门户城市的阶段性转变，丹东在 2005 年实现由一般城市向临海城市的阶段性转变。这里需要指出的是，营口由典型港口城市向门户城市的转变并非阶段演进的后退，而是城市层次的提升，鉴于营口有限的城市规模与经济实力，这一转变实际上意味着城市影响范围的扩大与区域地位的提升，营口由服务于其近域地区的区域性港口城市转变为服务于辽宁省及东北地区的中心门户城市。

(5) 形成门户城市、临海城市和一般城市三大类港口城市类型

由表 10-9 评价结果及表 10-2 判断标准可知：

1) 大连和营口为特征异化的门户城市。2008 年，大连和营口的 RCI 值分别为 1.54 和 2.36，两市均位于门户城市类型区间。港口在两市的发展中占有极为重要的地位，城市依托港口条件取得了面向广大东北内陆腹地的门户地位。其中，大连在东北地区多年位居极其显著的门户地位；而营口近年来伴随着海港的开发与建设，其面向辽中城市群的区域门户地位也逐步确立。二者比较，大连的 RCI 值趋近于 1，港口与城市规模之间的均衡性较强，具有典型港口城市特征。2008 年，大连市辖区人口规模达 298 万人，位于超大城市行列，作为中国东北地区四大中心城市之一（王士君，宋飏，2006），具有大区域级（东北地区）城市影响力，由此大连可视为具有典型港口城市特征的大区域级门户城市。营口的 RCI 值趋近于 3，城市发展及区域地位的确立对港口的依赖性强，城市的区域门户特征显著，鉴于城市规模条件（市辖区人口规模为 88 万人的大城市），其大区域影响力远较大连市弱小，由此营口可视为区域级的门户城市，职能范围主要在其近域地区，尤其是辽中城市群区域。

2) 锦州和丹东为港口功能显化的区域级临海城市。2008 年，锦州和丹东的 RCI 值分别为 0.56 和 0.49，位于临海城市类型区间。城市实力要明显高于港口实力，城市对港口的依赖程度相对较小。

锦州自古就是联系关内外的咽喉之地与军事重镇，商贾云集。新中国成立以后，锦州成为辽宁省西部地区的中心城市，集中布局石化、机械等重化工业。地处东北地区与关内地区陆路通道的区位，使得锦州与区域经济联系主要依靠平行于海岸线的陆路交通，港口对城市的作用被边缘化，城市作为内陆中心城市和陆路枢纽城市的特征显著。而锦州港作为生产性港口的发展历程较短，港口在锦州的演进中占有引人关注的一席之地是始于改革开放时期，凭借锦州作为辽宁省西部中心城市的综合实力，锦州港迅速发展壮大，同时港口对城市又产生日益强烈的作用。例如，在港口强大的资源配置能力之下，锦州城市空间布局呈现显著的海向转移态势，锦州港口城市特征逐渐显现。

丹东虽与锦州同为临海城市类型，但是其形成机理与锦州不尽相同。丹东位于边境地区，边境贸易对丹东城市及港口的形成与发展影响深远。新中国成立后，其邻国朝鲜长期实行对外封闭的政策，使得丹东本来面向世界的区位优势面临难以跨越的地域屏障，从中心地理论角度来讲，中朝边界成为了丹东城市中心职能扩散的行政障碍。20 世纪 80 年代，大东港的兴建标志着丹东港由河口港转变为海港，城市港口功能显化，作为港口城市拥有双向腹地的特征与优势再次呈现。但是，由于大东港直接依托作为县级市的东港，其对港口发展的各项基础支撑能力不足，同时港口对丹东城市核心的带动作用因东港的中介传递大为减弱，港城互动发展不足之下，丹东港口城市功能不显著。

从总体上看，虽然两市港口对城市发展及城市区域地位确立的贡献尚弱，但是在一系列区域发展政策及城市发展潮流的驱使下，两市港口功能显化；同时，基于两市城市规模条件，两市可视为区域级临海城市。

3) 盘锦和葫芦岛为港口功能相对弱小的区域级一般城市。2008 年，盘锦和葫芦岛的 RCI 值分别为 0.06 和 0.10，位于一般城市类型区间。城市规模均显著高于港口规模，港口对城市总体发展的贡献小，港城关系较弱。两市港口的起步及繁荣均相对较晚，港口地位的大幅度提升均是在辽宁"五点一线"战略实施之后，属于典型的政策驱动发展。长期以来，很多人甚至并不把盘锦和葫芦岛认作为港口城市。例如，盘锦一直被归为石油资源型城市范畴。盘锦诞生于石油资源的大规模开发而非港口的兴建。如今，石油开采、石油化工等相关产业依然是盘锦赖以生存与发展的根本，在未来相当长的一段时期内，这一状况仍然无法改变，港口的兴建亦是为配合盘锦原有产业的进一步发展，港口对城市总体发展的导向作用微小。又如，葫芦岛，长期以我国重要的重化工基地著称，集中了一系列国有大型石化、冶金、机械、能源等重化工产业，城市的发展亦主要以重化工产业为根基和动力，在这些区域地位显著的重化工产业背景之下，港口对城市的影响作用显得微不足道。鉴于两市城市规模均达到大城市级别，可认为两市属区域级一般城市。

基于以上分析讨论可知，辽宁省各港口城市的发展程度及发展过程具有显著的多样性与差异性。首先，各港口城市分属不同的类型，各市的发展程度差异较大，除大连和营口之外，其他四市的区域门户特征均不显著，尤其是盘锦和葫芦岛，港口对城市发展的影响力需大力度的提升。其次，各港口城市的形成与发展过程遵循着不同的轨迹，其中，大连港口与城市互动发展，城市由一个普通的小渔村逐渐向世界级的港口城市转变；营口和丹东因港而生，伴随着港口的兴衰，城市发展由繁荣到衰落并再次走向复兴；锦州、盘锦和葫芦岛三市为适应区域发展趋势与要求，港口快速的发展与壮大，港因城兴，城市亦借此得以向港口城市演进。

三、港口城市发展机理

（一）港口的繁荣推动城镇化的发展

港口对城市的发展具有重要的影响作用，在不同的历史时期、不同的发展条件下，港口可以是城市发展的诱发性因素、支撑性因素或主导性因素。例如，在城市形成初期，基于贸易发展的需求，良好的港航能力可以吸引交通运输、渔业、商品贸易等经济活动的集聚，从而吸引从事相关行业人口的聚居，进而引导城市的形成。当城市各项基本功能逐渐完善，就需要通过交通与城市以外的地区进行交往并建立广泛的联系，并充分发挥城市的职能，即拓展城市的基本活动部分，以谋求进一步的发展。当航运技术成熟，海洋由阻断城市经济活动的天然屏障转变为城市对外联系的通道之后，水上运输尤其是海洋运输凭借其运量大、成本低的优势，成为其所在城市对外联系的支撑性因素，甚至是主导性因素。同时，港口本身既是城市的组成部分，又是城市的交通运输部门承担生产资料与产品的流通，并依托其形成的港航产业及关联产业也是城市经济活动的组成部分。

近代辽河航运的兴衰深刻影响着辽河沿线港口城市的发展。近代，东北地区铁路大发展之前，交通运输业大多集中在基于辽河航道的航运业上。1861年，营口被迫代替牛庄开埠，标志着辽河航运业的兴起，由此带动辽河流域对外贸易与商品经济的大发展。一时间商贾云集，吸引了大批的关内外和国内外的商人、手工业者等的聚居，从而促使了一批基于港口贸易发展起来的城镇，如盘锦前身田庄台和营口就是在这一时期迅速发展与繁荣起来的。辽河航运兴起以前，沿辽河两岸仅分布于海城、牛庄、田庄台等十几个小规模的市镇，营口在这一时期人口仅有一两千人。《中英南京条约》签署之后，营口开港，拉开了帝国主义国家疯狂掠夺东北地区丰富资源的序幕，辽河航运业自此步入兴盛，随着贸易与商品经济的繁荣，辽河沿岸形成了带状的城镇群。其中，营口基于作为通商口岸的营口港，迅速崛起为辽河沿岸城镇群的中心城市，至1875年，营口城市人口超过5000人，建成区规模近2千米^2，成为辽河下游最大的港口市镇。至1901年，城市人口达1.3万人，市区建有体育场、会所、医院、公园、马路、街灯等近代化的建筑和城市设施，营口从一个小市镇迅速发展成为辽河流域的首位城市（曲晓范，2001）。

（二）疏港交通的发展

著名的人文大师芒福德（Lewis Munford）曾经提出"城市的希望在于城市以外"，而交通正是城市与城市以外的区域联系的纽带和桥梁，是城市基本活动的载体。集疏运系统是与港口衔接，为集散港口吞吐货物服务的交通运输系统，是港口生存的生命线，亦是港口水平的重要标志。港口依赖疏港交通的延伸形成其赖以生存的转运及贸易腹地，催生与港口直接相关、间接相关的产业集聚，从而推动港口城市的发展，同时港口城市依托疏港交通拓展城市功能地域，对城市以外的区域产生影响。

近代东北地区大规模的铁路建设改变了东北传统的区域交通结构，诱发了传统贸易中心的位移，从而改变了港口城市的空间格局。同时，较内河航运更为便捷与高效的铁路运输加速了港口城市的城市化与现代化进程。

1896年，沙俄为争夺东北地区的战略优势，以哈尔滨为中心，兴建西至满洲里，东至绥芬河，南至大连旅顺的中东铁路，并于1903年建成通车。铁路具有较好的对外接续能力，运输速度快、全节候全天候、到达时间稳定准确、运输成本低廉，尤其适宜远距离的大运量运输。中东铁路辐射面积广阔，干线和支线总长近2800千米，纵贯、横穿东北全境，很好地衔接了与辽宁沿海的海陆转运和与俄罗斯的国际转运。中东铁路的开通，袭夺了原经内河航运和人力、畜力转运的货流，同时也极大地拓展了具有铁路疏港的港口的腹地范围。这一时期，大连凭借中东铁路强大的疏港能力及辽河航运条件的恶化，迅速吸引原以营口为中心的辽河沿线的贸易向其集中，大连城市化进程迅速推进，并取代了营口成为东北地区第一门户城市。

继中东铁路通车之后，连通关内关外的山海关—新民铁路于1903年通车。该铁路作为东北与华北地区的交通纽带，促进了辽西地区城镇的发展，但是由于铁路线平行于海岸线，其职能主要为沟通陆路联系，不具有疏港职能，反而在一定程度上边缘化了港口的区位，抑制了具有港口城市特征的城镇的发展，因此辽西地区港口城市的门户性职能特征至今仍不显著。1905年，出于日军物资运输需要，丹东至沈阳的安奉铁路通车，使这个位于中韩交接之地的传统商业重镇和外贸港口获得了迅速发展壮大，城市人口由1900年的约5000人迅速发展到1909年的6万余人，成为东北东部地区最大的工商业城市（曲晓范，2001）。

（三）城市实力带动港口的迅速崛起

城市是港口运行和发展的基础性依托。一方面，城市为港口提供其赖以生存的经济腹地。城市作为区域的经济中心，是生产、人口、资源、资本、技术、信息、管理等的集聚与扩散中心，可以为港口提供其经济活动的基本对象——货物和旅客。一般而言，城市越发达，城市功能地域越广泛，对外的经济联系越频繁，对港口的支撑与推动能力也就越强。另一方面，城市为港口的发展提供社会基础支持。港口作为城市的组成部分，旅客、相关产业职员等需要城市服务设施提供服务，另外，城市作为区域的文化中心、教育中心、管理中心、服务中心为港口的发展与升级提供资金、技术、人才等支持。在新时期，城市的这种中心性职能越强，港口越容易在区域甚至世界供应链网络中获得枢纽和中心地位。

与大连、营口和丹东三市"城以港兴"的发展模式相异，锦州、葫芦岛、盘锦三市为显著的"港以城兴"的发展模式，即城市的形成与繁荣并非起源于因港口的功能而带来的集聚，港口条件不是城市自组织运行的核心机制，但是随着外界环境的改变，港口逐渐受到重视，依托城市已确立的基础条件，港口得以迅速发展壮大，在与城市的互动过程中，港口对城市发展的影响逐渐显著起来，城市由一般性的区域中心城市转变为港口城市。由于行政资本的影响作用，能够支撑港口的这种跨越式发展的地域载体需要有足够的行政资本。在我国市管县的行政体制之下，往往地级以上的城市才具有足够的行政资本推动港口的兴建。例如，广州南沙港区的兴建。珠江口最南端南沙是发展深水码头的优良港址，但是在广州市域行政区划调整前，南沙港址所在地番禺市作为一个县级市，不具有足够的行政资本去说服任何上级部门在其辖区内建设能与广州、深圳、香港竞争的区域性规模化港口。为顺应港口贸易船舶大型化的需求，2000年，番禺调整为广州的行政区，2004年南沙港区建成投产，2009年南沙保税港区一期通过国家验收，成为珠三角地区仅次于香港的自由港。

长久以来，锦州、葫芦岛基于关内外陆路大通道的区位，一直作为一般区域中心城镇进行发展，港口的发展并未受到重视。其中，盘锦前身虽是依托港口贸易发展起来的市镇，但是作为城市的发展时期是基于石油资源形成的资源型城市，港口功能严重退化。随着经济形势转变、政策驱动等因素影响，城市的向海性发展成为城市空间演进的主要方向，在城市自组织运行之下，港口获得了大的发展，并实现跨越式飞跃。例如，锦州港于1990年正式通航,从标志现代化港口运输的集装箱吞吐量来看,2003年,锦州港集装箱吞吐量超过具有百年发展历史的丹东港,1999~2008年的10年间,锦州港集装箱吞吐量平均增长率为62.13%,位居辽宁省六大港口之首。在20多年的时间里,锦州港迅速崛起为辽宁省沿海地区域性的重要港口,而这主要得益于锦州辽西地区的中心城市地位。

(四) 区域政策加速或抑制港口及城市的演进

纵观近现代我国的社会形态与经济体制的历史演进,我国经历了从封建社会向半殖民地半封建社会进而向社会主义社会的转变。与西方资本主义社会注重市场规律的经济体制不同,统治者的主观意愿对我国的区域发展一直具有深刻的影响。例如,封建社会时期,君主拥有至高无上的权力,对区域发展具有强大的主导力与执行力,通过对贸易准入的控制可以直接影响港口城市的存亡兴衰。另外,封建社会形态下,传统的自给自足的小农经济不利于以外向型经济为特征的港口城市的形成与发展。半封建半殖民地时期,帝国主义的殖民统治其根本目的在于掠夺资源、倾销产品,这从客观上促进了这种以贸易、转运为生存根本的港口城市的发展。社会主义时期,虽然在全面对外开放的背景之下,市场经济成为区域经济的基本组织形式,但是国家政权仍然通过区域政策等手段对区域的发展产生强大的调控能力,因此我国城市与区域关系仍处于区域框架指导下的城市主导发展时期。

长期以来,各种形式的区域政策或促进或抑制了辽宁省港口及港口城市的发展。中东铁路建成之后,日本选择大连作为其进一步侵略中国的据点,并对城市进行大力的建设。为促进大连的发展,1907年,日本实行对中东铁路长春以南(又称南满铁路)实行"大连中心主义"政策(又称"等价不等距"政策),即沈阳到长春的350千米距离内,一律实行长春—大连港、营口港,沈阳—大连港、营口港的同价运费,诱使原经营口港转运与贸易的货物纷纷改道转经大连港集散,客观上促进了大连城市的繁荣与发展。至1910年,营口港作为传统的东北地区第一大国际贸易港被大连港取代,退化为地区性的国内贸易港口,同时,由港口催生的东北南部最大的对外贸易中心与门户由营口转移到大连。安奉铁路建成通车并由军用改为商用之后,1913年,日本实行"日满鲜"三线货物联运政策,大大拓展了丹东港的货物吞吐范围,同时强化了丹东中朝贸易中心的地位与能力,从而促进了城市的发展。

新中国成立之后,封闭性的区域发展政策(如国家战略投资及生产力布局两次大规模地向三线地区转移)在一段时期内强烈地抑制了地处开放性区位的港口城市的发展。改革开放以后,国家区域战略及发展政策调整,重点支持发展基础与外向型条件较好的沿海地区的发展,这一时期港口城市获得了蓬勃发展。尤其是东北老工业基地振兴规划、辽宁沿海经济带规划的开展将辽宁省港口城市的发展上升到国家战略、区域战略的高度,均极大地促进了各港口城市的发展与演进。

第三节 港口城市空间关系

一、港口城市空间关联

(一) 城市空间分布较为均衡

辽宁省港口城市沿辽宁省海岸线呈"N"字形带状分布,各级各类的城市作为区域的中心地彼此之间相互关联,形成具有自相似结构的空间组织体。运用分形理论的关联维数来模拟城市之间的空间关系,其基本模型为

$$D = \lim_{r \to 0} \frac{\ln C(r)}{\ln r} \tag{10-2}$$

公式(10-2)中,$C(r)$为城市体系的空间关联函数,即

$$C(r) = \frac{1}{N^2} \sum_{i,j=1}^{N} H(r - d_{ij}) \tag{10-3}$$

公式(10-3)中,H为Heaviside阶跃函数,即

$$H(r - d_{ij}) = \begin{cases} 1 & d_{ij} \leqslant r \\ 0 & d_{ij} < r \end{cases} \tag{10-4}$$

公式(10-3)和(10-4)中,r为给定的距离标度,d_{ij}为第i个与第j个城市之间的距离,本书采用地理空间的球面距离。D为关联维数,反映城市体系空间分布的均衡性。数据的获取是基于MapInfo Professional 7.0 SCP平台,以西安测绘信息技术总站制图,星球地图出版社编制出版发行的《辽宁省地图》(2010年版)为基础底图,采用经纬度投影矢量化之后获得的。

经测算得到六个港口城市和其所辖的24个县(市、区)级中心地之间的直线距离(只写一半)(表10-10,表10-11)。

表10-10 辽宁省港口城市距离矩阵

(单位:千米)

城市	大连	营口	丹东	锦州	盘锦	葫芦岛
大连	0	201.6	279.1	244.9	247.8	209.8
营口		0	195.1	103.3	51.9	117.4
丹东			0	297.1	226.2	310.4
锦州				0	78.4	49.1
盘锦					0	113.0
葫芦岛						0

表 10-11　辽宁省港口城市所辖县（市、区）级中心地之间的直线距离

(单位：km（Spherical）)

地区	大连市区	瓦房店市	普兰店市	庄河市	长海县	营口市区	大石桥市	盖州市	丹东市区	东港市	凤城市	宽甸县(满)	锦州市区	凌海市	北镇市	义县	黑山县	盘锦市区	盘山县	大洼县	葫芦岛市	兴城市	绥中县
大连市区	0	85.7	61.9	148.7	94.3	201.6	207.7	176.9	279.1	248.3	274.6	341.5	244.9	251.2	298.3	292.5	311.9	247.8	259.4	234.0	209.8	204.5	192.3
瓦房店市		0	25.1	85.6	64.2	117.7	122.1	91.4	215.0	189.5	201.1	268.8	179.6	180.9	220.5	222.4	231.0	166.5	179.2	152.5	157.0	157.5	164.8
普兰店市			0	95.0	57.2	142.9	146.8	116.1	226.8	198.9	217.2	284.8	201.3	203.9	245.1	245.4	256.0	191.5	204.0	177.5	175.1	173.8	175.5
庄河市				0	59.1	126.4	113.5	94.4	131.9	104.3	126.6	193.0	221.6	215.2	234.9	252.6	234.9	176.8	191.0	164.2	215.9	221.1	239.7
长海县					0	158.3	153.2	126.4	185.4	154.1	185.1	250.6	237.4	235.9	267.5	276.5	272.9	210.1	224.0	196.4	219.3	220.6	227.9
营口市区						0	24.6	32.6	195.1	187.5	159.0	216.9	103.3	92.3	109.8	126.9	115.0	51.9	66.0	38.5	117.4	128.8	165.6
大石桥市							0	30.8	171.0	164.5	134.5	192.6	126.4	113.7	122.0	145.3	121.7	64.4	78.7	53.6	141.9	153.3	189.3
盖州市								0	176.8	164.6	146.0	209.0	129.9	121.5	142.4	158.2	146.6	84.3	98.5	71.7	134.4	143.5	174.2
丹东市区									0	34.8	45.6	74.5	297.1	283.0	274.1	308.8	260.0	226.2	238.2	220.0	310.4	320.1	349.8
东港市										0	64.5	108.9	290.9	278.7	277.2	308.1	266.4	225.1	238.2	217.0	298.9	307.3	333.5
凤城市											0	67.7	258.4	243.1	230.2	266.5	215.1	184.7	196.0	179.8	276.2	287.0	320.1
宽甸县(满)												0	309.8	292.6	268.4	309.5	247.9	232.4	241.3	230.6	333.7	345.7	381.5
锦州市区													0	20.3	78.3	50.1	105.3	78.4	73.2	79.3	49.1	63.6	108.5
凌海市														0	59.7	41.6	85.8	60.2	53.6	63.3	66.9	81.8	127.2
北镇市															0	45.7	28.6	58.3	43.9	71.4	126.5	141.4	186.6
义县																0	73.8	83.1	70.7	91.8	97.6	111.1	154.2
黑山县																	0	64.5	52.6	78.5	152.5	167.5	212.9
盘锦市区																		0	13.7	14.0	113.0	127.5	171.3
盘山县																			0	27.6	112.7	127.6	172.3
大洼县																				0	108.3	122.3	164.8
葫芦岛市																					0	15.1	60.5
兴城市																						0	45.4
绥中县																							0
建昌县																							

在实际计算中，分别以步长 $\Delta r_6 = 5$ 千米和 $\Delta r_{24} = 10$ 千米来取距离标度 r_6 和 r_{24}，分别得到一系列点对 $(r_6, C(r_6))$ 和 $(r_{24}, C(r_{24}))$，如表10-12、表10-13所示。

表10-12　辽宁省港口城市标度 r_6 及其对应的关联函数 $C(r_6)$

序号	1	2	3	4	5	6	7
r_6	35	30	25	20	15	10	5
$C(r_6)$	0.4167	0.3889	0.3333	0.1944	0.1667	0.0833	0.0278

表10-13　辽宁省港口城市所辖县（市、区）级中心地标度 r_{24} 及其对应的关联函数 $C(r_{24})$

序号	1	2	3	4	5	6	7
r_{24}	430	420	410	400	390	380	370
$C(r_{24})$	0.4792	0.4774	0.4774	0.4757	0.4757	0.4722	0.4722
序号	8	9	10	11	12	13	14
r_{24}	360	350	340	330	320	310	300
$C(r_{24})$	0.4705	0.4705	0.4653	0.4618	0.4583	0.4549	0.4444
序号	15	16	17	18	19	20	21
r_{24}	290	280	270	260	250	240	230
$C(r_{24})$	0.4323	0.4271	0.4132	0.4010	0.3906	0.3750	0.3507
序号	22	23	24	25	26	27	28
r_{24}	220	210	200	190	180	170	160
$C(r_{24})$	0.3299	0.3108	0.2934	0.2726	0.2569	0.2326	0.2188
序号	29	30	31	32	33	34	35
r_{24}	150	140	130	120	110	100	90
$C(r_{24})$	0.1997	0.1806	0.1736	0.1458	0.1285	0.1163	0.1007
序号	36	37	38	39	40	41	42
r_{24}	80	70	60	50	40	30	20
$C(r_{24})$	0.0885	0.0677	0.0469	0.0313	0.0208	0.0139	0.0052

依据公式（10-2）的对数变换形式在双对数坐标系中绘制散点图，然后用线性回归分析方法进行模拟，结果如图10-10，图10-11所示。

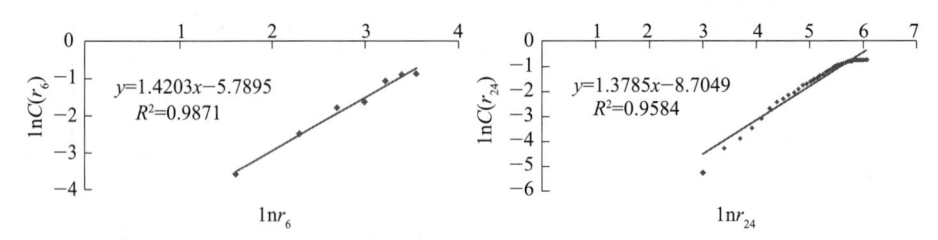

图10-10　港口城市空间分布双对数坐标

10-11　港口城市所辖县（市、区）级中心地空间分布双对数坐标

由模拟结果可知，关联维数 $D_6 = 1.4203, D_{24} = 1.3785$。$D > 1$ 且 $D \rightarrow 2$，反映出辽宁省港口城市各城市在空间布局上比较均衡。尽管各城市等级规模不同，但各城市之间相对独立，尤其是六个地级市中心城区的空间分布较县

（市、区）级中心地城市的空间分布更趋于分散。对于这种带状分布的城市群体而言，这种城市空间布局已呈现出一种均衡、分散的空间基础。一方面，这有利于地带内各城市的均衡、同步发展，使区域发展趋向均衡化，空间结构呈现网络化，在信息化和产业高技术化发展的基础上，有利于促使城市地带发展成为一个发达的网络化的城市化区域。另一方面，城市间的空间分散，不利于城市间的相互沟通与协作，若各城市之间的竞争过于激烈而形成恶性竞争，将会阻碍城市和区域的发展。

另外，高等级的中心地（地级市）在总体上均衡分布的前提下，辽东湾东北部区域的中心地分布形成相对集中的态势，具体为以营口、盘锦、锦州为核心的中心城市集聚地区，反映出辽宁省港口城市空间分布在总体均衡的态势下具有一定程度的集聚特征。

（二）城市之间空间联系结构差异显著

空间联系结构反映城市之间的联系方式与水平，也反映城市之间空间联系整体性及协调性。

采用网络分析方法，将辽宁省港口城市乡镇以上级（包括乡镇）行政中心地抽象为地理节点，将公路交通线抽象为联系线，构建港口城市地带内部空间组织拓扑结构，通过 β 指数、γ 指数和 α 指数（徐旭等，2007；徐建华，2002）考察港口城市地带内部组织结构，其计算公式为

$$\beta = \frac{m}{n} \tag{10-5}$$

$$\gamma = \frac{m}{3(n-2)} \tag{10-6}$$

$$\alpha = \frac{m-n+1}{2n-5} \tag{10-7}$$

公式（10-5）、（10-6）和（10-7）中，m 为网络中连线数目；n 为网络中节点数目。其中，β 指数是网络内每一个节点的平均连线数目，反映网络的复杂程度，取值范围在区间 [0，3] 上，$\beta=0$ 表示无网络存在，β 值越大网络越复杂；γ 指数是网络内连线的实际数目与连线可能存在的最大数目之间的比率，反映线路的实际结合水平，取值范围在区间 [0，1] 上，$\gamma=0$ 表示网络内无连线，只有孤立点，γ 值越大，结合水平越好；α 指数是网络中实际回路数与网络内可能存在的最大回路数之间的比率，反映网络的发达程度，α 值越大网络越发达。

交通网络是区域城市相互作用和自组织运行的载体。考虑到近域交通的便捷性和灵活性，本书认为采用公路作为连线较为合理，同时考虑到高速公路的封闭性较强，县乡道路的对外联系能力较差，因此选用国道和省道作为网络连

线，连接的设定本着上级包含的原则，即省道连接中部分通过国道连接则视为可连接。网络节点选择乡镇以上级（包括乡镇）行政中心，对于城市，考虑到区级单位和街道级单位强烈的城市属性，将其与市区一同考虑，作为一个节点；对于县镇，将县和镇行政中心同处一地的地区作为一个节点考虑。据此，分别构建以国道和省道为组织线的辽宁省港口城市空间组织网络（图10-12，图10-13），考察辽宁省港口城市地带内部空间联系结构。其中，基于国道的组织网络主要反映城市之间的联系结构，基于省道的组织网络主要反映城市市域内部的联系结构。

图 10-12 基于国道的港口城市空间组织网络结构

图 10-13 基于省道的港口城市空间组织网络结构

分别将两种组织网络的节点数和连线数代入公式（10-5）、（10-6）和（10-7）中，以六市整体水平作为参考，分析结果显示（表10-14）（姜丽丽等，2010）如下。

1）从国道组织网络来看。在六个港口城市中，丹东的水平最高，其次分别是营口和大连，盘锦、葫芦岛和锦州水平较低，低于整体水平，以锦州水平为最低。

2) 从省道组织网络来看。盘锦的水平最高，其次分别为锦州和丹东，营口、大连和葫芦岛水平较低，除营口在网络实际结合水平上略高于整体水平外，三市各项指标均低于整体水平，葫芦岛位于末位，水平最低。

3) 总体上看。丹东的市际和市内联通水平均较高，大连和营口的市际联通能力相对较高，盘锦和锦州的市内联通能力相对较高，葫芦岛两方面水平均较低。

表 10-14　港口城市空间组织网络连接指数

港口城市	m 国道连线数	m 省道连线数	n 节点数	β 国道指标	β 省道指标	γ 国道指标	γ 省道指标	α 国道指标	α 省道指标
大连	27	17	90	0.30	0.19	0.10	0.06	-0.35	-0.41
营口	15	12	44	0.34	0.27	0.12	0.10	-0.34	-0.37
锦州	12	33	83	0.14	0.40	0.05	0.14	-0.43	-0.30
盘锦	7	13	31	0.23	0.42	0.08	0.15	-0.40	-0.30
丹东	23	21	66	0.35	0.32	0.12	0.11	-0.33	-0.35
葫芦岛	20	13	94	0.21	0.14	0.07	0.05	-0.40	-0.44
六市整体	110	112	408	0.27	0.27	0.09	0.09	-0.37	-0.36

丹东的区域空间联系能力相对较好，在辽宁省港口城市中市际及市内的联通能力均相对较高，具有关联其他城市的相对优势能力；大连和营口的空间联系以国道为主，二者在市际的联通上相对较好，在市内的空间组织上需要进一步加强；盘锦和锦州的空间联系以省道为主，二者在市内的空间组织上相对较好，在市际的联通上需要进一步加强；葫芦岛在市际和市内的空间联系能力上均较差，两方面均需要大力的改进。

二、港口城市规模分布

（一）城市辖区的规模分布集中

以六个港口城市的市辖区人口为评价对象，由城市首位律（首位城市与第二位城市的比值）分析可知，城市辖区人口规模分布表现为显著的首位分布态势，大连作为辽宁省港口城市的首位城市，人口在大连市区的集中程度很高。2008 年，大连市辖区人口为 298.21 万人，与第二位城市葫芦岛（98.32 万）相比，首位度指数为 3.03。一般认为，两城市指数为 2.0 较为合理，这显示出大连在辽宁省港口城市中的规模地位突出。

（二）城市总体规模分布相对均衡

对于城市规模分布的评价，位序-规模法则从城市规模及其位序关系角度来考察区域中城市的规模分布，该方法能较好地描述城市规模分布的规律，对概括区域中城市的规模分布具有相当的普遍性，在实际研究中应用广泛（许学强，2009）。本书采用位序-规模法则理论体系中罗特卡模式的一般化来分析城市规模分布，其公式为

$$P_i = \frac{P_1}{R_i^q} \tag{10-8}$$

式中，P_i是第i位城市的人口；P_1是规模最大的城市人口；R_i是第i位城市的位序；q是常数。

以总人口规模为评价对象，分别考察六个港口城市的规模分布和其所辖县（市、区）的规模分布，这里分别定义为第一规模分布和第二规模分布，从两方面空间尺度反映辽宁省港口城市的规模分布。其中，第一规模分布以六个港口城市总人口为基础数据；第二规模分布以六市所辖县、县级市、区的总人口为基础数据，其中，区总人口为一市各区总人口之和，分别对城市人口进行排序（表10-15，表10-16）。将公式（10-8）做对数变换，分别将城市按位序和规模呈现在双对数坐标轴上，再进行$y=a+bx$形式的回归分析，从而得到城市规模分布双对数坐标（图10-14，图10-15）。

表10-15　第一规模分布人口排序

位序	城市	人口/万人
1	大连	583.37
2	锦州	310.19
3	葫芦岛	280.41
4	丹东	242.70
5	营口	233.80
6	盘锦	129.16

资料来源：《中华人民共和国全国分县市人口统计资料（2008）》

表10-16　第二规模分布人口排序

位序	城市	人口/万人	位序	城市	人口/万人	位序	城市	人口/万人
1	大连市区	298.31	9	盖州市	73.19	17	凌海市	57.49
2	瓦房店市	102.67	10	大石桥市	72.30	18	兴城市	55.43
3	葫芦岛市区	98.32	11	绥中县	64.12	19	北镇市	52.86
4	锦州市区	92.86	12	东港市	63.29	20	义县	43.95
5	庄河市	92.29	13	黑山县	63.03	21	宽甸县	43.79
6	营口市区	88.32	14	建昌县	62.54	22	大洼县	39.54
7	普兰店市	82.76	15	盘锦市区	60.08	23	盘山县	29.55
8	丹东市区	76.88	16	凤城市	58.75	24	长海县	7.40

资料来源：《中华人民共和国全国分县市人口统计资料（2008）》

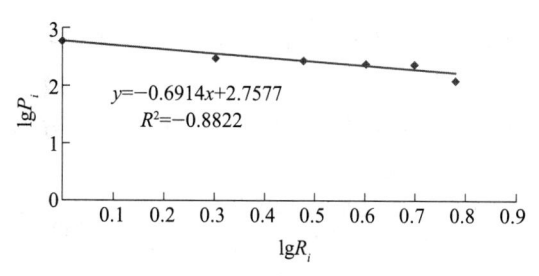

图 10-14　第一规模分布双对数坐标图

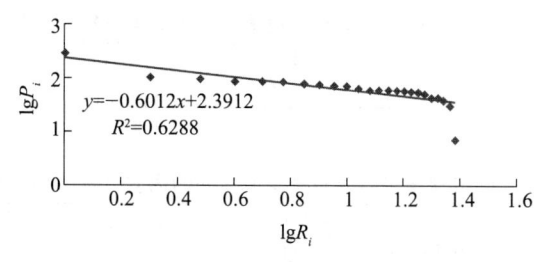

图 10-15　第二规模分布双对数坐标

根据第一规模分布（图 10-14）可知，$|b|$ 为 0.6914，$|b|$ 小于 1，人口散布于各位序城市，位于高位次的城市规模不突出，在地级行政区划尺度上，六市城市总体规模分布相对均衡。

根据第二规模分布（图 10-15）可知，$|b|$ 为 0.6012，除去偏差较大的首位地区大连市区和末位地区长海县，经修正后，$|b|$ 为 0.4192，相关系数 R 也由 0.7937 变为调整后的 0.9013（图 10-16）。在县（市、区）行政区划尺度上，规模分布总体上表现为均衡分布，且这种均衡性高于地级行政区划尺度。另外，由前文城市首位度分析可知，大连市区在县（市、区）尺度的中心地规模分布中具有突出的首位性。

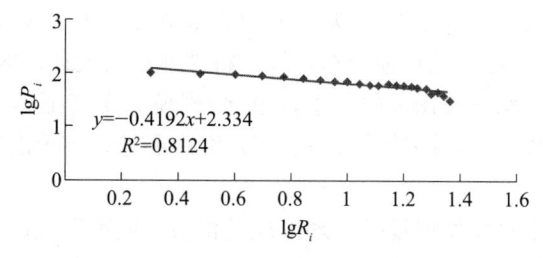

图 10-16　修正后第二规模分布双对数坐标

（三）总体发展速度相对均衡下的县（市、区）规模异速发展

分析两个尺度下各研究个体在回归线上的分布位置，即规模的实际值与理论值之间的离差可知（表 10-17，表 10-18）（姜丽丽，2011）。

1）六个港口城市规模的实际值与理论值相当，偏差较小，各市人口规模的发展速度相对均衡。

2）24个县（市、区）的规模实际值与理论值差异较为明显。其中，凌海、兴城、凤城、北镇的实际规模比理论规模偏大，反映出城市规模发展速度较快；盘山、葫芦岛市区、瓦房店、长海实际规模比理论规模偏小，从区域城市体系背景看，发展前景较好，尤其是长海，作为县级行政单位从人口规模角度有很大的发展空间。

表 10-17　城市规模实际值与理论值之间的离差（第一规模分布）

城市	大连	锦州	葫芦岛	丹东	营口	盘锦
离差	0.0082	−0.0579	0.0200	0.0436	0.0944	−0.1086

表 10-18　城市规模实际值与理论值之间的离差（第二规模分布）

城市	大连市区	瓦房店市	葫芦岛市区	锦州市区	庄河市	营口市区
离差	0.0835	−0.1990	−0.1117	−0.0614	−0.0058	0.0227
城市	普兰店市	丹东市区	盖州市	大石桥市	绥中县	东港市
离差	0.0347	0.0375	0.0469	0.0691	0.0419	0.0590
城市	黑山县	建昌县	盘锦市区	凤城市	凌海市	兴城市
离差	0.0780	0.0940	0.0946	0.1017	0.1081	0.1072
城市	北镇市	义县	宽甸县	大洼县	盘山县	长海县
离差	0.1007	0.0339	0.0451	0.0129	−0.1020	−0.6921

总体上看，辽宁省港口城市规模分布表现为城市辖区人口分布集中，总体人口分布相对均衡，在规模总体发展速度相对均衡的态势下县（市、区）规模异速发展。

首位中心地大连市辖区的人口集中程度很高，作为辽宁省港口城市中唯一的超大城市，这种规模特征与大连的区域地位匹配，彰显了大连的区域核心城市特征。地级市及县（市、区）级城镇中心地规模分布相对均衡，尤其是县（市、区）一级的中心地的规模分布，排除特殊地域（大连市区和长海），各中心地规模差异小，均分布衡。总体上，位序-规模分布特征不显著，尤其是需要培植、扩容一些条件较好的县（市、区）级中心地，完善港口城市规模分布结构。

六个港口城市总体发展规模与理论规模相当，城市发展速度相对合理，其中营口城市规模相对超前，盘锦城市规模相对滞后。县（市、区）级中心地规模发展差异相对明显，鉴于提升港口城市位序-规模水平的需求，一方面，对于规模超前发展的地区，可考虑提升该中心地区域中心地位，另一方面还需大力发展一些发展条件较好的中心地（如东港、庄河、营口市区），通过促进这类地区规模的快速发展来调整规模分布，进而间接平衡各县（市、区）级中心地的发展速度，同时对于那些滞后地区需根据其实际情况采取适当的刺激手段

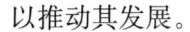

三、港口城市职能关系

(一) 工业中心职能的发展阶段

区域港口交通职能(简称港口职能)是港口城市的共性,但是因城市所辖港口在区域港口体系中的职能与地位不同,港口城市在相应的区域系统中具有与港口对应的城市职能,即港口城市与港口具有显著的职能耦合关系。随着历史阶段的演进,港口的功能演变往往与港口城市的发展过称及职能演变呼应(图10-17)。由港口生命周期与港口城市生命周期的耦合过程可将港口城市划分为四个发展阶段,各阶段的港口城市具有以下不同的职能特征(姜丽丽,2011)。

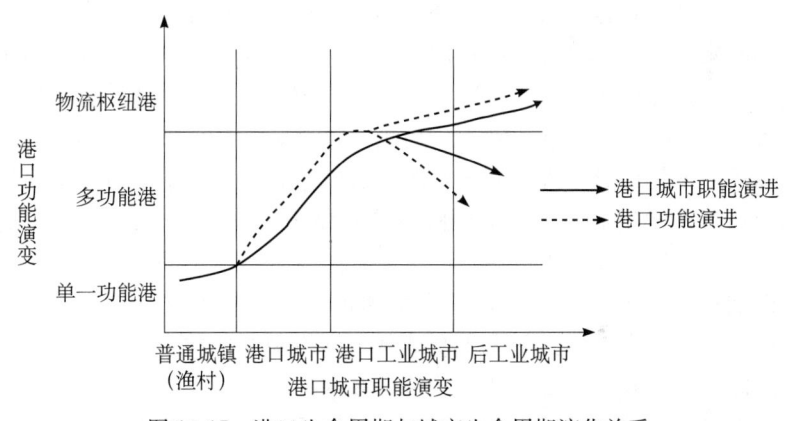

图 10-17 港口生命周期与城市生命周期演化关系

第一,普通城镇阶段。城市的港口职能不突出,港口仅为城市地方性职能的基础设施部门,港口的活动为城市非基本活动部分,城市不具有传统意义上的港口职能,还不能称之为港口城市,仅为普通的城镇。

第二,港口城市阶段。港口对城市发展的影响作用显著。不论港城关系的模式是"城以港兴"还是"港以城兴",港口活动都是城市发展的重要驱动力,并作为城市的基本活动部门,使城市在近域职能系统中具有显著的港口性职能。这种职能主要表现为交通运输枢纽职能和对内、对外贸易的口岸职能等方面。同时,依托港口腹地的延伸,城市港口职能亦向远域职能范围扩散。

第三,港口工业城市阶段。随着港口腹地的延伸,港口职能在向近域及远域职能范围扩散的同时带动城市其他职能(如商贸、工业等)的空间拓展,主要表现为依托港口与港口腹地的联系而形成的城市对港口腹地地区的资源、资本、市场等生产要素的集聚与扩散,客观上形成了城市工业发展的优良的经济地理区位。这一阶段,港口城市职能范围的扩张及职能作用的强度主要是城市自组织运行的结果,商贸、工业等基本活动部门的强化使城市港口职能的突出地位日益淡化。随着港城关系的变化,港口与港口城市的相对发展态势在这一时期会出现分异:①"港兴城兴",在港城互动发展的关系模式下,港口与城市突破瓶颈相继步入新的生命周期,如中国香港、新加坡;②"港衰城兴",城市在成长过程中与港口渐行渐远,如英国伦敦、美国纽约;③"港衰城衰",港口未能适应随着全球贸易关系的转变及船舶大型化、集装箱化的趋势,港口衰败,同时港口城市未能及时转型亦失去原有的辉煌地位,如英国利物浦、中国泉州;④"港兴城衰",主要为港口功能与城市功能分离的港口城市,城市发展与港口关系松散,港口不断演进,城市仍按其自身轨迹发展,如中国连云港。

第四,后工业城市阶段。经济全球化与科技的发展促使全球城市的空间重构,后工业城市也在这一时期逐步登上历史舞台,其特征总体上表现为经济结构由传统的生产层面向管理、服务层面转变,经济组织跨越地域屏障向全球尺度转变。对于港口城市而言,基于港口工业城市阶段的分异路线会形成两类后工业城市。一类是港城互动关系下的后工业城市,如新加坡,伴随着港口发展成为全球尺度下供应链管理中心与资源配置的重要节点,新加坡从金字塔底层发展成为经济全球化下的全球重要网络节点城市(刘冉等,2008);一类是港城分离关系下的后工业城市,如英国伦敦,随着城市发展的多元化,其发展要素不再以港口为核心进行配置,城市发展内涵发生转变(高宗祺等,2010),在脱离港口的新的发展模式下谋求全球城市网络中的地位。

现阶段,辽宁省港口城市的大发展是基于辽宁省沿海经济带的大发展和沿海港口的大规模开发建设的,各城市或主动,或被动,或历史传承,或新生的被冠以港口城市的区域职能,港城关系强烈作用下的城市发展风生水起。

按照港口生命周期与城市生命周期的演进规律及目前各市发展状况,各市总体上步入港口工业城市阶段,工业中心职能地位突出。初步形成了船舶修造、交通运输设备等先进装备制造业,石油化工、冶金等原材料工业,电子信息、生物医药、新材料、物流、软件等新兴产业的临港集聚区与集群。其中,大连在打造东北亚国际航运中心战略指引下,立足东北地区对外联系的中心与环渤海地区极化中心,已发展成为以港口工业、金融、贸易、旅游为主的综合性港口城市,除了优越的全球航运地理位置、良好的深水航道和港口条件、广阔而发达的陆向腹地、畅通的集疏运交通系统、重要的集装箱运输干线,大连还具有便捷的口岸通关环境、完善的信息化网络、良好的金融保险咨询法律等航运服务环境,城市正向功能完善的国际化城市与全球网络节点城市发展,大连正步入后工业城市发展阶段。

但是各市的发展历程却不尽相同,总体上看可以分为两类。一类是传统式演进型,包括大连、营口、丹东三个传统港口城市,港口发展历史悠久,港城关系一直是城市发展的主线,贯穿于城市发展的始终,城市港口职能为自发形成。一类是跨越式演进型,包括锦州、盘锦和葫芦岛,城市的诞生与演进并非以港口为依托,而是在特定的历史机遇下,港城关系突变发展,以城市港口职能为政策驱动形成的(姜丽丽,2011)。

(二)"一心、三足、双辅"职能格局

从港口城市职能特征上看(表10-19),大连是辽宁省及东北地区的主要对外贸易商港,并体现出综合性区域中心城市的职能;营口和锦州基于本地及直接作用地区丰富的自然资源和良好的工业基础,具有连接周边地区的贸易基地职能;盘锦和葫芦岛依据本身水路交通便捷和独特的管道运输特点,更多地体现为承接周边地区贸易的运输职能;丹东由于其特殊的地理区位和城市产业特点,以边境贸易为重点的对外贸易是其重要的职能。从总体上看,港口城市职能上的组合体现为以大连为核心,以丹东、营口、锦州为三足支撑,以盘锦和葫芦岛为辅助的职能格局(图10-18)。但伴随着辽宁省沿海经济带的开发,各港口城市极力开发港口、发展临港产业,初步沿海岸线形成了密集分布的船舶修造、交通运输设备等先进装备制造业,石油化工、冶金等原材料工业,电子信息、生物医药、新材料、物流、软件等新兴产业的临港集聚区与集群,产业结构趋同,激烈的港口竞争、产业竞争日现。

表 10-19 港口城市职能特征

港口城市	职能特征
大　连	以港口工业、港航产业、金融、贸易、旅游为主的贸易商港型及旅游型港口城市
营　口	以轻纺工业为主的贸易基地型工业港口城市
锦　州	以石油、化工为主的贸易基地型工业港口城市
盘　锦	以油品运输为主的贸易运输型港口城市
丹　东	以轻纺、电子等轻工业为主的贸易商港型港口城市
葫芦岛	以石化、油品、散货运输为主的贸易运输型港口城市

资料来源:易志云(2004)

作为港口城市的突出特点和优势,经济发展的外向型水平是港口城市区域作用力提升的重要指标,相关研究显示(姜丽丽等,2006),大连和丹东的经济外向型水平相对较好,其次是营口,锦州、葫芦岛和盘锦的经济外向型水平较为落后。一方面,这反映出大连对腹地作用的巨大优势和丹东对腹地发展拉动的巨大潜力;另一方面,也反映出其他四个港口城市对于腹地经济发展的拉动在城市功能上的弊端。

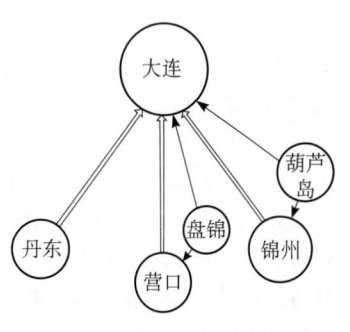

图 10-1813 港口城市职能格局

参 考 文 献

白明启.2006.振兴东北新靓点——黑龙江省"哈大齐工业走廊"纪实.世纪桥,(7):73-77.
蔡中为.2011.沈阳经济区城市群打造世界级城市群的战略构想与实践方略.城市,(12):31-36.
曹有挥.1995.安徽省长江沿海港口体系的初步研究.地理科学,15(2):154-162.
柴彦威,刘志林,李峥嵘,等.2002.中国城市的时空间结构.北京:北京大学出版社.
陈才.2004.东北老工业基地新型城市化之路.长春:东北师范大学出版社.
陈才,杨晓慧.2004.东北地区的产业空间结构与综合布局.东北师大学报(哲学社会科学版),(3):5-14.
陈才,李广全,杨晓慧,等.2004.东北老工业基地新型工业化之路.长春:东北师范大学出版社.
陈才.2009.区域经济地理学.北京:科学出版社.
陈航,王跃伟.2005.东北亚的地缘优势对振兴东北老工业基地的启示.国土与自然资源研究,(2):1-3.
陈洪波.2010.科学发展观与现代化港口城市建设.北京:经济科学出版社:69.
陈鸿宇,周立彩.2002.珠江三角洲地区城市化发展模式分析.岭南学刊,(1):33-37.
陈文娟,蔡人群.1996.广州城市郊区化的进程及动力机制.热带地理,16(2):122-129.
陈晓红.2008.东北地区城市化与生态环境协调发展研究.东北师范大学博士学位论文.
陈甬军.2010.中国城市化发展实践的若干理论和政策问题.经济学动态,(1):25-31.
陈玉梅,丁晓燕.2002.吉林省工业化与城市化互动关系研究.社会科学战线,(4):40-45.
程必定.2007.新型城市化与城市群——中部崛起之路.城市,(10):3-7.
仇保兴.2003.集群结构与我国城镇化的协调发展.城市规划,27(6):5-10.
崔功豪.2001.都市区规划——地域空间规划的新趋势.国外城市规划,(5):1.
戴均良.1992.中国城市发展史.哈尔滨:黑龙江人民出版社.
丁柏群,崔声伶.2007.哈大齐工业走廊发展条件及措施分析.森林工程,23(2):39-42.
丁四保.2003."东北现象":症结分析与出路的探讨.现代城市研究,(6):6-9.

东北物资调节委员会.1948.东北经济小丛书·人文地理.
董伟.2004.大连市城市形态结构功能研究.规划研究,28(12):23-27.
杜国庆.2006.发展中国家的城市体系空间结构研究——以中国为例.南京大学学报(自然科学版),42(3):225-240.
段进.1997.城市群发展的竞争与共生.新建筑,1:5.
樊月龙.2003.城市化与信息化.信息论坛,(4):23-26.
冯健.2004.转型期中国城市内部空间重构.北京:科学出版社.
冯健,周一星.2003.中国城市内部空间结构研究进展与展望.地理科学进展,22(3):304-315.
冯云廷.2004.聚集经济效应与我国城市化的战略选择.财经问题研究,(9):35-41.
冯章献.2006.基于一日交流圈的沈阳大都市圈空间范围界定与整合发展研究.东北师范大学硕士学位论文.
葛勒石.1947.中国区域地理.湛亚达译.南京:正中书局.
顾朝林.1990.中国城镇体系等级规模分布模型及其结构预测.经济地理,(3):54-56.
顾朝林.1991.城市经济区理论与应用.吉林:吉林科学技术出版社.
顾朝林.1999a.经济全球化与中国城市发展.北京:商务印书馆.
顾朝林.1999b.中国城市地理.北京:商务印书馆.
顾朝林,邱友良,叶舜赞.1998.建国以来中国新城市设置.地理科学,18(4):320-327.
顾朝林,甄峰,张京祥.2001.集聚与扩散——城市空间结构新论.南京:东南大学出版社.
郭克兴.1987.黑龙江乡土录.哈尔滨:黑龙江人民出版社.
韩文涛.2006.辽宁省中南城市群中双核互动研究.环渤海经济瞭望,(1)6-8.
何一民,易善连.2002.近代东北区域城市发展述论.史学集刊,(3):74-81.
侯力,陈亚光.2005.东北地区城市化的发展方向探析.东北亚论坛,14(6):60-63.
胡厚国.2004.县城规划存在的主要问题和基本对策.城市规划,(9):47-50.
胡焕庸.1984.新疆人口地理与人口区划.人口研究,15-20.
胡军,孙莉.2005.制度变迁与中国城市的发展及空间结构的历史演变.人文地理,20(1):19-23.
胡俊.1995.中国城市:模式与演进.北京:中国建筑工业出版社.
胡序威,杨冠雄.1990.中国沿海港口城市.北京:科学出版社:14-29.
黄飞.2007.湖南省3+5城市群城市职能分类与优化研究.湖南师范大学硕士学位论文.
黄青,唐华俊,黄清波,等.2010.东北地区主要作物种植结构遥感提取及长势监测.农业工程学报,9(26):218-224.
黄盛璋.1951.中国港市之发展.地理学报,(Z1).
黄晓军.2007.东北地区城市化协调发展机制研究.东北师范大学硕士学位论文.
霍尔,邹得慈.1985.城市与区域规划.金经元译.北京:中国建筑工业出版社.
吉春地.2003.面向东北老工业基地振兴的新型城市化战略.科学新闻,(23).
吉林省政府办公厅.2005.http://www.chinaeast.gov.cn[2005-02-17].
加藤晃.1990.都市计划概论.东京:共立出版株式会社.
姜博,修春亮,陈才.2008a.环渤海地区城市流强度动态分析.地域研究与开发,27(3):

11-15.
姜博,修春亮,陈才.2008b.辽中南城市群城市流分析与模型阐述.经济地理,28(9):853-861.
姜丽丽.2011.辽宁省港口城市空间格局及整合发展研究.东北师范大学博士学位论文.
姜丽丽,王士君,刘志虹.2010.辽宁省港口城市地带空间结构及区域作用研究.地域研究与开发,29(3):25-30.
姜丽丽,王士君,刘志虹.2011.港口与城市规模关系的评价与比较——以辽宁省港口城市为例.地理科学,31(12):1468-1473.
姜玲.2010.城市经济区划:理论、方法与应用.北京:北京大学出版社.
金虹,黄秀瑜.2009.哈大齐工业走廊现代企业投融资问题研究——基于综合版产业生命周期的视角.求是学刊,36(6):54-58.
金银云,孙霄峰.2003.世界港口管理评述与我国港口改革.辽宁交通科技,(1):57-60.
邹艳丽.2004.东北地区城市空间形态研究.东北师范大学博士学位论文.
李长义,苗丰民.2006.辽宁海洋功能区划.北京:海洋出版社:282-285.
李光.2003.依托人力资本 实现我国经济发展.经济师,(4):241.
李广全.2004.东北地区新型工业化特点、问题及途径.东北师大学报(哲学社会科学版),(3):21-28.
李健,张季东.2003.东北三省九城市经济活动及城市职能分析.地域研究与开发,22(1):59-62.
李军,杨文月.2010.哈大齐工业走廊的 SWOT 分析及发展对策.经济研究导刊,(11):69-71.
李培祥.2007.东北地区城市与区域互动的约束机制研究.经济经纬,(4):55-58.
李培祥,徐淑梅.2005.东北地区城市与区域相互作用的动力机制.城市问题,(6):34-39.
李世超.1989.关于城市带的研究.人文地理,(2):34-39.
李雪英,孔令龙.2005.当代城市空间拓展机制与规划对策研究.现代城市研究,(1):35-38.
李依浓.2007.交通引导下的城市群空间组织研究——以辽中南城市群为例.东北师范大学硕士学位论文.
李远.2003.省会城市职能及面临的挑战.河北经济研究,(5):18-20.
李祯,祁承留,孙文昌.1987.东北地区自然地理.北京:高等教育出版社.
梁喜新,等.1993.辽宁海岸带开发概论.北京:海洋出版社:141-180.
刘斌.2007."精明增长"理论对我国城市土地开发管理的启示.建筑与环境,(4):36-39.
刘秉镰,郑立波.2004.中国城市郊区化的特点及动力机制.理论学刊,(10):68-70.
刘波.2006.城乡融合区空间演进机理与调控研究.东北师范大学博士学位论文.
刘凤梅.2004.东北老工业基地复兴的新型城市化道路.行政与法,(9):57-59.
刘继生,陈彦光.1998.城镇体系等级结构的分形维数及其测算方法.地理研究,17(1):82-89.
刘莉.2010.基于哈大齐工业走廊发展的区域物流服务体系探索.物流技术,(9):31-33.
刘艳军.2006.东北地区产业结构演变的城市化响应机制与路径研究.东北师范大学硕士学

位论文.

刘兆德,陈素青.1996.城市经济区划分方法的初步研究.人文地理,11(S2):38-40.

陆大道.1998.区域发展及其空间结构.北京:科学出版社.

陆大道.2003.中国区域发展的理论与实践.北京:科学出版社.

卢培元,卢宁.2000.北京:中华民族历史发展中的特殊城市.北京联合大学学报(自然科学版),14(1):9~12.

吕春艳.2006.新中国建立以来中国共产党发展观的历史演进.中共中央党校硕士学位论文.

马强,徐循初.2004."精明增长"策略与我国的城市空间扩展.城市规划汇刊,(3):16-23.

马兆俐,陈红兵.2006.东北老工业基地振兴的文化反思及创新.东北大学学报(社会科学版),8(5):355-358.

满强.2007.长春市城市化与生态环境协调发展研究.东北师范大学硕士学位论文.

满史会.1965.满洲开发四十年史.上卷.东北沦陷十四年史辽宁编写组译.北京:新华出版社.

毛曦.2004.试论城市的起源和形成.天津师范大学学报(社会科学版),(5):38-42.

梅林.2009.东北地区城乡关系协调发展模式与对策研究.东北师范大学博士学位论文.

米恩,臧淑英,刘丹丹.2008.哈大齐工业走廊城镇发展空间布局研究.经济研究导刊,(1):168-170.

苗长虹.2007.中国城市群发育与中原城市群发展研究.北京:中国社会科学出版社.

那伟,刘继生.2007.吉林省城市体系等级规模结构研究.人文地理,22(5):50-54.

宁越敏.1990.城市化研究的社会理论基础评述.城市问题,(1):18-23.

蒲英霞,马荣华,马晓东,等.2009.长江三角洲地区城市规模分布的时空演变特征.地理研究,28(1):161-170.

琼斯.1959.1931年以后的中国东北.北京:商务印书馆.

曲晓范.2001.近代东北城市的历史变迁.长春:东北师范大学出版社:286~291.

曲晓范.2001.近代东北城市的历史变迁.长春:东北师范大学出版社:2-69,188-190,286-291.

曲晓范.2007.中岛真雄与近代中国东北的日本殖民化报纸.日本学论坛,(3):22-27.

任晶.2008.我国老工业基地创新系统构建研究——以东北区为例.东北师范大学博士学位论文.

任启平.2004.东北地区现代工业起步基础研究.东北师大学报(哲学社会科学版),(3):14-20.

任启平,陈才.2004.东北地区人地关系百年变迁研究——人口、城市与交通发展.人文地理,19(5):69-73.

沈德熙,熊国平.1996.关于城市绿色开敞空间.城市规划汇刊,(6):7-9.

施朝阳.2006.试论中国城市郊区化.前沿论坛,(2):11-12.

时省,赵定涛,魏玖长.2012.中国省会城市极化与扩散效应研究.中国科技论坛,(4):95-99.

史卫波.2007.中小城市发展战略规划理论与实证研究.西南科技大学硕士学位论文.

松浦章.1989.乾隆年间海上贸易商人的几件史料.冯佐哲译.历史档案,(2).

宋家泰,崔功豪,张同海.1985.城市总体规划.北京:商务印书馆.

宋飏,王士君.2011.矿业城市空间——格局、过程、机理.北京:科学出版社.

宋飏,王士君,冯章献.2007.东北地区城市群组城市流强度研究.东北师范大学学报(自然科学版),39(1):114-118.

宋飏,王士君,杨艳茹,等.2009.东北地区城市内部空间结构研究.地域研究与开发 28(4):18~23.

宋飏,王士君,王雪微.2012.矿业城市空间结构演进过程与机理研究.城市发展研究,19(2):48-53.

宋飏,王士君,杨艳茹,等.2009.东北地区城市内部空间结构研究.地域研究与开发,28(4):18-23.

宋玉祥,陈群元.2005.20世纪以来东北城市的发展及其历史作用.地理研究,24(1):89-97.

孙晓东.2006.东北经济振兴与综合交通网络建设.区域交通,(4):56-58.

孙秀伟.2009.吉林铁路客运市场营销组合策略研究.西南交通大学工程硕士学位论文.

谭其骧.1987.中国历史地图集(八).北京:中国地图出版社.

唐忠义.2012.中国公路铁路地图册.长沙:湖南地图出版社.

唐子来.1996.西方城市空间结构研究的理论和方法.城市规划汇刊,(7):1-12.

陶希东.2005.跨省区域治理——中国跨省都市圈经济整合的新思路.地理科学,25(5):529-535.

宛素春,李艾芳,戴俭,等.2004.城市空间形态解析.北京:科学出版社:70-82.

王德,刘锴.2003.上海市一日交流圈的空间特征和动态变化研究.城市规划汇刊,(3):3-10.

王冬石.2007.对呼伦贝尔市融入哈大齐工业走廊的战略思考.北方经济(综合版),(5):40-42.

王海平,刘秉廉.2000.现代化港口城市的内涵与特征——兼论港口经济.港口经济,(1):9-13.

王宏伟,李晓江.1997.论市场经济条件下哈尔滨城市空间结构走势.城市开发,(10):21-23.

王缉宪.2010.中国港口城市的互动与发展.南京:东南大学出版社:31-40.

王开泳,王淑婧,秦刚.2004.城市空间结构演变的实践序列分析——兼论知识经济条件下的发展趋势.海南师范学院学报(自然科学版),17(4):378~382.

王荣成,赵玲.2004.东北地区哈大交通经济带的城市化响应研究.地理科学,24(5):535-541.

王荣成,张云逸.2008.吉林省中部核心地带产业整合研究.吉林工商学院学报,24(1):96-103.

王杉.2001.简析近代东北城市的兴起.辽宁大学学报(哲学社会科学版),29(4):31-33.

王士君.2009.城市相互作用与整合发展.北京:商务印书馆:258-287.

王士君,高群.2001.论长春—吉林城市整合发展.经济地理,21(5):589-593.
王士君,宋飏.2006.中国东北地区城市地理基本框架.地理学报,61(6):574-584.
王士君,吴嫦娥.2008.城市组群及相关概念的界定与辨析.现代城市研究,(3):6-13.
王士君,宋飏,冯章献,等.2011.东北地区城市群组的格局、过程及城市流强度.地理科学,31(3):287-294.
王士君,王丹,宋飏.2008.东北老工业基地城市群组结构和功能优化的初步研究.地理科学,28(1):15-21.
王淑琴,等.1992.东北区港口货流与布局研究.大连:大连理工大学出版社:113-115.
王雯菲,张文新.2001.改革开放以来北京市人口分布及其演变.人口研究,25(1):62-66.
王先芝.2006.东北地区城市空间组织研究.东北师范大学硕士学位论文.
王晓玲.2005.东北振兴与东北城市区域建设.城市,(2):13-15.
王兴平.2002.都市区化:中国城市化的新阶段.城市规划汇刊,(4):56-60.
王颖,张婧,李诚固,等.2011.东北地区城市规模分布演变及其空间特征.经济地理,31(1):55-59.
王越.2006.东北地区城市化动力机制与调控研究.东北师范大学硕士学位论文.
韦佳.2006.长春市城市化发展进程与趋势分析.东北师范大学硕士学位论文.
邬丽萍,柯颖,谭威.2010.基于集聚经济三维框架的城市群形成与发展战略.经济问题探索,(12):72-76.
吴承明.1955.帝国主义在旧中国的投资.北京:人民出版社.
吴传钧,高小真.1989.海港城市的成长模式.地理研究,(04).
吴晓松.1996.交通拓展与近代东北城市建设.城市规划汇刊,(3):58-64.
吴晓松,王丽尔.1995.近代东北工商业发展与城市建设.城市规划汇刊,(4):43-51.
伍理.2001.重视城市化过程中的人口分布变化——以上海市为例.人口与经济,(5):39-43.
肖青.1999.港口规划.大连:大连海事大学出版社.
谢守红,宁越敏.2004.世界城市研究综述.地理科学进展,23(5):56-66.
徐建华.2002.现代地理学中的数学方法.北京:高等教育出版社.38-40.
徐旭,曹小曙,闫小培.2007.不同指标下的穗港城市走廊潜在通达性及其空间格局.地理研究,01:179-186.
许学强,程玉鸿.2006.珠江三角洲城市群的城市竞争力时空演变.地理科学,26(3):257-265.
许学强,周一星,宁越敏.1997.城市地理学.北京:高等教育出版社.
阎小培.1994.近年来我国城市地理学研究领域的新进展.地理学报,49(6):533-542.
杨勉.2008.区域铁路网可达性模型研究及应用.北京交通大学硕士学位论文.
杨明远.1985.城市经济区若干问题的研究.学术交流,(1):17-23.
杨秀凌,赵秋成.2011.东北地区劳动力资源配置的政策选择.东北财经大学学报,77(5):40-43.
杨艳茹.2004.城市人口郊区化的地理过程研究——以北京市为例.东北师范大学硕士学位

论文．

杨荫凯，韩增林．1999．交通经济带的基本理论探讨．人文地理，14（2）：1-5．

杨荫凯，张文尝，吴启焰．1999．哈大交通经济带形成与演化的时空模式研究．经济地理，19（5）：105-110．

姚士谋，朱英明，陈振光，等．2001．中国的城市群．合肥：中国科学技术大学出版社．

衣保中．2002．建国以来东北地区产业结构的演变．长白学刊，（3）：90-93．

易志云．2004年．环渤海港口城市群功能结构及天津发展定位．天津师范大学学报，（4）：15-19．

殷洁，张京祥，罗小龙．2005．基于制度转型的中国城市空间结构研究初探．人文地理，20（3）：59-62．

于霞．2002．城市职能结构类型及优化研究——以山东省为例．山东师范大学硕士学位论文．

于亚军．2007．哈大齐工业走廊发展建设初探．边疆经济与文化，（9）：10，11．

曾艳红．1997．建构武汉中央商务区的设想与对策．华中师范大学学报，（9）：363-367．

张复明，郭文炯．1999．城市职能体系的若干理论思考．经济地理，19（3）：19-30．

张娟，李江风．2006．美国"精明增长"对我国城市空间扩展的启示．城市管理与科技，（8）：203-206．

张莉．2001．中国经济区研究评述．地理学与国土研究，17（2）：39-45．

张霓．2005．辽宁城市基础设施建设融资创新．辽宁大学学报（哲学社会科学版），33（2）：119-123．

张平宇．2004．新型工业化与东北老工业基地改造对策．经济地理，24（6）：784-787．

张平宇．2008．东北区域发展报告．北京：科学出版社．

张善余．1999．近年上海市人口分布态势的巨大变化．人口研究，23（5）：16-24．

张文奎，刘继生，王力．1990．论中国城市的职能分类．人文地理，（3）：1-8．

张小军，韩增林．2001．大连市城市空间组织演进分析．辽宁师范大学学报，24（3）：314-318．

张小青．2009．基于集群机理的农业产业集群效应与地方政府经济行为分析．贵州社会科学，（3）：67-70．

张雪峰．2007．哈大齐工业走廊发展战略研究．天津大学硕士学位论文．

张义文，张素娟．1992．河北省城市经济区划．地理学与国土研究，8（3）：44-48．

张宇星．1998．城镇空间结构组成与影响因素研究．新建筑，（10）：6-9．

赵景海．2006．论哈大齐工业走廊与哈尔滨都市圈的互动发展．城市规划，30：112-116．

赵亮．2006．欧洲空间规划中的"走廊"概念及相关研究．国外城市规划，21（1）：59-64．

赵映慧，修春亮．2005．辽中南城市群经济发展状况分析．城市问题，（3）：51-54．

赵玉红，陈玉梅，刘博晰．2006．东北城镇化进程中产业集聚的路径选择．经济纵横，（9）：44-48．

郑弘毅．1991．港口城市探索．南京：河海大学出版社：1-50．

中国港口年鉴编辑部．2003．中国港口年鉴2009．上海．中国港口杂志社．

中华人民共和国国家发展和改革委员会，国务院振兴东北地区等老工业基地领导小组办公室.2007.东北地区振兴规划.

中华人民共和国交通运输部.2006.辽宁沿海布局规划.

中华人民共和国交通运输部.2010.第三次全国港口普查资料汇编.北京：中国经济出版社：98-119.

周一星.1995.城市地理学.北京：商务印书馆.

周一星.1996.北京的郊区化及引发的思考.地理科学，(3)：195-206.

周一星，孟延春.1997.沈阳的郊区化——兼论中西方郊区化的比较.地理学报，52（4）：289-299.

周一星，孙则昕.1997.再论中国城市的职能分类.地理研究，(1)：14-21.

周一星，张莉.2003.改革开放条件下的中国城市经济区.地理学报，58（2）：271-284.

朱宝树，戴淑庚，黄晨熹.1996.上海城市建设中的人口分布变化和趋势.上海综合经济，(5)：13，14.

朱喜钢.2002.城市空间集中与分散论.北京：中国建筑工业出版社.

朱英明.2002.我国城市地域结构特征及发展趋势研究.南京社会科学，(7)：19-23.

朱英明.2004.城市群经济空间分析.北京：科学出版社.

祝卓.1991.人口地理学.北京：中国人民大学出版社.

庄林德，张京祥.2002.中国城市发展与建设史.南京：东南大学出版社.

Berry B J L. 1961. City size distributions and economic development. Economic Development and Cultural Change, 9：373-388.

Bourne L S. 1982. Internal Structure of the City: Reading on Urban Form, Growth and Policy. Oxford: Oxford University Press.

Cui G H. 1995. On development of large cities on china. Chinese Geographical Science, 1：1-10.

Ducruet C, Lee S W. 2006. Frontline soldiers of globalization: port-city evolution and regional competition. GeoJournal, 67（2），107-122.

Hirschman A. 1974. Regional Development and Planning: A Reader. MA: MIT Press.

Philbrick A K. 1957. Principles of areal functional organization in regional human geography. Economic Geography, 33：299-336.

Smith A. 1999. An Inquiry into the Nature and Causes of the Wealth of Nations. Beijing: China Social Sciences Publishing House：1.

Ullman E L. 1957. American Commodity Flow-A Geographical Interpretation of Rail and Water Traffic based on Principles of Spatial Interchange. Seattle: University of Washington Press.

Vallega A. 1979. Fonctions portuaires et polarisations littorales dans lanouvelle régionalisation de la méditerranée, quelques réflexions. French-Japanese Geographical Colloquium, (2)：44-48.

Wei Y H D. 2001. Decentralization, marketization, and globalization: the triple processes influencing regional development in China. Asian Geographer, 20（1）：7-23.

后 记

　　2012年召开的中国共产党第十八次全国代表大会报告中再次强调，统筹城乡发展、区域发展、经济社会发展、人与自然和谐发展、国内发展和对外开放；全面振兴东北老工业基地；科学规划城市群规模和布局，增强中小城市和小城镇产业发展、公共服务、吸纳就业、人口集聚功能；解决好农业、农村、农民问题是全党工作的重中之重，城乡发展一体化是解决"三农"问题的根本途径。相信以党的十八大为契机，我国城镇化、城市群等城市与区域的建设发展将迎来一个重要的新的历史机遇，东北地区的再次振兴也将成为政府和相关职能部门及学术界共同关注的焦点。在这样一个时代背景下，东北地区及城市地理的研究任重而道远，能够在此时出版这样一部综合论述东北地区城市地理的学术性和实证性专著，让我精神振奋。

　　本人曾于2009年出版《城市相互作用与整合发展》一书，主要从理论、案例方面论述了近域城市发展的空间关系，虽然涉及东北地区个别案例城市，但是未能系统、整体地研究一个完整区域的城市地理状况。本书力图系统、全面地分析东北地区城市地理现象，涉及东北地区全部城市的地理内容，重点研究城市体系结构、城市化及城乡一体化、中心城市功能及都市区的产业集聚与空间重构、城市群和城市群组的形成发展等方面内容，是对东北地区城市地理的系统总结，对城市地理学方法的综合运用与突破，同时也是对振兴东北老工业基地现实需求的理论和实践回应。

　　在本项目研究和本书写作过程中，得到了东北地区有关城市规划管理部门、城市规划研究设计单位及中国科学院东北地理与农业生态研究所、东北师范大学城市与区域规划教研室、人文地理教研室同行的帮助，他们无私地贡献了相关研究成果，为项目的完成和本书的出版奠定了基础，在此表示衷心的感谢。

　　本书得以顺利出版,得益于陆大道院士、刘兴土院士、蔡运龙教授的悉心指引与推荐,得益于国家科学技术学术著作出版基金的资金支持,得益于科学出版社科学人文分社牛玲编辑的帮助,在此一并深表感谢!

　　在著作出版之际,借此机会,谨向所有给予本人支持和帮助的人表示衷心的感谢!

王士君

2013 年 12 月